U0153108

警察與秩序法研究（一）

陳正根 著

此書獻給

先父陳清三先生（1932—2004）、母親蔡盆女士

序

　　從公法與行政法的發展過程中，警察行政法占有重要的地位，此從德國行政法的研究基礎根源於普魯士警察行政法可以觀察出。尤其一般行政在尚未「脫警察化」之時代，警察行政法幾乎涵蓋干預行政法的全部。時至今日，隨著行政法學的蓬勃發展，警察行政法的內涵僅僅限於狹義警察法的範圍，相對的廣義警察法包括警察行政法與行政秩序法兩大領域，亦可簡稱「警察與秩序法」。然而如此重要領域之研究，在我國針對警察與秩序法的研究專書相對較少，因此吾人認為有必要將近幾年來在此領域中，所投入時間精力而獲致的研究成果集結成書，提供學術界與實務界參考。

　　針對警察與秩序法之研究，吾人之基礎在曾於警察行政機關服務近十年，爾後基於對研究工作的興趣與執著，除了在職期間進入警察大學研究所就讀，並曾遠赴德國杜賓根大學深造進修，完成學業後任教於大學法律系。基於上述經歷，所致力研究完成之論文均著重於理論與實務之結合，並以大學法律學研究的思考，客觀面對警察與秩序法等相關議題予以深入論述。在警察法部分，包括警察法基礎理論以及警察作用法等，如警察處分、警察命令，另亦針對個別警察措施予以論述，如警察射擊、警械使用以及遊民處置等。在秩序法部分，則以行

政罰法理論為中心，包括行政罰責任原則、狀況責任人以及一行為不二罰等，又以畜犬管理規範作為檢驗理論與實務之探討。

　　本書的出版問世，感謝五南圖書出版公司積極的鼓勵與推動，而在學習研究中，國立高雄大學法學院優良的環境給我莫大的助益，而針對警察與秩序法之研究，啟蒙老師如李震山大法官、蔡震榮教授以及中央警察大學老師蔡庭榮、許義寶以及李錫棟教授等均常提供寶貴的思考方向與建議。另要特別感謝內人顏伶百長期以來，以家庭為本位，照顧稚子昶嶧，使我無後顧之憂，專心於教學與研究。此外，國立高雄大學法律系碩士班、碩專班等同學在警察法專題研究課程中，諸多討論議題亦有很大的幫助，其中李維哲、莊婉婷研究生與大學部黃鈺如同學協助校對，在此亦表感謝。

陳正根

於高大法學院 508 研究室

目　錄

秩序法篇

警察法篇
POLICE LAW

1 論警察處分行使之法律要件與原則

❧目錄❧

▇ 摘要 SUMMARY

　　本章論述警察處分之法律要件與原則，首先介紹警察處分之概念，是以舊訴願法第 2 條以及行政程序法第 92 條規定為基礎，並引述德國警察法上一些概念作參考。在警察處分之理論中，行使警察處分之一般法律要件有警察任務之存在等 7 項，而第 7 項有關正確手段之選擇亦牽涉比例原則之運用。在警察處分之制約原則中，以比例原則最重要，然而整體而言，行使警察處分即是要遵守正當法律程序原則。在論述警察處分重要理論後，本文著重於檢驗警察處分理論之實踐，而以現行警察作用法制之解析為主，並列舉警察職權行使法以及

警械使用條例為重要例子。最後，本章主張應儘速全面修正警察法，應將有關警察職權與措施之要件與原則等相關規定明確納入該法，如此才得以全面落實警察處分之理論以及保障人民之權利。

關鍵詞

- ◆ 警察處分
- ◆ 行政處分
- ◆ 警察職權
- ◆ 警察法
- ◆ 警察法律原則
- ◆ 警察正當法律程序

壹、前言

　　警察機關必須擁有許多的行政手段遂行其行政目的與任務，一般可稱為警察行政行為。在諸多警察行政行為中，警察處分是最常運用且最通常表達之方式，其行使對於人民之權益有重大影響而且多方面與人民主觀上權利之干預密切相關。因此警察機關行使警察處分所應遵守之法律要件與原則為何以及如何符合正當法律程序，避免造成不適當及違法之狀況，乃是現今法治國家行政之一大課題，亦即本文首先論述之重點。目前警察處分之要件與原則散佈在警察個別法律，經由警察處分在個別法律規定情形之解構分析，以檢驗警察處分理論之實踐以及進一步探討與重視警察處分之要件與原則，並論述依憲法理念所必須履行相關之法律程序，因為程序之落實，可以增加行政效率、發現真實、或維護法律之安定性，進而達到保障人民之程序基本權，並可提昇警察機關之法治行政之知識與形象。綜合言之，未來積極之作為建議應全面修正警察法，將有關警察處分之要件與原則，納入警察法之規定，以突顯其重要性，並符合現代法治國家依法行政之時代要求。

貳、警察處分之概念

一、警察之概念與定義

　　警察此一詞彙源於希臘，在德國大約於 15 世紀中葉引用這個名詞，屬於政治與法律之語言[1]。羅馬人取希臘字 Politeia，將其拉丁化而成為 Politia，這個字的希臘語意是城邦（Staat）的意思，而 Politeia 又是從 Polis 派生而來的字，和英文中的政治（Politics）與政策（Policy）來自相同字源，Politeia 一辭涵義甚廣[2]，所有影響城邦居民生存福利的事務皆涉及之，包括治理城邦之技藝（art）的整個觀念。又 Politeia 一語本係國家制度之意，其後傳入德國為 Polizei，係良好的秩序之意，當時該字之使用，是指國家整個政策，不限於警察方面，只因彼時國家干涉人民生活過甚，而干涉又假手於警察，由是良好的秩序遂變成警察之意[3]。

　　警察這個觀念是伴隨著個人權利與市民社會的興起而出現的，從哲學觀點而言，最早起源於英國，休謨提了了這個概念，以為國家以權力管治社會活動即是警察。這個觀念在康德哲學中又再度被理性化。康德強調警察是國家在維護公共安全、便利以及財產上之權力。這種權力是國家以法律來管治人民，防止乞丐、暴亂、惡臭、嫖妓等等行為干擾了社會風氣與公共秩序[4]。德國哲學家黑格爾在其所著「法哲學原理」的警察職責分為三項：第一、監督並管理普遍經濟事務與公益設

---

1. Vgl. Würtenberger/Heckmann/Riggert, Polizeirecht in Baden-Württemberg, 5. Auflage, 2002, S. 1 f.
2. Vgl. Pieroth/Schlink/Kniesel, Polizei- und Ordnungsrecht, 2. Auflage, 2004, Rn. 2.
3. 李震山，警察法論—警察任務編，2002 年，頁 4。
4. 蔣年豐，黑格爾與傅柯論「警察」，哲學雜誌第 15 期，1996 年 1 月，頁 70。

施；第二、督促市民自謀生活，處理貧困問題；第三、推行殖民擴張事業[5]。

　　然而上些概念似乎是較舊的概念，現代警察之概念大都從廣義與狹義、實質與形式、功能與組織、學理與實定法等對立概念之比較上著手。究其實，廣義的警察意義，所指者即為實質上、功能上、學理上之警察意義。狹義的警察意義，則係指形式上、組織上及實定法上之警察意義。最重要的定義應為學理上之警察意義與組織上之警察意義。學理上的警察，將行使所謂警察權（Polizeigewalt）者皆納入，涵蓋面極廣，頗足以闡明國家行政中警察作用之特質，可以簡單敘述警察係防止公共安全與公共秩序危害任務，而組織上之警察意義則較單純的指警察組織與人員，由警察組織法及人事法規範之[6]。

二、警察處分之意涵

　　我國警察行政法學者陳立中認為警察處分是警察機關基於職權，就特定之具體事件所為公法上單方之意思表示，依其表示而發生法律效果之謂。此乃依行政處分為基準對警察處分所下的定義，而是依舊訴願法第 2 條[7]對行政處分之傳統定義為準，雖然現行法規已有改變，然而學者陳立中在其所著「警察行政法」對於警察處分之概念分析，仍然有助於此概念之深入理解，茲分述如下[8]：

---

5. 蔣年豐，黑格爾與傅柯論「警察」，頁 73。
6. 李震山，警察法論—警察任務編，2002 年，頁 6-7。
7. 新修正之訴願法於民國 89 年 6 月 14 日公布，此次修正幅度甚大，包括對於行政處分之定義，其規定於該法第三條，是依據行政程序法第 92 條為本。
8. 陳立中，警察行政法，1991 年修訂三版，頁 43。

1. 警察處分乃警察機關基於職權之行為

　　警察處分係警察機關基於職權之行為，須以現行警察法令為依據，不得超出法令範圍而任意活動，倘不依據現行警察法令，甚至與現行警察法令牴觸者，即是違法。且警察法施行細則第 10 條第 1 項說明警察法第 9 條所稱依法行使職權之警察為警察機關與警察人員之總稱，因此警察處分乃警察機關或警察人員依據警察法令行使職權之行為。

2. 警察處分乃對特定具體事件之決定

　　警察處分須為處理具體事件而行使，警察處分是以特定之具體事實為主，而對於一人或多數人決定其法律關係。譬如對於某甲聲請自衛槍枝執照，經審查合於規定標準者，予以核准許可發照，或不合規定標準者，予以拒絕之行為，即是警察處分。所以「警察法令」為一般事件之設立，警察處分係依警察法令為對於特定具體事件之決定。

3. 警察處分乃發生公法上效果之單方意思表示

　　警察處分是行使警察職權之意思表示，當警察機關依法令所為之單方意思表示之場合，即發生公法上一定之效果。此種效果不管對方受處分者之同意與否，在所不問。例如警察對於某處所之禁止通行，對於非法集會之解散，只依警察單方之意思表示，毋庸徵詢對方之同意，即發生國家與人民間公法上之效果。

　　顯然地，學者陳立中是依據舊訴願法第 2 條之規定，給予警察處分定義，自有其時代法制背景，惟行政程序法已經實施，對於行政處分之定義有新的詮釋，若依行政程序法第 92 條分析定義警察處分應為：（1）警察機關就公法上具體事件

所為之決定或其他公權力措施；（2）警察機關對外直接發生法律效果之單方行政行為；（3）警察機關之決定或措施之相對人以及有關公務之設定、變更、廢止或一般使用者，而依一般性特徵可得確定其範圍者。

　　在警察處分之概念中，如何分類實屬重要，警察處分可由以下種種見地分類：（1）依警察機關之職權自動或被動可分為職權處分與聲（申）請處分；（2）依其具備一定之形式為法律效力發生之要件與否，可分為要式處分與不要式處分；（3）是否經相對人受領，可分為須受領處分與不須受領處分，警察處分以受領處分為原則；（4）依其意思表示有無附加之限制，可分為無附款處分與附款處分；（5）依其法規有無羈束，可分為羈束處分與自由裁量處分；（6）是否以原處分為基礎，可分為第一次處分與第二次處分；（7）是否變動既存法律狀態，可分為積極處分與消極處分；（8）是否為事件主要目的所為，可分為主處分與從處分；（9）是否完全生效，可分為完全處分與不完全處分。以上各種類之內容彼此均得存在，惟其主要內容則均在發生法律上之效果，可以積極處分與消極處分概括之。積極處分，乃對於原有之法律狀態積極予以變更，依其內容可分為形成處分與確認處分。消極處分乃維持既存之法律狀態，表示不為變更，即對於人民聲（申）請之拒絕或稱拒絕處分。形成處分乃變動既存法律狀態而構成新法律狀態為內容之警察處分，有創設處分、廢除處分、變更處分。創設處分乃設定新法律關係之警察處分，依其內容有下令處分、許可處分及認可處分[9]。

---

9. 有關警察行政處分之分類，當然可依不同性質、不同作用目的來分類，惟一般皆採取行政法對行政處分之分類，可參閱陳立中，警察行政法，頁 430-437。陳山海，論警察訴願制度，中央警官學校警政研究所碩士論文，1990 年 6 月，頁 41。簡建章，警察職權之研究，中央警官學校警政研究所碩士論文，1986 年 6 月，頁 41-42。

在德國，警察法重要理論《危害防止》（*Gefahrenabwehr*）一書將警察行政處分區分為具命令與禁止之警察處分、警察許可以及其他告誡等 [10]。這樣的分類可以了解警察作用之型態以及性質，且符合實務之運作，而警察處分與警察許可已趨類型化，不失為很好的分類。事實上與前段之分類是有相通之處，像以設定新法律關係之警察處分，依其內容可分為下令處分、許可處分及認可處分。而德國之警察處分與下令處分相似，同樣具有命令與禁止之性質，都成為一種類別，兩種分類都有許可處分，可知其仍有相通之處。

德國警察法學者蘇勒（Scholler）教授則認為警察與秩序法範圍內之處分，它屬公法上單方面處理具體案件且對外產生法律效果之公權力措施，皆為警察行政處分 [11]。而在警察法鉅著《危害防止》一書中對警察行政處分有作概念上之解釋，其認為在警察法實務上，人們最初以處分、准許、確認等等標明警察之個別指令。這些用語不僅有清晰易明瞭之優點，尚且自始就是清楚的。上述警察處分之不同型式皆分別適用之規定，若以今日一般行政處分名之，其間之區別並不清晰 [12]，所以才有上述警察行政處分之分類。

除了法律上之定義，警察處分之成立，必須具備法定之要件，有一般要件與特別要件 [13]。一般要件為各種警察行政處分共同應具備之要件，多屬法規所定之共同要素，可分為主觀

---

10. Vgl. Drews/Wacke/Vogel/Marten, Gefahrenabwehr, 9. Auflage, 1986, S. 341。

11. 李震山譯，德國警察與秩序法原理，中譯二版，高雄，登文書局，1995 年，頁 35。

12. 陳立中，警察行政法，頁 430-432；陳山海，論警察訴願制度，中央警官學校警政研究所碩士論文，1990 年 6 月，頁 40。

13. Vgl. Würtenberger/Heckmann/Riggert, Polizeirecht in Baden-Württenmberg, 5. Auflage, 2002, Rn. 222.

要件與客觀要件。主觀要件指處分機關之能力與職權而言；客觀條件指處分之內容須有適當之標的，即應具備法律行為之一般有效要件——適法、可能與確定[14]，相關理論部分均將於後詳述。

　　另警察處分得以口頭、文字或符號發布，也有許多是機器所作之警察行政處分。由於科技發展與事實需要，警察處分已不再是以人之行為為限，即所謂「機器制作之行政行為」之觀念。例如，道路上紅綠燈號誌之交通指揮，視如交通警察之手勢指揮，仍為行政處分之一種，此種性質之行政處分符合我國行政程序法 92 條第 2 項規定：「前項決定或措施之相對人雖非特定，而依一般性特徵可得確定其範圍者。」視為一般處分。德國於 1976 年行政手續法第 37 條第 4 項及第 39 條，對此觀念加以規定，其規定為：「藉自動機器作成之行政處分，得不受前項規定之拘束而免去簽署或其簽名下寫其姓名。為（行政處分）內容之記載，得使用『代表性符號』，但以行政處分所指定之人，或其所涉之人，根據其說明，得明確瞭解行政處分之內容者為限。」如以交通警察之自動照相為例，根據自動照相而作成之處分，可免去處分官署之簽名，但需有足以辨識該處分機關之「代表性符號」，以為不服該處分時，能確知訴願之管轄機關[15]。

　　在警察處分實務運作下，各個法律領域下所產生之警察處分則各具特色，在我國，如依據社會秩序維護法之處分、依集會遊行法之處分、依國家安全法或依道路交通處罰條例等等。當然以特別警察法領域所作之處分不勝枚舉，亦值得個別深入研究，然並非本文主要範圍，須留待日後再探討。

14.簡建章，警察職權之研究，中央警官學校警政研究所碩士論文，1986 年 6 月，頁 45。
15.翁岳生，行政法與現代法治國家，1990 年 11 月 11 版，頁 257。

三、依據警察職權行使法所為之警察處分

警察職權行使法於 2003 年正式公布實施 [16]，使得警察機關行使重要行政行為有所遵循依據，亦是我國警察措施類型化之落實，並進一步給予程序之規定，其目的除為了使警察職權之行使合於法律正當程序之要求，符合依法行政與法治國之要求外，也是保障人民權利的重要依據 [17]。依據警察職權行使法所為之警察各項措施並非全然是警察處分，本法警察各項措施類別在第 2 條第 2 項規定，其稱：「本法所稱警察職權，係指警察為達成其法定任務，於執行職務時，依法採取查證身分、鑑識身分、蒐集資料、通知、管束、驅離、直接強制、物之扣留、保管、變賣、拍賣、銷毀、使用、處置、限制使用、進入住宅、建築物、公共場所、公眾得出入場所或其他必要之公權力之具體措施。」

學者蔡震榮教授對於上述措施，認為大致可分為三大類：下令式的行政處分、具有干預性之事實行為以及無干預性之事實行為，而下令式之行政處分即是符合本文所稱警察處分之概念，係對當事人有命令或禁止之處分性質存在，亦即，不是警察自己去防止危害發生，而是義務人依據警察之下令為之。警察下令當事人作為或不作為義務，當事人即應有義務配合，而此種下令應屬行政處分，例如攔停、查證身分、帶往、暫時驅離或禁止進入等，而就警察下令處分即是本文所稱警察處分之概念 [18]。

16.參閱李建聰，警察職權行使法，林正芬工作室，2003 年 9 月，頁 1-4。
17.蔡震榮，警察職權行使法概論，元照出版公司，2004 年 12 月，頁 95-97。
18.同前註 17。

參、行使之一般法律要件

一、警察任務之存在

　　「命令與禁止必須是涉及客觀事件，且屬於警察任務範圍。這些任務範圍規定在警察概括條款；在特別法中，警察機關被交付另外之任務。[19]」警察任務之存在都規定在警察法範圍內，且以概括條款為之，亦即是規定其任務之範圍，如我國警察法第 2 條規定：「警察任務為依法維持公共秩序，保護社會安全，防止一切危害，促進人民福利。」以警察任務存在為前提，是為警察處分行使之第一要件。

　　德國聯邦與各邦統一警察法標準草案[20]對於警察任務更為詳細，在此敘述作為參考，其規定如下[21]：

1. 警察任務在於防止公共安全或秩序之危害。

2. 唯有在無法即時獲得司法保護，且非得警察之協助，無法遂行其權利，或權利之施行將更為困難時，警察方有依本法維護私法權利之責。

3. 警察依本法第 25 條至第 27 條之規定，協助其他機關執行任務。

4. 警察另應完成其他法規所賦予之任務。

---

19. Vgl. Drews/Wacke/Vogel/Marten, Gefahrenabwehr, S. 406.

20. 德國係聯邦國家，警察係屬邦之事務，所以並沒有統一的聯邦警察法，然而為了聯邦與邦，邦與邦間共同抗制犯罪之能力，聯邦政府乃思將各邦警察法規加以整理分析，統一規定，於 1976 年 6 月 11 日經聯邦與各邦內政部長聯席會議議決通過：「聯邦與各邦統一警察法標準草案」，不僅供各邦警察與秩序法修法時參考，也作為研究德國警察法成文法典之重要文獻。

21. 參閱 H. Scholler/李震山，德國警察與秩序法原理，附錄一：聯邦與各邦統一警察法標準草案，頁 175-184。

因此從理論上，在警察任務範圍裡有四項，即一般防止危害之任務、保護私權之任務、協助其他機關之任務以及其他法規所賦予之任務。警察保護私權主要是基於落實憲法保障財產權之精神以及消弭民法自助性救濟行為 [22]。而另外有關警察職務協助任務之必要性在於避免警察機關與行政機關之權限爭議、釐清警察機關與行政機關之業務關係、彰顯政府行政脫警察化之時代趨勢、增進行政效率達成行政任務等 [23]。另外，政府亦透過許多特別法直接交付警察任務，但仍需符合上述有關於公共安全與秩序概括條款範圍內或者依據警察職務協助與保護私權理論下進行，例如應付處理突發性狀況，諸如反恐任務等等。而在此要件之警察任務一般指的是危害防止之任務 [24]，而與犯行追緝之任務有所區別 [25]，兩種任務可能造成競合之情形亦是現今警察法討論之重點 [26]，然而並非本文探討範圍，在此不敘述。

二、具有地區、事物和機關管轄權

「在警察任務範圍內，警察機關公布之處分必須有地區、事務和機關之管轄權。[27]」地區管轄權，一般是以警察機關之轄區為準，如我國社會秩序維護法第 35 條規定：「警察

---

22. 有關警察保護私權之研究，請參閱李震山，警察法論－警察任務編第四章，2002 年；陳百祿，警察保護私權之任務，中央警官學校警政研究所碩士論文，1994 年 6 月。

23. 許文義，警察職務協助法論，1992 年 3 月初版，頁 36-44。

24. Vgl. Pieroth/Schlink/Kniesel, Polizei- und Ordnungsrecht, 2. Auflage, 2004, S. 86 ff.

25. Vgl. Würtenberger/Heckmann/Riggert, Polizeirecht in Baden-Württemberg, 5. Auflage, 2002, Rn. 178-192。

26. 請參閱李震山，警察法論－警察任務編第七章，2002 年。

27. Vgl. Drews/Wacke/Vogel/Marten, Gefahrenabwehr, S. 407 ff.

局及其分局，就該管區域內之違反本法案件有管轄權。在地域遼闊交通不便地區，得由上級警察機關授權該管警察所、警察分駐所行使其管轄權。專業警察機關得經內政部核准，就該管區域內之違反本法案件行使其管轄權。」這是我國對違反警察與社會秩序處分之地區管轄規定，這項規定在此法規甚為明顯，至於其他法規較少規範地區管轄權，值得注意的是，對於警察處分而言，不能只因違反地區管轄權之規定，而被當事人要求廢棄[28]，警察機關可以依據相關法規予以移轉管轄等措施補救。

事務管轄是指依事務性質而定機關之權限[29]，其與機關管轄權是一樣，且一齊列出被討論的。然而警察機關與其他機關之管轄規定區分是非常重要的，除了一般普通法之規定（例如行政程序法第 5 條至第 10 條之規定），在特別法中亦可規定，如社會秩序維護法第 38 條規定：「違反本法之行為，涉嫌違反刑事法律或少年事件處理法者，應移送檢察官或少年法庭依刑事法律或少年事件處理法規定辦理。但其行為應處停止營業、勒令歇業、罰鍰或沒入之部分，仍依本法規定處罰。」

在「德國聯邦與各邦統一警察法選擇草案」對警察機關之管轄權有詳細規定值得我們參考，其規定如下[30]：

1. *警察負有防止危害之權責，但不含法院或其他機關應防止之危害。*

2. *法院或其他機關無法或無法即時防止其任務範圍內之危害，*

---

28. 請參閱翁岳生，行政法與現代法治國家，1990 年 11 版，頁 277。附錄：西德 1976 年行政手續法第 46 條規定。

29. 參閱行政程序法第 11 條第 1 項規定：「行政機關之管轄權依其組織法規或其他行政法規定之。」

30. 參閱 H. Scholler/ 李震山，德國警察與秩序法原理，聯邦與各邦統一警察法選擇草案，頁 194。

得由警察機關防止之。

3. 私權若得經由法院或機關適時保護，私權之保護非警察之責。私權未經警察濟助，其僅得經類似警察要求無責任第三人之作為方能有效保護；或警察保護私權係為公共利益時，警察方得保護私權。

三、要式的形式、程序

「針對警察處分，一項特別之形式被規定，所以此形式應被重視。無論如何，警察處分必須有秩序地通知關係人；進而其內容須確定且須在確定情況下產生。除了緊急情況以及一般處分之外，處分允許前，關係人必須可參與法律上之聽證。[31]」有關警察處分之形式與程序，在德國 1976 年行政手續法第 37 條對行政處分之確定性與方式有重要之規定，值得參考，其規定為 [32]：

1. 行政處分之內容，應充分確定。

2. 行政處分得以書面、言詞或其他方式為之。言詞之行政處分應依聲請，以書面予以確認，但以其確認有正當利益而關係人立即請求者為限。

3. 書面之行政處分，應記明作成處分之官署，並應由其主管長官，其代理人或受任人簽署或於其姓名下簽名。

4. 藉自動機器作成之行政處分，得不受前項規定之拘束而免去簽署或簽名。為內容之記載得使用「代表性符號」（Schluesselzeichen），但以行政處分所指定之人或其所涉

---

31. Vgl. Drews/Wacke/Vogel/Marten, Gefahrenabwehr, S. 407 ff.

32. 請參閱翁岳生，行政法與現代法治國家，頁 274。附錄：西德 1976 年行政手續法第 37 條，此所謂行政手續法就是指行政程序法，這裡只是翻譯上之不同，學者將之譯成手續法，是為了避免與實體法相對之程序法混淆，而行政程序法為官方所擬正式名詞稱呼，一般沿用之。

及之人，根據其說明得明確了解行政處分之內容者為限。

　　另外在德國行政手續法第 41 條規定行政處分之通知，此要式亦是警察處分必須遵守 33，這裡所舉法條是對警察處分較重要的，至於其他在行政程序法所規定部分，在行使警察處分時亦須遵守，例如若須聽證或陳述意見亦應符合法律之規定。而我國行政程序法從第二章規定行政處分之成立以及在第二節規定陳述意見與聽證都有詳細規定。

四、具干預權限

　　「警察處分包含命令與禁止，此與受處分人之人身自由相關。必要時，在其他自由權以及通常所有物之全部範圍也是。對於這樣的干預，在基本法保護範圍內，係透過法律允許警察機關有一項權限，必須是合憲性的。在單一情況中，權限不是經由特別法，就是由一般警察概括條款來賦予。那必須公共安全或秩序受到危害、滋擾。所涉及不僅是滋擾，特別是危害，必須是具體的危害。34」亦即警察之干預權限，必須是法律保留，一般皆以警察職權概括條款規定之。警察職權者，國家基於一般統治權之立法作用 35，賦予警察機關或警察人員，為達成警察任務之必要，以命令或強制而發動之權力作用 36。

---

33. Vgl. Knemeyer, Franz-Ludwig, Polizei- und Ordnungsrecht, 3. Auflage, 2003, S. 60 ff.

34. Vgl. Drews/Wacke/Vogel/Marten, Gefahrenabwehr, S. 408 f.

35. Vgl. Möller/Wilhelm, Allgemeines Polizei- und Ordnungsrecht, S. 18 ff.

36. 簡建章，警察職權之研究，1986 年 6 月，中央警官學校警政研究所碩士論文，頁 7。有關警察職權之定義，有很多敘述與詮釋，甚而有認為警察權限與警察職權是不相同之概念，然而德文中 Befügnisse，在我國法學界大都以「職權」名之，其與權限之分別並無太大差異，可代表警察為達目的與任務所採手段之行使權。

　　此命令或強制之權力，即所謂警察干預權限，干預人民自由與權利甚鉅，因此更須符合依法行政原則。倘若只以警察任務條款作為警察干預處分之依據，並不合乎法治國家之要求。宣示性之警察任務條款，雖然賦予警察廣泛行使危害防止權，但該權力之行使必須不涉及個人權利，譬如巡邏、交通監控、災害救助、犯罪預防宣導等。因此，除任務概括條款外，尚需另一職權概括條款[37]，職權概括條款則受到依特別授權（Spezialermächtigung）而制定之類型化處分（Standardmassnahmen）所制約，易言之，措施之性質屬干預性質者，首先適用藉特別授權規定之類型化處分，類型化處分不能適用時，才適用概括性職權條款，以避免概括條款被濫用，才保障人民之權益[38]。警察干預權限隱於類型化處分之要件中，受到其制約，更能符合依法行政之要求。

　　然而何種情況可列入警察干預權限之範圍，此課題相當重要，亦即警察干預權限所要保護之法益為何？即職權條款所規範之事項問題。探討此問題，可以參考德國普魯士警察行政法第 14 條規定得知：「為防止公眾或個人遭受危害，且該危害已威脅公共安全或公共秩序時，警察機關在法律範圍內應依義務性裁量採取必要措施。[39]」在警察干預權限範圍內，必須是公共安全或公共秩序受到威脅或滋擾，且其程度不只是滋擾或僅是想像中之危害，必須是具體之危害[40]。

---

37. Vgl. Pieroth/Schlink/Kniesel, Polizei- und Ordnungsrecht, S. 120 ff.
38. 李震山，警察法論—警察任務篇，頁 172-175。
39. Vgl. Götz, Volkmar, Vor 60 Jahren- Preußisches Polizeiverwaltungsgesetz, JuS 1991, S. 810 ff.
40. Vgl. Drews/Wacke/Vogel/Marten, Gefahrenabwehr, S. 408 f.

五、無缺失之裁量執行

「警察機關必須在概括條款範圍內或基於所被給予之特別法中執行無缺失裁量，實際上特別重要的是，必須在裁量權之目的範疇，亦即，換言之，裁量之執行不僅只根據警察之動機。[41]」警察要執行無缺失之裁量，應依合義務性之裁量採取措施，此時適用警察法上之權變原則（Opportunitätsprinzip），而非法定原則。要件成立後並非一定有行為之義務，而是由管轄機關裁量之，使適用一般之行政法原則，特別之處是警察任務在於防禦危害，警察應依裁量規定作合目的性之裁量，此時是在防禦危害之警察法觀點下行之[42]。

參考德國聯邦與各邦統一警察法標準草案第3條規定，有關裁量與方法之選擇如下[43]：

1. 警察依合義務性裁量後，採取其措施。

2. 有多種防止危害之方法，選定其一已足。若關係人請求使用另一有效方法，而其施行並不嚴重傷害公眾時，應允許之。

六、正確之責任人

警察處分所針對之人必須是正確之責任人，要了解警察法上責任人之理論，才能判斷出正確之責任人。危害防止義務人之確定，必須要有一定歸責理論為依據，民刑法中之理論雖已粲然大備，但未必能適合警察法上責任人之

---

41. Vgl. Drews/Wacke/Vogel/Marten, Gefahrenabwehr, S. 410.

42. Vgl. Möller/Wilhelm, Allgemeines Polizei- und Ordnungsrecht, S. 26 f.

43. 參閱參閱 H. Scholler/ 李震山，德國警察與秩序法原理，附錄一：聯邦與各邦統一警察法標準草案，頁 175-184。

特質 [44]，例如同等說（Äquivalenztheorie），又稱為條件說
（Bedingungstheorie），其認為，多數行為或事實，在特定情
事下如皆係發生結果之條件，則在理論之觀念上，均應認為與
結果有因果關係。若將之用於警察法上危害防止之責任人確
認，範圍過廣，人民責任勢必加重，且易造成不公。又相當說
認為，有造成損害或危害可能性者皆為原因，質言之，舉凡依
理性的生活觀念，不能被去除之原因，皆為造成損害可能性之
原因。反之，如在一般生活經驗下，雖有此條件存在，但不一
定均發生此一結果者，該條件即與結果不相當，而不具因果關
係，依此理論，警察於決定責任人時，尚須就所知條件中與結
果間作一衡量，決定其間是否有相當性，此對警察所防止之危
害往往具有不可遲延性（Unaufschiebbarkeit）而言，顯然有其
適用上之困難 [45]。

　　警察法上應適用何種歸責理論雖仍有爭議，但今
日通說是採所謂直接肇因說（Theorie der unmittelbarer
Verursachung），其係就多種法律原因中，排除關係較小之原
因，甚至將原因分成間接原因與直接原因，而採用直接逾越危
害界限之原因。責任人概念之討論中清楚顯示，其與因果及規
責問題有關。若將範圍限制太小，則會在排除危害範圍內產生
漏洞而造成危險。若將責任範圍放得太寬，有可能無漏洞的確
認危害或滋擾公共安全與秩序之責任，但也因而會對警察處分
所及之人不公。今日危害成立之通說採直接肇因說 [46]。

　　責任人有行為責任人與狀況責任人，行為責任人是指危

---

44 Vgl. Scholler/Schloer, Grundzüge des Polizei- und Ordnungsrechts in der B.R.D, 4.
　　Auflage, 1993, § 10; Drews/Wacke/Vogel/Marten, Gefahrenabwehr, S. 310 ff.

45. 李震山，警察法論—警察任務篇，頁 390-392。

46. Vgl. Götz, Allgemeines Polizei- und Ordnungsrecht, 13. Auflage, 2001, S. 98;
　　Honnacker/Beinhofer, Polizeiaufgabengesetz, 16. Auflage, 1995, Art. 7, Erl. 4.

害狀況之構成，是肇因於人的行為，此時可分為兩種型態，首先是因自己行為需負責者，其次是為他人行為負責者。因本身之行為肇致危害，而該危害係行為之直接結果時，本身須為該行為負責。行為人不作為亦可肇致危害，此種情形大都發生於法令有特別規定有應作為之義務而不作為。為他人之行為負責者，分為兩種狀況，第一、因自己所監護之人之行為肇致危害，由自己負責；第二、需為事務輔佐人（Verrichtungsgehilfen）之行為。因為事務輔佐之行為，往往聽命於主人，該輔佐人之行為必須是其主人就業務上之命令所為者為限。而狀況責任人，係因物之狀況而需負責之人，需因物之本身狀況肇致危害，而無人為因素參雜其間（Ohne menschliches Zutun）方構成狀況責任。由於物之歸屬狀況有時相當複雜，因此狀況責任人之認定，有先後順序，一般而言是先針對物有事實管領力之人（Inhaber der tatsächlichen Gewalt），其次才是物之所有權人（Eigentümer）或其他有權利之人（Berechtigten）[47]。

　　參考德國聯邦與各邦統一警察法標準草案第四條對人之行為負責情形有如下規定[48]：

1. 處分應及於肇致危害之人。

2. 肇致危害之人如未滿十四歲，或受禁治產宣告，或交付臨時監護者，處分得及於對其有監督義務之人。

3. 肇致危害之人如係為他人執行事務者，而該危害係因執行事務而生，則處分得及於使用他人執行事務之人。

47.Friauf, Zur Problematik des Rechtsgrundes und der Grenzen der polizeilichen Zustandshaftung, in: FS für Wacke, 1972, S. 293；李震山，警察法論—警察任務篇，頁 394-396。

48.參閱參閱 H. Scholler/李震山，德國警察與秩序法原理，附錄一：聯邦與各邦統一警察法標準草案，頁 175-184。

標準草案第 5 條對物之狀況負責情形有如下之規定：

1. 危害係因物所引起，處分及於對該物有事實管領力之人。

2. 處分亦得及於物之所有權人或其他有權利之人。但對物有事實管領力者，未經物之所有權人或有權利人同意而行使該物者，不在此限。

3. 危害係無主物所引起，處分得及於拋棄該物所有權之人。

　　另有所謂隱藏性責任人之問題，即有隱藏性滋擾存在，就有其責任人。係指一原本合法之情況，因其他因素加入，便可能對公共安全與秩序產生危害或干擾之謂。如養豬廠在郊區興建時完全合法，其後卻因臭氣、噪音對新建成之住宅產生滋擾，而養豬戶主人是為隱藏之責任人 [49]。在警察與秩序法上有要求第三人排除公共安全與秩序危害之情況，即得於緊急狀況之下，依法律概括授權，要求無責任人為一定之行為，以參與或協助緊急危害之防止及排除任務。相對於此者，立法者亦得以具體規範，直接規定無責任人有防止危害之義務，該責任人並不以緊急狀況為限，亦無待警察之要求，就需主動為之 [50]。要求非責任人作為之要件為：存在一高度危害，不可能找到肇致危害之人且無其他有效方法，尚須顧及非責任人之利益 [51]。

---

49. Vgl. Scholler/Schloer, Grundzüge des Polizei- und Ordnungsrechts in der B.R.D, S. 252.

50. Vgl. Würtenberger/Heckmann/Riggert, Polizeirecht in Baden-Württemberg, 5. Auflage, 2002, Rn. 434 ff.

51. Vgl. Scholler/Schloer, Grundzüge des Polizei- und Ordnungsrechts in der B.R.D, S. 254. 針對無責任人是警察處分之特性之一，因存在高度危害，且已無其他方式可行，此為一種形式，這是情非得以之手段。然而另外亦可基於社會、治安之因素，以特別法賦予無責任人義務。

七、正確手段之採行

　　警察依合義務性裁量決定是否作為，是所謂依權變原則之行為裁量。然而重要的是警察之選擇裁量，必須是必要性，且受到一般性法律原則之拘束。此正確手段之選擇，並不受裁量原則之拘束，而是另以其他方法拘束之。即警察必須審查，是否或以何種方法才必要，該方法也必須是適合警察達成目的，適合於排除公共秩序與安全之滋擾或危害[52]。此外，當有多種方法同時並存時，應選擇危害最少之方法，又必須注意合比例原則，即警察所欲達成之目的所使用方法不得形成不成比例之傷害。在德國普魯士警察行政法第 41 條之早有規定如下[53]：

　　有關法律依據，方法選擇：

1. 非依法律命令或依特別法作成之警察處分，是為排除一公共安全或秩序上之滋擾，或在具體案件上為防禦一即將對公共安全或秩序造成之危害，屬必要時，方為有效。

2. 為排除一公共安全或秩序上之滋擾，或為有效防禦一警察危害有多種方法時，警察官署採行其一為已足，其處分應選擇對關係人或大眾，危害最小之方法，若關係人請求使用另一同樣能有效防禦危害之方法時應允許之，請求應在未提起行政訴訟前之期間內行之（同法第 49 條）。

　　警察行為之原則以比例原則最重要，其又有妥當性、必要性、合比例性之內涵，比例原則是介於國家權力和人民自由權間的一種目的和手段間之考慮；每個國家都有其存在之目的，為達到目的必定施於人民一定之負擔，是故有國家，即應

---

52. Vgl. Stein, Volker, Fälle und Erläuterungen zum Polizei- und Ordnungsrecht: Rheinland-Pfalz, S. 74-77.

53. Vgl. Scholler/Schloer, Grundzüge des Polizei- und Ordnungsrechts in der B.R.D, S. 315 ff.

有比例原則之存在。比例原則是為防止國家恣意侵害人民權利
所設定之界限。它應是源自於人類之理性，要求受到合理之對
待，是存於每個人內心之自然法則[54]。

　　除了最重要之比例原則，還有行政法上許多法律原則仍
是警察處分必須遵守的，這些將在第四部分論述，然而因篇幅
以及範圍之限制，僅作重點式之探討，尤其注重警察行政法相
關部分。

肆、警察處分制約之原則

一、比例原則在警察行政之運用

　　警察為達成其任務，須採取必要的及合適的方法，可能
只有一種方法或一種措施被認為是必要的，但由於經常在多種
必要措施中無一致性，所以亦可能同時有多種必要合適之方法
存在，假設有此情形則應依合比例性原則，找出最緩和之方
法。此外，關係人亦得提供其他排除危害之方法，若其所提出
方法與警察所決定之方法同樣有效時，通常都會被允許。警察
必須審查，是否或以何種方法才必要，該方法也必須是適合警
察達成目的，適合於排除公共秩序與安全之滋擾或危害，此
外，當有多種方法同時並存時，應選擇危害最少的方法，又必
須注意合比例原則，即警察所欲達成之目的所使用方法不得形
成不成比例之傷害。例如：為排除對公共安全造成之危害，將
一違規停於交通流量大之街道上之車拖離是必要的。但是若在
某一寧靜街道只因一週後將有道路工程，而將違規之停車拖

---

54 蔡震榮，行政法理論與基本人權之保障，1994 年 3 月初版，頁 115。

走，這便是不合乎比例原則[55]。

　　比例原則是由警察行政發展出的法學概念，惟已普遍運用在所有國家行政上必須符合比例原則，此原則經由警察法而延伸之理論，可見其對警察行政之重要性。警察執法工作上使用比例原則之機會相當多，尤其站在第一線之執勤人員更應了解，為達成警察行政之目的與任務端賴警察勤務之執行，而執勤係動態性的，當面臨問題經常必須當場即作成初步之處置，且應否處理及如何處理，使得警察人員必須在瞬間即行使決定及選擇裁量[56]。然在警察行政裁量中就必須符合比例原則，否則即是違法。

　　作成警察處分所依據之法律原則，最常使用為比例原則，在我國實定法上仍有許多規定，例如警械使用條例第9條：「警察使用警械時如非情況急迫，應注意勿傷及其人致命之部位」，集會遊行法第 26 條：「警察機關為集會遊行之不予許可、限制或命令解散應公平合理考量人民集會遊行權利，和其他法益之均衡維護，以適當之方法為之，不得逾越所欲達成目的之必要限度。」又社會秩序維護法第 22 條第3項規定：「供違反本法行為所用之物，以行為人所有者為限，得沒入之。但沒入應符合比例原則。」，而近來警察職權行法之制定亦訂定比例原則條款（第 3 條），這些都是規定在我國實定法上之比例原則。

　　從這些年警察法規之立法中，可觀察到比例原則對立法者之影響。如前述之實定法條文，在集遊法第 26 條所規定，所涉及「公平合理考量」之平等原則，「集會遊行權利與其他

---

55. Vgl. Scholler/Schloer, Grundzüge des Polizei- und Ordnungsrechts in der B.R.D, 4. Auflage, S. 315 ff.

56. 黃錫安，警察行政裁量論，警政學報十四期，1988 年 12 月，頁 94。

法益間均衡」之法益衡量原則，「適當方法」之適當性原則，
「不得逾越所欲達成目的之必要限度」之狹義比例原則。一般
習於將該條文稱為集會遊行法之比例原則，有三點需要檢討：
其一、平等原則係指「本質相同同其處理，本質相異異其處
理」之實質法律平等。政府干預行為有可能合於平等原則而不
合比例原則，反之，不合乎平等原則之行為，是否有可能不受
違反比例原則之非難，惟縱使比例原則不能完全涵攝平等原
則，但平等原則可列為優先適用，違反平等原則之行為自屬違
憲、違法，不必再就比例原則為斟酌。其二、集會遊行權利與
其他法益間之均衡維護問題，其與比例原則又有何關係；一般
而言，比例原則亦是基於利益衡量所生之要求，惟僅存在於欲
侵害之法益與欲保護之法益間，而法益衡量則可涉及多面利益
之考量，因此比例原則應係擷取法益衡量之核心領域，用之於
干預行政之中。其三、「以適當之方法為之」，並非「以侵害
最小之方法行之」，是否與裁量原則產生競合，值得探討[57]。

　　從上述說明足以顯示，比例原則之多樣性，並證明其係
逐漸演變而來。此外，亦得以確信者，法律各原則之間並不可
一刀兩斷孑然劃分。尚值得一提者，係社會秩序維護法第 22
條第 3 項規定：「供違反本法行為所用之物，以行為人所有者
為限，得沒入之。但沒入，應符合比例原則。」此種立法，除
未彰顯比例原則之實質內涵外，亦予人誤解，在社會秩序維護
法中，只有「沒入」才需合乎比例原則，立法較為粗糙。在德
國警察法中，比例原則尚對時間加以考量，即「目的達成後，
或發覺目的無法達成時，處分應立即停止」，目的達成後，處
分仍繼續，自不合比例原則，目的無法達成，處分應即停止，

57.李震山，論行政法上比例原則與裁量原則之關係，警政學報第 23 期，1993 年
　　7 月，頁 2-4。

並非要永久放棄處分之行使，僅是暫時性的，以避免不當之堅持，造成不成比例之傷害[58]。

警察有許多職務協助行為，其亦要適用比例原則。在職務協助問題上並未有明顯與比例原則發生直接關係，惟警察機關在執行協助時，應受比例原則之制約，行政機關在請求協助之際，應與比例原則脫離不了關係[59]。一個符合「比例原則」之職務協助措施，必須是合乎「目的性」、「必要性」及「未過度侵犯」人民權利之措施。針對職務協助目的選擇適當手段（機關協助）或以手段迎向協助目的，為警察職務協助應有之行為及態度取向。因而警察在協助手段選擇上之表現，應注意迎向促進行政效率之目的、多數足供選擇之手段、目的與手段之合理聯結等方面[60]。

比例原則之基本目的在於保障人權，相關警察權之行使，尤以甚具干預性之警察處分影響人民權利最鉅，是以警察處分應遵守比例原則，且能符合比例原則之內涵。比例原則應被視為警察行政過程中最重要之準則，因此將來我國警察法修訂有必要應特列比例原則為帝王條款，以取代散在諸多警察法規中之比例原則規定，以作為標準規定，才能符合未來警察行政積極保障人權之需要。

---

58. 同上註。

59. Vgl. Martens, Polizeiliche Amts- und Vollzugshilfe, Jura 1981, S. 353.

60. 許文義，警察職務協助法論，民國 81 年 3 月初版，頁 86-90。許文義教授在此亦提出以合適性而言，行政機關在執行請求職務時面對多數可能選擇之機關，僅得擇取可達到所欲求之行政目的之機關而為之。如偵查犯罪之處分，若請求一般行政機關，若非法律上之不可能，即為事實上之不可能，即一般行政機關不是合適之被請求機關。

二、平等原則及其他重要法律原則之遵守

行政法上之平等原則是指要符合憲法之平等權，而憲法上之平等權，不僅是法律適用之平等，同時也是「法律制定之平等」。將平等權除了法適用平等外，也視同「法制定之平等」，在戰後德國基本法規定：「下述基本權利視同直接有效之法，拘束立法、行政及司法權」下，已經是當然之解釋。我國憲法之平等權利，既然與一般自由基本權利受到憲法之保障，且第7條「在法律上一律平等」及第 22 條之「均受憲法保障」可知，我國立法者應受到憲法平等權之拘束甚明[61]。

就行政而言，於法律有規定之行政，行政應嚴守「法律適用平等」，亦即一旦構成要件具備，則不論受規人之身分或其他數據上之不同，均應一體適用，縱在有裁量餘地之場合，亦不得無端為優厚或歧視，且不分侵益行政或給付行政均有其適用，是以警察權之行使或發動不得因人而異。平等原則之內涵是以事物之本質為重心[62]，強調「等則等之，不等則不等之」、「相同的情況不得為不同的處理」、「不得因附著於個人身上之種種數據上或性質上之不同而為優厚或歧視」等。（或因黨派、或因教育程度）及許多國家行政如稅務、選務、環保等等均應遵守平等原則[63]。

亦即行政法之平等原則，有應拘束「制定法律之平等」，且要求適用上之平等，此適用之平等在國家行政中包括

---

61. 陳新民，憲法基本權利之基本理論（上），1992 年 1 月三版，頁 502-504。

62. Vgl. Katz, Alfred, Staatsrecht, 15. Auflage, 2002, Rn. 708 ff.

63. 參閱葉俊榮，行政裁量與司法審查，台灣大學法律學研究所碩士論文，1985年 6 月，頁 127-129。此平等原則不僅在國家外部行政應遵守平等原則，在內部行政亦同樣要積極強調平等原則，如眾所關心之升遷以及工作之分等等，若處理不好，也一樣影響到外部行政工作。

外部行政與內部行政[64]。

　　平等原則與比例原則，係行政法學上裁量論與公正手續保障論之根本要素，故如裁量原則違反平等原則，即構成行為內部客觀之瑕疵，殊難否認其在警察作用上之意義[65]。例如我國警察機關為有效達成防禦公共安全危害之行政目的，經常必須擬定計畫據以推行，像針對雛妓問題展開取締計畫，又警察針對轄區賭場展開調查取締等，在實務上必須嚴守平等原則，否則民眾必將批評警察厚彼薄此，執法不公等。又如在集會遊行法第 26 條規定：「集會遊行之不予許可、限制或命令解散應公平合理考量人民集會遊行權利與其他法益間之均衡維護……」，其中「公平合理考量」即是要求警察應遵守平等原則。

　　另外一個重要課題是，以制定裁量準則規範警察之執法並統一警察行為，這樣是否更能讓警察執法符合平等原則。針對此情況，其制定各有利弊，較能讓警察符合平等原則是其優點之一，不過可能傷害裁量之本質，倘若執法人員素質低落仍會衍生其他問題，即是縱使遵守平等原則後，仍有可能違反其他法律原則，可見制定準則之效用仍需深加檢討。

　　除了比例原則以及平等原則在警察法或行政法之實踐領域常被運用，亦即行使警察處分時須遵守外，另有其他相關法律原則也需顧及，例如禁止恣意原則、不當聯結禁止原則、行政自我拘束原則、情事變更原則以及信賴保護原則等，然因本文篇幅與討論範圍之限制，以及值得注意的是，後面所論述有關「正當法律程序」部分，有些理論與精神與上述原則仍是相

---

64. Vgl. Stein, Volker, Fälle und Erläuterungen zum Polizei- und Ordnungsrecht---Rheinland-Pfalz, S. 80-84.

65. 黃守高，現代行政法之社會任務，1979 年 12 月，頁 277。

通的，所以本文只探討比例原則與平等原則，至於其他相關法律原則不作探討。

三、正當法律程序之遵守

1. 正當法律程序之概念

　　正當法律程序在美國憲法第五及第十四修正案有明文規定，此概念源於英國 1215 年大憲章（Magna Charter），對規範訴訟審判程序，經美國第五以及第十四修正案將之引入。1791 年通過美國憲法第五修正案規定：「非依正當法律程序，不得剝奪任何人之生命、自由及財產。」1868 年通過的第十四修正案規定：「任何州非經正當法律程序，不得剝奪美國公民及各州公民之生命、身體或財產。」係南北戰爭後保障黑人權利，州政府對個人自由權利限制予以節制，美國法的正當法律程序是以憲法第十四修正案為主軸。正當法律程序原係指審判程序之正當性，應係指行政及司法應遵守法律程序，原無實質正當之適用，亦即對實質立法權之限制。實質正當是指立法者所制定之法律應合理、不濫權、不逾越權限以及使用手段與所欲達成目的間有真正及實質關聯。因此，美國法所稱之正當法律程序原則包括了最先的「程序上正當程序」與後來發展出來的「實質上正當程序」[66]。

　　「程序上正當程序」是指政府干涉人民自由與財產權，應依法規定必要之程序，亦即指涉及人民權利處分前應進行的法律必要程序。「實質上正當程序」則是指限制人民自由、財產權，須符合法律明確性或比例原則之要求，亦即應符合我國

66.湯德宗，具體違憲審查與正當程序保障，憲政時代，第 29 卷第 4 期，2004 年 4 月，頁 457。

憲法第 23 條規定。「實質上正當程序」若以「程序上正當程序」比較，則以其是以人民實質權利受到干涉時，如人身自由遭到剝奪時，該法律規定是否逾越比例原則或缺乏法律明確性等屬之[67]。

　　正當程序的思想，在德國法哲學的討論上，扮演相當重要之角色[68]。幾乎所有現代正義理論，都不會忽略此項議題，甚至正義理論可說就是程序正義理論。以 20 世紀最重要哲學家之一 John Rawls 為例，他在所著《正義論》一書即聲稱，其正義理論建構是一種純粹程序正義，並且透過「完全程序正義」與「不完全程序正義」之比較，了解純粹程序正義之內涵。另外德國社會哲學家哈伯瑪思所致力討論發展的「溝通理論」，亦是著眼於程序正義的觀點，顯而易見的是，程序的思想必然也可以對基本權理論之開展產生助益[69]。而重要的是，正當法律程序亦已經在我國法制上實踐，主要見證於司法院大法官會議解釋之解釋文，以下作重點之敘述。

---

67. 有關正當法律程序之論述請參閱湯德宗，具體違憲審查與正當程序保障，憲政時代，第 29 卷第 4 期，2004 年 4 月，457 頁以下；蔡震榮，警察職權行使法概論，2004 年 11 月，100 頁以下；郭介恆，正當法律程序—美國法制之比較研究，收錄於：憲政體制與法治行政—城仲模教授六秩華誕祝壽論文集（二），1998，154 頁以下。

68. 在此學者李建良教授認為，程序乃作成決定的規則與流程體系之總稱，此等規則或手續若被正確地遵守，則其所成之決定即具有程序上之正當性。從實體與程序之觀點而言，可以分成三種基本模型：一、決定的正確性完全繫於實質之判斷標準。決定若符合實質之標準，其內容即屬正確。憲法中所保障之基本權利，多數屬於此種模型。二、決定之正確性完全繫於程序之踐行，實質之準據於此不具重要性。不過，此種模型過於單純而不切實際。蓋在基本權之領域，程序不能完全取代實質之要求。三、決定之正確性繫於實質標準與正當程序，程序乃是使決定更符合實質要求之工具，同時在實質標準之範圍內，填充決定之判斷空間。相關資料並可參閱德文文獻：Alexy, Robert, Theorie der Grundrechte, 2. Auflage, 1994, S. 445; Grimm, Dieter, Verfahrensfehler als Grundrechteverstöße, NVwZ 1985, S. 865 (871).

69. 李建良，正當法律程序與人權之保障—以德國法為中心，司法院大法官 92 年度學術研討會—正當法律程序與人權之保障，頁 3。

2. 我國法制上之實踐

在我國法制上對於「正當法律程序」之實踐，亦經由司法院大法官會議解釋予以確認，因憲法第 8 條第 1 項明文規定：「人民身體之自由應予保障。除現行犯之逮捕由法律另定外，非經司法或警察機關依法定程序，不得逮捕拘禁。非由法院依法定程序，不得審問處罰。非依法定程序之逮捕，拘禁，審問，處罰，得拒絕之。」從釋字第 384 號解釋對於「依法定程序」之敘述，係指凡限制人民身體自由之處置，不問是否屬於刑事被告之身分，國家機關所依據之程序，須以法律規定，其內容更須實質正當，並符合憲法第 23 條所定相關條件。在此解釋中大法官就憲法第8條所稱「依法定程序」，提出了「程序須以法律規定」以及「內容更須實質正當」。另外在釋字第 436 號中，大法官首度提出「正當法律程序」的概念，接著釋字第 523 號解釋「實質正當」內涵，而釋字第 535 號更是對於長期以來人們所關注之警察勤務措施如臨檢、盤查等解釋，對於其要件、程序等均應有法律之明確規範，亦即再一次強調了「正當法律程序」做為法治國家行政所必備。

釋字第 436 號解釋中，大法官首度提出「正當法律程序」的概念，其稱：「……… 惟軍事審判機關所行使者，亦屬國家刑罰權之一種，其發動與運作，必須符合正當法律程序之最低要求，包括獨立、公正之審判機關與程序，並不得違背憲法第 77 條、第 80 條等有關司法權建制之憲政原理；規定軍事審判程序之法律涉及軍人權利之限制者，亦應遵守憲法第 23 條之比例原則。」從大法官之解釋中，約略可以看出，大法官所稱的正當法律程序中所包含的「程序」與「實質」的正當程序，兩者是緊密關聯的，此如許宗力教授所稱的「基本權不僅

拘束法律規定的實質內容，也同時拘束實施實體內容之程序，可知是承認直接從實體基本權利（財產權）的保障意旨本身可以推出程序要求。」因此嚴格劃分程序上與實質上的正當程序，實屬不易，所以大法官在提到「實質正當」時，仍會提到程序之正當，實則已包含實質與程序的正當程序在內，因此，其實只要以「正當法律程序」即可一語概括之[70]。

3. 警察處分與正當法律程序

　　行使警察處分應遵守正當法律程序，尤其是指限制人身自由之相關警察處分，相較於上述所提一般法律要件，在此「正當法律程序」所包含最重要的是「形式程序上」之法律要件。首先值得注意的是臨檢行為，它是一項非常重要之警察干預措施，然而並不是一項單一行為，而是許多行為組合而成，統稱臨檢；其中行為在實務上運用最多者無非「攔停」與「檢查」二者[71]，其餘配合措施亦有查證身分、詢問等措施。按臨檢雖為法律用語（依據警察勤務條例第 11 條），但迄未有定義；實務上幾乎用作各種警察職權的「上位抽象集合概念」。在釋字第 535 號解釋中，大法官亦未予定義，僅隱約將臨檢區分為：場所臨檢與對人臨檢、現場臨檢與帶回臨檢，至於臨檢之態樣則提到檢查、路檢、取締、盤查等[72]。整體而言，臨檢行為所包含行為當中，其中「攔停」行為居於主要地位，因此臨檢之法律性質[73]可以在警察行政行為中概括視為警察處分。

---

70. 蔡震榮，警察職權行使法概論，2004 年 11 月，頁 106。

71. 蔡庭榕，論警察攔停與檢查之職權行使，警察職權行使法週年之理論與實務探討學術研討會論文集，2004 年 12 月，頁 162。

72. 湯德宗，具體違憲審查與正當法律程序保障，司法院大法官 92 年度學術研討會論文集，2003 年 12 月，頁 8-10。

73. 警察之臨檢可能跨越刑事訴訟法與行政法兩領域，警察臨檢一方面可基於事前

　　在釋字第 535 號解釋雖未明文指出「臨檢亦應遵守法律正當程序」，然所釋之「事由」限制－場所臨檢「應限於已發生危害或依客觀、合理判斷易生危害之場所、交通工具或公共場所為之」；對人臨檢「須以有相當理由足認為其行為已構成或即將發生危害者為限」；並皆「應遵守比例原則，不得逾越必要程度」；非經同意或有特定情形「不得要求其同行至警局、所進行盤查」等，均屬「實質上正當程序」。其闡釋警察臨檢應「告知事由」、「表明身分」及「提供即時救濟途徑」等，則屬「程序上正當程序」[74]。總之，釋字第 535 號解釋試圖藉由「正當法律程序」[75]，來規範警察臨檢行為，並進一步保障人民之權利不受警察違反程序不當之干涉[76]。

　　具有干預性質之警察處分如同上述須強調正當法律程序，除了臨檢行為外，大多是典型警察處分[77]，例如與臨檢類

之危害預防以及事後之犯行追緝而發動，兩者可能於盤查時轉換之，設置路障進行路檢可能係預防性，若發現酒醉駕車則轉成犯行追緝而採刑事訴訟手段。一般警察在道路上實施路檢，其屬於警察危害防止之任務，亦即，屬於所謂的「事前之預防危害措施」，其採取手段，包括攔阻個人、車輛、查證身分、對所攜帶之物檢查以及車輛之檢查等；相關資料請參閱林鈺雄，警察臨檢行為法制化—釋字第 535 號解釋座談會，月旦法學第 81 期，2002 年 2 月，頁 38-40；鄭善印，警察臨檢法制問題之研究，刑事法雜誌，46 卷 5 期，頁 10-15。

74. 湯德宗，正當法律程序與人權保障—以我國為中心，憲政時代，第 29 卷第 3 期，2004 年 3 月，頁 373-375。

75. 蔡震榮教授認為，從大法官之各項解釋可以看出，大法官所稱的正當法律程序中所包含的「程序」與「實質」的正當程序，兩者是緊密關聯的，嚴格劃分程序上與實質上之正當程序，實屬不易，所以大法官在提到「實質正當」時，仍會提到程序之正當，如同釋字第 535 號解釋所稱以「相當理由」、「合理懷疑」等作為對人或對場所、交通工具等發動臨檢程序，實則包括實質與程序之正當程序在內，因此，其實只要以「正當法律程序」，即可一語概括之。

76. 蔡震榮，警察職權行使法概論，頁 106。

77. 在警察法理論中，除任務概括條款外，尚有另一職權概括條款，職權概括條款則受到依特別授權而制定之類型化處分所約制，易言之，措施之性質屬干預性質者，首先適用藉特別授權規定之類型化處分，類型化處分不能適用時，才適用概括性職權條款，以避免概括條款被濫用，保障人民權益。德國警察法已經

似行為性質之盤詰與盤查[78]，又有傳喚、鑑識措施、管束、侵入及搜索住宅、保管及扣押、驅散等，其中傳喚、鑑識措施、搜索、扣押等處分原亦屬於檢察官之強制處分權限，亦即所謂雙重競合措施，亦即屬危害防止與犯行追緝行為之交錯問題[79]。然而不論何種性質之行為，若由警察執行之處分均應符合正當法律程序。而依上述司法院大法官會議相關解釋意旨，如此警察處分基本上均應在法律上有規定之程序與要件，才足以符合正當法律程序原則之要求。

上述典型警察處分在正當法律程序之規定，有關盤詰與盤查，因其行為之概念，在實務上與臨檢行為類似，在警察職權行使法第二章有關身分查證與資料蒐集等各條文所規定攔停、訊問、令出示身分證明等均可視為正當法律程序之規定，所以也可以說警察職權行使法是警察正當法律程序法。而傳喚是檢察官之權限行為，主要依刑事訴訟法第 71 條為之，而在刑事訴訟法第 71 條之 1 則規定警察得對犯罪嫌疑人通知，又在社會秩序維護法第 41 條亦規定警察應通知違法嫌疑人，且在此法中有強制其到場之權利。傳喚之強制處分經由刑事訴訟法以及社會秩序維護法規範了要件與程序，並予以符合正當法律程序之原則。

鑑識措施、管束、保管及扣押、驅散等則在警察職權行使法第二章有關身分查證及資料蒐集、第三章即時強制以及依據社會秩序維護法相關警察機關之措施等，對於要件與程序

有許多警察個別干預處分類型化，例如查證身分、鑑識措施、傳喚、驅離、管束、搜索、扣押、保管、變賣、銷毀等，在各邦警察法對於各該處分都有明確之規定。而我國於警察職權行使法制定後，亦將許多處分之程序與要件予以規範，警察措施亦朝類型化處分發展。

78. 盤詰規定在警察勤務條例第 11 條第 2 項，盤查規定在警察勤務條例第 11 條第 3 項以及刑事訴訟法第 88 條。

79. Vgl. Schmidt, Rolf, Besonderes Verwaltungsrecht, 6. Auflage, 2002, S. 312 ff.

有重要規定。鑑識措施一般是指採取指紋及掌紋、照相、確認體外特徵以及量度[80]，然而我國警察法規對於鑑識措施之真正定義並無明文規定，僅在警察職權行使法第 14 條有一些規定[81]，但無闡釋何謂鑑識措施[82]，所以一般認為是一個概括性措施，是為了達成得知身分資料以利犯罪偵查或其他等等目的。鑑識措施很多時候包含在臨檢與盤查行為當中，常被認為是一種附屬行為，而且是理所當然之事，殊不知此行為干預人民權利甚鉅，係屬干預人民身體自由及資訊自決之手段，仍需要詳為解釋規定，亦即必須有法律明確之規定，以符合正當法律程序，未來立法亦應予以範圍以及更多要件與程序之規定。

管束[83]在警察職權行使法第 19 條有詳細規定，警察為防止危害，對特定人有管束其自由之必要，此項立法爰參酌的行政執行法第 37 條及配合道路交通管理處罰條例第 35 條有關酒醉

80.參考「德國聯邦與各邦統一警察法標準草案」第10條第3項規定。

81.警察職權行使法第 14 條第 1 項第 2 款：「有事實足認為防止具體危害，而有對其執行非侵入性鑑識措施之必要者。」第 2 項：「依前項通知到場者，應即時調查或執行鑑識措施。」

82.請參閱蔡庭榕、簡建章、李錫棟、許義寶等著，警察職權行使法逐條釋論，五南圖書出版社，2004 年 9 月，頁 311。對於警察職權行使法第 14 條之規定，本條立法理由，並未明文說明非侵入鑑識措施之種類，亦未明示所參考之國內外之立法例。是以，其所謂鑑識措施，其所得採行之手段，究何所指，難免滋生爭議。

83.管束之法律性質為何，本文將它視為警察處分，並與正當法律程序規範之行為作探討，亦有學者認為即時強制之行為，其法律性質為具有干預性之事實行為。然而長久以來即時性之行政處分與行政事實行為之區別一直是有爭議的，因為從外觀而言，管束、驅散等等即時性處分，是屬於事實行為，但從人民權利受影響層面而言，又與行政處分沒有太大區別。值得注意的是，在行政訴訟法未全面修正前，針對事實行為無法提出一般行政救濟，此種區別影響很大，關係行政行為是否能受司法審查，然而新修正行政訴訟法實施後，無論針對行政處分或事實行為均可依該法提起行政訴訟，區分之實益已無太大差別。進一步之探討請參閱蔡震榮著，行政執行法，修定三版，2002 年 9 月，頁 228-229；蔡震榮著，警察職權行使法，頁 79-81；請參閱蔡庭榕、簡建章、李錫棟、許義寶等著，警察職權行使法逐條釋論，頁 372。

駕駛之規定，於第 1 項及第 2 項前段，明定其實施管束之相關要件及時間限制，於此確已符合正當法律程序。

警察所為保管及扣押之處分一般可以從我國社會秩序維護法第 40 條規定，對於違反此法有關證據或沒入之處理，其為：「可為證據或應予沒入之物，應妥予保管。但在裁處確定後，保管物未經沒入者，予以發還所有人、持有人或保管人。如無所有人、持有人或保管人者，依法處理。」這是我國對於保管處分之規定，然而有關保管之要件在該法並無規定，將來應予補充修正，否則有違正當法律程序原則。至於類似性質之概念，如警察職權行使法有關扣留之規定[84]，則相當詳細，另刑事訴訟法上之扣押[85]，亦有詳盡規定，惟保管與扣留是純粹警察處分之概念，而扣押對於警察而言，屬於警察協助司法程序之協助處分。

有關侵入及搜索住宅之警察處分，搜索本是檢察官之強制處分權，惟我國刑事訴訟法第 131 條規定了警察可逕行搜索住宅處所之情形，警察在無搜索票亦可因緊急狀況進行搜索，其狀況為：（一）因逮捕被告或執行拘提、羈押者；（二）因追緝現行犯或逮捕脫逃人者；（三）有事實足信為有人在內犯罪而情形急迫者。緊急搜索之要件與一般搜索不一樣，這亦屬於協助刑事司法程序之警察處分。

驅散是警察對於集會遊行解散命令之強制措施，或維護治安之排除障礙之方式，在集會遊行法第 25 條第 1 項規定授權主管機關於有該所列各款事項發生時，得命令解散集會遊行

84.蔡震榮著，警察職權行使法，頁 235-247；蔡庭榕、簡建章、李錫棟、許義寶等著，警察職權行使法逐條釋論，頁 409-411。

85.扣押規定在刑事訴訟法有第 126 條、第 133 條至 144 條，相較於其他強制處分，此項規定主要包括扣押之執行機關、客體、限制、扣押後之處置，相當詳盡。

活動。所謂解散者，係指命令結束現時存在之集會遊行活動，其目的在於使參加之人群散去，是一種對於違法集會遊行活動中之禁止和取締手段[86]。驅散屬於動態之強制力，係指警察人員以腕力或其他工具所實施之積極攻擊性之強制力。此種強制力之行使，其對人民生命、身體、自由、名譽、財產所造成之侵害，要比靜態之強制力來得嚴重[87]。目前在集會遊行法有規定可命令解散之權外，在警察職權行使法第 27 條有規定為排除危害可以將妨礙之人暫時驅離，但是驅散與驅離在概念上是否有差異，在我國實定法上並無規定。只能從字面意義了解，驅散應只有針對人而言，尤其是在集會遊行等場合，而驅離則針對產生危害或可能產生危害之人或車等交通工具。上述處分在法律有關要件與程序之規定，不僅是純粹之警察措施如管束、驅離等，包括警察協助司法程序之協助處分如傳喚、搜索等，均屬限制人身自由權利之範疇，自應以符合正當法律程序為要。

伍、我國警察處分理論實踐之探討

一、概說：現行警察作用法制之解析

探討警察處分之要件與原則，有關理論之實踐，在實務操作以及實定法上之規定，一般均在警察作用法之範圍。在我國警察作用法之建構中，警察作用之要件與原則等相關規定目前則散在各種相關法規，而且很多是規定在綜合性法律中，並

---

86. 參閱黃清德，論集會遊行之限制與禁止，中央警察大學警政研究所碩士論文，1990 年 6 月，頁 90-91。若驅散是先予以警告與禁止，這是屬於直接強制之一項類型。

87. Vgl. Schmidt, Rolf, Besonderes Verwaltungsrecht, 6. Auflage, 2002, S. 161 ff.

不是專屬之作用法，例如像社會秩序維護法、道路交通管理處罰條例、集會遊行法及警察勤務條例等，而以規範警察作用為主之相關法律重要的則有警察職權行使法、集會遊行法及警械使用條例。其中警察勤務條例則非單純之組織法，實兼有作用法之功能 [88]。

　　社會秩序維護法在性質上類似輕犯罪刑法，有關作用規範則規定於第三章裁處，其中由警察機關裁處罰緩或申誡部分，則可視為警察作用，不過從體系上與該法性質上分析並非典型警察作用規範。另一類似之綜合性法律是道路交通管理處罰條例，是針對規範整體交通秩序之法律，同樣地，由警察機關裁處部分，亦是為警察作用，但如上所述情形分析，也非典型警察作用規範 [89]。亦即上述法律，警察作用在該法中居於配角地位，甚至無舉足輕重之影響，有關其要件與原則之規範只能依附於該法的一部分規範功能，若需要修正或補充亦必須經由該法整體考量下進行，不能純粹以警察作用之目的為標準或主要之方向。

　　然而警察職權行使法、集會遊行法與警械使用條例之情形就與上述法律大不相同，主要是規範警察作用為目的，亦即

---

88. 司法院大法官會議解釋釋字 535 號謂：「警察勤務條例規定警察機關執行勤務之編組即分工，並對執行勤務得採取之方式加以列舉，已非單純之組織法，實兼有行為法之性質。……查行政機關行使職權，固不應僅以組織法有無相關職掌規定為準，更應以行為法（作用法）之授權為依據，始符合依法行政之原則，警察勤務條例既有行為法之功能，尚非不得作為警察執行勤務之行為規範。」相關資料請參閱湯德宗，具體違憲審查與正當程序保障，司法院大法官 92 年度學術研討會論文集，頁 3 以下。

89. 在道路交通處罰條例中就警察人員交通執法之發動要件、執法程序、相關救濟規定等，亦未臻明確。警察在取締交通違規行為時，可能必須時而參照警察職權行使法，時而回歸道交條例，忽而依行政程序法，忽而依刑事訴訟法。進一步相關資料請參閱劉嘉發著，論警察取締交通違規之職權—以酒醉駕車為例，警察職權行使法實施週年之理論與實務探討學術研討會論文集，頁 82。

規範如何作成適法有效之警察行政行為，並以達成警察行政目的為主之法律警察職權行使法更是一部典型之警察作用法，將於後面專項論述。而集會遊行法所規範有關警察機關對於集會遊行之許可與禁止之行政行為，尤其是主管之警察機關對於集會遊行行為之警告、禁止或命令解散，相關程序與原則之規定，因涉及人民集會遊行與言論自由在憲法上之基本權利，亦是非常重要之警察作用法。另外警械使用條例所規範之警械使用之警察行為，因為所涉更是直接關係人民生命身體與財產之權益，尤其使用槍枝之射擊行為，若發生法律效果，將引起相對人受傷或死亡，所規範程序與要件之嚴謹亦非其他警察作用法所能比擬，因此將於後專項討論探究。

　　規範警察作用所涉及相關法律非常多，除了專屬警察法律外，也包括一般行政法、特別行政法以及刑事法，例如行政執行法、刑事訴訟法等，所以本文探究以只能針對較為重要之警察法律為主。此外應注意的是警察作用都是法律保留之範疇，所以在此所論述的都以法律為主。另外可以一提的是內部之警察作用，例如依據警察人員管理條例之警察作用亦可能是警察行政處分，警察人員因違法亂紀或其他事由，經主管機關予以免職，此免職處分已視為行政處分，然而一般而言，警察作用都是指向對外作用而言，至於對內部警察機關與人員之警察作用，不在本文討論的範圍。

二、警察職權行使法

　　前面已經論述依據警察職權行使法所為之警察處分，然而其要件與原則乃是我國警察處分理論實踐最重要之部分。本法制定目的之內涵為：（一）規範警察依法行使職權：警察任務有賴警察業務規劃與警察勤務作為，若對人民進行干預措

施，將影響人民之權益，故為衡平「警察職權」與「人權保障」，必須有法律之明確授權；（二）貫徹憲法保障人民權利：將重要職權措施之要件、程序與救濟規定，分別於各項條文中明確規範，警察人員於執行公權力措施前，先判斷是否符合職權措施之要件規定，並於行使中，嚴格遵守法定程序要求，考量一般法律原則，亦即符合正當法律程序，如此在警察干預性措施下，人民權利才能事先獲得保障，不必尋求事後救濟；（三）達成「維持公共秩序，保護社會安全」之治安任務：除了上述二點為了公益之必要，且為貫徹警察任務，保障人權，因而制定警察職權行使法[90]。

　　在警察職權行使法第 3 條所規定行使之原則，即為比例原則，其他法律原則雖未規定，並不表示不須遵守，依據其他法理之原則行使警察職權仍然是必須的，在此只規定比例原則是列舉其中最重要的。在第二章有關身分查證及資料蒐集以及第三章即時強制，均是典型列舉行使上述警察措施之要件以及其他重要規定，當警察人員行使警察職權前應熟悉上述規定，在行使時俾以遵守，避免違法。倘若違反規定，致使相對人若有不服，則可依該法第四章有關救濟等之相關規定提出行政救濟[91] 或賠償要求，該法主要救濟規定為第 29 條：「義務人或利害關係人對警察依本法行使職權之方法，應遵守之程度或其他侵害利益之情事，得於警察行使職權時，當場陳述理由，表示異議。前項異議，警察認為有理由者，應立即停止或更正執行

---

90. 蔡庭榕、簡建章、李錫棟、許義寶等著，警察職權行使法逐條釋論，頁 54。

91. 有關警察職權行使法強制措施之行政救濟存在下列問題：「無論對警察手段定位為事實行為或行政處分，照理均不得提起訴願（行政處分執行完畢不能訴願請求撤銷），而法條竟有訴願及行政訴訟之設，自欠妥當。」進一步論述請參閱吳庚著，行政法之理論與實用，增訂八版，2003 年 10 月，頁 640；蔡震榮，論警察職權行使法強制措施之法律性質與救濟，中央警察大學學報第 41 期，2004 年，頁 295-310。

行為；認為無理由者，得繼續執行，經義務人或利害關係人請求時，應將異議之理由製作紀錄交付之。義務人或利害關係人因警察行使職權有違法或不當情事，致損害其權益者，得依法提起訴願及行政訴訟。」

警察職權行使法所規定之所有職權行為，應皆屬警察之行政行為，這些行為之特色應具有「預防性、主動性、事前性、廣泛性」，其非但不受司法之事前監督，同時亦不受中央警察機關就個案所作之指揮與監督，何時應如何運用職權，才能妥當行使行政權所賦予之權限作用，並須由警察人員自行判斷負責，其行使之制約則為「比例原則」[92]，以及更重要應有符合正當法律程序之各項規定，俾使警察人員有所遵循。另外，此次將警察資料蒐集與資料處理各項職權發動要件，以列舉方式明列在警察職權行使法第 9 條及第 10 條（公共活動及公共場所資料之蒐集及銷毀），對於合理調和警察權之行使與個人資料自決權之衝突，應實值得肯定[93]，而其發動要件明文列舉基本上是符合正當法律程序之實踐。

國家在公共場所設置監視器是目前行政事務之一大熱門課題，其有利於維護治安及預防犯罪，但也可能因干預人民隱私權等基本權利，引發一些爭議。有關設置程序，仍需要依據法治國家之法律原則。目前警察職權行使法第 10 條已授權警察機關得依法律要件，設置監視器或協調相關機關設置。但若從正當法律程序之觀點，該條對於詳細法律要件並未規定，如

92.鄭善印，警察職權行使法總論—以職權行使之法律性質為焦點，中央警察大學行政警察學系 92 年度學術研討會「刑事訴訟法與警察職權行使法」論文集，2003 年 12 月，頁 71。

93 洪文玲、曹昌棋，論警察「蒐集資料」之職權，中央警察大學行政警察學系 92 年度學術研討會「刑事訴訟法與警察職權行使法」論文集，2003 年 12 月，頁 159。

設置之具體評估標準、設置單位、設置處所之公告、監視器之管理人、資料保管、他人調閱、複製等，因此須進一步補充規定，以落實正當法律程序之原則[94]。

從正當法律程序原則之觀點，警察職權行使法是規範行使應遵守程序之法律。警察職權之行使，經常涉及人民之自由或財產權，警察權之發動應遵守法定之程序，以確保人民之權利。警察職權行使法之範圍包括：（一）警察之行政調查活動如查證身分、蒐集資料等，此部分與行政程序有關；（二）警察即時強制，屬於行政強制之行為，而與行政執行程序有關。警察職權行使之程序，包括了一般行政程序與行政執行程序，因此警察職權行使法又可稱為警察職權行使程序法[95]。

三、警械使用條例

我國警械使用條例僅有十五條，最重要的是在第 4 條所規定有關得使用警械之情形，亦即本文所稱警械作用發動之要件，另在第 6 條至第 9 條則規定警械使用之制約與原則，因此本文認為警械使用條例亦是警察處分理論實踐之典型法律，值得探究。

警械使用之要件與原則並非複雜之課題，大致上不管在我國或國外[96]，對於警械使用要件差異不大，主要為達成警察

---

94. 許義寶，論公共場所監視器設置之法律程序，警察職權行使法實施週年之理論與實務學術研討會論文集，2004 年 12 月，頁 148。

95. 有關警察職權行使法之性質與定位之探討，請參閱鄭善印，警察職權行使法總論—以職權行使之法律性質為焦點，92 年度學術研討會論文集「刑事訴訟法與警察職權行使法」，2003 年 12 月，頁 64-66；蔡震榮，警察職權行使法概論，中央警察大學出版社，2004 年，頁 97-101；蔡庭榕、簡建章、李錫棟、許義寶等著，警察職權行使法逐條釋論，頁 45-60。

96. 如果比較同樣屬於大陸法系各國警察法，可以就德國與日本之警械使用要件予以認識，在德國特別重視警械當中之射擊武器使用之要件，重點則是對於射

任務而處於緊急狀況與特殊情境時使用，重點大多如我國警械使用條例第4條第1項各款規定之情形，重要的有第3款：依法應逮捕、拘禁之人拒捕、脫逃或其他人助其拒捕脫逃時。第4款：警察人員所防衛之土地、建築物、工作物、車、船、航空器或他人之生命、身體、自由、裝備遭受強暴或脅迫時。第5款：警察人員之生命、身體、自由、裝備遭受強暴或脅迫或有事實足認為有受危害之虞時。第6款：持有凶器有滋事之虞者，已受警察人員告誡拋棄仍不聽從時。

至於警械使用之應遵守之原則，最重要的就是典型警察法之比例原則，亦即警械使用應合乎目的性、妥適性以及狹義之比例性原則。在我國警械使用條例第6條至第9條所規定的就是警械使用制約原則。該法第6條針對使用警械之必要性予以規定，第7條規定：警察人員使用警械之原因已消滅者，應立即停止使用，第8條規定：警察人員使用警械時應注意勿傷及其他之人，第九條規定：警察人員使用警械時，如非情況急迫，應注意勿傷及其人致命之部位，上述這些規定均在廣義比例原則之原理範圍內。

整體而言，該條例較受重視的是警械使用之行為性質，所關係的是警械之合法使用與非法使用，其法律效果牽涉有關賠償以及補償問題，亦關係著警械使用之行政救濟問題。警械使用之行政性質應是屬於物理上之動作，尤其射擊行為，是一

___

擊武器使用前之警告、射擊是作為最後手段、優先針對物品使用以及針對致命射擊等等更嚴格之使用要件。日本對於使用之要件分為一般使用與對人造成危害之使用武器，在一般使用之要件是逮捕犯人或為防止其逃走、保護自己或他人、制止公務執行之抵抗行為。而對人造成危害之使用武器是保護第三人或警察本身、逮捕凶惡犯罪或制止其逃逸、依逮捕令執行逮捕。相關資料請參閱梁添盛著，論警察人員使用警械行為之法律效果，收錄於「警察法專題研究（一）」，1992年4月，中央警官學校出版，頁85-103；李震山主編，警察人員法律須知（二），2002年，永然文化出版社，頁50-60。

種即時性行為，且在短時間完成行為，因為只要扣下板機成功將子彈射出，此射擊行為即告完成。針對警械使用而言，在德國依其性質視為直接強制，一般討論重點在於射擊武器之使用，其被視為在直接強制中最為強烈之形式[97]。然而射擊行為針對其要件與程序一般在警察法上有特別規定，因此也可以說，射擊行為是直接強制的一種特別形式[98]。詳細地說，在射擊行為實施之前若有時間予以警告或警告性射擊，則警告可視為先前處分，射擊行為符合直接強制之要件，然若時間緊迫無警告行為，則亦可視為警察之即時強制特別形式[99]。然而針對即時強制等措施歸屬何種行政行為之形式，在理論上是有爭議的，仍需要特別探討[100]。

　　警械使用是否屬於行政處分關係若行政救濟途徑甚鉅，若為行政處分則相對人可提起訴願與行政訴訟，若如上述以執行完畢之即時性行政處分，則當事人可提起所謂的繼續性確認之訴，可依行政訴訟法第6條選擇確認之訴；倘若是一項行政事實行為，則當事人應依行政訴訟法第8條提起一般給付之

97. Vgl. Rachor, F. Polizeihandeln, in: Lisken/Denninger, Handbuch des Polizeirechts, S. 541 ff.

98. Vgl. Würtenberger/Heckmann/Riggert, Polizeirecht in Baden-W?rttemberg, Rn. 784 ff.

99. 有關警察即時強制，請參閱蔡震榮著，行政執行法，修訂三版，2002年9月，頁197-200。

100. 進一步探討，警械使用之行政行為形式可能為行政處分或是事實行為，亦即射擊行為若屬於直接強制，則將被視為行政處分毫無疑義，然若係屬於即時強制行為，可探討的是干預性質之事實行為或者是可視為擬制之行政處分。干預性之事實行為是指有些警察公權力措施缺乏下令規制義務人之意思，警察基於本身法定職權自己直接以行動著手防止危害之工作，亦即不必經由義務人行為或不行為義務之配合，如執行鑑識措施、即時強制之管束，此種警察自行強制之作為，僅具干預性之事實行為。然而警察射擊行為所發生之法律效果非一般行為所比擬，即使未造成人或物實質傷害，其威嚇所具有之效果亦相當大，吾人以為應歸屬於擬制強制性之行政處分，如同下令式之行政處分，一經執行即完成，具有即時性質之行政處分。

訴，而該行為若已結束則亦依行政訴訟法第 6 條，提起確認之訴。上述救濟問題雖非本文討論之重點與範圍，但是在此強調的是警械使用若未依規定之要件與原則，就是違反正當法律程序原則，對於違法事實之結果，相對人則可依法請求賠償以及提起行政救濟。

四、小結：「警察法」全面修正之探討

　　由上面各項論述，有關警察處分之理論與實踐，最終勢必牽動警察根本大法——警察法，此根本大法如何因應個別各項警察法理論與實務之改變，應是警察法研究現在或是未來之一大課題。我國於民國 46 年制定公布警察法，僅有條文二十條 [101]，數十年來僅有小幅度更正，針對時代演變以及社會治安情勢之改變，則以制定特別法因應，例如針對集會遊行則制定集會遊行法，針對警械使用則制定警械使用條例，針對警察職權之發動要件等則制定警察職權行使法。現行警察法之規範過於簡略，連警察行政行為之相關基本規定尚都闕如，何況本文所論述警察處分之要件與原則。本文在此建議警察法之全面修正，亦即希望全面修正之警察法應將警察處分之要件與原則納入規定，以實踐警察處分之理論。

　　時至今日，警察法是否應該全面修正或者繼續以個別特別法規範現在與未來警察與秩序法上之治安情勢，曾經引起討論。反對警察法全面修正者認為，警察法之全面修正所牽涉之層面相當廣泛，以目前警察法學研究仍未發達，恐無法修出一部完善之警察法，惟有採取個個擊破之方式，謹慎制定個別領

101.警察法第 7 條條文已於民國 91 年 5 月 15 日明令廢止，此為配合精省政策，原條文第 7 條規定：省政府設警政廳（處科），掌理全省警察行政及業務，並指導監督各縣（市）警衛之實施。

域之警察法規，即足以因應。然而支持全面修正者認為，同為大陸法系德、日等先進國家，其警察法均是較為詳盡之法規範，並非停留於如同我國一般僅是幾個重要概括條款之規定，而繼續增訂修正個別警察法規更是造成警察法規支離破碎之現象，無法展現警察法學進步之一番景象。近年來，隨著治安情勢之演變，而行政爭訟法與行政執行法等重要法律亦是全面修正，所以全面修正警察法漸成共識，內政部亦曾邀請法學者討論相關問題，亦成立警察法學研究中心，對於未來警察法全面修正作準備。

　　雖然警察法全面修正之問題非常複雜，在此無法一一詳述，然而值得先提的是未來警察法修正之方向為何，當然應該是能夠符合現代社會需要以及因應現在以及未來治安情勢，倘若以比較法之觀點，可參考德、日等先進國家警察法[102]之發展趨勢，以德國警察法發展趨勢而言，已經歷經三階段之演進，亦即歷經三代警察法[103]，此三階段之演進，主要是以警察職權之概括規定，經具體規定，進而精緻規定成為重心。德

---

102. 本文所提為德國警察法發展趨勢，至於有關日本警察法等相關資料可參考梁添盛著，警察法專題研究（一），1992 年 4 月，中央警官學校出版；梁添盛著，警察法專題研究（二），2004 年 9 月，中央警察大學出版。

103. 德國警察法自 1950 年發展至今，大概可區分為三個階段：第一階段是增列概括授權之重要基本原理、滋擾者之責任、比例原則與警察特別賠償之規定，主要理論承繼 1931 年普魯士警察行政法相關規定。第二階段是為防範與日俱增犯罪、暴力犯罪與恐怖主義，擴大滿足警察工作之典型職權，各邦皆有各自獨立之警察與秩序法，為了聯邦與邦，邦與邦間共同抗制犯罪之能力，聯邦政府乃思將各邦警察法規加以整理分析，統一規定。於 1976 年 6 月 11 日經聯邦與各邦內政部長聯席會議議決通過：「聯邦與各邦統一警察法標準草案」。第三階段是依據聯邦憲法法院人口普查之判決，個人資料之蒐集與使用，應受制於合目的性，因此，立法者本身應將資料使用之目的，於各領域中專門化且為周詳之規定，此表現於警察則為資料蒐集與處理之廣泛職權規定。進一步相關文獻請參閱李震山，「警察職權行使法」之緣起與形成紀實，收編於警察職權行使法逐條釋論，蔡庭榕、簡建章、李錫棟、許義寶著，2004 年 9 月，頁 12-17。

國此三代警察法之修法趨勢，旨在彰顯法治國家法律保留原則，凡干預人民權利之處分，皆須有明確之法律授權精神，亦是強調符合正當法律程序之原則 104。

綜上所述，未來我國警察法之全面修正，其重要內涵與範圍應包括下列幾個重要部分：一、警察任務：任務範圍之確認；二、警察職權與措施：闡明各類型之行政行為，其行使要件與原則；三、執行協助：其他機關需要警察機關直接強制或請求執行協助之程序等相關規定；四、警察強制：直接強制、即時強制等警察強制措施之相關規定；五、損害賠償及補償等相關規定。這些規定目前分散在各項警察法規，全面修正之警察法不能再以少數條文只規範整體方向，而應重新將各個警察法規重要規定整理分析納入，才能符合現代警察法學發展之趨勢。其中有關警察職權與措施之要件與原則之明確相關規定，即是本文所論述之主題，所以為了落實警察處分之理論，應全面修正警察法。

陸、結語

法治國家依法行政之理念是所有行政機關與人員所應戮力奉行的，警察機關是行政機關非常重要之一環，所負責之治安維護之任務更不可偏離法治國家依法行政之理念，尤其明確規範警察處分之法律要件與原則，是警察實踐依法行政理念最重要工作。近年來警察法制之改革，亦是朝著這個方向前進，例如警察職權行使法之實施，使得警察機關行使重要行政行為有所遵循依據，亦是我國警察處分重要理論之落實，亦即進一

104.參閱李震山，「警察職權行使法」之緣起與形成紀實，收編於警察職權行使法逐條釋論，蔡庭榕、簡建章、李錫棟、許義寶著，2004 年 9 月，頁 16。

步給予程序之規定，使警察職權之行使合於法律正當程序之要求，符合依法行政與法治國之要求外，也是保障人民權利的重要依據。經由一項重要法律之完成，雖使得警察處分理論之實踐增進一大步，然而其他警察攸關人民權利規範之事項若仍需經由逐項法律一一分別規範，則將曠日費時，短時間要達成所有警察處分理論之實踐恐有困難。所以再次強調本文所主張應儘速全面修正警察法，最重要的是應將有關警察職權與措施之要件與原則之相關規定明確納入，得以全面落實警察處分之理論以及保障人民之權利，如此才能開啟我國警察法制之新時代。

（本文發表於《台北大學法學叢刊》，第 57 期，2005 年 12 月）

2 從警察與秩序法之觀點探討遊民之問題

❧目錄❧

■ 摘要 SUMMARY

　　本文首先論述遊民的定義以及產生的問題作為立論的開端，並以警察秩序法的觀點論述遊民的概念。依據德國警察法理論，將遊民依據主觀與客觀之形成因素分為「自願性」遊民與「非自願性」遊民，一般而言，兩者皆可能存在對公共安全與秩序之危害，而明顯的是，

非自願性遊民形成危害之情況較多，亦為警察排除危害之重點。非自願性遊民所造成之危害，除了上述可能是公共安全與秩序之危害，而另一重點即是遊民本身人性尊嚴以及基本人權可能受到危害，因此為排除上述危害應制定相關規範予以因應，而針對遊民管理規範而言，在我國從法制探討遊民問題之文獻較少，本文參考德國文獻並基於上述理論，檢驗我國目前遊民管理規範之規定，並提出適當建議供參考。遊民所造成公共安全與秩序或個人生命財產等危害，警察必須基於職權採取有效措施予以排除，因而針對遊民之警察職權與措施亦為本文探討重點。另在台灣缺乏直接針對遊民典型或相關的法院判決，因此就實務案例中之遊民個案問題作法律評析，俾提供未來實務機關處理遊民案件時作執法的參考。

關鍵詞

- ◆ 遊民問題
- ◆ 警察秩序法
- ◆ 社會行政法
- ◆ 公共安全
- ◆ 危害防止
- ◆ 遊民管理規範
- ◆ 警察與秩序機關

壹、前言

在經濟不發達的年代，許多貧苦的人甚至居無定所，沒有住屋，流落在街頭，一般人稱他們為流浪漢、乞丐或者是遊民（Obdachlosen），這是一個非常錯綜複雜的社會問題，因為即使在經濟發達的現代社會，也因貧富之嚴重差距以及社會競爭激烈之自我放逐等心理因素而產生新的遊民問題。廣泛的

說，遊民問題是一個社會問題，依法制而言可以歸屬於社會法研究之範疇，然而當遊民問題亦形成公共安全或者公共秩序之危害，則亦屬於警察危害防止（Gefahrenabwehr）之任務範圍，此部分係歸屬於警察與秩序法之研究範疇，亦是本文探討之主題，但並非可以很明確劃分遊民問題在社會法與警察法之界線，兩者亦有重疊部分，本文亦列為論述探討之重點。

本文首先從警察法論述遊民之概念，目前依據德國警察法理論，可以將遊民依據主觀與客觀之形成因素分為「自願性」遊民與「非自願性」遊民（freiwillige und unfreiwillige Obdachlosigkeit）。一般而言兩者皆可能存在對公共安全與秩序之危害，而明顯的是，非自願性遊民形成危害之情況較多，亦為警察排除危害之重點。非自願性遊民所造成之危害，除了上述可能是公共安全與秩序之危害，而另一重點即是遊民本身人性尊嚴（Menschenwürde）以及基本人權可能受到傷害，此本身之傷害來自於非自願性遊民因經濟或其他因素被迫離開住所。因遊民所造成公共安全與秩序或個人生命財產等危害，警察必須基於職權採取有效措施予以排除，因而警察職權與措施亦為本文探討重點。

在我國，從法制探討遊民問題之文獻較少，本文參考德國文獻並基於上述理論，提出我國遊民實務狀況的法律評析，檢驗我國目前遊民管理規範之規定，希望針對警察處置遊民問題之規範，提出適當建議供參考，並針對案例予以法律評析，俾提供未來實務機關處理遊民的法律案件參考。本文以警察與秩序法的觀點探討遊民問題，由於我國缺乏足夠學理、判決、解釋加以詮釋，有關法學理論部分，主要參考德國警察法文獻論述之，於此，實無強與人同或全盤移植之意，而是因本土警察法學研究對此範疇資料缺乏，在此一併敘明。

貳、遊民與公共安全或秩序之危害

一、遊民之定義與問題

　　無住屋之遊民問題在近年來所牽涉的研究主要範圍有政治、社會、科學、機關以及法院等各層面，且人數有增加的現象，這些人多數是從家庭、孤苦矜寡、少年人以及小孩等產生[1]。在探討遊民問題之前，有必要對遊民之定義有清楚的了解。有些名詞如流浪漢、乞丐等等，皆與遊民之概念有些類似，其屬性之所以類似相同，皆因同屬社會邊緣人，同屬社會底層階級。然而遊民與流浪漢應屬極相近之名詞，簡單的說應是沒有住屋的人。經由概念之演變，遊民已不僅是沒有住屋的代名詞，仍有許多隱藏的概念存在，需要去探討。

　　依據社會研究文獻，已對遊民作出許多定義，例如有國外學者 Johnson 認為，一般來說，遊民是貧窮的，居無定所的、缺乏謀生技能的、或情緒不穩定的，並提出四種遊民型態：1. 長期性的遊民：指長期無固定居所；2. 短暫性的遊民：指無固定居所幾個晚上；3. 週期性的遊民：處於貧窮邊緣，在有固定住所及無固定住所之間循環；4. 隱性的遊民：和親戚、朋友住在一起或住在汽車、廢棄的大樓裡。而另一些外國學者 Roth 等人進一步將遊民界定為：1. 不管多長的時間很少或沒有收容所；2. 居住在收容所或庇護所；3. 居住在廉價（汽車）旅館的時間少於 45 天；4. 居住在無固定地址的地方少於 45 天[2]。

　　國外學者之解釋與定義並不一定符合我國社會狀況，我們必須再來探討我國之文獻解釋規定，在中央並沒有制定針對

---

1. Vgl. Ruder/Schmitt, Polizeirecht Baden-Württemberg, 6. Auflage, 2005, S. 218.
2. 黃世杰，台灣遊民問題與服務策略，福利社會，第 58 期，頁 21-22，1997 年 2 月。

遊民的規定，一般經由地方政府（主要由台灣省政府及台北市政府）制定相關規定，對遊民之定義為：1.台灣省取締遊民辦法：居住本省無合法戶籍且無身分證件足資證明者；強銷文具、書刊等其他強行索取之行為；乞丐、不務正業，沿街遊蕩或露宿公共場所之無業遊民及流浪兒童。2.路倒病人收治及醫療費用處理要點：係指意外一時傷病由警察單位或路人送醫救助者。3.台灣省遊民收容輔導辦法：係指流浪街頭孤苦無依或於公共場所乞討叫化必須收容輔導者。4.台北市遊民輔導辦法：於街頭或公共場所棲身、行乞者。疑似罹患精神疾病、身心殘障而遊蕩無人照顧者[3]。新近各縣市制定自治條例，例如桃園縣遊民收容輔導自治條例、高雄市遊民收容輔導自治條例、台南縣遊民收容輔導自治條例等等，其所對遊民所下定義範圍並不超出上述規定[4]。然而外國學者之定義以及我國法規之規定，有因時間、地點、身分等的界定而不完整，直到台大社會系教授林萬億等人針對遊民問題作一深入研究，對於遊民有比較簡單、清楚以及符合台灣實際情形，提出三個要件作為判斷遊民之標準：1. 在一定時間（二週以上）。2. 無固定住所。3. 個人所得低於基本工資[5]。此項定義為可以視為目前我國學界對於遊民定義之通說。

　　除了遊民之定義，許多文獻亦擴及探討遊民問題之特性、形成原因及生活狀況等等，往往大部分所探討應屬於區域性範圍，例如在台北市較多遊民聚集地區則為萬華地區，其形

---

3. 同前註2，頁 22-24。

4. 依據台南縣遊民收容輔導自治條例第 2 條規定，遊民係指流浪、流落街頭孤苦無依者或於公共場所棲宿、行乞，必須收容輔導者。而其餘自治條例對於遊民的定義則與上述規定大同小異。

5. 林萬億，遊民問題之調查分析，行政院研究發展考核委員會編印，頁 3-6，1995 年。

成原因及特性等皆有深度之區域性[6]。而不同國家亦有其不同之原因與情況，針對外國情形，本文列舉德國為例[7]。遊民問題之發生不見得就一定在落後國家較為嚴重，例如以社會福利健全以及工商業發達的德國，近年來同樣在外來移民與難民申請（Asylbewerbern）之增加以及廉價房屋之減少等因素，產生遊民之嚴重社會問題[8]。所以也不見的一定在經濟不發達之年代才會有遊民問題，因為即使在經濟發達的現代社會，也因貧富之嚴重差距以及社會競爭激烈之自我放逐等心理因素而產生新的遊民問題。

　　遊民所產生之問題是一個非常錯綜複雜的社會問題，可以說是經濟、社會、家庭及個人因素互相影響、激盪產生之問題[9]。社會問題亦即社會成本之付出，有所謂直接成本、間接

---

6. 相關文獻請參閱李如卿、鍾郁芳、康雅婷等三人著，萬華地區的遊民與居民，傳習，第 16 期，頁 185-190，1998 年 4 月；萬華地區遊民的生活狀況與健康問題，李媚媚、林季宜、鍾聿琳等三人著，護理雜誌，第 49 卷 4 期，頁 87-90，2002 年 8 月。

7. Vgl. Katja Reitzig, Die polizeirechtliche Beschlagnahme von Wohnraum zur Unterbringung Obdachloser, Berlin 2002, S. 21 f. 本書作者 Katja Reitzig 於書中第 22 頁以下，引述如下：德國法學者 Erichen 即稱「住屋的短缺以及遊民問題在德國一如往昔一直都是嚴重的社會問題」，根據德國聯邦勞工無住屋協助圈在 1999 年初步估計在街道上無住屋之遊民之人數在德國大約 2 萬 6,000人，其中有 2,500 至 3,000 人是女性，在 1999 年至 2000 年之冬季曾有十一人凍死於街頭。雖然不是遊民，但沒有住屋而寄人籬下，再 1999 年根據統計大約有 55 萬人，比較於 1998 年有 68 萬人，算是減少了許多。

8. Vgl. Würtenberger/Heckmann/Riggert, Polizeirecht in Baden-Württemberg, 5. Auflage, Heidelberg 2002, S. 212；Katja Reitzig, Die polizeirechtliche Beschlagnahme von Wohnraum zur Unterbringung Obdachloser, S. 23. 上述德國文獻作者均認為遊民之社會結構因素是多樣的，在社會學之研究文獻中認為，工作之喪失、經濟之困難、生病、酗酒等等都可能形成。變成遊民對於當事人是一種沉重打擊，不僅造成其本身之健康上之危害，也可能產生心理上以及社交上之問題，例如中暑、嚴重酗酒以及憂鬱症。

9. 黃枚玲，台北市遊民生活適應問題之研究，國立台灣大學社會學研究所碩士論文，頁 15-20，1995 年 6 月。該文針對遊民之社會問題進一步指出，遊民與社會體制間的關係，由傅柯於《瘋癲與文明》一書討論，邊陲偏差者與社會文

成本以及道德成本。直接成本包括提供緊急庇護和食物方案，以及提供門診健康照顧等，而間接成本包括遊民的犯罪、藥物的濫用，降低都市經濟活力，造成都市病態的成本，以過度負擔的社會福利及緊急住屋安置等，又遊民感染愛滋病毒者，多倍於其他人口，需由公共支出來支付他們的治療成本，還有遊民即使犯罪輕微，卻佔住相當成本的拘留所和監獄，遊民之道德成本是一項不明顯又特別的成本，這種負擔是少數人每天遇到遊民，等於睜著眼睛看到社會體系的不正義，無法幫忙又免不了受其影響。一般人亦認為遊民已是社會問題，其中以製造髒亂，增加犯罪率，製造社會不安及傳染病為主[10]。

　　遊民問題是一個社會問題，依法制而言可以歸屬於社會法研究之範疇，然而當遊民問題亦形成公共安全或者公共秩序之危害，則亦屬於警察危害防止之任務範圍，此部分係歸屬於警察與秩序法之研究範疇，亦是本文探討之主題，但並非可以很明確劃分遊民問題在社會法（Sozialrecht）與警察秩序法（Polizei- und Ordnungsrecht）之界線[11]，兩者亦有重

明發展間的關係，獲得更多的理解，文中談到 17、18 世紀的歐洲以一種「治安」的手段，禁閉邊陲的偏差者，包括：窮人、失業者、精神病患以及流浪漢。禁閉的手段是各種的濟貧與懲治法令，將其禁閉於各種機構之中，如精神病院、拘留所與監獄，他們和社會之間建立起一種不言自明的義務體系。他們有被贍養的權利，但是他們必須接受肉體上和道德上的禁閉束縛。當今社會的遊民，由於在主流的體制中失去其社會位置，因此，受到深刻的道德質疑。

10. 李如卿、鍾郁芳、康雅婷等三人著，萬華地區的遊民與居民，頁 187-189。另國內學者古梓龍認為，除非現代社會遊民問題被解決，否則勢必會逐漸增加社會經濟成本，包括世代間低水平教育、持續的貧窮和犯罪行為，並產生成人經濟問題及兒童發展停滯問題等。而另一學者林萬億所作問卷調查顯示，意見領袖中有 95% 認為遊民已是社會問題，其中以製造髒亂，增加犯罪率，製造社會不安以及傳染疾病為主，這和意見領袖對遊民印象有關，認為遊民是髒亂的、危險的，這些大都是社會人士對遊民的刻板印象。

11. Vgl. Katja Reitzig, Die polizeirechtliche Beschlagnahme von Wohnraum zur Unterbringung Obdachloser, S. 66.

疊部分。與社會行政機關不同的是，警察與秩序機關對於遊民之處置是一種較具命令式且屬於更短暫性之住所安置措施（Einweisungsverfügung），其特徵是暫時住所僅提供簡單維生設備，而不是長期生活的各項設施[12]。而另一個任務之重要區分在於，社會行政機關並沒有義務去防止或避免遊民之發生，而警察與秩序機關對於遊民可能造成之公共安全或秩序之危害（Gefahr）以及滋擾（Störung）有預防之任務，包括防止以及避免遊民之發生[13]。

　　對於遊民之問題，從社會法與警察秩序法之觀點是一體兩面的，長期解決遊民問題是社會法及社會行政所應努力之目標，而針對警察法而言，則是需要在短時間內有效排除遊民所造成之危害，包括對於公共安全與秩序之危害以及遊民本身人性尊嚴以及基本人權（Grundrecht）之危害，因為針對個人生命財產之保護亦為警察任務之範圍。而警察秩序法與社會法所採取措施之界線亦經由其不同之任務範圍去界定，警察與秩序機關（Polizei- und Ordnungsbehörde）所採取的措施往往以提供一緊急場所安置遊民以清除或預防危害狀態，亦僅可能藉由此一緊急住所保護遊民之基本生存權。相對於警察任務，社會行政機關之任務在於儘可能避免遊民之發生，並能採取徹底解決遊民之長期措施，亦就是指一個長期住所的保障與安全，如果遊民在未來無法達到或無法經由其他旁人協助，則這是社會行政機關之任務，而不是警察與秩序機關之任務[14]。

---

12. Vgl. Ruder/Schmitt, Polizeirecht Baden-Württemberg, S. 224.

13. Vgl. Würtenberger/Heckmann/Riggert, Polizeirecht in Baden-Württemberg, S. 213.

14. Vgl. VGH Mannheim, BWVPr 1996, S. 140.

二、公共安全與秩序之相關概念

依據傳統的解釋，公共安全（Öffentliche Sicherheit）對於個人之保護包含生命、健康、自由、榮譽以及財產等方面[15]。經長時間的演進，公共安全之概念已有一公認之輪廓，只要個人生命、健康、自由、名譽與財產，以及國家機構之存在與功能中任何一狀況受到威脅（Drohung），則是公共安全受到威脅。德國 Bremen 邦之警察法第 2 條第 1 項第 2 款：「公共安全係指，法規、個人之權利與法益、國家或其他公權力主體設施與活動之存續，不可侵害性之謂。」而今日所理解之公共秩序概念則為「包括所有不成文之個人公共行為規範，依通常道德、社會之觀念，遵守該規範是國民共同生活不可或缺之要件。」由於公共秩序之定義範圍過廣，疑義滋生，公共秩序有關之危害防止是否列入警察任務仍有爭議，其概念的確定，有賴法官審判時，以其見解加以闡明[16]。所以在此面對遊民問題，對於公共秩序危害之認定，同樣會面臨概念確定之爭議。

針對遊民是否造成公共安全之危害，本文依據德國警察法之理論，區分為自願性與非自願性遊民兩種不同情況。自願性遊民與非自願性遊民之區分主要根據主觀上之行為重點以及關係著當事人之意願，自願性遊民即是根據自己意願決定離開固定住所，一般遊蕩於街頭，並對行為之危險有所意識與認知，而其餘應屬於非自願性遊民。非自願性遊民傷害以個人權益為保護方向的公共安全，非自願性遊民之形成對於健康狀況

---

15. Vgl. Drews/Wacke/Vogel/Martens, Gefahrenabwehr, S. 235.

16. 李震山，警察法論─警察任務編，頁 178-180，登文書局，2002 年 9 月。李震山教授引用德文文獻進一步指出，對一行為是否違反公共秩序之判斷，應注意以下幾點：一、該可能違反秩序之行為是否已涉及一存在之非法律之社會規範。二、該規範合乎特定區域人民之多數見解。三、對維持一有秩序的共同生活，該規範為不可缺之要件。四、該被判定之行為是違反該社會規範。

遭到威脅，特別是在夜晚時期，又因為處在惡劣氣候環境下（ungünstige Witterungsbedingungen），受到傷害威脅情況更嚴重，另可能遭到第三人之攻擊狀況產生，這些明顯對於公共安全產生危害威脅。相反的，一般而言，自願性遊民對於公共安全並不造成威脅危害，當一個人自願放棄居住所而成為一個遊民，基本人權是經由一般行為自由所保護的，而不是經由警察手段而干預。又遊民對於公共安全的危害已成定論，然而依據通說對於公共秩序（Öffentliche Ordnung）之危害，從現今理論的觀點已不存在[17]。有關遊民是否造成公共秩序或公共安全之危害，將於後詳細進一步討論。

三、公共安全或秩序之危害

　　依據德國警察法之理論，乃針對自願性與非自願性遊民對於公共安全或秩序之危害分別討論。自願性遊民（Die freiwillige Obdachlosigkeit）是遊民當中基於某種原因或動機（Motiven）經常自願處於無居所的狀態，這些自願性遊民是因此種生活型態與方式符合他們的信念以及生活哲學（Lebensphilosophie），例如夏季時一些遊蕩在街頭的流浪漢。另外特別是在大都市的年輕人，他們自願過著無住所的流浪生活，因為他們喜歡自由的感覺以及生活方式，經由自由流浪的生活，逃避家庭以及社會的控制與監督[18]。

　　一個人倘若本身自己決定於白天及夜晚以自由方式生活，依據德國基本法第 2 條第 1 項規定，基於人格（Persönlichkeit）之維護而保護上述權利，亦即該項規定所闡明人人有自由發展其人格之權利。此項基本人權經由自己的信念而保障人民之自

17. Vgl. Würtenberger/Heckmann/Riggert, Polizeirecht in Baden-Württemberg, S. 213.
18. Vgl. Ruder/Schmitt, Polizeirecht Baden-Württemberg, S. 220.

我實踐權利（Selbstverwirklichung）。自願性遊民選擇自己的生活方式，從形式上而言是符合上述德國基本法之規定，原則上不是公共秩序之警察危害，並不需要經由警察或秩序機關之措施予以排除[19]。

　　警察若須對自願性遊民採取干預性措施，首先是因人性尊嚴（Menschenwürde）[20] 可能被侵犯的問題，針對德國基本法第 1 條第 1 項規定：「人之尊嚴不可侵犯，尊重及保護此項尊嚴為所有國家機關之義務」。另外遊民所擁有之防衛性權利，在德國來自於基本法第 2 條第 1 項，必要時亦適用於基本法第 4、5 及 11 條。倘若警察措施對於自願性遊民要採取必要性干預，其要件在於自願性遊民已成為滋擾者或者傷害其他法益（Rechtgüter），或是基於一種防衛（Abwehr）自我傷害之公共利益[21]。若自願性遊民之生命安全遭到威脅，則受到德國基本法第 2 條第 2 項規定：「人人有生命與身體之不可侵犯權」所保護，亦即擁有身體不受傷害權[22]，此時國家公權力是可以干預遊民之行為。但是如果一個人傷害自己本身的身體與

---

19. Vgl. Ruder, Die polizei-und ordnungsrechtliche Unterbringung von Obdachlosen, S. 1224; VGH Mannheim, NVwZ- RR, 1995, S. 236.

20. 請參閱李震山，人性尊嚴之憲法意義，收錄於「人性尊嚴與人權保障」一書，台北：元照出版社，1999 年，頁 3-4。憲法作為最高實定法規範，自有其價值體系，就這層意義言，人性尊嚴屬憲法價值秩序中之根本原則，甚至不可侵犯的人性尊嚴，已成為價值體系之基礎。

21. Vgl. Bernhard Schloer, Der Obdachlose als Störer der öffentlichen Ordnung oder der öffentlichen Sicherheit？, DVBl. 1989, S. 745.

22. 李震山，從憲法觀點論身體不受傷害權，收錄於《人性尊嚴與人權保障》一書，頁 162-163，元照出版社，1999 年。所謂身體不受傷害權，旨在確保人身體之完整性，包括外在之形體與內在之器官、組織。從人的物質（肉體）層面而言，是指每個人有權主張，其作為人生命之物理、生物基礎之肉體與健康應不受傷害。從人的精神層面而言，是指人在心理、精神、靈魂上，對其身體完整性有不受外在操控之主體地位，此種身體自主性屬人格權中自我型塑表現形式，其應不受傷害。

生命，則存在著上述德國基本法第 2 條第 1 項個人防衛權利以及第 2 條第 2 項國家保護義務之間的衝突。

依據通說，在憲法所保障個人自由權利則是優於國家保護義務（staatliche Schutzverpflichtung）[23]，僅僅在例外的時候，國家保護義務才優先於個人自由權利之發展，例如當立即生命危險（Lebensgefahr）已形成時，國家保護義務應優先存在，國家公權力措施必須立即介入以排除危害。所以當自我傷害的情況時發生，並不是在一種完全自由意志下所為，則國家保護義務優先存在，致使警察與秩序機關必須採取適當措施，例如針對小孩以及少年，他們傷害自己之決定是因長輩或受不良團體之影響，則並非處於完全自由意志下，例如有人因為酗酒以及吸毒而傷害自己 [24]；另外，並非自我意志的問題而是基於外在環境與條件，例如當極端惡劣的氣候條件威脅自願性遊民生命的安全，則國家保護義務優先存在，因為已是在危害防止任務上所認定公共利益之存在 [25]。

一般而言，若人民選擇以一種不健康的生活方式過日子，則警察對此種遊民本身健康的保護是缺乏公共利益的因素，所以不是警察任務 [26]。然而如果對於生命的危害或者有意圖危害之行為存在，例如自殺或企圖自殺，警察可以基於公共安全採取適當保護措施，因為在此以宏觀的角度存在著公共利益的因素，而另一個例子是招致第三人之傷害，雖屬公共利

---

23. 依據德國學者 Hillgruber, Münch, Kunig, Erichsen, Biermann 等在其論著均主張如此觀點，另聯邦憲法法院判決 BverwGE 82, 45, 49 ff 亦表示此項觀點。

24. Vgl. Katja Reitzig, Die polizeirechtliche Beschlagnahme von Wohnraum zur Unterbringung Obdachloser, S. 59 f.

25. Erichsen/Biermann, Obdachlosigkeit als gefahrenabwehrrechtliches Problem, Jura 1998, S. 371 ff.

26. Vgl. Drews/Wacke/Vogel/Martens, Gefahrenabwehr, S. 230 f.

益範圍，則直接規範於刑法的傷害罪以及殺人罪[27]。值得注意的是，如果人們將自殺作為討論觀察的重點，並非以其個人保護法益為重點，而對公共安全之保護，警察採取干預措施（Eingriffsmaβnahmen）是被允許的[28]。此種公共安全之保護是屬於其他法律規範，並非屬於上述警察與秩序法上之危害防止，在此是違反刑法所規定的禁止或命令行為或者是違反特別法的規定，現今在德國刑法對於遊民整體上之評價規範已經不存在[29]。

針對自願性遊民而言，他們個人較粗俗的行為通常可能違反刑法以及秩序違反法，而招致警察或秩序機關採取必要措施。上述而言在德國刑法上針對遊民整體概念而言，並非刑法所要規範之犯罪者，因此僅僅針對遊民個人之具體個別行為（Einzelfall）是否構成刑法犯罪（Straftaten）而採取干預措施，亦即此干預措施並非針對整體或多數遊民之日常行為[30]。另非自願性遊民的基本人權更容易在不同程度上受到相當程度之傷害或損害，基本人權所指大部分是生存權、身體不可侵犯權、健康權、一般人格權、婚姻與家庭權及母親保護權，尤其

---

27. 不管是自願性遊民以及非自願性遊民，因為他們是社會邊緣人，大部分一般人對他們不認同且甚至出現鄙視態度，更甚者成為出氣洩恨的對象。於 2006 年 7 月 25 日中時電子報社會新聞有如此報導：台北市西門町驚傳遊民遭虐殺案件，連姓遊民連日來以昆明街路邊長椅為床，昨天凌晨在睡夢中，竟遭人以利器割傷下體，血流不止，經送醫縫合搶回一命。警方隨後依目擊者指證，逮捕涉嫌行兇的醉漢魏先生到案。魏先生經偵訊後坦承看到被害人躺在椅子上很不雅觀，一時酒後衝動行兇，至於為何挑上被害人下體動刀，魏嫌表示因為很「刺眼」。

28. Vgl. Bernhard Schloer, Der Obdachlose als Störer der öffentlichen Ordnung oder der öffentlichen Sicherheit?, DVBl. 1989, S. 745.

29. 德國刑法第 36 條第 1 項第 3 款及 8 款被刪除，且無任何取代條款規定，而遊民之處罰在德國秩序違反法亦無相關合適的構成要件條款。

30. Vgl. Bernhard Schloer, Der Obdachlose als Störer der öffentlichen Ordnung oder der öffentlichen Sicherheit?, DVBl. 1989, S. 746.

特別是指人性尊嚴。德國高等行政法院的基本判決，更確定了上述基本人權所導出的價值，而以前常討論的是遊民是否破壞公共秩序，前面已經敘述，依據現今的觀點，對於公共秩序的傷害是被否定的，而現在更可以在憲法規範被肯定的是，非自願性遊民與基本人權之傷害有相當大的關聯性，此項危害之預防與排除是屬於國家及秩序行政的任務[31]。

依據德國聯邦憲法法院的判決，人性尊嚴的尊重與保護是憲法最高原則，基本法第 1 條第 1 項所規定，保護人性尊嚴是所有政府機關的義務，依此並導出所有基本人權。基本法所規定人性尊嚴的概念高於生命的價值，因為生命基本權在一定條件受限制的，據此人性尊嚴的維護是不受限制的。如果一個人違反本身意志沒有住所在戶外生活，此種非自願性遊民所反映出的基本法上人性的輪廓，是傷害到人性尊嚴的基本人權。在憲法上，對於人類生命價值維護與尊重要求是國家的義務，針對其危害，國家應採取適當措施予以排除。一個人在白天以及晚上生活於戶外而沒有他人的協助，此種情況無法滿足生命的需求。在此非自願性遊民沒有擁有自己的可保護的空間，私生活層面是完全被排除的，最起碼的健康標準也可能無法維持，進一步也可能遇到惡劣天候而沒有受任何保護，特別是遭到第三人攻擊[32]。以社會學的觀點，非自願性遊民是典型的社會邊緣人，而婚姻與家庭生活對於其生活的引導，在此是毫無作用[33]。

當然一再強調的重點是，非自願性遊民對於本身或他人

---

31. Vgl. Bernhard Schloer, Der Obdachlose als Störer der öffentlichen Ordnung oder der öffentlichen Sicherheit?, DVBl. 1989, S. 750.

32. 同註 32。

33. Vgl. Ruder, Die polizei- und ordnungsrechtliche Unterbringung von Obdachlosen, S. 1225-1226.

在基本人權的傷害，除了上述人格的維護以及人性尊嚴的保護外，特別是指上述的生命以及身體不可侵犯權（körperliche Unversehrtheit），必要時也包括家庭以及財產的保護。如果遊民本身不能了解或掌握上述權利的傷害或危害，則這些相關傷害的行為歸屬於公共安全的滋擾與危害[34]。有關生命以及身體不可侵犯權，重點包括生命及健康的問題，實際生活的例子有當非自願性遊民遭遇惡劣天候條件，因無住所，這些人自然形成公共安全的問題，另有傳染病以及身體可能遭受第三人攻擊等問題。至於財產保護的問題，所呈現的觀點在於非自願性遊民並非沒有財產，只是因為沒有住所而無法有效隱密的藏匿，必須隨身攜帶，特別是其財物長期暴露在光天化日之下，當然可能容易遭致第三者的搶劫財物以及竊取，在此所關聯的亦是警察預防犯罪的措施，警察應該在一定條件下對其財物予以扣押保存，以暫時保護其財產。針對家庭權部分，在德國基本法第6條第1項規定：「婚姻與家庭應受國家之特別保護。」，內涵包括防禦性的基本人權（締結婚姻之自由）、制度保障（一夫一妻制）、受益權、保護義務等等，保護模式可說林林總總，相當多樣而複雜[35]。非自願性遊民所受到可能的傷害在家庭權保護範圍內，所針對的應是婚姻與家庭共同生活權（familiäres Zusammenleben），因為沒有居所顯然失去家庭與婚姻所保障下的生活權，此婚姻與家庭在共同生活下的受益權因為其為遊民的身分及生活方式無法獲得保障[36]。

---

34. Vgl. Ruder/Schmitt, Polizeirecht Baden-Württemberg, S. 221.
35. 李震山，多元、寬容與人權保障—以憲法未列舉權之保障為中心，頁 158，元照出版公司，2005 年 9 月。
36. Vgl. Katja Reitzig, Die polizeirechtliche Beschlagnahme von Wohnraum zur Unterbringung Obdachloser, S. 51 f.

四、小結

非自願性遊民所傷害的是以個人權益為保護方向的公共安全，明顯對於公共安全產生危害威脅。相反的，一般而言，自願性遊民對於公共安全並不造成威脅危害，當一個人自願放棄居住所而成為一個遊民，以及若當自願的自我傷害發生，這僅僅關係著保護個人利益之措施。遊民對於公共安全的危害已成定論，然而依據通說對於公共秩序之危害，從現今理論的觀點已不存在。儘管如此，針對公共秩序而言，在此僅僅侷限於遊民個人本身之行為模式，例如在公共場所酗酒以及乞丐破壞秩序之攻擊性行為，或者如果一群多數遊民長時間在特定地區出現，則仍然對於公共秩序產生傷害，這種傷害來自於事實上以及心理上一般大眾對於公共空間使用之妨礙。然而為防止遊民所造成之危害，終究必須訂定相關法規予以因應，本文於下一章中即探討我國遊民管理規範如何規定，並提出修正等建議供參考。

參、我國遊民管理規範之探討

一、歷史回顧

遊民管理規範應是包含著管理制度與法令，而每一個國家、社會面對遊民問題如同時代的演進一般都有其歷史過程，針對我國遊民管理制度以及規範也不例外。從歷史大略的回顧，在清代治理台灣期間，因擔憂民變問題，針對流民、乞丐等具有潛在或實際反抗行動者，與其他無依老人或痲瘋、殘疾等一同實施院內救濟，收容在官方出資或官私合資的養濟院等機構，避免滋事作亂。在管理上官方未設置人員，而是交由被

收容者中所選的頭人來擔任，維持院內運作以及行乞地盤之秩序，公權力實際管理能力有限。至日治時期，殖民政府從事社會救濟的動機亦如清代政府，主要在於安撫社會不滿，控制社會問題，避免危害殖民政府統治基礎；相較於清代之國家低度介入，強有力的殖民政策收編民間福利事業予以公營化，同時以恩賜方式補助民間機構收容乞丐、流民，並嚴格施行禁乞政策。值得注意的是，台灣到了日治時期，才有首次全面性的社會事業調查工作，接著透過一連串的法令制定，使得台灣的社會事業執行有所依據，並奠定行政科層組織的執行架構[37]。

　　至國民政府遷台後，首先是以 1943 年於中國大陸制定頒布的社會救濟法為依據，其救助之對象僅限於處於赤貧狀態的社會邊緣團體，即年滿六十歲以上精力衰耗者、未滿十二歲者，妊婦、因疾病傷害殘廢或其他精神上身體上之障礙，不能從事勞動者，因水災或其他天災事變，致重大損害，或因而失業者，如未能符合上述情形但無自助能力者，則不在救助之列[38]。直到 1980 年新制定社會救助法，整體法制才有了現代化的風貌，該法主要目的，為照顧低收入及救助急難或災害者，並協助其自立[39]。並於 1997 年增訂為四十六條，於 2000

---

37. 孫迺翊，社會救助制度中受救助者的人性尊嚴保障，月旦法學，第 136 期，頁81-82，2006 年 9 月。

38. 社會救濟法之救濟方法具有幾點特色：一、以機構留養收容為主，針對上述對象，分設安老所、育嬰所、育幼所、殘疾教養所等。二、實施帶有行為教化、道德教化與強制色彩的矯正救濟。三、以實物救濟為主，如留養於設施處所、食物衣服必需品之給與、住宅、糧食提供等。進一步資料請參閱孫迺翊，社會救助制度中受救助者的人性尊嚴保障，頁 81-82。

39. 1980 年版之社會救助法取代社會救濟法，該法第一條明定以協助自立為本旨，給付項目分為生活扶助、醫療補助、急難救助與災害救助，其中針對低收入戶所提供之生活扶助，改以現金給付為原則，機構收容留養為輔（同法第 7條），地方主管機關雖得視實際需要，設立習藝場所，以「提供技能訓練、創業輔導或以工代賑」作為調控機制。

年以及 2004 年再經修正，歷次修正的重點在於個人責任，尤其是「家庭成員間扶養義務」範圍的釐定，包括家庭應計算人口、工作人口以及家庭總收入的計算範圍[40]。

　　回顧台灣遊民管理規範的歷史，可以觀察出，在清代治理時期，政府所採取的是放任政策[41]，此與大環境歷史密切相關，針對重大民生議題均採取消極政策，何況遊民問題。直到日治時期，亦與大時代的變動息息相關，日本政府積極經營台灣，因此公權力介入遊民管理甚深，而國民政府時期亦承襲日治時期的社會政策，直到台灣解嚴後進入現代憲政國家的正常體制才有所改變。以日治時期以及國民政府威權時期而言，由國家政策以及地方制定的管理規範觀察，遊民一直被視為社會的負擔以及危害滋擾者。在台灣憲政國家制度興起前，針對遊民管理等規範是以傳統與典型的警察與秩序規範之思考政策為主，甚少以國家社會福利的政策與規劃考量，現今現代化的遊民政策是除了改變對於遊民的刻板印象與態度外，警察秩序行政與社會福利行政亦應並重且相互合作，才能有效解決遊民問題。

二、憲法與法律相關規定

　　我國憲法增修條文第 10 條第 8 項規定，國家應重視社會救助、福利服務、國民就業、社會保險及醫療保健等社會福利工作，對於社會救助和國民就業等救濟性支出應優先編列。此項規定係屬基本國策的宣示，雖無強制性質，但仍彰顯國家施

---

40. 同前註 37。

41. 簡炯仁，台灣開發與族群，頁 61-63，前衛出版社，1995 年。清朝治台措施，並未採取積極開發的政策，而是一種消極的防堵政策，嚴格限制閩、粵籍民渡海來台，整體施政只以社會秩序以及安定達成初步的結果為滿足，有關國計民生等，政府並不熱衷參與。

政的重點與優先性。上述規定有關社會救助、福利服務、國民就業、社會保險及醫療保健等均與遊民問題息息相關，倘若上述各項施政有所成效，自然減少許多的遊民問題。另重要者為憲法第 15 條明定生存權之保障，第 155 條規定，要求國家對無力生活及受非常災害之國民，給予適當的扶助與救濟。在憲法中的規範均是政策性的概括規定，且並不是只針對遊民，而是包括遊民在內所有生活在社會的弱勢團體以及個人，這些規範亦均屬於社會福利政策，並未對於社會治安等有所政策性的宣示[42]。

　　現行在我國有關遊民的規範大多屬於地方政府的權限，且現行直接規範遊民的法令均為地方所發布的行政命令，亦即中央並無制定有關規範遊民的專屬法律或命令。但相關規定以及間接規範仍然可以在憲法以及相關法律中找到一些蛛絲馬跡，例如上述社會救助法第 17 條的相關規定，在此條文中已針對遊民處理問題作初步規範，值得注意的是，以性質論，社會救助法是一種純粹社會法，內容仍承襲先前的社會救濟法，是以社會救濟以及福利的給予為主，有關警察與秩序的行為規範則較少，直接規範僅有第 17 條規定，警察機關發現無家可歸之遊民，除其他法律另有規定外，應通知社政機關（單位）共同處理，並查明其身分及協助護送前往社會救助機構收容；其身分經查明者，立即通知其家屬。本條第 2 項並規定，有關遊民之收容輔導規定，由直轄市、縣（市）主管機關定之。

　　學者針對現行社會救助法第 17 條有關遊民處置規定有如此評價：「警察機關發現遊民，原則上應通知社政機關共同處理，並查明其身分及協助護送前往救助機構收容。此項規定顯

42.徐震，我國社會救助體系整體規劃之研究，頁 130-135，行政院研究考核委員會編印，1995 年 12 月；郝鳳鳴，我國社會救助法之現況分析與檢討，東海法學研究，第 10 期，頁 100 以下，1996 年 3 月。

示過去存在於貧窮與犯罪間模糊的界線，在概念上已獲得釐清，無具體事實而輕易推定有犯罪嫌疑的預設立場亦已被推翻。[43]」上述評價亦即印證本文上述有關社會法以及警察法界線的問題，依據德國警察法之理論以及行政法院之判例，針對處理遊民之問題，相較於社政機關之措施而言，警察排除與防止危害之措施仍是站在第一線之優先任務，其任務重點首先保護遊民之身體與生命之安全，提供預備一個臨時收容所。警察機關之措施比起社會行政機關較為廣泛而有力，主要在於警察機關可以在緊急狀況下針對第三人賦予警察義務或實施命令或禁止之行為[44]。當然上述有關貧窮與犯罪的界線，犯罪與危害滋擾仍有所差別，然而只是對犯罪定義與性質認知上的不同，一般而言，當危害防止的構成要件已符合刑法要件，即被定義為犯罪，否則僅是停留於秩序違反或滋擾危害的範圍。

　　在我國，單純就警察與秩序法的範圍，針對遊民的法律規定，除了上述相關規定社會救助法第 17 條外，可以探討的是社會秩序維護法第 74 條的相關規定，第 1 款：深夜遊蕩、行跡可疑，經詢無正當理由不聽禁止而有危害安全之虞者。第 2 款：無正當理由隱藏於無人居住或無人看守之建築物、礦坑、壕洞、車船或航空器內而有危害安全之虞者，有上述行為之人將被依該條處罰新台幣 6,000 元以下罰鍰。上述行為雖未明定為遊民之行為，但從客觀行為的研判，均屬於遊民的行為特徵，由此可以據以認定為社會秩序維護法對於遊民的規範，然而該法亦無針對遊民有定義上的解釋，而處罰的性質均屬負擔性處分，是典型不利性的警察罰，並以防止潛藏性危害為目的。

---

43. 同前註 37。

44. Vgl. Ruder/Schmitt, Polizeirecht Baden-Württemberg, S. 224 f.

　　另相關領域警察法的重要規定中，有警察職權行使法第
19 條即時強制的管束（等同於行政執行法第 37 條規定），針
對意圖自殺或暴行鬥毆等行為，警察應採取管束行為，而這些
行為模式亦可經常從遊民的行為中發現。而警察法第 2 條以及
第 9 條有關警察任務與職權之規定亦為相關領域的中央法律，
唯警察法僅為任務條款等概括規定，針對遊民採取干預措施，
依據法治國依法行政的原理，仍應依據較為具體詳細的職權措
施規定 45。而整體觀察中央制定的警察法規，針對遊民之干預
措施可以依據主要應只有社會秩序維護法以及警察職權行使
法，另外在個別法亦有相關規定，然而並非處理遊民的直接法
律依據，例如鐵路法、噪音管制法以及廢棄物清理法等。

三、地方遊民管理規範

　　依據社會救助法第 17 條規定第 2 項規定，有關遊民之收
容輔導規定，由直轄市、縣（市）主管機關定之。依據上述規
定，各縣、各省轄市（基隆、台中、新竹、嘉義、台南）以及
各直轄市（台北、高雄）可以針對遊民之收容輔導等事項制定
相關規定，此規定性質為自治規則或自治條例 46。在實務上，

45.有關我國警察法第 2 條之警察任務條款，其是否得作為警察干預處分之法律依
　　據，引起爭議。通說認為，僅以宣示性之任務概括規定，作為干預處分之依
　　據，不合乎法治國家依法行政中法律保留所內涵之明確性原則之要求。除了
　　任務條款外，尚需另一職權概括條款，職權概括條款則受到依特別授權而制
　　定之類型化處分所制約。進一步詳細中文資料可參閱李震山，警察法論—任
　　務編，頁 172-174；陳正根，論警察處分行使之法律要件與原則，台北大學法
　　學論叢第五十七期，頁 14-16，2005 年 12 月。德文資料可參閱 Franz-Ludwig
　　Knemeyer, Polizei- und Ordnungsrecht, 10. Auflage, München 2004, S. 154-156;
　　Prümm/Sigrist, Allgemeines Sicherheits- und Ordnungsrecht, 2. Auflage, München
　　2003, S. 95-97.

46.依地方制度法，地方行政機關有權就自治事項訂定「自治規則」，依地方制
　　度法第 27 條第 1 項規定：「直轄市政府、縣（市）政府、鄉（鎮、市）公所

我國地方遊民管理規範呈現著自治規則與自治條例並列的狀態，亦即部分縣市以自治規則的型態訂定遊民規範，而部分縣市則以自治條例制定公布。依據地方制度法規定（第25條等相關規定），經由地方議會通過的自治法規只稱自治條例，並沒有其他名稱，而不必經由議會通過，由地方行政機關自行訂定者稱為自治規則，但得依其性質定名為規程、規則、細則、辦法、綱要、標準或準則，而現行我國地方遊民管理自治規則均稱為「辦法」。

值得注意的是為何呈現自治規則與自治條例並列狀況？事實上，於地方制度法中對於兩者之區別已有明顯的不同，尤其於第28條更加強調的應以自治條例規定的事項，最重要者應為針對「創設、剝奪或限制地方自治團體居民之權利義務者」，即使並無詳細規定，類推法律保留的法理，自治條例應以規範重大人民權利義務為主。然而針對遊民而言，有關管理規範均應涉及人民權利義務之創設、剝奪或限制，自然均以自治條例規範較適當，而許多縣市僅以「辦法」規範，又視其規定均與遊民的權利義務密切相關（例如台北市遊民輔導辦法、台南市遊民輔導辦法、雲林縣遊民收容輔導辦法以及台東縣遊民收容輔導辦法等等），顯然有地方行政機關便宜行事之嫌，應早日修正送經地方議會議決通過，以符合法治國家依法行政的原則。

就其自治事項，得依其法定職權或基於法律、自治條例之授權，訂定自治規則。」請參閱李震山，行政法導論，頁307-308，三民書局，2006年，修訂六版。另依地方制度法第25條規定，自治法規經地方立法機關通過，並由各該行政機關公布者，稱自治條例；又依第28條規定區分，應以自治條例定知的事項為：一、法律或自治條例規定應經地方立法機關議決者。二、創設、剝奪或限制地方自治團體居民之權利義務者。三、關於地方自治團體及所經營事業機構之組織者。四、其他重要事項，經地方立法機關議決應以自治條例定之者。

　　在地方制度法實施之前，針對遊民的規範由省政府、直轄市政府訂定，各縣市即以「台灣省取締遊民辦法」、「台北市取締遊民辦法」以及「高雄市取締遊民辦法」為依據，惟該三種法規已廢止不用，現行則由各縣市制定上述自治規則或自治條例作為處理遊民之依據。從已廢止之上述規定觀察，其均以「取締」用詞的行政態度面對遊民問題，而現行規範則以「收容輔導」取代，可視為時代的進步，亦可看出行政實務上也認識應以落實憲法社會福利政策並保障人民生存權以及人性尊嚴的崇高理念為目標。另從現行較為進步完善的遊民規範觀察（例如桃園縣遊民收容輔導自治條例、高雄市遊民收容輔導自治條例、台南縣遊民收容輔導自治條例），最重要的規定仍然在於遊民之處理，亦即發現遊民後，在地方行政機關中，針對遊民各項問題應由何種單位或機關應負責，仍是規範的重點。一般來說，遊民之處理分工為：一、遊民之身分調查、家屬查詢、違法查辦等事項，由警察機關辦理，係屬緊急傷病患由消防局辦理；二、遊民之醫療補助、諮商輔導及社會福利救濟等事項，由社會局辦理；三、遊民罹患疾病之診斷醫療等事項，由衛生局辦理；四、遊民工作輔導由勞工局辦理。

　　探討遊民管理自治條例中有關遊民處理之規定，最主要負責的兩個機關為警察秩序機關與社政機關，符合上述遊民處理之法律理論。而警察秩序機關則為廣義的警察定義，實務上包括消防、衛生等機關，均負責有關危害防止等事項，而社政機關主要提供社會救濟等福利給付等事項。

四、小結

　　從歷史的演變、憲法規定、中央法令以及地方管理規範等方面，綜觀我國遊民管理規範，乃從過去放任政策，到今天

落實憲法保障人民的生存權以及社會權為主的發展。然而若要具體落實憲法保障的人權，必須訂定完善的法令並執行，在我國對於遊民的法律相關規定，僅有社會救助法以及社會秩序維護法等規定，雖然具體有效解決遊民問題，主要應在地方管理規範，而法律只要有原則性的規範即可，但我國相關法律規定仍不足，需在針對原則性問題強化規定。而目前較進步的地方管理規範，例如桃園縣遊民收容輔導自治條例、高雄市遊民收容輔導自治條例、台南縣遊民收容輔導自治條例等，不僅明定遊民處理的主管機關，亦區分社政機關與警察機關分工分責的界線，然而對於警察機關處理遊民的措施並未詳為規定，僅規定遊民身分調查、違法查辦等由警察機關負責，至於採用何種措施並未規範，規定較為簡略。另外，新近自治條例對於相關爭議問題並未規範如何解決，例如針對處置行為之救濟等，依據依法行政原理均應以條文有救濟宣示等，凡此均應在未來修正規定時一併納入改進補充。又探討我國遊民管理規範僅能針對規範本身形式與內容層面，而在法律理論基礎上則顯缺乏，因針對遊民法理之研究甚少，因此在下一章中本文引介德國法理論就警察與秩序機關針對遊民之管轄權限與行為探討，作為理論參考之基礎。

肆、管轄權限與行為之探討 —— 以德國法理論為主

一、警察與秩序機關之定義範圍

依據德國警察法原理，警察機關與秩序機關的定義範圍，應從現代警察概念界定以作為立論的基礎，現代警察之概念大都從廣義與狹義、實質與形式、功能與組織、學理與實定法等

對立概念之比較上著手[47]。究其實，廣義的警察意義，所指者即為實質上、功能上、學理上之警察意義。狹義的警察意義，則係指形式上、組織上及實定法上之警察意義。最重要的定義應為學理上之警察意義與組織上之警察意義。學理上的警察，將行使所謂警察權（Polizeigewalt）者皆納入，涵蓋面極廣，頗足以闡明國家行政中警察作用之特質，可以簡單敘述警察係防止公共安全與公共秩序危害任務，而組織上之警察意義則較單純的指警察組織與人員，由警察組織法及人事法規範之[48]。

　　依上述現代警察意義的理論作為基礎，一般而言稱呼警察機關即是指警察組織與人員[49]，倘若論及警察與秩序機關，亦即界定警察與秩序機關的範圍，則是上述廣義的警察意義，所指者即為實質上、功能上、學理上之警察意義。從我國實務上而言，警察機關只指警政署及所屬機關暨各縣市警察局，而警察與秩序機關是指除了警政署等警察機關外，主要包括內政部消防署、各縣市消防局、海巡署、法務部調查局，以及另外在個別法規定下行使警察作用，例如環保機關、衛生機關及營建機關等等，而這些依據個別法行使職權的機關即屬典型的秩序機關。亦即，在廣義的警察概念下，相較於德國秩序機關之概念，於我國則屬於一般行政中包含警察作用之中央與地方機關，而並不包含提供人民設施或施以福利之給付行政機關。所以，依據上述我國遊民管理規範之規定，掌理遊民事務者主要為地方警察與秩序機關，在此所涉事項為管轄權限之問題，本文即於下一節討論之。

47.陳正根，論警察處分行使之法律要件與原則，頁4-6。

48.李震山，警察法論—警察任務編，頁6-7。

49.林明鏘，法治國家與警察職權行使，警察法學第四期，頁282-283，內政部警政署，1995年12月。

二、針對遊民的管轄權限

依據德國警察與秩序法的原理，地方行政機關對於遊民的安置有管轄權，因為針對非自願性遊民所形成公共安全的危害，地方危害防止機關採取適當措施排除危害是有其事務管轄權（sachlich Zuständigkeit）。原則上，依據德國各邦警察與秩序法等相關規定，地方自治團體是受國家委任執行危害防止的任務，其下轄有警察與秩序或行政機關，而執行勤務警察僅在急迫危害（例如火災、重大災難發生）形成，採取迅速以及不可延遲的干預措施（unaufschiebbares Einschreiten）[50]。

依據地方自治法規，地方警察機關（Ortspolizeibehörde）對於非自願性遊民有安置的管轄權，因地方警察機關為自治團體所轄的危害防止最基層的機關，縣市長（地方首長）依據地方法規對於警察機關有指揮權（Organkompetenz），他有權在地方行政或質詢會議提出警察措施以安置遊民[51]。另外當非自願性遊民是一個外國人時，地方警察機關對於其安置仍有事務管轄權，在此其外國人的地位以及停留的理由都不是重點。經由外國人權利的標準考量，地方行政機關對於其安置居所的義務並沒有因此而改變，特別是一個難民申請者的身分，若其亦成為遊民身分，主管機關對於難民的安置則依據難民申請程序法（AsylVfG）的規定，而有別於一般警察法的規定[52]。

針對遊民危害防止的地區管轄是地方行政機關，亦即危害公共安全的區域，非自願性遊民停留的地區，此地區管轄權

---

50. Vgl. Ruder, Die polizei- und ordnungsrechtliche Unterbringung von Obdachlosen, S. 1226.

51. Vgl. Ruder/Schmitt, Polizeirecht Baden-Württemberg, S. 224.

52. Vgl. Katja Reitzig, Die polizeirechtliche Beschlagnahme von Wohnraum zur Unterbringung Obdachloser, S. 61 f.

明顯歸屬於地方。依據警察法原理，警察機關於地方管轄權區域內執行警察任務。如果遊民在一區域停留或安置，則此地方行政機關依據地區管轄權採取適當措施。對於遊民的地區管轄權並不在於判斷其最終停留地點或者曾經在何處居住而失去住所等等，只是依據其停留地區而判斷有無地區管轄權（örtliche Zuständigkeit）。對於個別且實際的行為而言，當遊民已經擁有住所（Unterbringung），例如在大城市發現其有較好住所的可能性，此與法律安置遊民的規定不符合，那麼此遊民可能將被送回原處。在秩序法上有關公共安全危害的防止機關，基本上位於地方行政的區域，並為其管轄區域，該機關有權排除危害[53]。

　　依據德國警察法原理以及巴登弗騰堡邦（Baden-Württemberg）警察法第 69 條第 1 項第 2 款規定，警察機關有地區管轄權，在其轄區（Dienstbezirk）內執行警察任務，在此地區管轄權判斷的標準在於在其轄區內是否有警察應保護的利益受到傷害或損害。然而仍有部分不同的觀點是，對於遊民的地區管轄權在於當初他失去住所的地區所在主管警察機關，即使他已不在那裡停留。但是值得注意的是，因為警察危害防止的任務最主要的並不是針對過去所發生的不法危害，針對遊民而言應是最終停留地區所產生的危害才是警察任務的重點，範圍重點包括健康以及人性尊嚴的問題，所以上述以原發生地為管轄權所在的部分觀點並沒有得到認同，而是以遊民曾經或最終停留地區為管轄權所在，此才為主要觀點[54]。

---

53. Vgl. Ruder, Die polizei- und ordnungsrechtliche Unterbringung von Obdachlosen, S. 1226; Ruder/Schmitt, Polizeirecht Baden-Württemberg, S. 225.

54. Vgl. Katja Reitzig, Die polizeirechtliche Beschlagnahme von Wohnraum zur Unterbringung Obdachloser, S. 62 f.

三、針對遊民的行政行為

（一）警察命令

　　警察與秩序機關之命令是針對一般抽象的危害狀況，相反的秩序機關的處分則是針對個別具體的危害狀況。值得注意的是，警察命令（Polizeiverordnung）是防止在公共安全與秩序下關於法益的傷害與危險，因此在日常生活中面對一些危害可以經由警察命令防止或排除，例如經由發布警察命令避免在公共場合之犬隻對於小孩或老人產生危害，又禁止在一個地區範圍進行色情交易，因此以此觀點運用警察命令於遊民問題亦會是有效措施[55]。

　　針對公共安全或秩序的危害，警察可以發布警察命令因應，亦即面對遊民造成公共安全或秩序之危害時或本身身體健康及人性尊嚴可能受傷害時，警察可依據概括條款或特別權限等相關規定發布警察命令防止危害之發生。警察命令發布的要件在於此措施所面對的是公共安全或秩序的危害，相對於警察處分（Polizeiverfügung）所面對的則是具體的危害，相反的，警察命令所面對的危害是抽象的危害[56]。何謂抽象的危害（abstrakte Gefahr），乃依據日常生活的多數經驗，可能在單一案件中因特定現象、行為或狀態而產生傷害[57]。警察命令即是以日常生活經驗之必要，多數發生具體危害之可能，而規範生活狀況。一個抽象的危害是經由日常生活經驗的判斷，在特

---

55. 陳正根，論警察命令之運用、界限與競合 ─ 以德國犬隻飼養之警察命令為例，頁 52。

56. Vgl. Wolfgang Kohl, Zulässigkeit ordnungsrechtlicher Maßnahmen gegen Obdachlose in den Städten, NVwZ 1991, S. 621.

57. Vgl. Drews/Wacke/Vogel/Martens, Gefahrenabwehr, S. 495.

定行為方式下很有可能對一事件產生傷害[58]。警察命令所要阻止的危害或損害必須在未來有預見發生的可能，亦即針對遊民而言，可以事先對於不特定的遊民及周邊人群等發布警察命令規範可能聚集的地區或公共設施，避免產生可能的危害。例如針對街頭或鄉村流浪遊民（Land-und Stadtstreicherei）而言，警察機關若依據警察概括條款頒布禁止酗酒的警察命令，當此狀況遊民本身以及酗酒者（Alkoholkonsum）已預見可能產生公共安全或秩序的滋擾或危害，則警察命令的發布是被允許的[59]。

（二）安置

　　針對非自願性遊民各項警察作為而言，安置處分（Einweisungsverfügung）是除了扣押與移置之外，警察最重要的措施。針對遊民的安置，其性質為一種行政處分，最主要的功能是提供遊民住在一個臨時性的居所。此項措施之法律性質不同於傳統干預行政之手段，特別以今天之觀點而言，經由安置措施的施行，使得遊民可以有一個臨時性的住所利用之功能[60]。經由秩序法上的住所安置措施，以形式觀察而言，遊民不再處於無住所的狀態，其功效使得遊民因此不會造成公共安全之危害。

　　依德國法而言，安置處分是一種具有雙重效力（Doppelwirkung）的行政處分，此項安置措施使得遊民獲得利益，因從基本人權保護的觀點，遊民可以利用一個居所結束其流浪狀態。同時安置處分亦是一種負擔性的行政處分，因為

58.陳正根，論警察命令之運用、界限與競合 — 以德國犬隻飼養之警察命令為例，頁52。

59.Vgl. Wolfgang Kohl, Zulässigkeit ordnungsrechtlicher Maßnahmen gegen Obdachlose in den Städten, NVwZ 1991, S. 621.

60.Vgl. VGH Mannheim, NVwZ- RR 1995, 326; OVG Bremen, DÖV 1994, 221.

一個特定住所的指定亦包含著一個機關的命令，即警察機關以一個住所的提供實踐遊民安置的強制義務（Zwangspflicht）。在此種命令的要素裡，安置處分存在著潛在的負擔效力（belastende Wirkung）。另一種觀察是，安置措施的不利益效果在於秩序機關針對遊民實施義務處分，此義務避免遊民狀態的繼續存在。以形式上的觀察而言，倘若遊民不遵從義務，而沒有意願被安置於一個符合人性尊嚴的住所，其法律效果是，此種遊民將不被視為非自願性遊民，則其不再符合秩序法上的行為需要，未來對於一個住所的請求權利是不存在的。當然此種法律效果僅發生於安置措施是合法的，而且特別是此安置措施必須符合上述人性尊嚴住所的要求[61]。

　　如果遊民對於警察與秩序機關施予安置處分之住所，認為其不符合人性尊嚴的要求或者基於其他理由不願意遷入，可以先經由行政救濟途徑等阻止安置處分效力的發生或執行，亦即可以採取行政訴訟上有關暫時權利保護措施，例如申請停止執行之處分。因為安置應是一種即時性之行政處分，亦即一經實施即完成之行政處分，其性質與行政事實行為類似，倘若相對人不服從之法律效果在於，警察基於危害防止則可使用強制達成目的，在法律相關規定下，警察並無處罰之權限[62]。值得注意的是，安置的住所仍歸屬為德國基本法第 13 條所保障居住權之住宅，因此警察與秩序機關對其沒有一般的侵入權（Betretungsrecht）。而另一種相反狀況是房東與房客之關係中，在例外時房東擁有侵入權，此例外情況房東為了立即排除

---

61. Vgl. Ruder, Die polizei- und ordnungsrechtliche Unterbringung von Obdachlosen, S. 1227; Wolfgang Kohl, Zulässigkeit ordnungsrechtlicher Maßnahmen gegen Obdachlose in den Städten, NVwZ 1991, S. 627.

62. Katja Reitzig, Die polizeirechtliche Beschlagnahme von Wohnraum zur Unterbringung Obdachloser, S. 66 f.

住宅的重大危害，例如水災或火災發生時，房東可以侵入所租出去的住宅，侵入的要件是比緊急避難的要件較為寬鬆，此種情況適用於安置住所與遊民的關係。另安置處分可以用書面（schriftlich）或口頭（mündlich）等方式頒布，基於用書面方式（Schriftform）可以依據行政程序法相關規定進行，較能符合依法行政的目的與原則，所以其為通常頒布方式，若以口頭或其他方式並非不可行，但恐引起不必要的爭議[63]。

（三）扣押

1. 扣押的概念

另一避免遊民發生的警察措施則為警察可以針對第三人（屋主、房東）的房屋予以扣押（Beschlagnahme），這同時包含著對於租屋者再安置的行為。在實務案例中，時常運用的可能性，在於當地方自治團體沒有合適的緊急住所，而某些人即將因為民事法上住屋的執行情況而成為無住屋的遊民，則他們將被安置於所扣押的住屋，亦即基於上述情況下，租屋者將被安置於所租賃的房子，以避免他們變成非自願性的遊民；扣押措施是一種既針對房屋所有者亦也針對租屋者予以安置的警察處分[64]。而在此說明的是，此措施的運用目前在德國實務上較多，而我國則因扣押要件與程序之規定，針對遊民問題並無運用此措施，於後面各段將有詳細說明，所以本文亦主要以德國警察法之相關規定論述之。

2. 扣押的要件與程序

在德國各邦警察法均有規定扣押的要件與程序，而扣押

---

63. Vgl. Ruder/Schmitt, Polizeirecht Baden-Württemberg, S. 231 f.
64. Vgl. Ruder/Schmitt, Polizeirecht Baden-Württemberg, S. 232 f.

主要目的亦為危害的防止。依據德國聯邦與各邦統一警察法標準草案第 21 條對於扣押要件之規定為，有下列之情形之物，警察得扣押之：（1）為防止目前之危害；（2）為保護物之所有權人或對該物有事實合法管領力人之物，以免受損或喪失；（3）依本法或他法得被留置者所攜帶之物，或該物將用以：(a) 自殺或自行傷害。(b) 傷害他人生命或健康。(c) 損害他人之物。(d) 促成或便於逃亡。

　　因此如果依據上述規定，即警察為防止目前之危害得採取扣押措施。針對遊民問題可能產生社會的危害，警察以扣押屋主或第三人的房屋以避免租屋者成為遊民。然而從上述規定有關防止目前的危害予以扣押，似乎在要件上較為模糊，但德國巴登符騰堡邦警察法第 33 條第 1 項第 1 款有關扣押之規定則較明確，其規定為：為了個人或團體的保護，防止公共安全或秩序的直接滋擾或者為了排除已產生的滋擾，警察於必要時可以扣押物品。

　　不過在德國警察法理論上針對遊民問題所採取的扣押措施，主要針對遊民關係人，典型狀況為針對屋主，亦即若不對屋主實施扣押處分，將會使住屋者被趕出去流落為遊民，而此為一般狀況，其要件與程序在法律上之基礎為上述的德國聯邦與各邦統一警察法標準草案第 21 條或德國巴登符騰堡邦警察法第 33 條第 1 項第 1 款等規定。但是倘若面對遊民問題時，警察機關需要針對無關係的第三人採取扣押措施以避免遊民產生之狀況時，例如需要扣押第三人之房屋以安置沒有住屋之人。在此情況下需要更嚴謹的要件，主要必須基於緊急狀態的要件下，才能為之。這種緊急狀況要件在德國聯邦與各邦統一警察法標準草案第 6 條或德國巴登符騰堡邦警察法第 9 條規定，其要件主要均為：（1）必須在緊急狀況下存在著相當大的危害時；（2）已經無法對原關係人採取措施時；（3）警察

使用本身一般危害防止措施仍無法達成目的時；（4）扣押處
分之期待可能性：以狹義比例性原則作為判斷標準 [65]。

3. 扣押的法律性質

　　上述依據德國巴登符騰堡邦警察法第 33 條第 1 項第 1
款之規定所為扣押住宅在傳統上被視為警察處分，經由此
措施，房屋所有權人被剝奪對於房屋實際掌握的權利，在
此與警察所建立的為公法上保管關係（öffentliche-rechtliches
Verwahrungsverhältnis），對於此保管關係可以類推適用警察法
以及民事法上有關保管契約之相關規定。原則上，作為土地與
財產所有人之扣押處分的相對人並非是滋擾者，以至於此種措
施必須依據警察法所規定嚴格要件下實施。經由租屋者的被安
置措施，警察與被安置者建立了一種公法上的利用關係。相對
的，介於房屋所有人（Wohnungseigentümer）以及被安置者之
間的法律關係存在著一種私法關係的本質 [66]。

　　原則上，警察採取扣押措施所針對是一個第三者（非滋
擾者），倘若依據警察法相關規定，面臨警察緊急狀況成立
時，在此所顯示的意義是，除了立即存在的危害外，如果滋擾
不能用其他方式排除或阻止，則應採取適當措施予以因應。當
上述危害無法以警察本身的手段排除，警察可以針對不相關第
三者採取扣押處分。所謂警察本身的手段，警察可以與第三人
訂立契約上的請求以實踐警察任務，例如特別可以用收容所安
置、租賃其他房間或者飯店旅館等處所的運用 [67]。

---

65. Katja Reitzig, Die polizeirechtliche Beschlagnahme von Wohnraum zur
Unterbringung Obdachloser, S. 105-110.

66. Vgl. Ruder/Schmitt, Polizeirecht Baden-Württemberg, S. 233.

67. Vgl. BGH, NJW 1959, S. 768; OVG Berlin, NJW 1980, S. 2484.

4. 檢討與建議

　　上述曾經討論，德國為防止危害發生或排除現存危害，倘若用其他方式無法達成警察的目的，則在警察法上有特別權限予以扣押的規定，例如上述德國巴登符騰堡邦警察法第 33 條第 1 項第 1 款之規定以及德國聯邦與各邦統一警察法標準草案第 21 條之規定，此性質為警察機關所為的處分，是不同於檢察官或法官的強制扣押處分，此為司法強制處分。而反觀我國，在警察法上並無針對排除危害或防止危害之扣押處分，只有在警察職權行使法第 21 條規定，警察可以對危險物品予以扣留，然條款並不相同於警察扣押處分，而我國刑事訴訟法所規定扣押處分，乃為司法上之強制處分，並非警察之扣押處分，也因此在我國警察若要對遊民問題，採取扣押處分，將面臨沒有法律依據之困境。因此，未來我國修正警察法時宜將以危害防止為目的之扣押處分列入警察作用之章節或者修正現行警察職權行使法有關扣押之規定，使警察可以在危害防止之要件下採取一般扣押措施，而非僅僅針對危險物品本身之扣押。

（四）管束

　　警察在一定情形下亦可依據行政執行法或警察職權行使法針對遊民實施行政管束措施，其在法律性質上即為即時強制之一種。針對遊民而言，倘若他本身欲傷害別人或自我傷害等情形，而在傷害還未發生之前，則符合管束的要件，警察應採取管束措施，避免危害之發生。在此所論述之管束並非刑法上之保護管束，所以若要嚴格區別，在此所論之管束應為行政管束，以區別保安處分之保護管束。

　　管束係基於特定目的，在一定條件下，違反當事人意願

或未經其同意，暫時拘束人身自由之即時措施[68]。管束因對人身自由之干預，非基於特別重大之理由以及非基於形式法律，不得為之[69]。管束所依據現行法律為行政執行法以及警察職權行使法，一般而言，行使機關大部分為警察機關，而法律上規定的管束，雖有發動構成要件之規定，但仍缺乏相關程序之規定，因此警察面對遊民實施管束，在行使過程中必須依據裁量原則，才能達成目的。然而人之管束，包括針對遊民之管束，係未經當事人同意，且具有強制地拘束當事人之人身自由，因此，是否此種人身自由之拘束，應由法官介入以保障人權，則引起討論[70]。倘若管束需要法官之許可，警察才能針對遊民實施，則其法律性質已經類似刑事強制處分，而不單純僅是警察與秩序機關之措施，其討論與研究已非在本文範圍內。

　　依據我國行政執行法第 37 條以及警察職權行使法第 19 條之規定，則管束之類型可分為三類：保護性管束、安全性管束以及其他認為必須救護或有害公共安全之虞的管束。而針對遊民之管束則大部分為保護性管束、安全性管束，當警察發現遊民有上述本文所舉傷害本身之生命以及身體之情形，亦即符合我國行政執行法第 37 條第 1 項以及第 2 項，有關意圖自殺或瘋狂酗酒等情形，另遊民若有暴行或鬥毆則符合第 3 項之要件，警察於必要時須採取管束措施。因為遊民是社會邊緣人，上述所舉須管束之行為，是很容易發生的，而在此管束是預防遊民產生危害最有效之方法。

---

68. 吳庚，行政法之理論與實用，頁 543-545，自版，2005 年增訂九版。
69. 蔡震榮，行政執行法，頁 216-218，元照出版公司，2002 年修定三版。
70. 學者林紀東氏認為行政官署有權實施管束，因管束並非對於人身之處罰，又係由於救助被管束者本人，所以並無違憲之虞。學者李震山氏則反對此種動機合理化手段之見解，主張對於人之管束，應取得法官之許可。

（五）其他職務協助措施

　　對於解決遊民問題相當有幫助的措施為工作輔導與醫療，然而此為主要是社會行政措施，並非本文所探討的警察與秩序法的主要範圍，但警察行政有所謂補充性原則[71]，依據警察職權行使法第 28 條規定，警察行使職權或採取必要措施以防止危害，以其他機關就該危害無法或不能即時制止或排除者為限。因此，當社政機關依法對遊民實施強制工作輔導或強制治療發生無法排除的困難與危害時，可以請求警察機關依據上開條款協助排除危害。而有關警察職務協助的法律基礎仍以行政程序法第 19 條為主，此規定得作為警察協助其他行政機關之一般程序性規定，至於個別法令中有關職務協助規定，其內容之類型大多屬單純的授權規定[72]。

　　有關針對遊民之工作輔導與醫療措施，在地方自治團體所制定規範均有相關規定，針對遊民之工作輔導均由縣市政府勞工局辦理，因遊民不同於一般勞工，對於其工作之介紹輔導應有特別處理之方法。有關醫療措施，當收容機構發現遊民有罹患疾病等情形，應予治療後再送收容。例如依據桃園縣收容輔導自治條例第 4 條第 3 項規定，遊民罹患疾病之診斷、醫療等由衛生局辦理；於第 4 條第 4 項規定，遊民有工作能力或工作意願者轉介相關機構施予職業訓練或工作輔導等事項由勞工局辦理。

　　惟警察與秩序機關針對遊民之措施如安置、扣押以及工作輔導與醫療措施等，這些措施之強制性質如何？亦即其所具有之強制性為何，當遊民不願配合或遵從上述措施時，主管機關是否有強制權。有關措施可能侵犯遊民的人權，在本文前面

71.陳愛娥，警察法上的補充性原則，月旦法學第 83 期，2002 年 4 月。
72.李震山，警察行政法論，頁 70-71，元照出版社，2007 年 8 月。

部分已有探討，亦即自願性遊民若選擇自己的生活方式，他們喜歡露宿街頭，警察秩序機關是否有權力予以上述措施的處置。相關答案論述本文於第三章已探討，亦即當遊民造成公共安全與秩序之危害，則警察秩序機關將可採取必要強制措施。然而針對協助遊民之工作輔導與醫療，倘若遊民拒絕輔導或就醫是否構成公共安全與秩序之危害，在此只能從實際案例情況，由警察與秩序機關作判斷與裁量，採取上述適當措施處理。

　　另真正施予遊民強制工作與強制治療，則與遊民犯罪相關，由於遊民之生活方式與個性特徵已經是不同於正常人的所謂社會邊緣人，而上述針對遊民之行政行為，有關警察命令、安置、扣押、管束或工作輔導等行政措施，一般是基於在短時間有效防止公共安全或秩序之危害。針對遊民日常生活的習性以及長期健康情形，則強制工作與強制醫療等措施可扮演重要角色，然而警察與秩序機關則是協助的機關，因為依據現行法律（以刑法為主），上述強制工作與強制醫療不是一般行政措施，而為一種刑事保安處分，主管機關為法院。實施強制工作與強制治療與所有保安處分一般，其性質是以替代或補充刑罰的國家強制處分[73]，法院施予如此處分，乃針對違反刑事法之犯罪者，大多是一種矯正犯罪者之附帶處分。依據刑法第 90 條規定，有犯罪習慣或因遊蕩或懶惰成習而犯罪者，於刑之執行前，令入勞動處所，強制工作。而針對強制治療而言，依據刑法第 91 條以及第 91 條之 1 規定，主要係因傳染病或有性侵害之行為，曾傳染或可能傳染以及侵害他人，必須在刑之執行前接受治療。

73.許福生，刑事政策學，頁 317-320，三民書局，2005 年。

　　以上施以強制治療之措施，針對遊民犯罪後，法院施以保安處分，以期矯正犯罪行為，使其未來不再犯罪，而依據本文之觀點倘若善用強制工作以及強制治療之措施，不僅可以防止遊民再犯罪，或許達到根除遊民習性，使其回到社會家庭重新生活，而在此警察與秩序機關以協助執行強制工作與強制治療達到減少遊民之成果，例如社政衛生機關受法院委託執行犯罪遊民強制工作或強制醫療的過程中，同時施以矯正遊民習性以及心理等生活狀況，是可以得到一些減少遊民之成果。

伍、我國遊民實務案例之法律評析

一、概說

　　在我國缺乏直接針對遊民比較典型或相關的法院判決，因此本文擬從新聞報導中實際發生的遊民個案問題作法律評析，俾提供未來實務機關處理遊民的法律案件參考。因為一件實際的社會案例之法律解析所牽涉的並非單一領域的法律，然而基於本文的研究範圍，仍以警察秩序法為主，並運用行政法以及刑法等法理觀點進行評析，俾使法律評析有助於法學研究參考。本文列舉四個新聞案例並主要以法律觀點解析，其中以第一個案例為主，針對遊民基本問題的論述與解析，而其餘三個案例為輔，以呈現各個面向的遊民問題，本文僅將新聞案例所報導有關人物、事實經過等重點列出，而達到呈現問題的原貌，其他細節詳細報導則省略，在此一併敘明。

二、案例評析

（一）萬華遊民的悲歌

【案由】

時報週刊 2006 年 6 月 13 日第 1477 期報導遊民案例略以：大陸賣腎一去不回

「我的朋友叫『阿標』啦！半年前說要去大陸割腎臟，還說可以分到很多錢，誰曉得到現在都沒回來。」年近七十的老遊民阿榮，談起相依為命的老友，滿是黑垢的臉頰流下了兩行淚。阿榮說，他和這名叫阿標的老遊民已經認識十幾年了，之前兩人在龍山寺旁邊的三水市場盤踞，儘管每天睡在髒臭的雞籠旁，倒也相安無事地過了一段時間。「搬來新家，一切都變了啦！如果重新讓我選擇，我還是寧願回去潮濕的菜市場，去聞那裡的雞糞味。」坐在破舊紙箱上，阿榮的身影和後方嶄新的公園有明顯的對比，吃著記者買給他的麵包，臉上卻絲毫沒有開心的表情，他回憶起之前的往事，心有感觸地說。

去年年底，兩個長得很像道上兄弟的人找上了阿標，跟他說可以給他很多錢，還可以帶他去大陸玩，但代價是要他身上的一小部分器官，但對身體不會有傷害。阿榮說，那時候正好是寒流來襲，兩個人又一路被趕到馬路旁，連個擋雨的遮棚也沒有，阿標心一橫，向對方拿了訂金，還請他喝米酒加滷菜，他永遠也忘不了阿標那晚意氣風發的神氣模樣。至於問他現在為什麼還要待在公園裡，阿榮終於忍不住哭著說：「阿標答應我一定會回來，我要在這裡等他。」

【法律評析】

1. 遊民之定義

　　觀察上述萬華老榮民阿榮和他的老朋友阿標兩人在龍山寺旁邊的三水市場盤踞的生活方式，是否可以斷定他們就是遊民，依據本文探討我國之文獻解釋規定，在中央並沒有制定針對遊民的規定，一般經由地方政府（主要由台灣省政府及台北市政府）制定相關規定，對遊民之定義為：1. 台灣省取締遊民辦法：居住本省無合法戶籍且無身分證件足資證明者。強銷文具、書刊等其他強行索取之行為。乞丐、不務正業，沿街遊蕩或露宿公共場所之無業遊民及流浪兒童；2. 路倒病人收治及醫療費用處理要點：係指意外一時傷病由警察單位或路人送醫救助者；3. 台灣省遊民收容輔導辦法：係指流浪、流浪街頭孤苦無依或於公共場所乞討叫化必須收容輔導者；4. 台北市遊民輔導辦法：於街頭或公共場所棲身、行乞者。疑似罹患精神疾病、身心殘障而遊蕩無人照顧者。新近各縣市制訂自治條例，例如桃園縣遊民收容輔導自治條例、高雄市遊民收容輔導自治條例、台南縣遊民收容輔導自治條例等等，其所對遊民所下定義範圍並不超出上述規定。

　　遊民之定義有因時間、地點、身分等的界定而不完整，直到台大社會系教授林萬億等人針對遊民問題作一深入研究，對於遊民有比較簡單、清楚以及符合台灣實際情形，提出三個要件作為判斷遊民之標準：1. 在一定時間（二週以上）；2. 無固定住所；3. 個人所得低於基本工資。此項定義為可以視為目前我國學界對於遊民定義之通說。若依據上述的標準，老榮民阿榮與其朋友阿標應可以被認定為遊民。

2. 遊民處理之權責機關

依據各縣市所制定的遊民管理規範，遊民之處理主要由警察與社政兩個權責機關。針對萬華地區的遊民，所適用的規定則為民國 83 年 9 月 27 日修正實施之「台北市遊民輔導辦法」，本案例老榮民阿榮與其朋友阿標之情形可適用該辦法第 3 條規定，台北市遊民之查報，除由民眾報案及本辦法有關機關人員通報外，各區公所里幹事應協助為之，並由該府警察局所屬各分局（派出所）、少年警察隊、女子警察隊負責受理報案。依第 4 條規定，該府警察局所屬單位受理報案後，應查明遊民身分並視個案情況分別護送返家或護送前往該市市立療養院所就醫。除了上述警察機關外，主要將依據第 5 條規定，由社政機關處理，該條規定，傷病、殘障、老弱或婦幼遊民，經依前條送醫後查無確實戶籍身分或無家可歸須保護安置者，由該府社會局所設置遊民中途之家予以安置。前項安置期間以二年為限；其有特殊原因需要延長安置者，應經社會局專案核准。

3. 遊民的人權保護

遊民阿標經道上兄弟的安排前往中國大陸賣腎，依據本文前述有關警察法原理，如果對於生命的危害或者有意圖危害之行為情況存在，例如自殺或企圖自殺，警察可以基於公共安全採取適當保護措施，因為在此以宏觀的角度存在著公共利益的因素，而另一個例子是招致第三人之傷害，雖屬公共利益範圍，則直接規範於刑法的傷害罪以及殺人罪，所以道上兄弟若以威脅利誘或欺騙等不法手段使遊民赴中國大陸賣腎，即使表面上老遊民阿標願意前往中國大陸賣腎，但實質上是一種欺騙手段，此種情形道上兄弟將可能直接觸犯刑法傷害罪或殺人

罪。若警察採取適當措施阻止此種行為發生，而此種公共安全之保護是屬於其他法律規範，並非屬於上述警察與秩序法上之危害防止，在此是違反刑法所規定的禁止或命令行為或者是違反特別法的規定。

另值得注意的是，萬華老榮民阿榮他的老朋友阿標兩人在龍山寺旁邊的三水市場盤踞，每天睡在髒臭的雞籠旁，三餐僅靠打零工維生，這是遊民面對的普遍性問題，亦即過著餐風露宿的生活，然而生活在今天民主憲政的時代，每一個人都應受憲法保障他們的生存權以及人性尊嚴，依據上述情況兩位遊民的生活狀況並沒有受到保障。進一步而言，在憲法上對於人類生命價值維護與尊重要求是國家的義務，針對其危害，國家應採取適當措施予以排除。一個人在白天以及晚上生活於戶外而沒有他人的協助，此種情況無法滿足生命的需求。因此台北市政府警察局以及社會局應基於憲法上人權的保障精神，共同處理此問題，應儘速由社會局依據「台北市遊民輔導辦法」第5條規定，逕送遊民中途之家予以安置。

（二）放蕩人生的遊民

【案由】
自由時報 2004 年 2 月 2 日社會新聞報導
就是要流浪　家人也沒轍

五十歲的老陳，南投老家有三甲蘆筍田，吃穿住全都不愁，他就是不肯下田工作，八十多歲的父親拿他沒辦法，因為兒子最愛的還是在街頭等人丟錢給他。

「家裡的，我就是不要！」他們為什麼選擇流浪街頭，誰也不知道。

台北市立和平醫院精神科主任李慧玟曾有個擁有碩士學歷的路倒病人，不但有家人，還曾是貿易公司老闆，但他總是在家人到達前偷偷逃離醫院，重回街頭。又如拖著化膿的右腳在台北街頭行乞的「老張」，社會局兩度送他到醫院，他為了行乞方便無意治療，最後只有截肢一途。社會局也送他回台南的家，他連夜坐車偷偷趕回台北，家人也莫可奈何。

「也許國人傳統『衣錦還鄉』的觀念困住了他們，也許他們找不到好的時機。」李慧玟說：「他們不是不想回家，只是找不到回家的『路』。」

【法律評析】

1. 自願性遊民與非自願性遊民

本案五十歲的老陳，他就是不肯下田工作，最愛的還是在街頭等人丟錢給他，雖然他為什麼選擇流浪街頭，誰也不知道，但可以確定的是屬於本文針對警察與秩序法上所論述的自願性遊民。依據上述德國警察法理論，自願性遊民是遊民當中基於某種原因或動機經常自願處於無居所的狀態，這些自願性遊民是以其生活型態與方式符合他們的信念以及生活哲學，例如特別是在夏季時一些遊蕩在街頭的流浪漢。另外特別是在大都市的年輕人，他們自願過著無住所的流浪生活，因為他們喜歡自由的感覺以及生活方式，經由自由流浪的生活，逃避家庭以及社會的控制與監督。

針對遊民是否造成公共安全之危害，依據德國警察法之理論可以區分自願性與非自願性遊民兩種不同情況。自願性遊民與非自願性遊民之區分主要根據主觀上之行為重點以及關係著當事人之意願，自願性遊民即是根據自己意願決定離開固定

住所，一般遊蕩於街頭，並對行為之危險有所意識與認知，而其餘應屬於非自願性遊民。非自願性遊民傷害以個人權益為保護方向的公共安全，非自願性遊民之形成對於健康狀況遭到威脅，特別是在夜晚時期，又因為處在惡劣氣候環境下，受到傷害威脅情況更嚴重，另可能遭到第三人之攻擊狀況產生，這些明顯對於公共安全產生危害威脅。相反的，一般而言，自願性遊民對於公共安全並不造成威脅危害，當一個人自願放棄居住所而作為一個遊民，這僅僅關係著保護個人利益之措施。當一個自願的自我傷害發生，基本人權是經由一般行為自由所保護的，而不是經由警察手段而干預。

2. 憲法人權的保障

　　本案拖著化膿的右腳在台北街頭行乞的「老張」，社會局兩度送他到醫院，他為了行乞方便無意治療。社會局也送他回台南的家，他連夜坐車偷偷趕回台北，家人也莫可奈何。老張堅持自己的生活方式亦是一種自由的表達方式，一個人倘若本身自己決定於白天及夜晚以自由方式生活，依據德國基本法第 2 條第 1 項規定，基於人格之維護而保護上述權利，亦即該項規定所闡明人人有自由發展其人格之權利。此項基本人權經由自己的信念而保障人民之自我實踐權利。自願性遊民選擇自己的生活方式，從形式上而言是符合上述德國基本法之規定，原則上不是公共秩序之警察危害，並不需要經由警察或秩序機關之措施予以排除。

（三）走失阿嬤的處理

【案由】

中華日報 2006 年 04 月 09 日社會新聞報導

　　三股派出所前天在台十七線台糖三股加油站附近帶回一位走失老婆婆，因老人家身上未帶任何證明身分文件，警方無法查明身分，只好打電話請社會局協助，先將老人送到機構安置，但社會局卻以遊民安置是警方的事，請警方自己想辦法。折騰大半天，三股派出所終於在傍晚找到護理之家可供收容，不過因阿嬤的家屬報案協尋，晚間阿嬤就與家人團聚，讓這件事圓滿落幕。

　　只是這件事經過本報報導之後，引起基層警員的關切，認為依規定遊民收容安置本來是社會局業務，為何成為警方責任？員警唯恐自己記錯，還上網下載民國 90 年公布的「南縣遊民收容輔導自治條例」規定。其中第 4 條清楚寫明遊民的處理分工原則，其中身分調查、家屬查尋、違法查辦由縣警局辦理；醫療補助、諮商輔導、轉介收容、社會救助由社會局辦理；至於疾病的診斷、鑑定、醫療由衛生局辦理。

【法律評析】

1. 社會法與警察秩序法的界線

　　遊民安置究竟是社政還是警政單位的業務，本案情形即是在處理遊民的實務上，首先必須釐清社會法與警察法的界線。整體而言，社會行政之措施最終是保障提供遊民有一個持續較長久之住所。對於遊民之問題，從社會法與警察秩序法之觀點是一體兩面的，長期解決遊民問題是社會法及社會行政所

應努力之目標，而針對警察法而言，則是需要在短時間內有效排除遊民所造成之危害，包括對於公共安全與秩序之危害以及遊民本身人性尊嚴以及基本人權之危害，因為針對個人生命財產之保護亦為警察任務之範圍。而警察秩序法與社會法所採取措施之界線亦經由其不同之任務範圍而界定，警察與秩序機關所採取的措施往往以提供一緊急場所安置遊民以清除或預防危害狀態，亦僅可能藉由此一緊急住所保護遊民之基本生存權。相對於警察任務，社會行政機關之任務在於儘可能避免遊民之發生，並能採取徹底解決遊民之長期措施，亦就是指一個長期住所的保障與安全，如果遊民在未來無法達到或無法經由其他旁人協助，則這是社會行政機關之任務，而不是警察與秩序機關之任務。

2. 遊民管理規範之制定

在地方制度法實施之前，針對遊民的規範由省政府、直轄市政府訂定，各縣市即依據「台灣省取締遊民辦法」、「台北市取締遊民辦法」以及「高雄市取締遊民辦法」，惟該三種法規已廢止不用，現行則由各縣市制定上述自治規則或自治條例作為處理遊民之依據。針對遊民各項問題應由何種單位或機關應負責，仍是規範的重點。一般來說，遊民之處理分工為：一、遊民之身分調查、家屬查詢、違法查辦等事項，由警察機關辦理，係屬緊急傷病患由消防局辦理；二、遊民之醫療補助、諮商輔導及社會福利救濟等事項，由社會局辦理；三、遊民罹患疾病之診斷醫療等事項，由衛生局辦理；四、遊民工作輔導由勞工局辦理。

（四）SARS 感染區的遊民

【案由】

大紀元新聞 2003 年 5 月 3 日報導

　　台灣 SARS 可能病例破百，多達 110 例，衛生署公布的可能病例，出現計程車司機和美容師，加上萬華區的和平及仁濟醫院發生集體感染，行政院表示，將徹查病例之間的關係，加強萬華區遊民管理，避免遊民成為傳播源，擴大成社區感染。

　　據民視新聞 5 月 3 日報導，和平和仁濟醫院的 SARS 疫情，使得台北市萬華區儼然成為一級感染區，到底是誰帶著病毒遊走各醫院，當地的遊民成為被懷疑的對象，不過，也有專家指出，可能有病患回流社區，因為 SARS 患者的眼淚和排泄物都是可能病源，一旦疫情擴散，就會造成難以收拾的社區感染。因此，內政部率先清查萬華當地的遊民，內政部評估，可能將當地遊民集中管理，度過這段傳播病毒的風暴期，至於目前通報的 SARS 通報病例有 617 例，106 例已經排除，有 110 個可能病例，以及 97 例疑似感染 SARS。

【法律評析】

1. 遊民與衛生行政法

　　探討本案情形前，首先針對衛生行政法作一論述，因為除了警察法與社會法範圍外，直接與遊民相關個別法領域，衛生行政法亦是一重要課題。當然若從最廣義警察法之觀點，衛生行政法自然亦可納入警察秩序法的體系。衛生行政在未「脫警察化」時期仍為警察行政的一環，因此面對遊民問題的處理即使歸屬於衛生行政，亦未脫離警察行政的範圍。然而今日衛

生行政除了干預性措施外，含有高度的給付行政內涵，最重要的醫療行政體系才是衛生行政的重點，包括醫藥與保健，相關法令有醫療法、精神衛生法以及藥事法等等。在此特別探討遊民與衛生行政法的意義主要在於，一般遊民之身體健康情形均惡劣，遊民問題除了帶給社會滋擾危害等問題外，最引起重視的就是其健康問題，此關係遊民本身生存權以及人性尊嚴等憲法所保障的基本權，另外疾病亦關係重大，尤其遊民傳染病之問題，此問題於後一併論述。

2. 遊民與傳染病防治法

由於台灣於 2003 年經歷了 SARS 的風暴，開始點為和平醫院，醫院附近距離台北市萬華區遊民活動地點不遠，因此健康醫療管理上較弱的遊民於是成為防治的重點。根據當時報導，和平和仁濟醫院的 SARS 疫情，使得台北市萬華區儼然成為一級感染區，到底是誰帶著病毒遊走各醫院，當地的遊民成為被懷疑的對象。因此，內政部率先清查萬華當地的遊民，內政部將當地遊民集中管理，以度過這段傳播病毒的風暴期。除了 SARS 期間的防治措施外，一般時期針對遊民的傳染病防治亦是重點，因為遊民的生活方式儼然成為傳染病傳播的溫床，因此傳染病防治法所規定的防治體系、防疫措施以及檢疫措施等，均可適用於遊民身上，例如傳染病防治法第 7 條規定，各級主管機關應對傳染病實施各項調查及採取預防措施。依據此規定，地方主管機關應對遊民的健康情形作追蹤調查，且對於衛生極差的遊民生活環境，應定時清理以及消毒等衛生工作，已達成預防傳染病的目的。

陸、結語

從警察與秩序法的觀點探討遊民的問題，首先可以了解到遊民雖然可能造成公共安全與秩序的危害，然而本身的人性尊嚴以及基本人權亦同時應為警察與秩序機關所保障的對象與客體。對於遊民之問題，從社會法與警察秩序法之觀點是一體兩面的，長期解決遊民問題是社會法及社會行政所應努力之目標，而針對警察秩序法而言，則是需要在短時間內有效排除遊民所造成之危害，包括上述對於公共安全與秩序之危害以及遊民本身人性尊嚴以及基本人權之危害，因為針對個人生命財產之保護亦為警察任務之範圍。

值得注意的是，警察行政與社會行政應是分層負責以及相互合作，而不是停留於刻板印象的認為，針對遊民問題，警察行政只扮演著協助社政機關的角色，而不明白警察本身即應有保護人權的作為與職責。另更不可以日據時代以及國民政府威權時期的警察看法，認為遊民是社會的負擔以及危害滋擾者；因此現今現代化的遊民政策是除了改變對於遊民的刻板印象與態度外，警察秩序行政與社會福利行政亦應並重且相互合作，才能有效解決遊民問題。

依據德國警察法理論，針對遊民問題，警察採取的有效措施為警察命令、安置與扣押，尤其扣押措施更可以達到預防遊民產生的效果，亦即為避免遊民的發生，警察可以針對第三人（屋主、房東）的房屋予以扣押，德國為防止危害發生或排除現存危害，倘若用其他方式無法達成警察的目的，則在警察法上有特別權限予以扣押的規定。而反觀我國，在警察法上並無針對排除危害或防止危害之扣押處分，只有在警察職權行使法第 21 條規定，警察可以對危險物品扣留，然該條款並不相同於警察扣押處分，而我國刑事訴訟法所規定扣押處分，乃為

司法上之強制處分，並非警察之扣押處分。在我國，警察若要對遊民問題採取扣押處分，將面臨沒有法律依據之困境，也因此處理遊民問題，在效果方面亦大打折扣，建議未來修正警察法時可以增列警察為了防止危害可以採取扣押處分的規定。然而針對遊民之工作輔導與醫療，倘若遊民拒絕輔導或就醫是否構成公共安全與秩序之危害，警察與秩序機關應從具體個案作合義務性之裁量，採取適當措施處理。

　　針對我國遊民管理規範的整體觀察而言，雖然在社會救助法第 17 條規定了制定地方遊民管理規範的法源，但針對遊民問題僅以一條文規定，檢視我國相關法律規定仍嫌不足，須在針對原則性問題強化規定。近來，依據社會救助法所制定的遊民收容輔導自治條例等，在立法層面已有進展，因不僅明定遊民處理的主管機關，亦區分社政機關與警察機關分工分責的界線，然而仍有很多相關事項需要改進，除了各縣市僅以自治規則（辦法）制定規範者，應儘速改以自治條例訂定外，另縣市制定自治條例者，對於警察機關處理遊民的措施並未詳為規定，僅規定遊民身分調查、違法查辦等由警察機關負責，至於採用何種措施並未規範，規定較為簡略。新近自治條例對於相關爭議問題並未規範如何解決，例如針對處置行為之救濟等，依據依法行政原理均應以條文明示救濟途徑等，凡此均應在未來修正規定時一併納入改進補充。

　　從社會民主法治國的時代觀點而言，遊民是社會邊緣人，亦是最弱勢的團體，雖然遊民的減少是社會進步的指標，但亮麗社會的外表不是我們的理想，而應是追求溫馨與人性的內涵社會，只要還有一個遊民流落在街頭，這是政府的職務，也是社會的責任，更是我們每一個人應該關懷的。倫敦一名遊民的詩中寫著：「……漠然不顧，是你要負起責任。……我不只是遊民，我也是有血有肉的人。」放下冷漠，正視他們也是

有血肉的人，才有機會幫遊民打開回家的大門！

（本文發表於《東吳法律學報》，第 19 卷第 4 期，2008 年 4 月）

3 警察致命射擊之法規探討：從我國法與德國法之觀察

❧ 目錄 ❧

■ 摘要 SUMMARY

　　由於生命之可貴與無價，國家應保障人民之生命不餘遺力，然而相對的，在特定情形下，國家機關基於某種目的亦有可能採取剝奪生命之行為措施，如此行為是否符合現代法治國家之作為，仍引起相當爭議與討論。除了死刑外，國家機關於急迫狀態下，仍有可能必須採取剝奪生命之斷然措施，最為典型之情形則為警察致命射擊，亦即為防止立即的生命危害或者身體重要傷害，警察考量後所採取之特別手段。警察致命射擊之探討範圍，本文從我國法以及德國法之觀察，以憲法及法律兩層面著手，在憲法層面包括生命權、身體等基本人權之探討，包含此項措施合憲性之問題以及基本權衝突問題等，此主要應經由法律保留解決基本權衝突之面向，至於法律之合憲性爭議則應經由憲法訴訟處理。而法律層面之探討著重於緊急防衛權以及法律要件，對於此項措施之合法性予以探討，並對未來我國修正警察法或警械使用條例，應考量參考德國法之規定，增列警察致命射擊之職權條款，俾使執法警察人員有所遵循依據，以更落實符合法治國家依法行政之原理。

關鍵詞

- ◆ 警械使用
- ◆ 警察射擊
- ◆ 警察行為
- ◆ 警察致命射擊
- ◆ 警察直接強制
- ◆ 警察武器運用

壹、前言

　　生命之可貴與無價為世人所普遍理解，因此法治國家保障生命即成為國家行政最重要任務之一。然而相對的，在特定情形下，國家機關基於某種目的亦有可能採取剝奪生命之行為措施，如此行為是否符合上述現代法治國家之作為，仍引起相當爭議與討論。國家行為採取剝奪生命之措施，最為人所熟悉為死刑，亦即對於重大極端違反社會倫常規範之人實施永久隔離社會之措施，此種措施已經引起廣泛討論，亦有許多結論，例如死刑之廢止或者其他替代措施之刑罰。然而死刑之實施在於經過司法審判定罪後，國家所採取之處置作為，而另外一項重要情況為，國家機關於急迫狀態下，必須採取斷然措施保護人民之生命或財產之安全，最為典型之情形則為警察致命射擊，亦即為防止立即的生命危害或者身體重要傷害，警察考量後所採取之特別手段。惟此課題雖相當重要，在研究探討上卻不如死刑之深入，因此本文擬就此課題作一法規範之探討。警察致命射擊之探討範圍，本文將從我國法以及德國法之觀察，以憲法及法律兩層面著手，在憲法層面包括生命權、身體等基本人權之探討，包含此項措施合憲性之問題以及基本權衝突問題等。而法律層面著重於緊急防衛權以及法律要件，對於此項措施之合法性予以探討，相關結果並希望作為我國未來修法時參考。

貳、警察致命射擊之概念

一、警械使用之概念

　　警械使用之行為是指警察人員為維護治安而利用武器器械等工具行使強制力而言[1]，在我國主要所指的是依據警械使用條例所行使之各項警察行為[2]。警察人員一般是指在組織意義上之警察，此即主要為警械使用之主體。

　　論述警械使用之主體將會牽涉到「廣義警察」或「狹義警察」之問題，一般而言影響關係較大者當然為「狹義警察」，亦即為組織上意義之警察[3]。實因我國現行行政部門中，某些執行「廣義警察」概念之行政機關，其所屬人員依法

---

1. Vgl. Würtenberger/Heckmann/Riggert, Polizeirecht in Baden-Württemberg, 5. Auflage, Heidelberg 2002, Rn. 769; Rachor, F. Polizeihandeln, in: Lisken/Denninger, Handbuch des Polizeirechts, 3. Auflage, Munchen 2001, S. 541 ff; Mussmann, Eike, Allgemeines Polizeirecht in Baden-Württemberg, 1992, 4. Auflage, Stuttgart 1994, S. 292.

2. 依據警械使用條例，警察人員執行職務時，遇有：指揮交通、疏導群眾、戒備意外等情形之一時，得使用警棍指揮（第2條）。遇有：一、協助偵查犯罪，或搜索、扣押、拘提、羈押及逮捕等須以強制力執行時；二、依法令執行職務，遭受脅迫時；三、在得使用警刀或槍械之情況，但認為以使用警棍制止為適當時，得使用警棍制止（第3條）。警察人員執行職務時，遇有下列各款情形之一者，得使用警刀或槍械：一、為避免非常變故，維持社會治安時。二、騷動行為足以擾亂社會治安時。三、依法應逮捕、拘禁之人拒捕、脫逃，或他人助其拒捕、脫逃時。四、警察人員所防衛之土地、建築物、工作物、車、船、航空器或他人之生命、身體、自由、財產遭受危害或脅迫時。五、警察人員之生命、身體、自由、裝備遭受強暴或脅迫，或有事實足認為有受危害之虞時。六、持有兇器有滋事之虞者，已受警察人員告誡拋棄，仍不聽從時。七、有前條第1款、第2款之情形，非使用警刀、槍械不足以制止時。前項情形於必要時，得併使用其他經核定之器械。

3. 有關廣義警察與狹義警察之概念，我國司法院大法官釋字第588號解釋針對廣義警察曾認為，憲法第8條第1項所稱「非經司法或警察機關依法定程序，不得逮捕、拘禁」之「警察機關」，並非僅指組織法上之形式「警察」之意，凡法律規定，以維持社會或增進公共利益為目的，賦予其機關或人員得使用干預、取締之手段者均屬之。

令也具有使用武器、彈藥、器械之職權，例如海關人員、監獄或看守所之管理人員，即是如後述有關其他司法警察人員，只能準用警械使用條例。在「警械使用條例」中，明文規定使用警械之主體為警察人員、憲兵及駐衛警察，警察人員是指依警察人員管理條例銓敘、任官、授階執行警察任務之人員，憲兵是指執行軍法、司法警察職務時之軍人，駐衛警察是指依警察人員管理條例第 40 條，授權內政部訂頒之「各機關學校團體駐衛警察管理辦法」所設置之駐衛警察，依「駐衛警察使用警械管理辦法」之規定，應依警械使用條例所規範之使用時機，使用警械[4]。

　　另依據警械使用條例第 13 條規定，該條例於其他司法警察人員及憲兵執行司法警察、軍法警察職務或經內政部核准設置之駐衛警察執行職務時，準用之。其他司法警察是指除了警察以外，主要依據行政特別法以及刑事訴訟法相關規定之司法警察人員，例如海巡署以及移民署等執法人員。駐衛警察使用警械之規定，以法規命令（駐衛警察使用警械管理辦法）訂之，即警械使用之主體除了適用相關法律外，亦得適用警察命令予以補充規範，然而此警察命令應為授權命令，才不違反法律保留之精神[5]。因此，得依該條例使用警械者，除上述人員外，似無使用警械之餘地。惟依「義勇警察編訓服勤方案」中規定，義警服勤時，准佩帶警棍、警笛及捕繩，但退勤時應即收回集中分局（分駐所）、派出所集中保管。另中央警察大學與台灣警察專科學校學生，在實習時協助警察機關執行職務，依有關法令應予有限度使用部分警械之權力，才能配合實務之需要。

4. 蔣基萍，警械使用條例之理論與實際，中央警官學校出版社，1993 年 6 月，60-62 頁。

5. 陳正根，警察命令之運用、界限與競合－以德國犬隻飼養之警察命令為例，警察叢刊，第 162 期，2005 年 9 月，48-50 頁。

　　至於警械之定義與範圍並非十分明確，依據我國警械使用條例第 1 條規定，警察人員執行職務時，所用警械為棍、刀、槍及其他經核定之器械。有關警械之種類依據「警察機關配備警械種類規格表」之規定，除了常見之槍、刀、棍外[6]，其他經核定之器械有火炮、瓦斯器械、電氣器械、噴射器械及應勤器械等種類繁多。因應時代之演進以及治安之需求，其他經核定之器械必是經常變動的，然而警械種類之多寡無關乎人民權益，重要的是使用警械之強制力及物理作用是否保障或侵犯人民權益才是研究重點，目前各國警察均以槍枝之使用為主要重點，主要是使用槍枝之作用功效較大，亦最為常見[7]。另外於集會遊行時，當警察行使命令解散時，警棍使用達成驅離效果，亦為一較重要的警械使用，其性質通常可以與槍枝射擊之效果一併討論。

　　警械使用之性質屬於物理上之動作，無論是警棍、警刀或槍枝，警棍與警刀之使用為一種即時性行為，且在短時間完成行為，而槍枝之使用只要扣下板機成功將子彈射出，此射擊行為即告完成，亦為在一瞬間即完成行為。警械使用之行為若係屬於即時性完成之行為，可探討的是干預性質之事實行為或者是可視為擬制之行政處分[8]。干預性之事實行為是指有些警

---

6. 參閱江慶興，合法使用警械確保執勤警察人員安全之研究，中央警官學校警政研究所碩士論文，1985 年 6 月，27 頁。因時代進步，犯罪之情況亦隨之日新月異，尤其對於群眾事件，誠非一般刀、槍與棍所能有效制止。再就保障人權觀點，對於犯罪或其他非法行為，不聽制止者，如逕行使用刀、槍，亦容易發生傷亡之後果，故必須借重於現代化學、電氣等科技功能，而不致於傷及人命之防制器械。又各級保安警察部隊以武器之進步與執行任務之需要觀之，其裝備不斷更新，當非刀、槍與棍所能包括。故規定警察人員執行職務時所用之警械，除刀、槍與棍外，並包括其他經行政院核定之器械。

7. Vgl. Hanewinkel, Andreas, Die Relevanz von Verfahrensnormen im Polizeirecht, Regensburg 2004, S. 10-12.

8. 蔡震榮，行政執行法，元照出版公司，2004 年，227-230 頁。

察公權力措施缺乏下令規制義務人之意思，警察基於本身法定職權自己直接以行動著手防止危害之工作[9]，亦即不必經由義務人行為或不行為義務之配合，如執行鑑識措施、即時強制之管束，此種警察自行強制之作為，僅屬干預性之事實行為[10]。然而警察使用警械之行為所發生之法律效果非一般行為所比擬，即使未造成人或物實質傷害，其威嚇所具有之效果亦相當大[11]，而依訴願法第 3 條第 1 項及行政程序法第 92 條第 1 項規定：「本法所稱行政處分，係指中央或地方機關就公法上具體事件所為之決定或其他公權力措施而對外直接發生法律效果之單方行政行為。」不論從規範內容之「決定」或「公權力措施」，射擊行為似已符合上述規範要件，具有行政處分之性質[12]，綜之，若是未經警告（口頭警告或射擊警告）之射擊行

---

9. 李震山，已執行完畢之行政處分及其救濟，月旦法學雜誌，第 81 期，2002 年 2 月，22 頁。行政物理行為會發生事實上之效果，而該效果是否屬涉權行為而與人民權利或義務有關，可分為不生法律效果之行為與發生法律效果之行為，前者如警察巡邏、道路舖設，後者如警察臨檢、盤查、驅離等。

10. Vgl. Moller/Wilhem, Allgemeines Polizei-und Ordnungsrecht, 5. Auflage, Stuttgart 2003, S. 112 ff.

11. Vgl. Würtenberger/Heckmann/Riggert, Polizeirecht in Baden-Württemberg, 5. Auflage, Heidelberg 2002, Rn. 785.

12. 傳統上，我國對於執行行為視為事實行為，請參閱吳庚，行政法理論與實用，增訂 9 版，2005 年 4 月，460-463 頁。德國聯邦行政法院之判決，將執行行為之直接強制視為一行政處分，這也是顯現即時性之行政處分與事實行為確有難以明確區別之困難，所以要區別直接強制之警械使用之行為是否為行政處分或事實行為仍有爭議與困難。換言之，警察有關措施在表面上看來似皆屬事實行為，然而德國聯邦行政法院於 1967 年 2 月 9 日判決對於以下所述此案件認為，一純粹實際上之警察行為亦會有行政處分之性質，此觀點為本文所贊同且亦為本文主要理論基礎，遂將此案件情況及判決敘述如下：1962 年 6 月 21 日至 25 日間，幕尼黑市史瓦賓區某街上聚集一大群人，持續擴大干擾公共秩序。為維護公共秩序乃投入大批警力，在這些勤務中，原告於 23 日晚被警察以警棍揮打，乃於同年 7 月 4 日向行政法院提起告訴。聯邦行政法院判決說明，藉警棍驅逐群眾不只是一實際行為，而且合乎行政法院法第 42 條第 1 項之行政處分要件。警察之行政處分不僅得以口頭或書面行之，且得藉體力以可推斷之行為，促使有關之人民一定之行為，而至遮當街上公共秩序之妨礙完

為，可視為即時強制之行為，有學者則將即時強制歸屬於擬制
之行政處分[13]，此如同下令式之行政處分，一經執行即完成，
具有即時性質之行政處分。

　　使用槍枝之其他警械，最重要的行為如使用塑膠警棍驅
離群眾或如依據警察職權行使法第 20 條「使用警銬或其他經
核定之戒具」，究竟屬行政處分或干預性之事實行為，亦有
分析必要。使用警棍驅離群眾之行為則經學者明確指出可被
視為即時強制之即時性行政處分[14]，然而亦可能陷入上述警察
射擊行為之認定困難[15]。而針對「使用警銬或其他經核定之戒
具」，此種強制手段之採取，亦屬於人身自由剝奪之措施，也
涉及人性尊嚴之損害，警察乃依本身職權採取「行動」執行
之，不必經由當事人之配合，應屬於「干預性事實行為」[16]。

全排除之時，該行政處分即應完成。Vgl. BVerWGE 26, 161；中文請參閱李震
山譯，德國警察與秩序法原理，299-300 頁。

13.學者林素鳳認為，即時強制依新修正訴願法第 3 條所稱「其他公權力措施」而
　　將其歸屬於行政處分。但學者蔡震榮認為，此種依法令而為的即時強制是否符
　　合此種定義，仍有探討之空間。請參閱林素鳳，即時強制的縱向探討，中央警
　　察大學行政警察學系研討會論文集，1999 年 5 月，156 頁；蔡震榮，行政執行
　　法，227-230 頁。

14.李震山，已執行完畢之行政處分及其救濟，月旦法學雜誌，第 81 期，2002 年
　　2 月，22-23 頁。依訴願法第 3 條第 1 項及行政程序法第 92 條第 1 項規定：
　　「本法所稱行政處分，係指中央或地方機關就公法上具體事件所為之決定或其
　　他公權力措施而對外直接發生法律效果之單方行政行為。」不論從規範內容之
　　「決定」或「公權力措施」，以警棍驅散行為皆符合上述規範要件，具有行政
　　處分之性質。

15.Vgl. Moller/Wilhem, Allgemeines Polizei-und Ordnungsrecht, 5. Auflage, Stuttgart
　　2003, S. 113 f.

16.蔡震榮，論警察職權行使法強制措施之法律性質與救濟，中央警察大學學報，
　　第 41 期，2004 年，6 頁。

二、警察射擊之行為

在我國警械使用中，對於警察射擊行為之規定，可以從警械使用條例第4條規定得知，該條規定使用警刀[17]或槍械之時機，從法律而言亦可視為其要件，有六項要件：一、為避免非常變故，維持社會治安時；二、騷動行為足以擾亂社會治安時；三、依法應逮捕、拘禁之人拒捕或脫逃時；四、警察人員所防衛之土地、屋宇、車、船、航空器或他人之生命、身體、自由、財產遭受危害或脅迫時；五、警察人員之生命、身體、自由、裝備遭受危害或脅迫時；六、持有兇器之人，意圖滋事，已受警察人員告誡拋棄，仍不聽從時；七、在得使用警棍制止之情形下，非使用警刀、槍械不足以制止時。由以上規定得知，我國警察射擊行為之主要法律依據為警械使用條例第4條（行使要件），第6條、第7條以及第8條（比例原則）。然而經研究觀察，我國警察法文獻對於上述法律要件之探討較為缺乏，因此本文均擬由德國警察法之規定與探討中予以補充論述。

在德國針對警械使用而言，依其性質可視為直接強制，一般討論重點在於射擊武器之使用，其性質被視為在直接強制中最為強烈之形式[18]。至於槍枝射擊行為以外之警械使用，有一些行為理論與射擊行為相似，其他行為因為法律效果並不明顯或影響層面不大，較少受到重視與討論，本文亦以討論射擊行為為主。因為是防止巨大之傷害或者關係人死亡之危害，而且產生之結果亦可能係關係不相關之第三者，所以射擊武器之

---

17. 目前警察實務上，因應時代的變化，使用警刀之情形較少，而警察勤務配備上，亦無警刀，目前條文仍規定警刀，實際上是備而不用。

18. Vgl. Rachor, F. Polizeihandeln, in: Lisken/Denninger, Handbuch des Polizeirechts, S. 541 ff.

使用僅僅限制在特殊例外之狀況，而基本之要件是規定在各邦警察法，特別是射擊武器運用之指令。最重要的是，警察必須在面臨最先之狀況下，認知複雜之使用規定，在整體觀察判斷下，是否射擊武器之使用合乎比例原則[19]。

比較起其他警察強制之行為，射擊武器之使用需要較高程度之指令。雖然目前我國警械使用條例對於射擊前之警告或警告射擊並無明文規定[20]，然而從法理而言，原則上，射擊武器使用之前，一個警告是必須的，可以運用的是警告之表示（不要動，不然我將開槍）或者是警告射擊。依據德國巴登符騰堡邦警察法第 52 條第 2 項規定，倘若處於非常緊急之狀態，可以事先不須警告，而立即使用射擊武器。射擊武器之立即使用是防止現存的、對於身體以及生命所產生危險，在此是必要的，然而另外必須注意的是，警告可能將耽誤影響警察措施之效果。射擊武器對於人之使用 —— 依據德國聯邦與各邦統一警察標準法草案[21]第 39 條第 3 項第 2 款比例原則之法律

---

19. Vgl. Mussmann, Allgemeines Polizeirecht in Baden-Württemberg, 1992, 3. Auflage, S. 292.

20. 我國警械使用條例於 2002 年 6 月修正前之版本有射擊前事先警告之規定，此版本第 6 條規定：「警察人員使用警械，應基於急迫需要為之，不得逾越必要程度，並應事先警告。但因情況危急不及事先警告者，不在此限。」惟於當時修正討論之際，有鑑於治安環境日益敗壞、歹徒擁槍自重者日增，並且多次傳出歹徒遭遇警察人員盤查時，持槍襲警公然向公權力挑戰的事件，為了讓警察人員更能靈活、正確的使用槍械，藉以維護執勤安全、壓制暴力犯罪，立法院通過「警械使用條例修正案」，放寬用槍限制。此次修正將過去警察人員使用警械應「事先警告」的規定大幅放寬，允許警察人員在急迫需要時，得合理使用槍械，過去要求警察人員使用警械需事先警告（如對空鳴槍）的規定產生重大革新；修正後之警械使用條例第 6 條條文明定，警察人員基於急迫需要，合理使用槍械，不得逾越必要程度。請參閱 2002 年 6 月 4 日中央社新聞以及大紀元報台灣新聞版。

21. 因為德國是聯邦國家，較屬於地方分權之體制，警察法規之制定大都是各邦地方之事務，聯邦並無統一制定警察法之權，然而為使各邦制定警察法有所遵循，聯邦內政部邀集專家學者以及各相關部門制定「德國聯邦與各邦統一警察

原則——在使用前應一再警告[22]。

　　射擊武器之使用有針對人以及針對物之區分，在德國巴登符騰堡邦警察法第 53 條以及 54 條規定了針對人射擊使用之要件，在 53 條第 1 項第 2 款規定，如果針對物之射擊武器之使用無法達成目的時，那麼針對人亦僅僅須在合乎比例原則下使用。在巴登符騰保邦之警察，必須有特別理由存在才可針對人使用射擊武器，這規定是在該邦警察法第 54 條。針對射擊武器之使用有四個運用範圍，特別重點是在於對於人有很清楚傷害情況時，允許警察開槍射擊。另外阻止或損傷企圖逃亡而有危險者之重大刑犯，亦即特別針對嫌疑犯或者是逃獄者，亦可使用射擊武器。然而射擊武器若是使用於人群，則需要更多之限制[23]。

三、警察致命射擊

　　在我國警察法規定中，依據警械使用條例各條規定，從用槍時機與法律要件及原則等觀察下，並無明確警察致命射擊之基本概念，因此當然並無其要件之相關規定，僅僅相關者為該條例第 9 條規定，警察人員使用警械時，如非情況急迫，應注意勿傷及其人致命之部位。僅能從該條反面推論，若是在情況急迫時似乎可以針對人的致命部位射擊，亦即概念上的警察

　　法標準草案」以供參考，另外亦有一批專家學者制定另一版本草案如「德國聯邦與各邦統一警察法選擇草案」亦做為各邦制定警察法時參考。有關「德國聯邦與各邦統一警察法標準草案」以及「德國聯邦與各邦統一警察法選擇草案」可參考李震山著，警察行政法論，元照出版公司，2007 年 9 月，457-476 頁以及 Scholler/ 李震山合著，警察法案例評釋，登文書局，1988 年 7 月，175-218 頁。

22. Vgl. Würtenberger/Heckmann/Riggert, Polizeirecht in Baden-Wurttemberg, 5. Auflage, 2002, Rn. 784.

23. Vgl. Amelung, Die Rechtfertigung von Polizeivollzugsbeamten, JuS 1986, S. 329 ff.

致命射擊，然而從此亦得知，對於警察致命射擊在我國相關警察法規之規定並不明確，因此本文以介紹探討德國警察法對於警察致命射擊之概念與相關規定作為立論基礎與補充。本節針對警察致命射擊僅對於法律上概念之論述，有關憲法上以及法律要件與原則之探討，則於第參、肆部分論述。

　　致命射擊做為直接強制針對人之使用是一項強烈警察基本人權之干預，依據基本法第 2 條第 2 項第 1 款以及第 19 條第 2 項之規定，僅僅只有在生命遭到直接威脅之危險情況下，為了挽救生命所使用之最不得已以及最後之手段，特別是在針對綁票歹徒，若使用射擊武器可以解救人質。經由重要性理論，這項條件必須很詳細精確地規定在法律，這項規定目前並沒有全部適用在邦法。德國警察法標準草案第 41 條第 2 項第 2 款之規定實踐憲法規範的條件，各邦也完全依據該規定或者只是稍微改變去參照引用：「在安全上極有可能致命之射擊，僅於無他法防止目前生命危害或身體之重傷害時，方得行使之。」在其他各邦，致命射擊之規定僅僅在射擊武器針對人使用，使得其沒有攻擊能力或無能力逃亡。在此說得更正確的是，警察之致命射擊是使得攻擊者沒有攻擊能力，而其他狀況則可能無法兼顧。一個典型的例子是：一個綁票者攜帶一枝手槍將要攻擊他所挾持在睡眠中的人質，若要妥切的保護人質，警察必須擊中僅僅腦部一公分之位置，以使綁票歹徒失去以及阻止活動能力，後來警察開槍了，綁票者雖活著，然而人質之生命中卻無法拯救 [24]。

　　警察致命射擊（Der gezielte Todesschuss）之概念與所謂的「警察射擊錯誤致死」（tödlichen Fehlschuss）有所區別，警察射擊錯誤致死係指，當警察使用槍枝瞄準針對人的身體部

---

24. Vgl. Pieroth/Schlink/Kniesel, Polizei- und Ordnungsrecht, 2. Auflage, 2004, S. 378 f.

分，並確信讓其受到傷害而有極大可能性不會致死，但是槍枝發射後卻擊中其他身體部位，而導致相對人死亡。所以警察致命射擊如要與警察射擊錯誤致死更明確區分概念，在言辭上有將其稱為「最終的拯救射擊」（finale Rettungsschuss），亦即其實警察致命射擊在非常嚴格的要件之下，應是在別無他法的最後手段下，基於拯救人質的生命，所展開的射擊行為[25]。

參、憲法層面之探討

一、概說

　　警察致命射擊牽涉著人民在憲法上基本人權之問題，經初步觀察涉及人民之生命權、身體權、尊嚴權以及人格權，這四項基本人權在我國憲法中並無明文規定，我國學者稱之為「憲法未列舉之固有權[26]」，一般又均可依據我國憲法第 22 條為基礎。其中又以生命權最為重要，因為警察致命射擊即是以死亡做為目的之使用警械行為，所以從憲法層面而言，探討生命權之保障或被侵犯為最重要之課題。其次有關身體權、尊嚴權以及人格權部分，在實施致命射擊之同時，亦伴隨著生命權之討論，這些基本人權或多或少將受到不同層面的影響，所以理應一併探討。

---

25. Vgl. Ruder/Schmitt, Polizeirecht Baden-Württemberg, 6. Auflage, 2005, Rn. 698.
26. 我國憲法第二章並未列舉人民之生命、身體、尊嚴或人格權之保障，但這些與生俱來、先於國家存在、具有固有權層次的基本權利，不會因為憲法未將之列為人權清單，國家即不予保障，至少經由大法官對憲法之解釋，已獲充分證明。請參閱李震山，多元、寬容與人權保障－以憲法未列舉權之保障為中心，元照出版公司，2007 年 7 月，99-101 頁。

二、生命權

　　我國憲法未明文保障人民之「生命權」（Recht auf Leben），此與某些國際人權規範或外國憲法之規定有別。例如世界人權宣言第 3 條明定：「人人享有生命、自由與人身安全。」歐洲人權公約第 2 條第 2 項：「每個人的生命權應受法律保障。」又外國憲法中有明文直接保障生命權者，有德國基本法第 2 條第 2 項第 1 款規定：「每個人有生命權及身體不受傷害權。」我國憲法雖未見「生命權」一辭，但國家不能以之作為推遲保障人民生命權之理由，生命權是先於國家而存在，屬自然權、固有權或原權之一種，不待憲法明文規定即受保障，有些國家以明文列舉保障，則屬事後再「確認」的性質。

　　另我國憲法第 15 條針對生存權明文規定予以保障，我國司法院大法官於釋字第 476 號解釋中，明白將剝奪生命之死刑與生存權之保障相提並論，惟生存權是否即涵蓋生命權，大法官並未說明，實有討論之空間。而從人權之發生與演進而言，生命權毋寧是最原始的，有生命之後方有生存之意義。而生存權所強調者，係在社會國原則下，透過國家財力、物力之給付，保障人民至少應生活在經濟、環境、健康、工作、文化等最低標準之上。我國憲法將生存權與工作權、財產權並列，傳統上被稱為受益權，因此生存權宜從經濟學、生態學考量，強調的是生存基本條件或最低限度生活權之保障。另一方面，生命權宜從生物學上、生理學層面考量，以其生命之存在為論述重點。此兩項個別存在的基本權利，當遇有基本權利主體、保障範圍與功能、限制強度與密度、衝突與競合等問題時，詮釋上皆會有不同結果，區分實益因而顯著 [27]。因此警察致命射擊

---

[27]. 李震山，多元、寬容與人權保障－以憲法未列舉權之保障為中心，元照出版公司，2007 年 7 月，99-101 頁。

是針對死亡目的之射擊，在一瞬間警察所採取措施即關係生命之存續，所牽涉之基本權應以生命權為主。

另從德國法觀察，依據德國基本法第 2 條第 2 項第 1 句規定，每個人擁有生命權，每個人之範圍也包括違法者，例如綁票者既使以暴力對其他人實施犯罪或者造成死亡的威脅，甚至奪取他人的性命，但他仍是基本人權的主體。這與集會遊行自由的市民權不同的是，德國基本法第 2 條第 2 項第 1 款之基本人權之保護並不限制在「和平」之人。雖然違法者可以有效的放棄他的法律權利，但並不會喪失他的生命權 [28]。經由通說個人對於生命並沒有掌控權，當人們想要掌控自己的生命權，原則上無論如何在實際的條件下並不存在，因為違法者將不會立刻就死 [29]。這個論斷，一個綁票者必須知道自己本身死亡之風險，並沒有保證他會在射擊武器使用後活命。經由警察致命射擊而死，這樣的滋擾者的風險代價有多高，這要依據警察法上之要件以及警察致命射擊之憲法界限去衡量 [30]。

生命之基本人權依據基本法第 2 條第 2 項第 3 句規定是法律保留事項，依據法律對於人民之生命權是可以干預的。因為對生命權干預在概念必要上是意味者生命之剝奪，從這項規定可以推論出，縱使基本法規定禁止使用死刑，然而基本法並沒有規定經由國家機關予以人類死亡之絕對禁止 [31]。與此相對的，符合憲法解釋的狀況，在基本法第 19 條第 2 項規定並沒有絕對的干預的界限，而是依據比例原則作為標準。通說認為

---

28. Vgl. Drews/Wacke/Vogel/Martens, Gefahrenabwehr, S. 546.

29. 即使自殺亦不見得可以預期自己就會死亡，仍然有可能先經過昏迷以及其它自己無法控制的因素，因此通說認為個人是無法掌控自己的生命。

30. Vgl. Maunz/Dürig, GG, Art. 2 II, Rn. 12.

31. Vgl. Mußgnug, Friederike, Das Recht des polizeilichen Schußwaffengebrauchs, Diss. Bonn 2000, S. 200 ff.

死亡之結果並不一定就是違反人性尊嚴，因為在基本法第 19 條第 2 項之本質內涵並沒有絕對禁止殺人。又依據基本法第 102 條規定觀察，死刑之禁止並不一定引導在警察法上禁止致命射擊。但是死刑的禁止將會影響的是，警察採取致命措施之干預權限應要有一般預防性之考量基礎或者基於國家理性的思考[32]。另歐洲人權公約於第 2 條第 2 項亦同樣規定，針對違法暴力者予以反擊導致死亡是被允許的，在此也展現相同法理的精神[33]。

三、身體、人性尊嚴與人格權

　　警察致命射擊所牽涉之基本權利，除了憲法所保障之生命權外，與生命權亦有密切相關之身體權。憲法意義下的身體權，泛指身體的自主性與完整性，其至少應包括身體行動的人身自由、身體健康的健康權及身體不受傷害權。而我國憲法第二章有關權力之規範中，亦並未明文揭示人民「身體權」之保障。在國際人權規範中，涉及身體權之保障者，如世界人權宣言第 3 條規定：「人人有權享有生命、自由與人身安全。」歐洲人權公約第 3 條規定：「任何人不得加以酷刑或使受非人道的或侮辱的待遇或懲罰。」在國外憲法中，以德國基本法第 2 條第 2 項第一句，最具代表性的規定：「任何人均有生命與身體之不受傷害權。」其中與警察致命射擊相關的基本權利，則以身體不受傷害權為討論重心，而身體不受傷害權也一直是警察行使干預措施時，首先應考慮是否受侵害的基本人權[34]。

---

32. Vgl. Mangoldt/Klein/Starck, GG, Art. I, Rn. 57.

33. Vgl. Sundermann, Polizeiliche Befugnisse bei Geiselnahmen, NJW 1988, S. 3192.

34. 例如警察下令抽血檢驗酒精濃度值之干預措施，首先考慮的就是相對人可否主張身體不受傷害權。請參閱李翔甫，警察下令抽血檢驗酒精濃度值正當性問題

　　所謂身體不受傷害權（Recht auf körperliche Unversehrtheit），旨在確保人身體之完整性，包括外在之形體與內在之器官、組織。從人的物質（肉體）而言，是指每個人有權主張，其作為人生命之物理、生物基礎之肉體與健康應不受傷害。而從人的精神層面而言，是指人在心理、精神、靈魂上，對其身體完整性有不受外在操控之主體地位，此種身體自主性屬人格權中自我型塑表現形式，其不應受傷害。所以對身體構成傷害，是指直接或間接影響到身體本質，改變其特質。至於心理、精神受到傷害，必須已危及健康，方屬對人體造成傷害，於此，自需客觀科學判斷根據[35]。

　　另人性尊嚴與人格權，在警察實施干預性措施時，亦常為討論之重心，如此干預性措施當然亦包括警察致命射擊。人性尊嚴（Menschenwürde）被稱為憲法秩序之基礎，又被稱為基本權利之核心範圍，而人性尊嚴對於警察致命射擊之影響與制約，最重要者應為落實於具體個案中，由於人性尊嚴之不可定義性，但做為法的妥當性根據之憲法，在實踐上針對具體個案，仍可自我限定予以具體化、類型化。人性尊嚴保護的防禦性格，主要強調當事人若不是國家行為之目的，而成為手段、客體與工具時，人性尊嚴即受到侵害，例如使之為奴、酷刑、剝奪最低生活水準等。其次，係以正面方式闡明人性尊嚴，例如，對拒絕服兵役之制裁，並未摧毀人之本質，對謀殺者判處無期徒刑，依目前認識之情況，尚不能確認其已傷害人性尊嚴。另藉保護內在領域自由之理由，以維護人性尊嚴，例如國家以不當或非法方式蒐集、儲存、傳遞、利用個人資料，已侵

之探討（上），台灣本土法學，第 92 期，2007 年 3 月，9-11 頁。

35. Vgl. Günter Dürig, in: Maunz/Dürig, Kommentar GG, Art. 2, Abs. II. 42, 1. Auflage, 2003. Dieter Lorenz, in: Isensee/Kirchhof, Handbuch des Staatsrechts, VI, § 128, 1989.

害資訊自決權，其屬人內在自由權領域，當然傷及人性尊嚴。亦即不能把人當成物，應重視自由內在領域，皆是肯定人應自治、自覺的另外一種表達方式[36]。

　　人格權乃與人之人格有不可分離關係，而受法律保護之社會利益。例如：生命、身體、自由、貞操、肖像、姓名、名譽、信用等權利，為構成人格之要素，具有排他性，得對任何人主張，並有專屬性質，不得由他人代為行使。人格與人的尊嚴有關，互為表裡。而人格權的內容，有分殊化為個別指涉之權利，但在避免個別化所產生之漏洞，一般人格權（allgemeines Persönlichkeitsrecht）仍有存在之價值。一般人格權，乃是相對於具體人格權。若發生人格權保障之具體事件，在個別法律如民法、刑法中所保障之個別人格權，尚無法包括，而憲法列舉權保障範圍亦無法涵蓋時，則可適用憲法第22 條作為一般人格權之來源承接保障之，以免人格權保障發生漏洞。德國基本法第 2 條第 1 項規定：「在不侵害他人權利及侵及憲政秩序或道德規範，每個人有權發展其人格。」其中有兩大特點：其一，保障個人對自己事務衡酌之權，即一個人生活領域中內在的、個人、私人的領域可由個人自我決定、自我擁有及自我表述；其二，保障一般行為自由。就前者言，衡酌權確保，是於利益及傷害利益具體衝突之時，賦予個人斟酌、衡量，優先承認其利益，尤其是人格之利益。至於一般行為自由之重點，不在於因為特別人格有關之特別自由利益，而在於人格之自由發展。人格自由發展應以個人自我型塑權為核心，即自我決定「我是什麼」的權利。其結果應是個人的意見及行為皆允許由自己決定，並由自己負責，人格權才能獲平衡

36.李震山，人性尊嚴之憲法意義，收錄於人性尊嚴與人權保障，元照出版公司，2001 年，1-25 頁。

保障[37]。

四、小結 —— 基本權保障之評析

　　警察致命射擊所牽涉之憲法上基本人權都是一體兩面，亦即針對被害者以及歹徒而言，針對被害者則為避免其生命、身體、人性尊嚴以及人格權受到侵犯，另對歹徒而言，倘若警察措施違反比例原則，則其在上述憲法上之基本人權同樣受到侵害，不過在憲法層次的討論中，兩者是可以一併討論的，因為歹徒與被害者均為憲法基本權所保障之客體。而從整體觀察，生命與身體權屬於同一領域，只是在傷害之層次不同，而人性尊嚴以及人格權亦屬類似性質權利，只是人格權則較具體落實於個人生活。面對生命與身體權之保障，警察實施致命射擊，則產生不同憲法法益嚴重衝突之情形，包括上述歹徒與被害者（社會法益或公共利益）兩者之衝突。

　　至於如何判斷優先保障之法益，可以從德國基本法第 19 條第 1 項、第 2 項觀察，其規定第 1 項：「凡基本權利依本基本法規定得以法律限制者，該法律應具有一般性，且不得僅適用於特定事件，除此該法律並應具體列舉其條文指出其所限制之基本權利。」第 2 項：「基本權利之實質內容絕不能受侵害。」亦即在法治國家依法行政之國度，除了經由憲法訴訟直接審查基本權利之實質內容有無受到侵犯外，在無具體案件或情況下，國家機關無法判斷其合憲性時，則應經由法律保留解決衝突之面向，至於法律之合憲性爭議仍經由憲法訴訟處理。

37.李震山，多元、寬容與人權保障－以憲法未列舉權之保障為中心，元照出版公司，2007 年 7 月，144-148 頁。

肆、法律層面之探討

一、概說

　　警察致命射擊在法律層面的探討，主要有兩大部分，第一是主要在緊急狀況下以排除不法，很容易讓人聯想，是否可以緊急防禦權如正當防衛、緊急避難或依法令之行為作為法律基礎，此項議題在文獻上引起許多討論。其次，有關法律要件下如何規範，警察致命射擊若是法律所允許的一種警察措施，基於法律保留原則，其要件必須相當明確以及嚴謹，針對法律要件之探討更是警察法上重要的課題。

二、正當防衛、緊急避難與依法行為

　　正當防衛（Notwehr）乃指為了防衛自己或第三人的權利，而針對現在進行中的違法侵害行為或攻擊行為所為的必要防衛。本人或第三人由於他人當前的違法侵害或攻擊，處在無法立即獲得公權力保護的危急情狀下，基於人類的自衛本能，使用私力，從事必要的防衛，以排除現在正在進行中的違法侵害或攻擊。這種在緊急狀況下的必要防衛行為，一方面，能夠確保本人或第三人的權益，而與國家所要保護法益的基本精神相符；另一方面，因為防衛者的防衛行為反擊違法侵害者或攻擊者從事破壞法秩序的舉動，藉以確保法律秩序的完整性，故應為法律所允許的一種權利行為，而形成緊急防衛權。而緊急避難係指行為人處於危急情狀下，為了避免自己或他人生命、身體、自由或財產上的現時危難，而出於不得已的行為，致侵害他人法益。雖然緊急避難與正當防衛同樣是在保護個人權利免受損害，但緊急避難仍與正當防衛有所不同，因為避難行為的對象並非違法侵害者，故避難行為所保護的利益並不包括法

律秩序的完整性。因此，緊急避難的存在理由與得以緊急避難的要件，均與正當防衛有所差異。至於民法上有關正當防衛與緊急避難在概念上與刑法是類似的，所以在本文相關論述上是相同的[38]。

又依法令之行為（依法行為）亦為阻卻違法之重要事項，只要有法令之依據，而行為人主觀上出於依法行事的意思，且行為也未逾越法令的規定內容者，即有阻卻違法事由的適用[39]。我國警械使用即以此概念為法律基礎。針對警察致命射擊而言，是否以正當防衛、緊急避難或依法行為作為法律依據。亦即，警察面臨上述緊急情狀時，是否可基於正當防衛、緊急避難或依法行為之目的，實施致命射擊。在我國針對此問題則已有明確規定，例如我國警械使用條例第 12 條規定，警察人員依本條例使用警械之行為，為依法令之行為。上述規定之「依法令之行為」，則是依據刑法理論之行為性質，排除了緊急避難以及正當防衛之適用，從立法角度而言，確實可以避免許多法律適用爭議，然而卻很難說明理論之基礎，只能輕率認為依法令規定就可阻卻違法，然而依法令之行為需要足夠之理由，方可阻卻違法。在此我國法針對此規範以及此問題討論並不多，亦即難有充分理由論述為何警械之行為是依法令之行為，而依法令之行為只是可斷定在刑法上是不罰的，然而在行政責任上又呈現何種情狀，同樣引起爭議。所以未經深入討論即以立法方式，將警械使用行為定位為依法令之行為，並無法解決法律適用之爭議問題。

在德國法上的討論中，這個問題可以先假設，若警察致命射擊並無任何特別法律依據時，則警察致命射擊可以視為是行

38.林山田，刑法通論，自版，增訂十版，2008 年，269-279 頁。
39.張麗卿，刑法總則理論與實用，一品文化出版社，2005 年 9 月，194-196 頁。

使直接強制的一種形式，依據德國法規定，係以警察法上所謂緊急權（Notrecht）為根據，而以德國邦法中巴登符騰堡邦警察法第 54 條第 4 項規定為例，其規定：「警察依其他法律使用射擊武器之規定，不受影響」。而在德國法中，刑法上之正當防衛或緊急避難在警察法上有關射擊行為之適用程度如何，則有三種可能性：第一，法律上若規定「不受影響」之用語，並不含有準用的意思。刑法之正當防衛及緊急救助之規定，不能直接適用在警察上。聯邦或邦立法者之所以在法條上有「不受影響」的措辭，旨在清楚說明，上述刑法條文在一般情況下終係有效；第二，高權之措施完全不得以刑法之條文為依據；第三，個別警察人員不得以公務員身分，而僅得於有私人身分時，行使刑法上或民法上之正當防衛或緊急避難之權[40]。

整體而言，依據德國法規定，認為倘若在法律上並沒有特別規定「不受影響」如此的措辭，則依特別法優先適用之原則處理，而針對警察致命射擊而言，警察法應是普通法，刑法有關條款則是特別法，在此情況下，將優先適用刑法上正當防衛與緊急避難之條文。在此，警察於行使公權力，包括實施致命射擊措施，得同時以其私人身分適用正當防衛及緊急避難之論點，是不能成立的。亦即，警察應只在行使公權力範圍內方適用直接強制之規定，包括實施致命射擊，在該範圍內並無私人活動之餘地。由此，在一般情況下，刑法上或民法上有關緊急權之正當防衛與緊急避難並不能作為警察致命射擊之授權基礎。此種緊急權之規定只適用於人民與人民之間的關係，國家行為若要駕凌於人民行為之上，必須要有嚴格的法律標準[41]。

---

40. Vgl. Drews/Wacke/Vogel/Martens, Gefahrenabwehr, 9. Auflage, 1987, S. 549.

41. Vgl. Rachor, F. Polizeihandeln, in: Lisken/Denninger, Handbuch des Polizeirechts, S. 559.

依據德國法通說，刑法上有關阻卻違法事由，將不能作為國家機關行使干預性公權力之法律基礎[42]。另外，假使正當防衛與緊急避難成為警察致命射擊之主要法律基礎，仍然缺乏被害者在當時緊急情況的防禦與救難意願之意思表示，警察只能推斷被害者急於排除不法，如此經由被害者意願的表示，才能符合緊急權要件中有關「合法排除非法」之要件，因此必須有警察法中職權條款作為依據[43]。

三、警察致命射擊之法律要件

我國警察射擊行為之法律依據為警械使用條例，並不像德國是規定於警察法中有關警察強制條款，因此論及警察致命射擊之法律要件亦應從該條例探討，前述已說明在我國警察法規定中，依據警械使用條例各條規定，從用槍時機與法律要件及原則等觀察下，並無明確警察致命射擊之基本概念，因此當然並無法律要件明確之相關規定，僅僅相關者為該條例第9條規定，警察人員使用警械時，如非情況急迫，應注意勿傷及其人致命之部位。因此僅能從該條反面推論，若是在情況急迫時似乎可以針對人的致命部位射擊。另除了第9條規定外，可以推論倘若警察實施致命射擊應先符合警察射擊之要件，所以在我國另一法律要件應為該條例第4條第1項第5款：「警察人員之生命、身體、自由、裝備遭受強暴或脅迫，或有事實足認為有受危害之虞時」，在此情況下又有第9條規定之配合，可以視為現行我國警察致命射擊之法律要件。

在德國法方面，依據德國警察法理論，警察射擊武器針

---

42. Vgl. Wolf/Stephan, Polizeigesetz für Baden-Württemberg, Kommentar, 5. Auflage, 1999, S. 388.

43. Vgl. Drews/Wacke/Vogel/Martens, S. 546.

對人之使用，目的在於使其沒有攻擊能力以及脫逃能力[44]。原則上，所謂「沒有攻擊以及脫逃能力」係指手臂以及大腿已不能行動。然而針對警察致命射擊之明文規定，並非各邦警察法均有規定，有規定的各邦僅為巴登符騰堡邦（Baden-Württemberg）、巴發利亞邦（Bayern）、萊因普發滋邦（Rheinland-Pfalz）、薩克森邦（Sachsen）、薩克森安哈特邦（Sachsen-Anhalt）以及圖林根邦（Thüringen）。有關針對致命射擊之規定，大致為：如果為防止立即的生命危險或身體重要傷害所考量後之唯一手段，則目的性致命之射擊是被允許的[45]。僅僅在上述各邦才有明文針對警察致命射擊之條款規定，然而如此產生一個問題，是否沒有此項條款規定之各邦就不允許警察實施致命射擊，這個問題在過去以及現在都是特別有爭議性的[46]。有一個觀點是，致命射擊是符合使歹徒沒有攻擊能力之規定，因為死亡者在外觀形式上是有攻擊能力。然而一個較適當的通說觀點是，致命射擊若缺乏明文規定是不被允許的。然而這也不是完全如此的，法律允許射擊武器針對人之使用僅能導致歹徒不具有攻擊以及逃亡能力。而在各邦警察法亦有相同的規定，即是致命射擊授權之明文化，而這個字「僅」有意義是在於警察行為發動的動機並不允許要讓人們死亡[47]。

---

44. 德國警察法之立法權限屬於各邦，現行實施之警察法均以各邦警察法運作，聯邦所訂定之德國聯邦及各邦警察法標準法草案僅為參考作用。而警察對於人使用射擊武器之規定，各邦規定大致相同，例如巴發利亞警察任務法第 66 條第 2 項第 1 款，布萊梅警察法第 46 條第 2 項，漢堡社會秩序法第 24 條第 2 項第 1 款，北萊因威斯特發利邦警察法第 63 條第 2 項。

45. 參照德國巴登符騰堡邦警察法第54條第2項，德國巴發利亞邦警察任務法第 66 條第 2 項第 2 款等。

46. Vgl. Sundermann, Schußwaffengebrauch im Polizeirecht, Diss. Heidelberg 1984, S. 97 f.

47. Vgl. Wolf/Stephan, Polizeigesetz für Baden-Württemberg, Kommentar, 5. Auflage, 1999, S. 389.

　　致命射擊之禁止源自法律保留原則，憲法原則提供干預授權規定密度之特定要件[48]。越是關係基本人權之事項，越是需要以法律規定之。致命射擊可以視為對基本人權最嚴重的干預。此干預的程度情形，毫無疑問的需要立法者以法律授權。依據法律保留原則，缺乏如此授權是不被允許的。警察致命射擊若僅是以使其「沒有攻擊能力」為目的概念，將會沒有明確以及充足的規範。在德國有關致命射擊之規定，「德國聯邦及各邦警察法標準草案」曾經多次修正，預料在不斷的政策性討論中，仍難有定論。1974 年草案第 41 條第 2 項第 2 款規定：「致命射擊須為防止當前生命危害唯一之方法時，方得使用之。」；1975 年草案則規定：「致命射擊須為防止當前身體或生命危害之唯一方法時，方得使用之。」；在 1976 年「標準草案」第 41 條第 2 項第 2 款則規定：「有致命可能之射擊，須為防止當前生命危害或當前身體重大傷害之唯一方法時，方准行使之。」；此規定直到 1977 年 11 月 25 日之「標準草案」尚無更動。有些邦法以「標準草案」第 41 條第 2 項第 2 款為模式，為以下規定：「極有可能致命之射擊，惟有於其為防止當前身體重大傷害危害之唯一方法時，方准行使之。」[49]

　　倘若聯邦及邦未有致命射擊之規定，該行為縱然在例外情況下，皆有其疑慮。前述法律規定之措辭，尚不足以合乎警察使用射擊武器之法定要求，因為該規定不清楚且不太確定。但遇重大犯罪中，往往非以致命射擊就無法營救被害者，所以確有需要一警察使用射擊武器之明確規定。又致命射擊是否可

---

48. Vgl. Rachor, F. Polizeihandeln, in: Lisken/Denninger, Handbuch des Polizeirechts, S. 554.

49. Scholler/Schloer 合著，李震山譯，德國警察與秩序法原理，中譯二版，365-367 頁。

以緊急權之保留為依據之問題，立法者實有作關鍵性決定之明確義務，莫將責任委諸其他機關，特別是由行政機關負擔。不能理解的是，若警察為被害者利益而射擊，卻須為其達成任務承擔風險。從德國聯邦及各邦警察法「標準草案」第35條第2項觀察，該條文是在協調下為顧及所有可能之意見而產生，卻在此重要法條中，犧牲掉清楚與精確。第35條第2項明定，正當防衛與緊急避難之規定不受影響，「標準草案」之規定顯有矛盾，因為德國致命射擊之規定運用在實務上，至今都是以警察法上之相關規定配合德國刑法第32條之規定為依據[50]。

警察致命射擊之法律要件，首先是射擊武器使用之要件必須存在，即為依據德國聯邦以及各邦警察法標準草案第41條第2項第1款規定，對於人使用射擊武器，是要使其沒有攻擊或者逃跑之能力。接著有關致命射擊之重要規定，則由德國警察法標準草案第41條第2項第2款之規定實踐憲法規範的要件，各邦也完全依據該規定或者只是稍微改變去參照引用：「在安全上極有可能致命之射擊，僅於無他法防止目前生命危害或身體之重傷害時，方得行使之。」另依據德國巴登符騰堡邦警察法第54條第2項規定：「如果為防止立即的生命危害或者身體重要傷害所考量後之唯一手段，則在安全極有可能致命之射擊是被允許的。」這個規定是德國在1991年修正警察法標準草案時給予必要明確性規範，所以原則上目的性致命射擊在一定條件下仍然被允許的[51]。

法律要件最需要探討的為「立即生命危害」（gegenwartige Lebensgefahr），因為警察必須在短時間對此一

50. 同上註。

51. Vgl. Guldi, Geisenahme und finaler Rettungsschus, VBlBW 1996, S. 235 ff.

不確定法律概念作出判斷，而若有爭議事件，面對司法審查時，法院亦應對事實與法律概念作出裁判，此一概念亦為裁判之重要標準。首先探討危害之概念，普魯士高等行政法院針對危害所曾下之定義，至今仍被引用：「危害，是指若不加阻止，則可能造成損害的一種狀況；亦即經外力之影響，將減損事實存在正常的生活利益之狀況。[52]」但不容否認者，迄今欲為危害作一統一明確定義仍有其困難。一般而言，大都以 Drews、Wacke、Vogel、Martens 等所著《危害防止》（*Gefahrenabwehr*）一書中之見解為代表，其認為警察法概括條款中之危害，係指「在順利進行下，因物之狀況或人之行為，極有可能對公共安全與公共秩序造成損害之一種情況。」所以「立即生命危害」可以解釋為在緊急狀態下，因物之狀況或人的行為，極有可能對於生命造成損害之一種情況。

　　警察致命射擊之法律要件與實務上個案所發生的事實，在兩者涵攝過程中，最重要的課題即是上述「立即生命危害」之認定，此一不確定法律概念之判斷，同樣須借助參考實務案例，所以在此舉出一些具體案例，例如一個殺人狂在街上亂開槍或用刀亂砍、劫持飛機之歹徒揚言殺害人質或炸毀飛機、歹徒持有武器抵住人質的頭。然而相對的若是一個沒有劫持人質的歹徒搶錢後開車即將逃跑，此並不成立此要件，最難以判別的是，歹徒宣稱確信，假使贖金到手後，即將釋放人質。基本上，可以如此認為，所被侵害的法益，其價值位階越高，「立即生命危害」之要件，越是容易成立。然而若是針對相同的法益位階情狀時，此原則在危害防止的任務上就不適用[53]。

---

52. Vgl. z.B. PrOVGE 67, 334; 77, 341; 87, 301.

53. Vgl. Wolf/Stephan, Polizeigesetz für Baden-Württemberg, Kommentar, 5. Auflage, 1999, S. 389.

四、小結

在法律層面探討上，在一般情況下，刑法上或民法上有關緊急權之正當防衛與緊急避難並不能作為警察致命射擊之授權基礎。此種緊急權之規定只適用於人民與人民之間的關係，國家行為若要凌駕人民行為之上，必須要有嚴格的法律標準，如本文有關警察致命射擊之規定。在我國並無明確法律要件之相關規定，然而警械使用條例第 9 條規定，警察人員使用警械時，如非情況急迫，應注意勿傷及其人致命之部位。因此可以從該條反面推論，若是在情況急迫時似乎可以針對人的致命部位射擊。另除了第 9 條規定外，可以推論倘若警察實施致命射擊應先符合警察射擊之要件，該條例第 4 條第 1 項第 5 款規定：「警察人員之生命、身體、自由、裝備遭受強暴或脅迫，或有事實足認為有受危害之虞時」。

在德國有關致命射擊之重要法律要件之規定，則由德國警察法標準草案第 41 條第 2 項第 2 款之規定實踐憲法規範的要件，各邦也完全依據該規定或者只是稍微改變去參照引用：「在安全上極有可能致命之射擊，僅於無他法防止目前生命危害或身體之重傷害時，方得行使之。」另一典型且極有代表性為德國巴登符騰堡邦警察法第 54 條第 2 項規定：「如果為防止立即的生命危險或者身體重要傷害所考量後之唯一手段，則在安全極有可能致命之射擊是被允許的。」而法律要件最需要探討的為「立即生命危害」，因為判斷此要件之是否成立乃為最重要的課題，其可以解釋為在緊急狀態下，因物之狀況或人的行為，極有可能對於生命造成損害之一種情況。此一不確定法律概念之判斷須借助參考實務案例，例如一個殺人狂在街上亂開槍或用刀亂砍、劫持飛機之歹徒揚言殺害人質或炸毀飛機等等。

伍、結語

　　警察致命射擊所探討之法規範，可以從憲法以及法律兩層面而言，在憲法層面，其所牽涉著人民在憲法上基本人權之問題，主要涉及人民之生命權、身體權、尊嚴權以及人格權，這四項基本人權在我國憲法中並無明文規定，稱為「憲法未列舉之固有權」，但一般均可依據我國憲法第 22 條為基礎。在德國，則將上述之基本人權明文規定於基本法第 2 條，成為本文探討之基礎規範。警察致命射擊所牽涉之憲法上基本人權都是一體兩面，面對生命與身體權之保障，警察實施致命射擊，則產生不同憲法法益嚴重衝突之情形，包括上述歹徒與被害者（社會法益或公共利益）兩者之衝突。至於如何判斷優先保障之法益，可以從德國法觀察，亦即在法治國家依法行政之國度，除了經由憲法訴訟直接審查基本權利之實質內容有無受到侵犯外，在無具體案件或情況下，國家機關無法判斷其合憲性時，則應經由法律保留解決衝突之面向，至於法律之合憲性爭議仍經由憲法訴訟處理。

　　此項課題由憲法面落實於法律面則關係著法律保留之問題，依據德國聯邦憲法法院所標舉之重要性理論認為，立法者應考量干預基本人權之重大程度，對於國家行為措施有關要件、情狀以及結果予以法律規範。而警察致命射擊是對於基本人權之嚴重干預，依據上述重要性理論之基礎，對於其行使之要件應以法律規範之，而不可僅以行政命令或地方規範作為法規基礎。在法律層面探討上，在一般情況下，刑法上或民法上有關緊急權之正當防衛與緊急避難並不能作為警察致命射擊之授權基礎，而應以警察法上之職權條款作為行使要件之基礎。例如在德國警察法標準草案第 41 條第 2 項第 2 款之規定：「在安全上極有可能致命之射擊，僅於無他法防止目前生命危

害或身體之重傷害時，方得行使之。」另一典型且極有代表性為德國巴登符騰堡邦警察法第 54 條第 2 項規定：「如果為防止立即的生命危險或者身體重要傷害所考量後之唯一手段，則在安全極有可能致命之射擊是被允許的。」

　　警察致命射擊之法律要件與實務上個案所發生的事實，在兩者涵攝過程中，最重要的課題即是上述「立即生命危害」之認定，此一不確定法律概念之判斷，同樣須借助參考實務案例，例如一個殺人狂在街上亂開槍或用刀亂砍、劫持飛機之歹徒揚言殺害人質或炸毀飛機、歹徒持有武器抵住人質的頭。另在我國警察法規定中，依據警械使用條例各條規定，從用槍時機與法律要件及原則等觀察下，並無明確警察致命射擊之基本概念，因此並無法律要件明確之相關規定，僅僅相關者為該條例第 9 條規定，警察人員使用警械時，如非情況急迫，應注意勿傷及其人致命之部位。因此僅能從該條反面推論，若是在情況急迫時似乎可以針對人的致命部位射擊。所以從比較法之觀點，為因應警察致命射擊此一重要概念，在憲法層面上，有關生命權等之規定，關係著其他重要法課題，是否應在我國憲法明文規定保障，宜一併研究探討，而目前於法適用上仍可以憲法第 22 條之概括規定為依據。在法律層面上，未來我國修正警察法或警械使用條例，應考量參考德國法之規定，增列警察致命射擊之職權條款，俾使執法警察人員有所遵循依據，以更落實符合法治國家依法行政之原理。

　　　　　　　　（本文發表於《台灣法學雜誌》，第 133 期，2009 年 8 月）

4

我國警械使用與槍械管制之行為及其行政救濟途徑

■ 摘要 SUMMARY

本文首先探討警械使用以及槍械管制行為之概念、性質，並包括行為之主體，重點在於性質之分析，主要關係著人民權利之保護，其性質究係行政處分或事實行為，則將影響日後人民不服上述行為時所應採取之救濟方式，而本文則以行政救濟之論述為主，亦即所謂第一次權利保護，有別於第二次權利保護之介紹。經由行為性質之分析，綜合探討警械使用與槍械管制之行政救濟之結論，針對警械使用即時完畢之處分，特別是警察射擊行為，若經認定其為即時性行政處分，一般理論而言不能提起訴願，應直接以提起「續行確認之訴」之行政訴訟為主。除了針對警械使用之即時完畢之處分，另針對警械使用之事實行為（包括警察射擊行為經認定為非行政處分）、槍械管制之行政處分以及事實行為等行政救濟途徑一併探討。

關鍵詞

- ◆ 行政救濟
- ◆ 警械使用
- ◆ 槍械管制
- ◆ 警察行政救濟
- ◆ 警察行為
- ◆ 警察行政訴訟
- ◆ 警察行政
- ◆ 行政處分
- ◆ 人民權利
- ◆ 事實行為

壹、前言

　　警械使用與槍械管制關係社會治安及人民整體權益相當重大，雖為維持社會治安所必要，但其行為可能造成人民權益之重大損害，然而由於警察使用警械或槍械管制之行為，人民所受侵害之舉證並非易事，且過去在行政訴訟上只有撤銷之訴可供利用，因此向來甚少探究此等行為之行政救濟，而今日面對行政救濟之新法制及強調確保人民程序之基本權，所以促使本文探討警械使用與槍枝管制之行為及其行政救濟途徑，所探討的方向為除了行為構成國家賠償或補償責任外，可以選擇的一般行政救濟途徑，一般行政救濟途徑係指第一次權利救濟；亦即相對於一般行政救濟管道而言，國家賠償或補償是針對行政行為依據特別法之救濟途徑，係為第二次權利救濟。本文探討將不服警械使用與槍械管制行為之救濟管道回歸其行政行為形式之本質，而從一般救濟管道之觀點出發，提供讀者明瞭救濟管道之選擇，此行政行為若歸屬於行政處分或行政事實行為，即可依訴願法以及行政訴訟法等一般行政救濟法提起救濟。

貳、警械使用與槍械管制之行為探討

一、行為之概念

　　警械使用之行為是指警察人員為維護治安而利用武器器械等工具行使強制力而言[1]，在我國主要所指的是依據警械使

---

1. Vgl. Würtenberger/Heckmann/Riggert, Polizeirecht in Baden-Württemberg, 5. Auflage, Heidelberg 2002, Rn. 769; Rachor, F. Polizeihandeln, in: Lisken/Denninger, Handbuch des Polizeirechts, 3. Auflage, München 2001, S. 541 ff; Mussmann, Eike,

用條例所行使之各項警察行為[2]。警察人員一般是指在組織意
義上之警察，將於後面有關行為之主體部分作一論述。而警械
之定義與範圍並非十分明確，依據我國警械使用條例第 1 條規
定，警察人員執行職務時，所用警械為棍、刀槍及其他經核定
之器械。有關警械之種類依據「警察機關配備警械種類規格
表」之規定，除了常見之槍、刀、棍外[3]，其他經核定之器械
有火炮、瓦斯器械、電氣器械、噴射器械及應勤器械等種類繁
多。因應時代之演進以及治安之需求，其他經核定之器械必是
經常變動的，然而警械種類之多寡無關乎人民權益，重要的是
使用警械之強制力及物理作用是否保障或侵犯人民權益才是研
究重點，目前各國警察均以槍枝之使用為主要重點，主要是使

Allgemeines Polizeirecht in Baden-Württemberg, 1992, 4. Auflage, Stuttgart 1994, S.
292.

2. 依據警械使用條例，警察人員執行職務時，遇有：指揮交通、疏導群眾、戒備
意外等情形之一時，得使用警棍指揮（第 2 條）。遇有：一、協助偵查犯罪，
或搜索、扣押、拘提、羈押及逮捕等須以強制力執行時；二、依法令執行職
務，遭受脅迫時；三、在得使用警刀或槍械之情況，但認為以使用警棍制止為
適當時，得使用警棍制止（第 3 條）。警察人員執行職務時，遇有下列各款情
形之一者，得使用警刀或槍械：一、為避免非常變故，維持社會治安時。二、
騷動行為足以擾亂社會治安時。三、依法逮捕、拘禁之人拒捕、脫逃，或他
人助其拒捕、脫逃時。四、警察人員所防衛之土地、建築物、工作物、車、
船、航空器或他人之生命、身體、自由、財產遭受危害或脅迫時。五、警察人
員之生命、身體、自由、裝備遭受強暴或脅迫，或有事實足認為有受危害之虞
時。六、持有兇器有滋事之虞者，已受警察人員告誡拋棄，仍不聽從時。七、
有前條第一款、第二款之情形，非使用警刀、槍械不足以制止時。前項情形於
必要時，得併使用其他經核定之器械。

3. 參閱江慶興，合法使用警械確保執勤警察人員安全之研究，中央警官學校警政
研究所碩士論文，1985 年 6 月，頁 27。因時代進步，犯罪之情況亦隨之日新
月異，尤其對於群眾事件，誠非一般刀、槍與棍所能有效制止。再就保障人權
觀點，對於犯罪或其他非法行為，不聽制止者，如逕行使用刀、槍，亦容易發
生傷亡之後果，故必須借重於現代化學、電氣等科技功能，而不致於傷及人命
之防制器械。又各級保安警察部隊以武器之進步與執行任務之需要觀之，其裝
備不斷更新，當非刀、槍與棍所能包括。故規定警察人員執行職務時所用之警
械，除刀、槍與棍外，並包括其他經行政院核定之器械。

用槍枝之作用功效較大，亦最為常見[4]。

　　槍械管制之行為乃政府機關為防止槍枝氾濫影響治安所為對於槍械一種強制性或任意性之管理措施，亦歸屬於一般行政行為，然而主要討論的是警察對於槍械管制之行為。在我國，警察針對槍械管制行為主要規定在槍砲彈藥刀械管制條例與自衛槍枝管理條例二個法律中，而又以自衛槍枝管理條例之管制行為作為探討重心，因從法律性質觀之，槍砲彈藥刀械管制條例屬於特別刑法之性質，其行為似較歸屬於刑事法[5]，其救濟途徑亦非屬於行政救濟途徑，而自衛槍枝管理條例，相對是屬於行政法規，為本文主要論述範圍，所以於後所敘述有關槍械管制行為及其行政救濟，均以自衛槍枝管理條例之管制行為為主。

　　在槍砲彈藥刀械管制條例中，主管機關主要管制行為有對槍砲、彈藥之禁止事項（第 5 條）、槍砲彈藥之許可申請（第 6 條之 1）、製造販賣或運輸重型或輕型槍砲之處罰等罪（第 7 條與第 8 條）、製造、販賣或運輸改造模型槍等罪以及槍砲、彈藥組成零件等罪之處罰（第 12 條及第 13 條），另訂有「槍彈使用許可及管理作業規定」之行政規則以配合管制措

---

4. Vgl. Hanewinkel, Andreas, Die Relevanz von Verfahrensnormen im Polizeirecht, Regensburg 2004, S. 10-12.

5. 李震山，警察法論-任務編，台南：正典出版公司，2002 年，頁 349。簡建章老師認為槍砲彈藥刀械管制條例，向來被視為是刑法第186條及第 187 條危險物罪之特別法。而刑法危險物罪規範之對象限於槍砲彈藥，此於槍砲彈藥刀械管制條例之對「槍砲彈藥」之管制，固然具有所謂的「規範同一性」，於此部分，稱其為刑法之特別法，尚稱允當。惟就刀械之管制部分而言，刑法危險罪原本對於刀械部分，並未將之納入規範範圍，槍砲彈藥刀械管制條例立法時，始一併予以納入規範。如將二者加以比較，就「槍砲彈藥」管制屬於普通法性質之刑法，既無刀械管制之立法，相對於槍砲彈藥刀械管制條例中「刀械」管制之立法而言，即無所謂之普通法存在，槍砲彈藥刀械管制條例中「刀械」管制之特別法成立之形式要件既不存在，其與刑法危險物罪間之關係，仍不得稱其為特別法，充其量僅為一種普通法之補充法而已。

施。而在自衛槍枝管理條例中，主管機關主要管制行為有針對自衛槍枝查驗之期限（第5條）、申請自衛槍枝之要件（第8條至第11條）等等[6]，另亦訂有自衛槍枝管理條例施行細則以配合管理[7]。

二、行為之性質分析

探討警械使用以及槍械管制之行政救濟途徑，首先應對其行為性質作一分析，尤其其性質是屬於何種行政行為形式與行政救濟途徑密切相關[8]，一般而言，若是屬於行政處分，則行政救濟途徑屬於傳統爭訟案件，可依訴願以及行政訴訟作為救濟管道[9]。因此在此針對警械使用與槍械管制行為性質之分析並非就刑事上法律性質與效果之探討，亦即並非討論警械使用是屬於正當防衛、依法令之行為或是緊急避難[10]。如此之討

---

6. 參閱李震山主持，司法對警察行政行為審查問題之研究，行政院國家科學委員會專題研究計畫成果報告，1998年8月，頁132。上述文認為，自衛槍枝管理條例為人民及依法成立之機關團體之自衛槍枝管理規範。人民及機關團體持有自衛槍枝，依本條例之規定（第6條、第9條）應申請該管警察機關查驗合格，始發給執照。自衛槍枝執照限用二年，期滿應即撤銷，換領新照（第11條第1項）。為管理上之必要，主管機關每年應舉行總檢查一次（第15條），為治安之必要，並得舉行臨時總檢查（第16條）並得呈准徵借（第13條）。自衛槍枝持有人若如有違反管理規範行為（第17條第1項），亦有罰鍰、沒入或給價收購等制裁規定（第17條第1項、第11條第2項）。其罰鍰、沒入經催告而逾期不繳納者，除移送法院強制執行外，亦得扣留其槍枝及槍照（第17條第5項）。

7. 除了上述槍砲彈藥刀械管理條例與自衛槍枝管理條例二項主要槍械管制之法律外，相關法規仍有玩具槍管理規則、生活習慣特殊國民獵槍魚槍刀械管理辦法、人民或團體收藏刀械管理辦法以及自衛槍枝徵借辦法等等。

8. Vgl. Rachor, F. Polizeihandeln, in: Lisken/Denninger, Handbuch des Polizeirechts, S. 546 ff.

9. Vgl. Hufen, Friedhelm, Verwaltungsprozeßrecht, 3. Auflage, München 1998, S. 21-23.

10.有關使用警械行為之法律性質與效果，請參閱梁添盛著，論警察人員使用警械

論與警械使用之刑事責任或行政責任問題相關，但無濟於探討行政救濟之途徑，應從其行為性質屬於何種形式之行為著手。

　　傳統行政法學對行政行為法律效果審查之體系，一向都從行政行為形式理論出發，行政的行為形式（Handlungsformen）一直是行政法體系最主要的核心，行政法學者藉著對於行政行為形式的認識成功地解決許多傳統行政法主要的法律問題 11。因此面對警械使用以及槍械管制兩種行政行為，探討有關行政救濟問題，仍以行政行為形式理論為基礎，先分析探究其行政行為形式，以利研究行政救濟途徑，亦即歸屬於行政行為法律效果之審查方式之探討。

　　警械使用之性質應是屬於物理上之動作，尤其射擊行為，為一種即時性行為，且在短時間完成行為，因為只要扣下板機成功將子彈射出，此射擊行為即告完成。針對警械使用而言，在德國依其性質視為直接強制，一般討論重點在於射擊武器之使用，其被視為在直接強制中最為強烈之形式 12。然而射擊行為針對其要件與程序一般在警察法上有特別規定，因此也可以說，射擊行為是直接強制的一種特別形式 13。詳細地說，在射擊行為實施之前若有時間予以警告或警告性射擊，則警告可視為先前處分，射擊行為符合直接強制之要件，然若時間緊

　　行為之法律效果，收錄於「警察法專題研究（一）」，1992 年 4 月，桃園：中央警官學校出版，頁 85-103；梁添盛著，警察法講義，收錄於「警察法專題研究（二）」，2004 年 9 月，桃園：中央警察大學出版，頁 270-273；李英生著，警械使用條例實務—建構使用警械安全工程，第十五章：使用警械之法律責任，海岸巡防機關器械使用條例研析，頁 243-250。

11. 張鈺盛，行政法學另一種典範之期待：法律關係理論，月旦法學，台北：元照出版公司，121 期，2005 年 6 月，頁 56 以下；Osseenbuhl, Fritz, Die Handlungsformen der Verwaltung, JuS 1979, S. 681 ff.

12. Vgl. Rachor, F. Polizeihandeln, in: Lisken/Denninger, Handbuch des Polizeirechts, S. 541 ff.

13. Vgl. Drews/Wacke/Vogel/Marten, Gefahrenabwehr, 9. Auflage, 1986, S. 541.

迫無警告行為，則亦可視為警察之即時強制特別形式[14]。然而針對即時強制等措施歸屬何種行政行為之形式，在理論上是有爭議的，仍需要深入探討。

由上述得知警械使用之行政行為形式可能為行政處分或是事實行為，亦即射擊行為若屬於直接強制，其行為是為執行「警告」處分，而執行處分之行為則通常論斷為行政之物理行為，視為事實行為，然而德國聯邦行政法院之判決亦曾有不同之看法[15]，將執行處分之直接強制視為一行政處分，這也是顯現即時性之行政處分與事實行為確有難以明確區別之困難[16]，所以要區別直接強制之射擊行為是否為行政處分或事實行為仍有爭議與困難。然射擊行為若係屬於即時強制行為，可探討的是干預性質之事實行為或者是可視為擬制之行政處分[17]。干預性之事實行為是指有些警察公權力措施缺乏下令規制義務人之意思，警察基於本身法定職權自己直接以行動著手防止危害之工作[18]，亦即不必經由義務人行為或不行為義務之配合，如執

14.有關警察即時強制請參閱蔡震榮著，行政執行法，修訂三版，2002 年 9 月，頁 197-200；蔣基萍，警械使用條例之理論與實際，中央警官學校出版社，1993 年 6 月，頁 31-33。蔣氏所提看法是針對廣泛之警械行為，不只限於射擊行為，其認為警察人員使用警械之行為，是依法行使公權力之行為，此種公權力之執行，是具下令性質、個別性質及可能立即造成損害效果之事實行為。

15.德國聯邦行政法院於 1967 年 2 月 9 日判決略以：「藉警棍驅逐群眾之直接強制行為不只是一實際行為，而且合乎行政法院法第 42 條第 1 項之行政處分要件。」；請參閱李震山譯，德國警察與秩序法原理，高雄：登文書局，中譯二版，1995 年 10 月，頁 299-301。

16.陳正根，論警察行政處分之概念與特性，警察法學第四期，2004 年 12 月，頁 457-459。

17.參閱蔡震榮著，行政執行法，頁 227-230。

18.李震山，已執行完畢之行政處分及其救濟，月旦法學雜誌，第 81 期，2002 年 2 月，頁 22。行政物理行為會發生事實上之效果，而該效果是否屬涉權行為而與人民權利或義務有關，可分為不生法律效果之行為與發生法律效果之行為，前者如警察巡邏、道路鋪設，後者如警察臨檢、盤查、驅離等。

行鑑識措施、即時強制之管束,此種警察自行強制之作為,僅屬干預性之事實行為[19]。然而警察射擊行為所發生之法律效果非一般行為所比擬,即使未造成人或物實質傷害,其威嚇所具有之效果亦相當大[20],而依訴願法第 3 條第 1 項及行政程序法第 92 條第 1 項規定:「本法所稱行政處分,係指中央或地方機關就公法上具體事件所為之決定或其他公權力措施而對外直接發生法律效果之單方行政行為。」不論從規範內容之「決定」或「公權力措施」,射擊行為似已符合上述規範要件,具有行政處分之性質,綜之,若是未經警告(口頭警告或射擊警告)之射擊行為,將視為即時強制,有學者則將即時強制歸屬於擬制之行政處分[21],如同下令式之行政處分,一經執行即完成,具有即時性質之行政處分。

然而使用其他警械,最重要的行為如使用塑膠警棍驅離群眾或如依據警察職權行使法第 20 條「使用警銬或其他經核定之戒具」,究竟屬行政處分或干預性之事實行為,有分析必要。使用警棍驅離群眾之行為則經學者明確指出可被視為即時強制之即時性行政處分[22],然而亦可能陷入上述警察射擊行為

---

19. Vgl. Moller/Wilhem, Allgemeines Polizei-und Ordnungsrecht, 5. Auflage, Stuttgart 2003, S. 112 ff.

20. Vgl. Würtenberger/Heckmann/Riggert, Polizeirecht in Baden-Württemberg, 5. Auflage, Heidelberg 2002, Rn. 785.

21. 學者林素鳳認為,即時強制依新修正訴願法第三條所稱「其他公權力措施」而將其歸屬於行政處分。但學者蔡震榮認為,此種依法令而為的即時強制是否符合此種定義,仍有探討之空間。請參閱林素鳳,即時強制的縱向探討,中央警察大學行政警察學系研討會論文集,1999 年 5 月,頁 156;蔡震榮,行政執行法,頁 227-230。

22. 李震山,已執行完畢之行政處分及其救濟,月旦法學雜誌,第 81 期,2002 年 2 月,頁 22-23。依訴願法第 3 條第 1 項及行政程序法第 92 條第 1 項規定:「本法所稱行政處分,係指中央或地方機關就公法上具體事件所為之決定或其他公權力措施而對外直接發生法律效果之單方行政行為。」不論從規範內容之「決定」或「公權力措施」,以警棍驅散行為皆符合上述規範要件,具有行政處分之性質。

之認定困難[23]。而針對「使用警銬或其他經核定之戒具」，此種強制手段之採取，亦屬於人身自由剝奪之措施，也涉及人性尊嚴之損害，警察乃依本身職權採取「行動」執行之，不必經由當事人之配合，應屬於「干預性事實行為」[24]。

　　警械使用是否屬於行政處分關係著行政救濟途徑甚鉅，若為行政處分則相對人可提起訴願與行政訴訟，若如上述已執行完畢之即時性行政處分，則當事人可提起所謂的繼續性確認之訴，即可依行政訴訟法第 6 條選擇確認之訴；倘若是行政事實行為，依理論而言則當事人可依行政訴訟法第 8 條提起一般給付之訴或仍可依行政訴訟法第 6 條提起確認之訴，然而在實務上對於事實行為之行政救濟是否可採取行政訴訟上一般給付或確認之訴，則仍然有所爭議，相關部分將於本節第 2 項、第 3 項詳細論述。

　　另外，有關槍械管制之行為性質，相對於警械使用之行為則較為單純，在我國槍械管制之主管機關為警察機關，最重要的行為應為武器使用許可之核發，這是很典型的行政處分，毫無爭議。依據自衛槍枝管理條例規定所針對人民或機關團體持有自衛槍枝，其許可查驗給照、換照，相關罰緩、沒入或給價收購等行政行為，按其性質，即符合行政處分之概念特性，有關救濟途徑於後敘述。至於檢查、扣留、徵借等行政行為，似屬行政事實行為[25]，若當事人不服，理論上或仍可提起相關行政訴訟，詳細部分於後敘述。

---

23. 同註 20。

24. 蔡震榮，論警察職權行使法強制措施之法律性質與救濟，中央警察大學學報，第四十一期，2004 年，頁 6。

25. 李震山，司法對警察行政行為審查問題之研究，行政院國家科學委員會專題研究計畫，1998 年 8 月，頁 132-134。

三、行為之主體

　　有關論述使用警械之主體仍會牽涉到「廣義警察」或「狹義警察」之問題，一般而言影響關係較大者當然為「狹義警察」，亦即為組織上意義之警察。實因我國現行行政部門中，某些執行「廣義警察」概念之行政機關，其所屬人員依法令也具有使用武器、彈藥、器械之職權，例如海關人員、監獄或看守所之管理人員，這些人均非「警械使用條例」中所規範之使用主體。在「警械使用條例」中，明文規定使用警械之主體為警察人員、憲兵及駐衛警察，警察人員是指依警察人員管理條例銓敘、任官、授階執行警察任務之人員，憲兵是指執行軍法、司法警察職務時之軍人，駐衛警察是指依警察人員管理條例第 40 條，授權內政部訂頒之「各機關學校團體駐衛警察管理辦法」所設置之駐衛警察，依「駐衛警察使用警械管理辦法」之規定，應依警械使用條例所規範之使用時機，使用警械[26]。亦即警械使用之主體除了適用相關法律外，亦得適用警察命令予以補充規範，然而此警察命令應為授權命令，才不違反法律保留之精神[27]。

　　因此，得依該條例使用警械者，除上述人員外，似無使用警械之餘地。惟依「義勇警察編訓服勤方案」中規定，義警服勤時，准佩帶警棍、警笛及捕繩，但退勤時應即收回集中分局（分駐所）、派出所集中保管。另中央警察大學與台灣警察專科學校學生，在實習時協助警察機關執行職務，依有關法令應予有限度使用部分警械之權力，才能配合實務之需要。再

---

26. 蔣基萍，警械使用條例之理論與實際，桃園：中央警官學校出版社，1993 年 6 月，頁 60-62。

27. 陳正根，警察命令之運用、界限與競合-以德國犬隻飼養之警察命令為例，警察叢刊第 162 期，桃園：中央警察大學，2005 年 9 月，頁 48-50。

者，（依「電氣警棍警棒電擊器管理辦法」第8條規定：「機關、學校、保全公司、民間守望相助組織或公私營工廠、公司、行號，僱（任）用警衛或巡守人員，環保稽查人員或其他依法執行稽查任務之公務員者，得向當地警察局申請，呈報內政部許可後，訂製或購置電器警棍、警棒、電擊器，並由內政部警政署核發警械執照。」賦予私人僱（任）用之警衛或巡守人員及其他公務員在執行稽查任務時，得事先申請許可核發警械執照，而使用部分警械[28]。）

至於槍械管制行為之主體，以槍砲彈藥刀械管制條例第3條規定而言，槍砲彈藥刀械管制之主管機關：中央為內政部；直轄市為直轄市政府；縣（市）為縣（市）政府。以自衛槍枝管理條例第4條規定而言，自衛槍枝管理之主管機關：在中央為內政部；在直轄市為直轄市政府；在縣（市）為縣（市）政府。另外，雖然沒有法律之繼續詳細規定，然而槍械管制行為實際上由內政部所屬之警政署以及縣（市）政府所屬之警察局負責，亦即實際之主體即是負責治安任務之內政部警政署及各縣市警察局。

參、訴願

一、針對警械使用之行為

警械使用之行為，無論是射擊行為或是其他警械使用之行為均是執行完畢就完成之警察干預性措施，依吳庚教授所言，「無論對警察手段定位為事實行為或行政處分，照理均不

28.同上註。

得提起訴願[29]」，而射擊行為經前述行為性質之分析，一大可能即是所謂「已執行完畢之行政處分」，在此先就行政處分之性質予以探討，此是指在提起行政訴訟前，該處分已執行完畢，行政處分已喪失其效力，因此撤銷或廢止已屬於無任何意義。一般通說認為針對此種已執行完畢之處分，撤銷該行政處分已屬不可能且無必要之事。且訴願僅包括撤銷與不作為訴願，而確認訴願並不在訴願之範圍內。因此，在此針對射擊行為提起訴願為已無必要之事[30]。當然倘若認為射擊行為是事實行為，其一般行政救濟之途徑就無可能循訴願制度，而其他警械之使用如警棍等，亦應依照如此之認定程序。

　　另針對上述已執行完畢之處分不得提起訴願，目前有德國學者提出不同意見認為，雖然德國之聲明異議制度（相當於我國之訴願），並未提及續行確認之聲明異議（Fortsetzungsfeststellungswiderspruch），但因為續行確認之訴，也是針對違法或無效之行政處分，只是因該處分已執行完畢來不及撤銷，然而在體系上與撤銷之訴有緊密關聯，祇是提起之先後順序有所差異而已（撤銷聲明亦於處分尚具有效力時提起，而續行確認之訴是在處分已喪失其效力後提起，僅此差異）。因此，對已執行完畢之行政處分提起聲明異議，仍有三種意義：第一，行政機關之自我審查；第二，減輕法院之負擔；第三，有利於人民之權利救濟。所以我國似乎可採德國學者所提出的「確認訴願」說，而承認我國之「撤銷訴願」包含「確認訴願」在

---

29. 吳庚，行政法之理論與實用，增訂八版，台北：三民書局，2003 年 10 月，頁640。

30. Vgl. Möller/Wilhelm, Allgemeines Polizei-und Ordnungsrecht, 5. Auflage, 2003, Rn. 457. Pieroth/Schlink/Kniesel, Polizei-und Ordnungsrecht, 2. Auflage, 2004, S. 434. Kopp/Schenk, Verwaltungsgerichtsordnung, Kommentar, 13. Auflage, 2003, § 113, Rn. 102; Gotz, Volkmar, Allgemeines Polizei- und Ordnungsrecht, 13. Auflage, 2001, § 22, Rn. 557.

內 [31]。若此觀點可以成立，針對射擊行為或其他警械使用之處
分提起訴願，並非不可能，亦即解釋此種「撤銷」訴願，尚可
包括確認之意義在內。

二、針對槍械管制之行為

在我國槍械管制部分，就警察機關外部作用而言（不包
含機關內部槍械管理），前述認為除了「槍砲彈藥刀械管制條
例」歸屬於特別刑事法外，最重要的是依據「自衛槍枝管理條
例」。前面亦已述，警察機關依據該條例管理人民或機關團體
持有自衛槍枝，其許可查驗給照、換照、罰鍰、沒入及給價收
購等行政行為，按其性質符合一般行政處分之概念特性，亦即
並非即時性之行政處分，而依據該條例，人民或機關團體不服
上述槍械管理之行政處分，其救濟途徑為何，並無明文規定，
所以應循一般行政救濟途徑為之，亦即先向主管機關提起訴願
程序 [32]。至於依據該條例有關檢查、扣留、徵借等行政行為，
其性質似屬事實行為，不具行政處分之條件，人民若不服上開
行為，無法提起訴願，應循相關行政訴訟之程序為之，將在後
面行政訴訟部分一併論述。

針對警察機關有關槍械管制之行政處分提起訴願，其主
要意義係訴願乃主張權利或利益遭受行政處分，向原處分機關
之上級機關或原處分機關本身請求救濟之方法 [33]，而其功能約

31.蔡震榮，論警察職權行使強制措施之法律性質與救濟，中央警察大學學報，
　　41 期，2004 年 7 月，頁 308；Kopp/Schenke, Verwaltungsgerichsordnung,
　　Kommentar, § 113, Rn. 127.

32.李震山，司法對警察行政行為審查問題之研究，行政院國家科學委員會專題研
　　究計畫成果報告，1998 年 8 月，頁 132~134。

33.Pietzner/Ronellenfitsch, Das Assessorexamen im öffentlichen Recht-
　　Widerspruchsverfahren und Verwaltungsprozeß, 10. Auflage, Düsseldorf 2000, S.
　　421-423; 吳庚，行政爭訟法，增訂版，1999 年，頁 285。

有五點：第一、維護人民之權益，免於受公權力之侵害。第二、確保行政之合法行使。第三、行政妥當性之確保。第四、統一行政步調、作法或措施。第五、減輕行政法院之負擔[34]。蓋訴願係行政體系內部之「自省的救濟程序」，並非獨立於行政體系外之司法程序[35]，有關訴願之主要程序依訴願法之相關規定為之，包括訴願之概念、管轄、期限、程序之基本原則及訴願決定等等[36]。

肆、行政訴訟

一、針對警械使用之行為

　　前面已述，倘若對於警械使用之行為，無論是射擊行為或是其他警械使用之行為將其認定為執行完畢就完成之警察干預性措施，即認為針對此種已執行完畢之處分，撤銷該行政處分已屬不可能且無必要之事，而另依據德國學理可提出所謂之「確認訴願」係少數意見。因此針對警械使用之行為提起行政救濟，主要應是依據行政訴訟法直接提起「行政訴訟」。

　　針對警械使用此種「已執行完畢」之性質措施，在我國

---

34. 蔡志方，行政救濟法新論，再版，民國 90 年，頁 32~34。倘若允許直接訴訟，則行政法院之訴訟案件必然大增，負擔必然相對加重。綜合訴願制度之根本目的，似仍在維持法規或保護人民之權利兩者間之區別而已。基本上在法治國家中，基於人性尊嚴所導出之民主原則，不管訴願制度之存續基礎係立於法規維持說或權利保護說，最終均在保護人民，其唯一區別亦只在乎究以個人主義或團體主義為重而已。

35. Vgl. Hufen, Friedhelm, Verwaltungsprozeßrecht, S. 70-72;吳庚，行政爭訟法，頁 290。

36. 相關文獻可參考蔡志方，訴願制度，收於翁岳生編，行政法（下冊），頁 1056-1118；蔡志方，新訴願法與訴願程序解說，2002 年 2 月；吳庚，行政爭訟法，頁 285 以下。

行政訴訟法上共有兩條文有關「已執行完畢」事宜，除第 6 條第 1 項後段「確認訴訟」外，另有第 196 條「執行結果除去請求權」，係指違法且侵害人民權利之行政處分，因該執行結果，直接造成對人民持續違法不利之事實狀態者，人民於行政法院或行政機關撤銷該處分後，得進而向行政機關請求排除執行結果之權利，此種請求權係屬公法上之結果除去請求權之特殊型態，亦即就撤銷訴訟與執行結果除去請求權兩者間，訂定特別之「階段訴訟」（Stufenklage）規定，亦即先有提起撤銷訴訟，而附帶由原告聲請「結果除去請求權」[37]。前面已述及針對警械使用之行為，一般通說認為提起撤銷訴訟已無必要，在此既無撤銷訴訟，若當事人要聲請第 196 條「執行結果除去請求權」，亦屬不可能。

警械使用行為之性質既屬「已執行完畢」之行為，而行政處分執行完畢後，所造成之不利事實狀態，已因執行完畢而結束，其執行中所造成法律上負擔效果亦隨之消失[38]。結果既已消失，即無需要「執行結果除去請求權」予以排除，在此可行之訴訟救濟途徑至多僅請求行政法院對已解決之行政處分作違法確認之判決，亦即依據行政訴訟法第 6 條第 1 項後段提起續行確認之訴[39]。「續行確認之訴」是一種法院審查警察措施相當重要之手段，也是要求警察行為合於法治國要求必要之手段[40]。此種「續行確認訴訟」，是否須先提起撤銷訴訟，我國

37.劉淑範，論續行確認訴訟（違法確認訴訟之適用範疇：以德國學說與實務為中心），台北大學法學論叢第 46 期，1990 年 6 月，頁 128 以下。

38.Vgl. Pieroth/Schlink/Kniesel, Polizei-und Ordnungsrecht, 2. Auflage, München 2004, S. 436.

39.陳敏等譯，德國行政法院法逐條釋義，司法院印行，2002 年 10 月，頁 424-432。

40.蔡震榮，論警察職權行使強制措施之法律性質與救濟，頁 302。

學者有正反兩說[41]，然而依據德國學理之觀點以及因應警察實務之需要，一般贊同「反對說」，認為無需經由「撤銷訴訟」之先行程序，亦即支持廣義的續行確認訴訟，此對國民權利之保障似較周延[42]。

　　續行確認訴訟一如其他類型訴訟，原告須有即受確認判決之法律上利益[43]。此項要求於如下情形一般認為滿足：1.當原告面臨行政機關重複作成相同行政處分之威脅時；2.當該不利益之行政處分雖然已經完成，但其所造成不利益之效果卻仍然存在時；3.當原告希望確認該行政處分之違法性，以便提起國家賠償有關之訴訟；4.當該不利益之行政處分或措施係屬於對重要之基本權利地位之影響，從而有必要作根本性之釐清時，不排除尚有其他類型[44]。在此所稱的「確認判決之法律上利益」，是指任何有保護價值之法律上、經濟上或理念上之利益皆屬之，其範圍比「法律上利益」要來得寬[45]。而依據行政訴訟法第6條第1項後段所提起之「確認處分違法之訴」，可一併依同法第7條規定：「提起行政訴訟，得於同一程序中，合併請求損害賠償或其他財產上給付。」亦即合併提起損害賠償之訴請求國家賠償[46]。

41.同上註，頁305。

42.李震山，行政法導論，修訂五版，台北：三民書局，2004年，頁520-521。

43.Vgl. Schenke, Feststellungsklage, NVwZ 2000, S. 1255.

44.翁岳生主編，行政訴訟法逐條釋義第6條（黃錦堂），2002年，台北：五南圖書出版公司，頁112；Hufen, Verwaltungsprozesrecht, 3. Auflage, 1998, S. 373 f.

45.Vgl. Schmidt, Rolf, Verwaltungsprozeβrecht, 6. Auflage, 2002, S. 140-142; 李震山，行政法導論，頁521-523。

46.林明鏘，法治國家與警察職權行使，警察法學第四期，2005年12月，頁72。惟林明鏘教授進一步認為合併提起損害賠償之訴請求國家賠償，一來僅有財產上之損害賠償，且必須經過一段時日，當事人未必需要這遲來的金錢賠償，因此考量權利之即時救濟與保護，在警察職權行使法第29條規定表示可以「即時異議」，以期迅速、有效地滿足權利救濟及權利保護之要求，呼應釋字第

　　至於警械使用之事實行為，例如使用警銬或其他經核定之戒具，或以警槍或其他械具嚇阻預防犯罪等等之行為而未達明顯法定效果者，這些警察措施屬於干預性事實行為（亦可能包括前述之警察射擊行為，因亦有學者認定並非行政處分），而對於已執行完畢之事實行為可否救濟，吳庚教授認為依目前我國行政訴訟法之設計，並無任何一種訴訟類型可資運用，因針對事實行為，在理論上應提起一般給付之訴，但此種必須有公法上結果除去請求權之存在，而才得以訴請回復原狀或給付賠償金額，我國對此並無明文規定，恐難採行[47]。但有學者認為可藉由德國法實務與理論之觀點來解釋[48]，我國仍可依行政訴訟法第 6 條第 1 項前段「確認公法上法律關係成立或不成立」之訴訟來適用事實行為。當事人得以「警察無權使用警械」之干預性事實行為，而要求確認該法律關係「不成立」之訴訟[49]。

二、針對槍械管制之行為

　　前面已述，我國槍械管制部分，就警察機關外部作用而言（不包含機關內部槍械管理），最重要的是依據「自衛槍枝管理條例」。警察機關依據該條例管理人民或機關團體持有之自衛槍枝，其許可查驗給照、換照、罰鍰、沒入及給價收購等

---

535 號解釋理由書中的「異議權」要求，建立當場異議機制與處理方式，同時，更可以藉此第一線且最迅速的行政自我反省機制，以期減少日後行政法院之負擔。針對林教授之意見，是否適用於警械使用行為，仍然需要研究討論，如何訂定警械使用即時異議機制，吾人以為比較臨檢行為之即時異議救濟，則是一個較困難課題，如何衡量警械使用之權利傷害等，若非經由事後審查之法院或主管機關，首先就是一大困擾，所以似乎警械使用之即時異議較不可行。

47. 吳庚，行政法之理論與實用，頁 640。

48. Vgl. C.H. Ule, Verwaltungsprozeβrecht, 9. Auflage, München 1987, S. 88-90.

49. 蔡震榮，論警察職權行使強制措施之法律性質與救濟，頁 306。

行政行為，按其性質符合行政處分之概念特性，而依據該條例，人民或機關團體不服上述槍械管理之行政處分，其救濟途徑為何，在該條例並無明文規定救濟告示，所以應循一般行政救濟途徑為之[50]。原則上先向原處分之上級機關提起訴願程序（若已是最高行政機關則向原機關提起），倘若受理訴願機關認為訴願有理由，原則上應以決定撤銷原行政處分之全部或一部分，並得視事件之情節，逕為變更之決定或發回原行政處分機關另為處分（訴願法第 81 條第 1 項）。若認為訴願無理由，受理訴願機關應以決定駁回之（訴願法 79 條第 1 項），當事人若不服決定，則可依據行政訴訟法第 4 條向高等行政法院提起撤銷之訴[51]。

　　至於依據該條例有關檢查、扣留、徵借等行政行為，其性質似屬事實行為，不具行政處分之條件，人民若不服上開行為，無法提起訴願，理論上可以依據行政訴訟法第 8 條提起一般給付之訴，因人民與行政機關間之系爭行政行為若屬於行政處分，將涉及撤銷、課予義務與確認之訴[52]；反之，若屬非行政處分之其他公法上行政行為，如上述事實行為，則涉及一般給付之訴，當事人可要求行政法院判令行政機關積極作成一事

---

50. 李震山主持，司法對警察行政行為審查問題之研究，頁 132-134。

51. Vgl. Möller/Wilhelm, Allgemeines Polizei-und Ordnungsrecht, 2003, Rn. 431. 進一步有關詳細撤銷之訴請參閱吳庚，行政爭訟法論；翁岳生主編，行政訴訟法逐條釋義第 4 條（盛子龍主筆），頁 65-70。提起撤銷訴訟，除須具備提起行政訴訟均應具備之一般實體判決要件之外，另須具備撤銷訴訟之特別實體判決要件，可細分為四個要件：一、原告訴請撤銷的行政行為客觀上為行政處分且尚未消滅。二、原告須主張行政處分違法且侵害其權利或法律上利益，此要件係原告有無訴權問題。三、須已依法提訴願未獲救濟。四、須遵守法定救濟期間。

52. Vgl. Schmitt Glaeser, Walter, Verwaltungsprozeβrecht, 11. Auflage, Stuttgart 1992, S. 31-35.

實行為或財產上給付[53]。但與前述警械使用之事實行為處於同樣法律性質，在我國對於已執行完畢之事實行為，學者仍認為可參考德國法實務與理論之觀點來解釋，或可依行政訴訟法第6條第1項前段「確認公法上法律關係成立或不成立」之訴訟來適用事實行為。當事人得以該主管機關無權實施干預性事實行為，而要求確認該法律關係「不成立」之訴訟[54]。

伍、結語

綜合探討警械使用之行政救濟之結論，不論在我國或在國外均特別注重使用槍枝之射擊行為，因為所造成之法律效果影響人民權益最大，一般關係生命財產之保障，而若因射擊行為有傷害人民之生命與財產權益，除國家賠償與損失補償外，亦可循一般行政救濟途徑，針對所被傷害之權益得到應有之救濟，經上述探討之結果為，針對警械使用即時完畢之處分，特別是射擊行為若經認定是即時性之行政處分，一般理論而言不能提起訴願，應直接以提起「續行確認之訴」之行政訴訟為主。至於警械使用之事實行為（包括前述警察射擊行為若經認定並非行政處分），則可依行政訴訟法第6條第1項前段「確認公法上法律關係成立或不成立」之訴訟來適用事實行為。當事人得以「警察無權使用警械」之干預性事實行為，而要求確認該法律關係「不成立」之訴訟。另針對槍械管制之行政處分，當事人先循一般訴願程序為之，若訴願經訴願機關認定有

---

53. Vgl. Hufen, Friedhelm, Verwaltungsprozeβrecht, 3. Auflage, 1998, S. 344-347；進一步有關詳細一般給付之訴請參閱吳庚，行政爭訟法論；翁岳生主編，行政訴訟法逐條釋義第4條（董保成主筆），頁116-120。

54. 蔡震榮，論警察職權行使強制措施之法律性質與救濟，頁306。

理由，則原處分將被撤銷，即迅速獲致權利之確保，若經駁回則可依行政訴訟法第 4 條向高等行政法院提起撤銷之訴。至於針對槍械管制之事實行為，因並非屬於行政處分之性質，不能提起訴願，當然無法循撤銷之訴獲得救濟，理論上可以依據行政訴訟法第 8 條提起一般給付之訴，在我國有學者亦認為依行政訴訟法第 6 條第 1 項前段「確認公法上法律關係成立或不成立」之訴訟來適用事實行為較為恰當。當事人得以該主管機關無權實施干預性事實行為，而要求確認該法律關係「不成立」之訴訟。然而值得注意的是，我國新修正之行政訴訟法實施時間至今並不長，上述相關行政救濟途徑之探討，大多僅及於理論層面，日後仍須實務上運作及行政法院判例及解釋等印證其可行性。

（本文發表於《中央警察大學國境警察學報》，第 7 期，2007 年 6 月）

5 歐洲警察署與權利保護

四、針對瑕疵行為之損害賠償

伍、結語

摘要 SUMMARY

歐洲的統合不僅在經濟上或政治上產生新局面，其影響也擴及至社會及文化等層面。歐盟各會員國為使內政進一步合作，尤其在公共秩序與安全維護方面，因而推動歐洲警察署的成立。「歐洲警察署公約」於 1998 年經各會員國國會一一通過生效，該署正式成立運作。歐洲警察署並沒有屬於機關本身實際調查權，其主要業務為犯罪資訊之蒐集、分析與轉送，並提供各會員國運用，以有效打擊歐盟境內組織犯罪、毒品交易等。針對該署行為之救濟途徑規定於該署公約，可以經由二個權利保護制度提出救濟，一個是該署「共同審查局」，另一個是各國國家法院。歐洲警察署面對未來的發展，雖然仍存在許多困難，然而現階段該署以一個較緊密的國際警察組織與架構，仍然存在正面的意義與未來，因國際間犯罪資訊之制度性獲取與傳遞並非易事，而該署之建立已經跨出重要的一步。針對權利保護制度之改革，未來可針對救濟制度訂定專屬法規，經由一個或特定法院（如歐洲法院）審理，以強化落實歐洲人權公約或各國憲法對於基本人權及資訊自決權之保障。

關鍵詞

- ◆ 歐洲警察　　◆ 權利保護　　◆ 法律救濟
- ◆ 歐署公約　　◆ 警察權限

壹、前言

　　歐洲的統合不僅在經濟上或政治上產生新局面，其影響也擴及至社會及文化層面。歐盟（Europäische Union）成立以後，除了展開擴大會員國計劃外，最重要也朝向內部各項事務的整合，在經濟上眾所皆知為歐元的問世與使用，於 2002 年正式成為流通使用貨幣，開啟歐洲歷史的新紀元。同時各會員國國內事務間也加深了進一步合作的共識，歐洲警察署（Das Europäische Polizeiamt，簡稱為 Europol）就是在這樣的時空背景下誕生。本文主要介紹歐洲警察署成立背景與相關法律規定，並敘述其任務、職權與組織及未來發展，另因該署工作任務範圍對於人民權利影響甚鉅，也多方面與人民主觀權利之干預密切相關，基於人權的保障與「有權利，即有救濟之法理[1]」，一併敘述針對該署行為之權利保護（Rechtsschutz）。

貳、歐洲警察署之成立

　　在 1991 年 7 月 28 日及 29 日舉行的歐盟國家及政府領袖高峰會議中，同意德國所提「內政及司法政策繼續聯合行動」建議方案中，針對掃除國際毒品交易及組織犯罪，應該

---

1. 參閱蔡志方，行政救濟法新論，2001 年 2 版，第 6-13 頁。

成立一個「歐洲刑事警察中心」[2]。經過多次籌備會議與週邊組織事先設立，諸如 1993 年資訊連結體系的建立、煙毒犯罪資訊處理中心及至歐洲毒品管制機構於 1994 年在荷蘭海牙正式運作，是年歐洲議會並通過「歐洲毒品管制機構任務範圍延伸」議案，這些先前工作奠定了歐洲警察署成立的重要基礎[3]。然而最重要之法律基礎則為「歐洲警察署公約」（Europol-Konvention），此公約確定了該署正式名稱、組織及執掌，已不侷限在於刑事偵防合作範圍，超越國際刑警組織之合作規模，包含了歐洲預防犯罪及維護社會治安工作，並已建立了歐洲未來警政體系之組織架構。然因牽涉各國警察內政等廣泛問題，該公約草案歷經激烈討論於 1995 年才獲得共識與認可，並得以繼續推動歐洲警察署之成立。

歐盟有關議案（公約、協議[4]）均須經過各會員國國會一一通過後，才能付諸一致實施，當然歐洲警察署公約也不能例外。至 1998 年 6 月 12 日為止，歐洲警察署公約經過批准程序（Ratifizierungsverfahren）[5]，已一一獲得各會員國會通過。1998年10月1日該公約正式生效，身為歐洲理事會內政司法部主席，同時也是奧地利內政部長的 Karl Schlögl 正式簽署第一件公文並啟動該機構之官方運作，歐洲警察署正式成立。於是前述週邊組織及前身機構，如煙毒犯罪資訊處理中心及歐洲毒

---

2. Vgl. Mokros, Polizeiliche Zusammenarbeit in Europa, in: Lisken / Denninger (Hrsg.), Handbuch des Polizeirechts, 3. Auflage, 2001, S.1214.

3. Vgl. Storbeck, Kriminalistik, 1994, S.201.

4. 歐盟仍然還不是一個主權國家的地位，因此共同遵守或適用的法規，原則上仍應以國際法條約視之，故稱公約或協議為多，雖與國內法等同效力，而仍未以法律稱之。有人預測或期待未來歐盟轉變為歐洲共和國，則是另一問題。

5. 歐盟法案須經各會員國國會一一通過，稱為歐盟之批准程序（Ratifizierungsverfahren）。

品管制機構等均解除，相關工作業務併入歐洲警察署[6]。

參、歐洲警察署之任務、職權與組織

一、任務

　　歐洲警察署公約第 2 條第 1 項規定其成立目的，在於各會員國治安主管機關針對犯罪之預防與打擊犯罪應有效率的合作與增進。第 3 條規定該署主要任務在於逾越邊界者（指的是非歐盟會員國），特別是組織犯罪者，經由犯罪資訊之蒐集、分析與轉送（Weitergabe），由各會員國刑事治安機關積極防範與打擊。並實際執行以下重要業務[7]：

1. 減輕各會員國資訊交換（Informationsaustausch）之負擔。

2. 資訊與相關知識之蒐集（sammeln）、彙編（zusammenstellen）及分析，亦即是資料之利用。

3. 關於各會員國主管治安機關所有擁有資訊中有關刑事偵防或犯罪預防知識經驗之迅速通知，亦即是資訊之傳遞與轉送（weitergeben）。

4. 經由各國家機構實際勤務資訊的傳送，支援各會員國之偵查工作，亦即負責協助偵查（Ermittlungshilfe）。

5. 賡續自動化之資訊蒐集，以確保持續獲取國家層級之最新資料，亦即執行資料的掌控（Datenherrschaft）。

　　該署任務主要運作方式，係經由各會員國聯繫機構（例如在德國為聯邦刑事警察局），直接輸入於歐洲警察署的資料庫，且也可經由此方式直接註銷。此外該署亦可從公開可知的

---

6. Vgl. Die Bekanntmachung in BGBl. 1998 II, S.2930.

7. Vgl. Art.2,3,4 Europol-Konvention.

來源地（Quelle）以及第三國或第三機關，例如向國際警察組織（Interpol）要求及儲存資料。另外歐署可以以分析為目的而建立日常工作資料（Arbeitsdateien），這種工作資料除了針對犯罪人或嫌疑犯之陳述，也包括了針對被害者、證人以及線民（Informaten）等之資料。該署也有可能從所蒐集的資料當中去獲得未來偵查之新發現或各會員國之抗制犯罪策略。針對該署所儲存之資料暨可以向各會員國又可以在一定條件下向第三國或第三機關轉送[8]。

綜觀歐洲警察署整體上之任務，即使因為該署未擁有調查權，然而其擁有的任務卻是關係基本人權高度敏感的區域。在這個任務領域內，各國憲法及歐洲人權公約亦多所規範予以限制，避免該署任務嚴重侵犯人權及其他權利，這個資訊自決的權利保護原則，在 70 年代西德資訊保護法立法之初以及後來聯邦憲法法院人口普查判例已經被確認[9]，也因此該署公約亦對事後救濟途徑多所著墨，這一部分將於後面敘述。

二、職權

有關歐洲警察署之職權方面，雖然該署擁有廣泛之目的與任務，但是其職權仍然受到相當限制[10]。除了上述有關自動資訊系統的建立與維護以及針對第三國與第三機關可能的資料轉送通知，歐洲警察署並沒有屬於機關本身實際調查權（Ermittlungsbefugnisse），最主要牽涉了各會員國的內政，尤其是警察權限。例如德國是一個聯邦分權國家，警察權原則上屬於各邦，聯邦只有國境、刑事警察機關負責跨邦性之警察工

---

8. Art. 10 ff, 18 Europol-Konvention.

9. BVerfGE 65, 1 ff.

10. Vgl. Schenke, Polizei-und Ordnungsrecht, 2002, Rn. 466 f.

作業務。因此一個重要問題產生，如何將屬於地方警察權限劃分給一個目前為止仍為國際性警察組織，是相當複雜而棘手的，僅從法制層面而言，即關係到各國憲法以及基本人權保護或者法律救濟等問題，以目前歐盟組織根本無法解決這些問題。

　　儘管如此，歐盟近幾年來仍致力於未來在各會員國治安主管機關之間能有一種警察特別權限措施（spezielle Befugnisse der Maßnahmen），包含可以實施共同特別行動之職權，以加強協調各國治安機關之合作與支持增進打擊犯罪之能力。即使職權問題受到限制或批評，目前的歐洲警察署作為一個國際警察組織之性質，也已經扮演著獨立自主、可靠性的角色，且在密集資訊交換以及犯罪預防工作上已站在第一線的崗位上[11]。

　　依據該署公約第 41 條其組織成員，亦即該署領導人及代理人或執行任務暨操作業務人員，當他們執行任務時在規定範圍內享有豁免權。歐盟並制定更詳細的規定為：歐洲警察署外交豁免權特別文件規定（Protokoll über die Vorrechte und Immunitäten für Europol）。依此規定第 8 條每一個歐洲警察署成員因執行任務而面對法院時針對其口頭或書面表示擁有豁免權，這樣的豁免權在執行任務完成後仍持續存在。這個規定並確認其成員所擁有的職務公文、書面資料以及其他官方文件有其不可傷害性。然而該署擁有豁免權卻也受到很強烈的批評，人們非常耽心豁免權可能產生無法監督的秘密警察。學者 Ostendorf 對此認為這已經是「在法規命令以外的警察」，無論如何歐洲警察署官員之行為就算不是在所在地法院，不然也應在其祖國法院管轄下被監督[12]。然而在實務運作上還未產生

---

11. Vgl. Würtenberger/Heckmann/Riggert, Polizeirecht in Baden-Württemberg, 2002, Rn.57.

12. Vgl. Ostendorf, NJW 1997, 3418 (3419).

嚴重問題，因歐盟會員國皆是民主、自由的人權法治國，歐洲警察署的權限與行為在該署公約規範下還未產生威脅到各會員國人民權利的問題[13]。

三、組織

　　歐洲警察署所轄有以下重要功能單位[14]：

指揮官（Direktor）：領導及對外代表。

行政參議會（Verwaltungsrat）：具有多樣任務機構及決定權之組織。

財政控制局（Finanzkontrolleur）：主要負責該署收入與支出。

預算委員會（Haushaltsausschuss）：審核預算。

　　指揮官依規定每四年由行政參議會依一定程序選出，連選得連任一次為限，然例外的是配合實務狀況，第一任指揮官 Jürgen Storbeck 於 1999 年 4 月 29 日經由行政參議會任命，其任期為五年，爾後才四年一任，指揮官可以遴選行政人員並直接領導指揮該署各員執行業務，此職務業可經由行政參議會三分之二代表的同意予以免職。指揮官職務應設有職務代理人，目前歐洲警察署基於龐大繁雜的業務設有五個指揮官職務代理人[15]。另外一個特別的意義是依據該署公約第 31 條賦予該署行政人員的獨立性，據此除了法律另外有規定外，指揮官及其所屬人員除了依該署職權執行任務外，不受任何機關的指示或規範[16]。

---

13. Vgl. Mayer, Datenschutz und Europol, 2001, Diss. Regensburg, S. 139 f.

14. Vgl. Schwach, Europol- notwedig, aber rechtswidrig?, 2000, Diss. Würzburg, S. 172 f.

15. Vgl. Art. 29 Abs.2 und Abs. 7 Europol-Konvention.

16. Vgl. Art.31 Europol-Konvention.

　　而行政參議會則制訂署行政任務與職權執行規範並負責該署財政監督及預算掌控[17]，性質上屬於該署監督（Aufsicht）單位，並不負責實際執行業務，其組成、權限及工作方式規定在該署公約第 28 條。行政參議會由歐盟各會員國每一個國家派一個代表組成，每一個國家代表擁有一票，一般而言各會員國皆會指派較高階層且具領導職務的公務員作為代表。另外各會員國地方政府亦可經由行政參議會同意申請派代表參加該議會之運作，然而這些地方性代表在議案表決時並沒有投票權。例如德國各邦依據該國所定歐洲警察署法（Europol-Gesetz）[18]，派代表參加行政參議會之運作。

　　該署相關經費支出的計算與草案以及收入的確認與規劃則由財政控制局負責，這個單位隸屬於行政參議會，直接向該會負責。預算委員會審核規劃預算內容，交由指揮官及其所屬執行，也是每個成員國派一位代表參與共同工作，這些成員的其他工作也包括該署在財政及預算執行時隨時可提供建議[19]。

肆、權利保護（法律救濟）

一、概說

　　針對歐洲警察署行為法律救濟之途徑，各會員國原先討論經由歐洲法院（Europäischer Gerichtshof）是一個理想方

---

17. Vgl. Art.27 Europol-Konvention.
18. 歐盟各會員國為了執行或參與歐盟事務，會再訂定國內法以利配合執行，就歐洲警察署公約而言，德國國會亦訂定歐洲警察署法因應。
19. Vgl. Art. 35 Europol-Konvention.

式，然因英國之反對[20] 而作罷。目前的歐洲法院主要是解決各會員國之法律爭端問題以及對於各會員國司法調查中介及協助任務，專屬個人權利之救濟途徑並不受理[21]。因此救濟途徑就特別在歐洲警察署公約中規定，可經由二個權利保護系統提出救濟，一個是該署「共同審查局」（Die Gemeinsame Kontrollinstanz），另一個是各國國家法院（nationalen Gerichte，這是相對於歐洲法院之用語）。

　　歐洲警察署之行為致使個人權益受到損害，所有人有權利提出救濟。如果個人權益之傷害是由各會員國之資料運用（並未違法）且經歐洲警察署之傳遞所引起，針對各會員國行為之救濟，可以經由各會員國內部救濟規定解決。另外如果這個權利傷害是由各會員國非法運用或傳遞資料所引起，同樣可以經由各會員國內部救濟規定解決，但是這個前提必須是各會員本身有能力或無障礙去除非法或提供其他權利保護，假使不能或有障礙，則向歐洲警察署共同審查局提出救濟是必要的[22]。

二、針對資料儲存與分析之權利保護

　　歐洲警察署除了對於各會員國傳送來的資料加以儲存外，其主要任務之一是對於轉送傳遞（Übermitteln）而來的資料加以分析而形成新的知識與資訊。在法律基礎上，歐洲人權公約（EMRK）與德國基本法（GG）均有保障個人資料之取得、儲存與運用權利之規定。除了針對會員國之資料

---

20. 英國一向對歐盟各國內部事務之整合並不熱衷，例如至今英國並未使用歐元，這是幾世紀以來英國對歐洲大陸統合外交上一貫政策。

21. Vgl. Nicolaus, Schengen und Europol-ein europäisches Laboratorium？Europäische Polizekooperation in deutsch-französischer Sicht, NVwZ, 1996, 40 (42).; Monaco Fordham International Law Journal 19（1995/1996），247 (290f).

22. Vgl. Art.9, 29 Europol-Konvention.

儲存與分析，歐洲警察署亦可透過各種合法管道對於第三國（Drittstaaten，即指非會員國）或機關（Stelle）獲取資料、儲存與分析。針對資料儲存與分析之權利保護，歐洲警察署可以根據共同審查局之決定，對於儲存之資料通知、更正或註銷（Löschung）。其他之救濟途徑則經由各國家法院受理，以下分別介紹這二種途徑[23]。

（一）經由「共同審查局」

依據歐洲警察署公約「共同審查局」之成員不必然是法學者，相關專業領域之人員亦可，其成員應該具有專業審查能力為要，且其審查是中立的[24]。除了審查申訴案件外，他們也作為幕僚諮詢人員，提供意見給一般行政人員對於各會員國及非會員國資料之儲存、更正及轉送之專業知識，另也提供解決相關問題途徑之意見[25]。

除了個人案件外，各會員國機關可以因資料更正（Berichtigung）之需要，向歐洲警察署請求獲得某人之資料，如果這個請求被拒絕，亦可以向「共同審查局」申訴，該局將特別審查歐洲警察署之拒絕行為是否符合該署公約第 19 條第 3 項之規定，若經過該局三分之二成員投票認為不符規定，則該署之拒絕決定必須撤銷，必須根據事實再做新決定[26]。

此外向歐洲警察署針對資料審查（Überprüfung）、更正及註銷之要求，若經該署拒絕也可向「共同審查局」提出申

---

23. Vgl. Art. 10 Abs.1,2 Europol-Konvention ; BVerfGE 65, 1 (43).
24. 共同審查局不是一個法院，因此在組織制度設計上並沒有必要的獨立性，然而只能要求審查成員謹守審查之中立性。Dazu Schenke, Polizei-und Ordnungsrecht, 2002, Rn. 467 f.
25. Vgl. Art. 12, 18, 14 Europol-Konvention.
26. Vgl. Art. 19 Europol-Konvention.

訴，不同於上述資料取得之情形的是，針對此類申訴當事人可以要求該局舉辦聽證，以使該局成員了解實情做出審查決定，是該項決定不必經由三分之二成員通過，僅需過半數成員通過即可[27]。

（二）經由國家法院

在救濟制度設計上亦規定歐洲警察署行為之救濟可以經由國家法院。例如因為非法取得、傳遞或運用資訊而使當事人受到傷害，其請求損害賠償（Schadensersatz）可經由各會員國國家法院。但有關上述資料之儲存與分析案件經由歐洲警察署共同審查局決定後，國家法院將拒絕受理。這個規定的目的在於將救濟管道集中在共同審查局，以免國家法院並非專職機關，其審查影響了申訴者之權益。依據歐洲警察署公約國家法院受理之範圍亦包含資訊之通知、審查、更正及解除之請求，然而此種救濟途徑僅具有補充性質。另外還有一種特別情形，如果基於上述經由共同審查局提出申訴，而該局不作決定或無法作決定，仍可尋求向國家法院提出救濟，但是這種情形很少[28]。

三、針對第三國或第三機關（非會員國）資料傳送之權利保護

針對第三國或第三機關（非會員國）資料傳送之權利保護，一個如同前述會員國對於資料儲存或分析之救濟途徑是不可能的。因上述規定情形並不包括非會員國，因此此種救濟重點在於所儲存資料之撤銷、不作為以及實體補償或賠償。針對

---

27. Ebenda.
28. Vgl. Denkschrift der Bundesregierung zum Übereinkommen, BT-Drucks. 13/7391, S.52.

非會員國儲存資料之非法傳遞應向國家法院提起救濟。然而國家法院對於一個有外交豁免權（Immunitäten）以及對於事實情況無法詳細聲明者，仍然是無法作出判決的[29]。

四、針對瑕疵行為之損害賠償

針對瑕疵行為（fehlerhaftem Handeln）損害賠償之請求可以經由二種途徑實現，其一，就損害（Schaden）而言，如果是經由歐洲警察署資料運用時所引起，且發生在會員國境內，可以於該國管轄法院向發生地會員國提起賠償請求或者也可以依據歐洲警察署公約第 39 條第 4 項於管轄法院向歐洲警察署提起賠償請求；其二，若損害之發生並不在會員國，而是在非會員國境內，僅能於國家法院向歐洲警察署提起賠償請求。另外若是針對歐洲警察署共同審查局審查之合法性問題以及其審查決定，經當事人認為違法且已造成實際傷害，其範圍包含資料運用與儲存（前面已述有關資料取得、更正、撤銷等申訴應向該署共同審查局提出申訴，該局決定後，國家法院拒絕重複受理，二者並不相同），則當事人仍可向國家法院請求損害賠償[30]。

伍、結語

歐洲警察署開啟歐洲公共安全與秩序維護的新時代，然而面對未來的發展，仍存在許多需要克服的問題。例如也有人

---

29. Vgl. Art. 18 Europol-Konvention; Mokros, Polizeiliche Zusammenarbeit in Europa, S. 1216.

30. Vgl. Art. 39 Europol-Konvention.

以資訊自決權及警察權歸屬問題反對該署之設立，至於再擴大
該署權限及業務，涉及各會員國憲法及內政問題，目前更顯得
困難重重。這些問題不難想像，因為一個主權國家最重要顯現
公權力的手段 —— 警察權，要經由國際間合作整合成一個具
有完整權限與任務及執行效力之組織，非常困難。然而現階段
該署以一個較緊密的國際警察組織與架構，仍然存在正面的意
義與未來，就治安犯罪資訊獲取與傳遞而言，尤其是有關治安
犯罪資訊均關係一個國家社會組織、人員動態，對於各國而言
皆是重要機密，國際間資料之制度性獲取與傳遞並非易事，而
該署之建立已經跨出重要的一步。值得我國借鏡在於如何與東
亞鄰國建立治安犯罪資訊之交換管道，尤其對於無邊界跨國性
犯罪組織之遏止與打擊，防止日益增多的大量偷渡人民及其他
非法移民，如何加強合作以及除了透過國際刑警組織外，有無
可能在東亞或者包括東南亞建立一個區域性類似組織，值得研
究與探討。

　　治安犯罪資訊關係著一般人民或機關團體之權益甚大，
也因此歐洲警察署公約針對救濟制度與管道多所著墨與規定，
然而有關權利保護之救濟管道，針對該署行為之法律救濟不能
經由歐洲法院，因關係著各會員國法院與該署共同審查局審查
業務之權限與業務之劃分，使得其救濟制度顯得複雜。目前之
救濟途徑大多經由該署共同審查局，然而一般認為對於憲法所
保障應予提供有效之救濟途徑之權利，仍然是不足夠的，因為
該局不是一個法院，對於人們沒有絕對直接強制力，所以應俟
日後歐盟發展與合作之加強，可針對救濟制度訂定專屬法規，
經由一個或特定法院（如歐洲法院）審理，以強化落實歐洲人
權公約或各國憲法對於基本人權及資訊自決權之保障。關於這
點值得我國深思的是，在建立一個新機關或機構而執行其特別
任務與職權，尤其關係人民權利甚鉅者，同時亦應基於人權的

保障，一併考量並訂定其事後救濟制度管道，以完善人民的權利保護，並彰顯一個民主、重視人權的法治國家。

（本文發表於《警學叢刊》，第 154 期，2004 年 5 月）

6

論警察命令之運用、界限與競合：以德國犬隻飼養之警察命令為例

❧ 目錄 ❧

摘要 SUMMARY

　　本文針對警察行政行為之重要形式——警察命令作一探討，本文研究警察命令之概念與性質，除了依據我國行政程序法規定外，重要的是標示警察命令之特殊性，依據德國法中對於警察命令之形式合法性與實質合法性深入探討，並藉此探討警察命令與其他重要行政作為之界限，例如與一般處分及警察法律之界線，另特別以德國犬隻飼養之警察命令為例，探討法源授權之基礎。對於此種警察命令在中央與地方之權限以及其他在運用上所牽涉的重要相關問題作一探討，並與其他法規競合之範例，例如秩序違反法、交通處罰條例與動物保護法等相關規定，由此以更深入探討警察命令，而在此犬隻飼養之警察命令亦作為警察機關運用警察命令改善治安之範例措施。最後重點是針對警察命令之運用，本文提出建議，在現今我國國會立法效率不彰，若只憑藉立法以解決治安犯罪問題，確實緩不濟急，實有賴於警察機關能夠在依法行政原則下，針對治安等問題，制訂積極有效的警察命令予以規範因應。尤其針對整體性以及特殊性之治安問題，警察機關應熟悉運用警察命令以增進行政效率以及執法能力，成為長期改善治安狀況之重要基石。

關鍵詞

- 警察命令
- 警察行為
- 犬隻飼養之命令
- 警察命令之競合
- 警察命令之界限

壹、導言

　　我國警察職權行使法制定實施後，可以預期對於日後具體個別警察措施（警察處分、警察事實行為等）的研究將有長足發展，然而另一重要的警察措施有關於抽象一般性規定之警察命令之研究可能受到忽略，對於有效及迅速的警察措施而言，若不再深入研究探討，無法因應社會實務上的需要。對於本文所探討的警察命令，除了依據我國法規外，以德國警察命令相關原理與規定為主，主要基於德國警察法之研究已有幾世紀的基礎，可作為我國研究警察命令之借鏡。本文研究警察命令之性質，因此探討警察命令與其他重要行政作為之界限，例如警察命令與一般處分及警察法律之界限，另特別以德國犬隻飼養之警察命令為例，探討法源授權之基礎。對於此種警察命令在中央與地方之權限以及其他在運用上所牽涉的重要相關問題作一探討，並以此種警察命令與其他法規競合作為警察命令之競合範例，以更深入探討警察命令。

貳、警察命令之運用

一、警察命令之基本概念

　　在我國警察法第 9 條規定「發布警察命令」為警察行使職權之一，而在警察法施行細則中亦規定了發布警察命令之機關：中央由內政部、直轄市由直轄市政府、縣（市）由縣（市）政府為之。這是規定在我國警察實定法上關於警察行政行為之警察命令。然而現行法規並未對警察命令加以闡釋，一般認為警察命令就是警察行政命令。至於警察命令中所謂的「警察」是廣義或狹義的問題，就我國法制而言，以上述實定

法的規定是很容易辨別，一般而言是指「狹義的警察」，亦即警察是指「警察機關」及「警察人員」。比較上，德國警察法是屬於邦法，各邦規定不一，尤其秩序機關與警察機關的界限較不明顯，應就各邦立法的目的與解釋來論定警察命令中「警察」的廣義或狹義。

我國警察行政學者陳立中謂：「警察命令為行政命令，亦即警察行政命令之簡稱。發布警察命令是警察行政立法作用，有依其法定職權訂定之命令（職權命令），有基於法律授權訂定之命令（授權命令）。發布警察命令，不論依其法定職權、基於法律授權、屬於委任命令或執行命令，均以法律為根據。關於警察命令之訂定、發布、施行、適用、修正及廢止，依中央法規標準法之規定。[1]」

德國學者 Götz 認為警察命令給予警察機關運用的可能性在於：針對危害防止的目的創造一個符合時間、地點及有彈性的法（這是指實質意義的法律，區別於形式上國會制定的法律），並以禁止及命令之方式規範行為人之義務[2]。一般而言，在德國對於警察法上的命令，是以普魯士警察行政法（PVG）第 24 條為藍本，該條規定：「警察命令係針對不定數量之案件及不定數量之人，所定之警察命令或禁止。[3]」除了警察行政處分之外，特別指警察處分，存在作為警察行為規定之第二個主要形式為警察行政命令。與警察行政處分相反的是警察命令，並非針對個別特定之人，或對其個別特定行為之命令、處分、允許、許可等不作為，而是針對每個個別非特定

---

1. 陳立中，警察行政法，1992 年增訂版，第 461 頁。

2. Vgl. Götz, Allegemeine Polizeirecht, 13. Auflage, 2001, Rn. 607.

3. 李震山譯，西德警察與秩序法原理，中譯二版，1995 年 11 月，第 317 頁。

範圍之人數[4]。

　　我國行政程序法實施後，行政機關制定法規命令乃依據該法第四章等相關規定為準據，警察機關是行政機關的一環，警察命令在性質上大都屬於法規命令，自應遵循行政程序法等相關規定制定發布。重要者如行政程序法第 151 條（訂定法規命令程序）、第 155 條（行政機關訂定法規命令得依職權舉行聽證）、第 156 條（舉行聽證應載事項）、第 157 條（法規命令之核定、發布）、第 158 條（法規命令無效之情形）。但是警察命令具有特殊性，僅僅依據行政程序法等相關規定，似無法因應實務上以及專業上警察機關之需要，而目前我國特別法中也無針對警察命令之特色予以詳細規定，因此以下敘述德國警察法中有關警察命令等概念與規定，以作為立論的基礎。

二、警察命令的形式合法性：以德國法為例

（一）管轄

　　發布警察命令之管轄權（Zuständigkeit）首先區分事物的管轄及地區的管轄，繼續區分何機關在何層級頒布警察命令，亦即層級的管轄，最後是機關內部的管轄，亦即單位權限[5]。

1. 事物的管轄

　　一般而言，針對警察命令事物管轄之有權機關為警察機關，在德國各邦規定，除了一般警察機關，有的邦如巴發利亞邦、巴登—符騰堡邦等之秩序機關也可以發布一般警察

---

4. Vgl. Drews/Wacke/Vogel/Marten,Gefahrenabwehr, 9. Auflage, S. 357.

5. Vgl. Vgl. Würtenberger/Heckmann/Riggert, Polizeirecht in Baden-Württemberg, Rn. 698.

命令。地區警察機關之事物管轄權限來自於地區政府首長或市長，除了一般主管機關外，在每一個事物範圍內需要特別授權[6]，由特別警察機關負責[7]，並由警察勤務機構執行（Polizeivollzugsdienst）。

2. 地區的管轄

一般警察機關有所謂的地區管轄權，在其轄區內去發布警察命令。警察命令可以因地制宜，不需要如同法律一般，針對整個轄區發布適用，亦即是很有彈性的，警察機關可以在轄區內某部分領域內發布警察命令。

3. 層級的管轄

在鄉鎮的行政單位往往有不同層級的管轄權互相重疊（或稱平行管轄權，Parallelzuständigkeit）。針對不同行政層級所發布的警察命令而言，在我國沒有明文規定如何處理，但可以依據行政法基本原理認定，下級警察機關與上級機關發布的警察命令相互牴觸時，將會是無效的。在德國均將這一問題規定於各邦警察法中，例如巴登－符騰堡邦警察法第 11 條就明文規定上述情況之處理[8]。

4. 機關內部的管轄

警察命令必須經由機關首長（Behördenleiter）或確認之代理人之名義發布，這與警察處分的頒布有所不同，警察處分不

---

6. Vgl. ZB § 70 LWaldG (Baden-Württemberg).

7. 例如在聯合警衛勤務中，保護首長、副首長安全工作，一部分工作是由警察機關負責，在這個角色中可稱為特別警察機關權限，執行特別警察勤務工作。

8. Vgl. Würtenberger/Heckmann/Riggert, Polizeirecht in Baden-Württemberg, 5. Auflage, 2002, Rn. 700.

需經由秩序機關的代理人或其他機關內部分支單位之名義頒
布，而是個別執法者可以依法頒布。上述這個原理是經由習慣
法所確認[9]。

（二）程序

1. 同意

　　警察命令通常基於「警察法規民主化原則」基本上應
該經由地方自治法規相關規定，得到地方議會或代表會的同
意[10]，但明文規定於警察法中是少數，在德國巴登－符騰堡邦
警察法第 15 條規定，若警察命令適用期限長達一個月以上應
該經由地方議會同意之程序。此一程序絕對不同於國會或如德
國邦議會制定法律的程序，只是一個同意批准過程，不可混
淆。這個同意條件（Zustimmungsvorbehalt）確認自治代表機
關之功能及警察命令的有效要件[11]。

2. 上級專業監督

　　地區警察機關所發布的警察命令必須受到上級警察機關
的監督，發布後應立即陳送上一層級警察機關審查，經審查若
違反上級機關之指令或傷害個人權益，將被上級機關依指令予
以撤銷。然而在德國法上，因重視地方自治，若警察命令不符
合專業監督程序對於其有效性影響不大，亦即在上級機關未表

9.　Vgl. Drews/Wacke/Vogel/Martens, S. 499.
10.這是德國公法學者 Würtenberger 在其所著警察法書中一再強調，二次大戰以後
　　警察法制民主化原則是擺脫獨裁政權工具之重要方法。
11.Vgl. § 15 I PolG (Baden-Württemberg).

示撤銷警察命令，該命令仍然有效（Wirksamkeit）[12]。

（三）形式

　　警察命令必須指出授權法律之來源，必須註明何機關頒布。明示授權來源規定之目的在於制定法規職權之代表儘可能去審查，命令是否與法律規定互相一致。警察命令應該具有與內容相符合的標題，並且規定生效之日期。不遵守（Nichtbeachtung）上述授權規範來源之程序是違反民主法治國原則，將使得警察命令自始無效[13]。

（四）簽核及公布

　　警察命令經由機關的簽核，原件應具備完整之文字敘述、完整之簽字及機關用印等，並要作成檔案儲存。警察命令的公布（Verkündung）（公開的公布）應依據公布法之規定作業[14]。

三、警察命令的實質合法性：以德國法為例

（一）授權規範

　　警察命令必須經由國會所通過之法律予以授權（Ermächtigung）才可頒布。在德國依據邦法律所頒布之警察

---

12. Vgl. Mußmann, Allegemeines Polizeirecht in Baden-Württemberg, 4. Auflage, 1994, Rn. 365.
13. Vgl. Würtenberger/Heckmann/Riggert, Polizeirecht in Baden-Württemberg, Rn. 705; 李震山譯，德國警察與秩序法原理，第318頁。
14. Vgl. Würtenberger/Heckmann/Riggert, Polizeirecht in Baden-Württemberg, Rn. 707.

命令並不適用基本法第 80 條第 1 項第 2 款之規定（命令授權之內容、目的以及範圍必須以法律定之），這僅僅適用聯邦政府發布之法規命令。在各邦之警察命令可以依據概括授權發布，其目的可以防止對公共安全及秩序之危害。在此概括授權仍符合明確性規定，各邦依據邦法以警察概括條款發布警察命令符合憲法的規定是沒有問題的，因為德國警察法經過司法判決與學說長年的研究發展，已經形成可以讓警察機關於制定警察命令時，有足夠的標準去判斷內容、目的以及範圍[15]。

依據特別法優於普通法（lex specialis）之法理，警察命令所依據之警察概括條款應該經由特別法的權限授權。然而在聯邦與各邦規定之特別權限並非回溯自警察概括條款（Generalklausel）而來，而是從如巴登－符騰堡邦交通處罰條例第 6 條（針對交通處罰命令之授權）、傳染病保護法第 23 條、水利法第 28 條等邦法而來[16]。在授權規範裡有一種情況存在，如果警察命令所授權依據之法律失其效力，是否該命令也失效，依據通說該命令可繼續生效，這就是為了維護法的安定性[17]。法的安定性（Rechtssicherheit）所強調的是現存的規範須因為被證明違法或者經由更高層級的法取代，才可以撤銷[18]。

另外除了危害防止機關以外，在其他公法人的權限及任務範圍（Kompetenz-und Aufgabenbereich）內不允許運用警察命令。此原則特別適用於自治行政（kommunale

---

15. Vgl. Titzck, Zur Frage der Verfassungsmäßigkeit der polizeilichen Generalmächtigung zum Erlass von Rechtsverordnungen, DÖV 1955.

16. 危害防止命令規章範圍相當廣，亦即若從廣義的警察而言，在衛生、建築等領域內均很多，但這裡所謂警察概括條款所指的是狹義的警察概念。

17. BVerfGE 12, 341 (347); Maunz/Dürig, Art. 80 GG, Rn. 24; Drews/Wacke/Vogel/Martens, S. 517.

18. Vgl. Kotulla, NVwZ 2000, S. 1263.

Selbstverwaltungsgarantie）的規章 [19]。就自治規章在福利機構之使用與聯繫之規定方面而言，防止危害之警察命令是沒有運用之空間 [20]。例如地方公墓之使用應經由地方自治規章規範，而不是經由警察命令 [21]。相反地，自治規章無法防止地方上所發生的一切危害，原則上，大部分防止危害是在警察機關的任務範圍內。簡言之，地方自治規章所可以規範防止之公共安全與秩序危害，是從自治機構之使用所產生的 [22]。

（二）危害要件之成立

　　警察命令或危害防止的命令是針對一般抽象的危害狀況，相反的秩序機關的處分是針對個別具體的危害狀況，必要闡釋的概念是，警察命令是防止在公共安全與秩序下關於法益的傷害與危險。因此在日常生活中面對一些危害可以經由警察命令去防止或排除，例如對於一個地區所有養鴿戶產生之糞便對於社區住戶之污染（Verschmutzung），警察機關可發布警察命令予以防止或者排除 [23]。另外可以經由發布警察命令避免在公共場合之犬隻對於小孩或老人產生危害 [24]；經由警察命令禁止在一個地區範圍進行色情交易，如果此禁止行為是去阻止一般單純女性免於色情交易之誘因以及因此對於婚姻以及性自

---

19. 這個原則就是關係到警察行為之高權性，警察任務與範圍並非一般行為，可以任意由法人團體等取代。Hier zur Polizeipflicht von Hoheitsträgern: Würtenberger/Heckmann/Riggert, Polizeirecht in Baden-Württemberg, Rn. 489 ff.

20. Vgl. Drews/Wacke/Vogel/Martens, S. 500.

21. Vgl. § 11 I 2 GemO (Baden-W?rttemberg).

22. Vgl. Würtenberger/Heckmann/Riggert, Polizeirecht in Baden-Württemberg, Rn. 712.

23. Vgl. VGH Mannheim DÖV 1992, 79。此為 Mannheim 行政法院的一個判例，針對禁止養鴿以防止對健康之危害。

24. Vgl. VGH Mannheim DVBl. 1989, S. 1007；對於經由警察命令去規範在特定時間活動或遊戲場所，請參閱：VGH Mannheim NVwZ 2000, S. 457.

主權之保障，如此命令是合法的[25]。

危害是一重要的不確定法律概念，普魯士高等行政法院曾下定義：「危害是指，若不加以阻止可能造成損害的一種狀況」，目前這個概念在警察法上的定義大都以「危害防止」一書所闡釋的概念為主，指「在順利進行下，因物之狀況或人之行為，極有可能對公共安全與公共秩序造成損害之一種情況」[26]。

發布警察命令所要防止之危害，是指在未來可能產生，也可能是單一事件所產生多方面公共秩序的危害，不是防止一個現存且具體的危害，而是抽象的危害。一個抽象的危害是經由日常生活的經驗的判斷，在這個特定的行為方式下很有可能對一事件產生傷害[27]。警察命令所要阻止的危害或損害必須在未來有預見發生的可能，在此情況同樣也可能頒布警察處分，那麼關於傷害發生足夠之可能性係經由保護法益的價值以及比例原則來區分。

另外一項重要的是，如果關係人不遵守現存的命令與禁止，警察可以透過處分之執行以確保人們對於警察命令之遵守。在此不須證明，依據警察命令所頒布之處分，所針對單一事件之危害是必要的。與此相對應的是，如果所針對抽象的危害已經被排除而不存在了，在此警察命令實際上已經無效了[28]。

25. Vgl. VGH Mannheim DÖV 2001, S. 213 f.

26. 李震山，警察法論－警察任務編，2002 年，第 180 頁以下。

27. Vgl. Gusy, Rn. 324 f; Drews/Wacke/Vogel/Martens, S. 495 ff; Hamann, NVwZ 1994, S. 669.

28. Vgl. Würtenberger/Heckmann/Riggert, Polizeirecht in Baden-Württemberg, Rn. 411 (715).

（三）警察命令的相對人

如同警察處分一般，警察命令所規範之命令與禁止不僅針對（潛在）滋擾者而且在一定條件下也針對第三者。在此也適用一般處分，只是具有特性的是，警察命令不是針對特定的相對人範圍，因此在檢驗（Prüfung）時應該有一個典型的規範案例做為先決條件[29]。

（四）上層法規的遵守

警察命令若與較上層的法規範牴觸是無效的，特別是與憲法牴觸當然無效。除了憲法，當然還有法律或者上級機關的命令，地方警察機關命令也不得牴觸中央任何機關之法規命令。另外在此內涵延伸下警察命令必須符合以下原則。

1. 明確性原則

法治國明確性命令（Bestimmtheitsgebot）要求法規範之清晰性，因此警察命令必須使得人民能夠明瞭法律狀況，而且特別是禁止要件（Verbotstatbestand）的內容與界限[30]。例如經由警察命令禁止「邦與城市的流浪漢」在公共街道以及公共場所閒逛，那麼這種命令是不明確的。警察命令必須明確去規定空間的適用範圍，這必須利用地圖或計劃去清楚規定[31]。

2. 其他憲法原則

繼續重要的原則是警察命令必須重視基本人權，從德國基本法第 3 條第 1 項所導出無專斷事物本質之命令

---

29. Vgl. Mußmann, Rn. 374.

30. Vgl. Würtenberger/Heckmann/Riggert, Polizeirecht in Baden-Württemberg, Rn. 718.

31. Vgl. VGH Mannheim VBlBW 1997, 346 (348 f).

（willkürfreien Sachgerechtigkeit）[32]、溯及既往之禁止[33]，而且特別是比例原則之遵守[34]。

（五）可施以罰緩之警察命令

對於違反警察命令者並不一定要施以行政強制之措施，而可以論以「行政不法」處罰，在警察命令裡可以規範對於違反警察禁止與命令者，以違反秩序處予罰緩[35]。

參、警察命令之界限

（一）警察命令與警察一般處分運用之界限

介於命令與一般處分（Allgemeinverfügung）之區別經常是困難的[36]，因為沒有一個體系化、很清楚以及關鍵性的不同在一般處分與法規中存在[37]。警察命令是被視為一種抽象──一般性規定，在此有兩個標準：規範的內容是針對不確定數目的案件（危害情形）、規範的相對人是不確定數目的人。如果

---

32. Vgl. VGH Mannheim NVwZ 1992, S. 1105 (1106 f)；Gallwas/Mößle, Rn 902.

33. Vgl. BVerwGE 10, 282 (286ff).

34. 針對比例原則之德國著名判例可參考 BVerfGE 54, 143 (147)（鴿子飼養之禁止），中文文獻參閱蔡震榮，行政法理論與基本人權之保障，1994 年 3 月出版，第 115 頁以下。

35. 刑事行為與秩序措施之界限可參考德國聯邦憲法法院判例：BVerfGE 9, 167 (171)：Würtenberger, Artikel Verwaltungsstrafe, in: Ergänbares Lexikon des Rechts, 9/1980, S. 1 f.

36. 在此還有另一問題是，是否經由兩個或三個更多的機關可以頒布一個統一的一般處分。Vgl. Maurer, VBlBW 1987, 361 (362 ff).

37. Vgl. Volkmar, Dieter, Allgemeiner Rechtssatz und Einzelakt, 1962, S. 10 ff.

以上兩個標準不存在，就要考慮運用行政處分[38]。經由這個標準，例如以一般處分去禁止某些人對可能具有傳染病萵苣沙拉之販賣，因為這裡僅僅存在的是，對於單一事件的危害防止，而且相對人是確定的。但若是去立刻禁止大、小萵苣沙拉零售商在所有傷寒疫區繼續販賣，非一般處分，進而是命令[39]。

　　警察之一般處分與命令之區別在於是一種確定人數範圍之狀況，在這裡「確定」並不是警察機關所認識，人數範圍僅在處分公布時必須可以客觀確認。受處分人必須是確定或可確定的，即受處分人範圍必須客觀合邏輯，而不是機關主觀表面之確定。一個命令則非針對一個確定人數範圍，例如不能確定在一個未來使用公園者有多少人或在河邊游泳者有多少人，或者命令之時狀況並未熟悉，往後何人與之有關。在此例如，看板上寫著「這地方禁止沐浴」，一個招牌寫著「禁止之路」或公文佈告「敬告所有讀者」，皆非一般處分。此種非確定之狀況是，因公佈時刻不是客觀確定性，上述情況公布命令時，人數範圍亦不確定（unbestimmte Anzahl），必須經由自然保育上級機關作成不使景觀被改變或破壞之決定時，才為確定[40]。

　　對於公共活動在特定日期及地點的禁令，同樣地須運用一般處分，在此所針對的雖然是「不確定數目的人」，然而卻是具體的、一般性的規定。如果人們要防止未來對確定人數的範圍之危害，則必須考慮運用警察一般處分。例如對於活動舉辦者取消場地的租借，係基於垃圾清除問題，可能造成未來的

---

38. Vgl. Schenke, Allegemeine Polizeirecht, Rn. 616 ff.

39. Vgl. BVerwGE 12, 87 (89 ff); Vogel, Die Lehre vom Verwaltungsakt nach Erlass der Verwaltungsverfahrensgesetze, BayVBl. 1977, 617 (620).

40. Vgl. Drews/Wacke/Vogel/Martens, S. 353 f; 參閱陳正根，警察行政處分之研究，中央警察大學碩士論文，1995 年 6 月，第 89 頁以下。

危害，所運用之措施即為警察一般處分[41]。

（二）警察命令與警察法律[42]運用之界限

　　有關警察法律與命令在運用上之重大區別，直接攸關於人民自由權利者就必須以法律規定，亦就是法律保留之問題，指特定領域的國家事務應保留由立法者以法律規定，行政權惟依法律的指示始能決定行止[43]。法律保留，係指國家機關之組織以及特定領域的行政行為，尤其干預人民自由權利之行為，其行事所依據之法規範，應保留給立法者以法律規定，不得由行政機關以行政命令訂之。憲法所保障人民之自由權利若須受限制，或要賦予人民義務，皆需經人民選出的民意代表以合議方式同意，而行政只能依該法律作為。除非有法律明確授權或本於職權，行政方得對上述法律為補充性、執行性之規定，以免逾越權力分立既有界限，藉以保障人民基本權利，此乃法律保留原則。反之，若經由法律授權或依據職權對於不特定多數人，針對特定或一般事項，則可運用警察命令。在立法技術上命令與法律並無太大差別，只是何者應由國會議決或制定通過，則關係到哪一些事項應由法律規定[44]。

　　針對單一事件之規範，運用警察命令或警察法律，其標準除了依據法律保留原則判斷外，也有可能依據警察機關對於事件之判斷；對於干預人民權利事項，除了制定法律規範外，亦有可能警察機關依據法律授權或職權發布警察命令，例如本

---

41. Vgl. OVG Münster OVGE 16, 289 (290 ff).
42. 這裡區分命令之警察法律，指的是特別法，亦即針對特定事項在警察與秩序法範圍內予以立法規範。
43. 許宗力，法與國家權力，1994年3月，第118頁以下。
44. 李震山，行政法導論，2003年10月，第47頁以下。

文範例有關德國犬隻飼養之警察命令，各邦警察機關是依據警察法概括條款以及動物保護法等法律發布，在性質上可為職權命令，因此並不違反法律保留原則，但是後來德國許多邦對於飼養犬隻而產生之公共安全與秩序等相關問題越來越重視，就直接以法律來規範，造成目前有些邦以警察命令規範，而另有一些邦則以法律規範，亦即在同一性質事項，有警察法律與命令同時存在。

　　上述所舉德國例子，有關法律與命令在此的界限是警察機關考量治安狀況及衡量立法條件是否成熟，作為判斷的標準。因為我國並非聯邦國家，地方政府所制定的單行法規並不稱為法律，只要被視為法律者皆適用於全國，較沒有上述命令與法律同時存在的現象，在法律與命令之界限，純就法律保留原則去做判斷。

肆、犬隻飼養之警察命令

一、引言

　　本文以犬隻飼養之警察命令作為實際例子，針對其所牽涉關聯的各層面作深入探討，以進一步了解警察命令運用之情況。

　　以德國犬隻之飼養所產生危害作為例子並非冷僻孤立的案件，戰鬥犬隻不僅在德國已成為一嚴重問題（2000 年 6 月一個六歲小孩在漢堡被兩隻沒有主人掌控的戰鬥犬咬死），在德國文獻上亦有記載法國在 1999 年 1 月 6 日頒布法律以預防具有攻擊性的狗（Angriffshunde）[45]。因此相對於我國一些危

---

45. Vgl. Kipp, NVwZ-Beil. II 2001, S. 48.

險動物或事件，所關係到警察命令之運用，足為我國未來危害
防止行政上之參考，例如對於 SARS 傳染病的防治，不僅是衛
生機關的工作，警察機關亦負有協助的重要責任，對於一些可
能感染或預防感染的隔離措施，特別是社區感染的大規模隔離
措施，發布警察命令以配合衛生行政之防治工作，因為警察命
令為針對抽象的、一般性或未來可能性危害之防止措施，由此
觀之應該是最迅速及有效的措施。

二、概說

　　多年來德國一直發生經由犬隻的攻擊而對人們造成嚴重
傷害，甚至死亡的事件。特別是一些小孩、老人及殘障者遭到
攻擊，然而面對這樣的狀況，針對飼養攻擊性的犬隻，若沒有
經過法令的限制，將仍然產生嚴重問題。基於公眾及輿論的壓
力各邦紛紛採取措施，最重要的是制定飼養犬隻之警察命令，
最顯著的例子是發生在 2000 年 6 月底的漢堡，因為一個六歲
小孩在學校校舍（Schulhof）附近玩耍卻遭到兩隻 Pitbull 種的
戰鬥犬（Kampfhund）攻擊致死。幾天以後漢堡市政府制定一
項嚴厲的「犬隻飼養命令」，內容最主要為針對具有危險性犬
隻（gefährliche Hunde）之飼養、營業貿易等相關規定[46]。

　　另外一個典型的規範是在德國巴發利亞邦，早在 1992 年
該邦依據邦刑事及命令法（Landesstraf- und Verordnungsgesetz）
中制定有關犬隻飼養之命令，就對具有較高攻擊性的及危害性
的戰鬥犬隻有限制的規定。除了各邦紛紛制定針對犬隻飼養的
警察命令，基於符合全國性規定之需要，聯邦政府亦於 2001
年 5 月 2 日發布「犬隻飼養命令」，最主要是補充各邦的規定

---

46. Vgl. Kunze, Thomas, Kampfhunde-Verfassungsrechtliche Aspekte der
　　Gefahrenabwehr, NJW 2001, S. 1609.

以及處罰違反者[47]。

　　另外在德國有些邦及城市已經制定了有關飼養犬隻之邦法律，如不萊梅、柏林，然而針對飼養犬隻的規範形式，運用法律或者命令之標準取決於危害防止行政之狀況，目前聯邦僅以警察命令規範，稱為「聯邦飼養犬隻命令」（Bundesverordnung zur Haltung von Hunden）。有關以警察命令為運用之規範，其與法律之不同，在實質上命令通常僅能規定非屬法律保留之事項，換言之，國家生活中重要之事項，保留予法律加以規定，命令僅就未保留之次要事項予以規範，在形式上命令係行政機關訂定，法律則為立法機關制定。

三、規範犬隻運用措施之探討

　　何種行政上之措施對於有攻擊性以及危險性之犬隻是較為有效的，是一個受討論的重點，而這個問題也必須以秩序法的觀點探究有關環境保護之問題以及有關秩序違反法之相關問題。危險動物的養育責任以及危險性的犬隻是在危害防止法的範圍內，而最重要的就是一般秩序法，主管機關就是警察或秩序機關[48]，面對情況所實施之最有可能措施為依據概括條款，發布秩序機關之命令或處分[49]。針對抽象危險構成要件則運用前述所稱「秩序機關的命令」規範，部分亦稱「警察命令」或「危害防止之命令」，是項命令係針對不確定的相對人範圍，對犬隻飼養之命令而言，指針對所有犬隻飼養者。相反的，

---

47. Vgl. Caspar, Johannes, Die neuen Regelungen des Bundes und der Länder zum Schutz vor gefährlichen Hundesn, DVBl. 2000, S. 1581.

48. 警察機關與秩序機關有所不同，主要是以組織法觀點區分，除了警察機關外，其餘大部分執行干預性處分之行政機關稱為秩序機關。

49. Vgl. Lange/Wilhelm, Recht der Gefahrenabwehr, 1982, S. 103.

若運用秩序機關處分係針對具體的危險以及單一事件的相對人[50]。

另一方面之可能性則運用秩序違反法之處罰措施，亦可廣泛規範於秩序機關之命令中，予以違反者罰鍰處罰。秩序機關之措施在整體性上既是預防性的，也是壓制性的。機關亦可使用行政強制的手段（Zwangsmittel）（強制金、代執行以及直接強制）去實施秩序機關之行政處分[51]。而在德國飼養狗所產生的公共安全問題以及抽象或具體的危害，在公共安全方面可能違反的法律規定，有「秩序違反法」（OWiG）第 121 條、交通處罰條例（StVO）第 28 條以及動物保護法（Tierschutzgesetz）。這些相互競合之法律將在後面所提警察命令與其他法規之競合－以犬隻飼養命令為例，一併敘述探討。

四、授權的基礎及中央或地方權限的探討

德國飼養犬隻規範在中央與地方之立法權限（Gesetzgebungskompetenzen）依據德國基本法第 70 條以下規定有關公共安全與秩序（Ordnung）是屬於傳統的邦立法的權限。有關危險犬隻的飼養的規定（Vorschriften）部分來自於外國人法的特別法以及施行細則，相反的大部分的邦是直接來自於警察法規命令（Verordnung），授權基礎（Ermächtigungsgrundlage）是在於一般警察與秩序法[52]。

50. Vgl. Hamann, Wolfram, Ordnungsrechtliche Grundfragen der Hundehaltung, DÖV 1989, S. 210.

51. Vgl. Lange/Wilhelm, Recht der Gefahrenabwehr, S. 83.

52. Vgl. Caspar, Johannes, Die neuen Regelungen des Bundes und der Länder zum Schutz vor gefährlichen Hunden, DVBl. 2000, S. 1581.

　　整體而言，對於動物保護的權限依據基本法第 74 條第 1 項第 20 款規定是屬於聯邦與邦競合的共同立法權限。危險犬隻侵害之問題，基本上是邦的權限，只有部分事項須經由聯邦立法，例如攻擊性犬隻（aggressive Hunderassen）飼養之禁止以及從第三國進口危險種類犬隻之相關事項。另外危險種類犬隻買賣及飼養等相關規定權限，就有關動物保護相關規定而言，是依據基本法 74 條第 1 項第 20 款規定制定[53]。

　　目前聯邦僅以警察命令規範，稱為「聯邦飼養犬隻命令」，聯邦政府曾經試圖制定法律規範，曾草擬了「聯邦危險性犬隻防治法」草案，包含了三個範圍：第一是國內危險犬隻運用的限制，第二是針對動物保護法的改變，第三是有關刑事處罰。第一個範圍包含更多的是有關犬隻進口之限制法律（Einfuhrbeschränkungsgesetz）。在此所規定，是禁止傳統所謂戰鬥犬隻之進口（如下的犬隻種類：Pitbull, American Staffordshire-Terriet）。至於其他種類之輸入進口，主管機關是有義務准許的，又有關取得輸入進口批准飼養犬隻之細節規定等是屬於邦法的規定。第二個範圍是特別針對虐待飼養動物構成要件之改變，所飼養動物攻擊性之認定，必須對於動物本身有達到痛苦之程度，而此項規定，在未來而言，動物本身並不必本身達到痛苦之程度，其他因素所造成亦可認定動物有攻擊性。在動物保護法第 11 條授權改變此項規定，聯邦農業森林物資部（Bundesministrium）經由法規命令規範有關具有攻擊性動物之種類、範圍等，並加強禁止飼養具有攻擊性野生動物之規定。第三個範圍規定，對於飼養危險性犬隻或者販賣者（Handel mit ihm zu treiben），將違法之構成要件入罪於刑法

53.Ebenda.

第 143 條 [54]。後來基於危險犬隻之問題在中央與地方權限仍然有所爭議，該法還未經由國會通過，因此仍未實施 [55]。

五、各邦規範之主要範圍

　　若要考慮聯邦與各邦，由何者制定危險犬隻規範較為適合，針對聯邦制定規範可能產生侵犯各邦立法權問題而言，則各邦制定法律或命令以規範危險犬隻顯然較無疑義。因為一般秩序法是各邦的權限以及聯邦法對於邦法有廣泛的委託，邦立法一般針對危險犬隻的規範均是最主要而且站在第一線。通常為了防止具危險性的戰鬥犬之危害，各邦主要是運用警察命令以規範之 [56]。

　　各邦針對制定如此性質之危害防止法規命令的一個共同立法策略是（kombinierte Strategie）：犬隻的傷害性（Gefährlichkeit）將不再如同以往的邦法只是抽象規定，這些規定大都是單獨針對動物的具體行為之危害加以規範，而這種規定則是針對一般性的犬隻種類列冊規範，在邦法中列冊規範犬隻種類的危害性 [57]。

　　對於犬隻種類之危害性列冊並為之資料管理是此類警察命令的第一個重點，也是最重要核心，在邦法規定的第二個重點是犬隻飼養本身的相關問題，主要規定在於禁止擁有危險犬隻的相關規定。以柏林市為例，養狗作為寵物相當普遍，以至於成為德國犬隻密度最高的城市。在此，擁有犬隻之先決要件

---

54. Vgl. BVerfGE 23, 113, 124; 26, 246, 257 f; 31, 141, 144.

55. Vgl. BR-Druck, 460/00 vom 18.08.2000.

56. Vgl. Caspar, Johannes, Die neuen Regelungen des Bundes und der Länder zum Schutz vor gefährlichen Hunden, DVBl. 2000, S. 1582.

57. Vgl. Thüringer Gefahrenhundeverordnung vom 21.3.2000, Thür. Staatsanz. 15/2000, S. 884.

是必須申請並提供必要文件才能獲得允許[58]。第三個重點是針對禁止犬隻貿易及飼養等相關規定，結合聯邦法有關危險犬隻的進口禁止規定，貿易與飼養之禁止基本上是一個有效的措施，特別是禁止有關營業性質方面之危險犬隻[59]。

　　以犬隻危險性分類而言，在巴發利亞邦與其他少數邦有兩種不同分類，第一種類別是所飼養犬隻之危險性是很確定的，他人不容辯駁的（unwiderleglich）；另一種類別是稍具有危險性之犬隻，但對於人或動物並無高度攻擊性之犬隻，因此比較需要討論[60]。然而在其他大多數的邦放棄以二種類別分類犬隻之危險性，而是統一列冊管理之分類[61]。在許多邦對於危險犬隻之飼養亦以條件保留（Erlaubnisvorbehalt）之方式運用於預防性之禁止（präventives Verbot），准許飼養之頒布條件，在此是經由不同的條件，亦即必須是選擇或者是多項條件同時存在。這些條件規定飼主必須擁有汽車駕照、飼主個人的身分資料以及對於犬隻本性測試的實施（die Durchführung eines Wesenstest），進一步條件為犬隻之閹割以及除菌、飼養義務保險證明（Nachweis einer Haftpflichtversicherung），另外在一些邦也需要提出對於飼養犬隻有合法利益之證明[62]。

六、我國有關規定

　　飼養犬隻之規定在我國有關係之類似規定為，在我國社會秩序維護法第 70 條規定，第 1 款規定畜養危險動物，影響

---

58. Vgl. § 5 a Berliner Hundeverordnung; § 5 a Bremer Polizeiverordnung über das Halten von Hunden.

59. Vgl. § 2 GefahrenabwehrVO gefährliche Hunde Rh-Pf.

60. Vgl. 37 LStVG (BayRS 2011-2-I).

61. Vgl. § 3 Berliner HundeVO, GVBl. Nr. 22, vom 5. 7. 2000.

62. Vgl. § 3 II PolVO (Baden-W?rttemberg); § 2 I HambHVO.

鄰居安全者；第 2 款規定畜養之危險動物，出入有人所在之道路、建築物或其他場所；第 3 款規定驅使或縱容動物嚇人者，違反以上規定將予以處罰。另外在道路交通管理處罰條例第 84 條規定疏縱或牽繫禽、畜在道路奔走，妨害交通者，處罰所有人或行為人罰鍰。動物保護法亦有相關規定適用於犬隻飼養情況，例如在動物保護法第 3 條規定，所謂本法用詞定義之寵物，係指犬、貓及其他供玩賞、伴侶之目的而飼養或管領之動物。在該法第 7 條有一概括性規定為：飼主應防止其所飼養動物無故侵害他人之生命、身體、自由、財產或安寧。整體而言，我國對於犬隻飼養的有關規定並未如德國制定特別的專屬法規，因為德國人熱衷飼養犬隻寵物，相當重視犬隻產生的相關問題，這是與我國社會文化背景所不同之處。

七、重要問題之綜合探討

從上述綜合而論，有關犬隻飼養之規定若以警察命令規範有以下四個重要問題需要注意：

（一）在哪一種情況下產生典型的公共安全之危害？

（二）警察命令是否應顯現必要的明確性？

（三）危險犬隻種類之區分與認定是否違反平等原則？

（四）採取何種措施應遵守比例原則？

針對重要問題之探討

（一）有關典型公共安全之危害

警察命令的頒布應該保護公共安全的法益，防止犬隻飼養（Hundehaltung）所產生的典型危害，亦即具有危險攻擊性

之犬隻產生在公共安全上的抽象危害[63]。針對飼養犬隻之警察命令可以依據警察法之規定發布，具體危害者，係指一種情況，而在該情況中，實際發生之事件有產生危害之虞[64]。抽象危害並非一般存在之危害，一般危害並非自成一格之危害型式，而是法律技術上對抽象危害之描述。抽象危害必然合於其自身概念特質，其為警察創設其他任務範圍，但亦有其界限，此種概念為立法者所樂見[65]。而普魯士高等行政法院針對危害所下之定義，至今仍被引用：「危害是指，若不加以阻止可能造成損害的一種狀況；亦即經外力之影響，將減損事實存在正常的生活利益之狀況。」[66]

針對飼養犬隻之情況所產生對於公共秩序法益之危害，頒布警察命令以防止此種危害是必要的。被歸類為危險種類之犬隻產生了公共秩序之抽象危害，因為一般認為此種被飼養之犬隻，人們無法保證此種動物之行為是不具危險性的，另外沒有經主人掌控的狗亦可能經由吠咬及其他方式對人們健康產生典型危害[67]。

（二）警察命令必須合乎空間及事物性觀點的明確性

如果對於狗鏈的強制僅規定「在封閉的範圍內」（innerhalb der geschlossenen Ortschaft），則對於空間觀點而言並不明確。對於狗主人而言，應該很明確被告知，在哪一個地

---

63. Vgl. VGH Mannheim BWVPr 1980, 167; VBlBW 1996, 196 (197); OVG Bremen NVwZ 2000, 1435 (1436).

64. 參閱李震山譯，德國警察與秩序法原理，中譯二版，第 71 頁。

65. 李震山，警察法論―警察任務編，第 187 頁。

66. 李震山，警察法論―警察任務編，第 180,181 頁。

67. Vgl. Würtenberger/Heckmann/Riggert, Polizeirecht in Baden-Württemberg, Rn. 724.

方是否用狗鏈，亦即此明確性（Bestimmtheitsgrundsatz）對於公共安全健康環境的維持是不容懷疑的。另外規定「以一條短的狗鏈」，這只是一個相對性概念，所以並不明確。從事物的觀點，若要符合明確性原則，應該確認哪一種類的狗對於人類或其他動物有相當高的危險傷害性。另外「危害」的概念必須明確符合有關警察法理論規範的要件，如前述危害之構成有兩大要素，其一是損害，其二是損害之發生須有可能性[68]。有關授權明確性問題，行政命令因較能照顧到專業性、技術性與細節性的問題，又能因地制宜、爭取時效，故各國法制莫不肯定行政命令的必要性。但若不強調命令之授權明確性，將有很大的風險，因行政權若愈積極、愈不受限制地製造行政命令，對議會民主責任政治體制下之國會的威權所造成的傷害就愈大，且作為擁有國家主權之人民以及人民名義制定之法規範兩者間的民主距離亦會拉大，到最後不僅會導致權力分立原則名存實亡，更有可能危害人民基本權利，為獨裁者造勢[69]。

（三）平等原則之遵守

德國基本法第 3 條第 1 項之意涵是禁止本質相同的事實情況任意用不相同的手段去處理。亦即平等原則的內涵是本質相同同其處理，本質不同異其處理。在犬隻飼養的警察命令中，重要的規定是，對於特定犬隻種類之飼養，在此應該運用事物本質理性的區分標準（sachlich vernünftige Differenzierungskriterien），這個標準應該針對狗的大小、攻擊性如何以及過去造成傷害的統計紀錄。制定此警察命令者，若只將戰鬥犬列為禁止飼養的種類，而其他種類的犬不在禁止清

68. Vgl. Vgl. VGH Mannheim ESVGH 18, 19 (22); Wolf/Stephan, § 10PolG, Rn. 18.
69. 參閱許宗力，法與國家權力，民國 82 年 3 月，二版，第 215 頁以下。

單上，這樣的規定亦是不允許的，亦即違反平等原則[70]。

部分判例以及文獻的觀點認為，對於特別種類的狗而言，其並沒有特殊條件就賦予可能造成危害的闡釋是違反基本法第 3 條第 1 項的平等原則。其理由為目前相關各邦的飼養犬隻規定並沒有很完整的統計資料顯示，哪一種類的狗特別具有危險性，而較可能侵害人的身體及健康；所擁有的資料大部分屬於單一個案，不能從單一事件或少數事件認定何種狗一定具有侵害性或者何種狗是很溫和的。因此一些狗如 Deutsche Dogge，der Deutsch Schäferhund，der Riesenschnuzer，der Rotterweiler，Dobermann因被認定溫和，所以一般都不列入禁止飼養的黑名單，對其他犬隻而言並不一定公平[71]。

就戰鬥犬（Kampf Hund）而言，較其他種類的狗具有潛在的攻擊性而更可能傷害人；也考慮到是類狗若攻擊人可能比被其他類種的狗攻擊，其傷害性更大。行政法院曾對於巴登－符騰堡邦之飼養犬隻命令做出無效的判決，就是根據該邦沒有充分證據而對於犬隻詳細列冊，規定何種犬隻具有潛在危險可能攻擊人而不能飼養，亦即無法用科學證明何種狗有潛在攻擊性，對於擁有此種狗的飼主而言並不公平[72]。

（四）比例原則之遵守

飼養犬隻的警察命令特別規定有關所有物或財產的剝奪（Besitz-oder Eigentumsentzug）、狗鏈或狗口罩之強制

70. Vgl. BVerfGE, 78, 104 (121)；VGH Mannheim NVwZ 1992, 1105.

71. Vgl. Kunze, Thomas, Kampfhunde－Verfassungsrechtliche Aspekte der Gefahrenabwehr, NJW 2001, S. 1611.

72. Vgl. Caspar, Johannes, Die neuen Regelungen des Bundes und der Länder zum Schutz vor gefährlichen Hundesn, DVBl. 2000, S. 1585 ff.

（Leinen-oder Maulkorbzwang）、進入場所的禁止及特定犬隻種類飼養的允許性義務等一些負擔性措施，依據德國基本法第 14 條第 1 項之規定，此種警察命令所規定的有關財產的內容限制，必須合乎比例原則（Verhältnismäßigkeitsprüfung）[73]。對於確定犬隻種類禁止飼養之溫和手段在於採用一個允許義務（Erlaubnispflicht）之方式，允許給予之條件應證明所飼養的狗對人們沒有危害性以及飼主有專門知識及能力。對於犬隻施以狗鏈以及口罩之強制，若基於比例原則的考量是沒有問題的。而禁止犬隻進入場所之限制，亦即排除狗主人以及溜狗者於特定處所以及依據德國基本法第 2 條第 1 項規定予以干預，若這些特定場所如小孩遊玩場（Kinderspielplätze）等以及供躺臥休息的草皮具有應特別保護的價值，則以上措施並不違反比例原則[74]。

八、違反法治國保障的財產權、個人自由權及職業自由

違反基本法第 14 條第 1 項有關財產權

對於危險犬隻飼養之有關允許或禁止之命令，主要目的在於機關針對私人飼養危險犬隻之預防性監督。問題在於禁止飼養之規定是否違反基本法第 14 條第 1 項，有關法治國保障之財產權。預防性監督禁止之可能僅僅確認，是否考慮基本人權之實踐（Grundrechtsausübung）。就邦法規範一個批准或通知程序（Genehmigungs- oder Anzeigeverfahren）而言，原則上並不存在對於財產之干預。首先要件是至少犬隻飼養之批准以

---

73. Vgl. Hamann, DÖV 1989, S. 209.

74. Vgl. OVG Lünerburg NVwZ-RR 2001, S. 742 (746 ff).

及拒絕對犬隻擁有權（Eigentümerbefugnisse）之損失以及干預飼養者之財產權是相互關聯的，若此種干預沒有補償或者缺乏補償的規定（Entschädigungsregelung），將違反基本法第 14 條第 3 項 [75]。

　　針對社會存在而言，其基本原理在於，若是基於排除巨大的危害，可以無補償的去剝奪人民的財產，基於德國基本法第 14 條第 2 項規定，對於有威脅事物之危害採取干預，人民有容忍之義務（Duldungspflicht）。因此飼養者之風險範圍內，若他的狗產生具體危險，那麼有關當局機關必須進行干預。動物死亡的本身，在法律狀況下是對財產整體的剝奪 [76]。目前在德國針對補償內容之義務，既沒有簡單法律之規定，亦沒有同意的範圍，而依據一般警察與秩序法有關補償之規定也是不存在的，像犬隻這樣的財產將不被視為緊急狀態之義務人（Notstandspflichtige）。而有關補償特別法之規定，例如動物傳染病法第 66 條所規定的補償規定與此不相關 [77]。

　　一般而言，對於財產權之限制是被允許的，例如為了促進公共利益，則其限制是必要的。如果犬隻飼養者在批准程序中證實，他的狗對於其他人或動物沒有傷害，那麼在批准程序中，主管機關採取拒絕措施，應該不被考慮。針對禁止飼養犬隻之規定，如果秩序法上之相關重要條件缺乏特別利益，將不能考慮採取禁止措施。就此方面而言，在許多邦之規定所包含要件顯示出基本法第 14 條第 1 項有關犬隻飼養之特別利益（besondere Interesse）：如果犬隻飼養者符合在批准程序

---

75. Vgl. Caspar, Johannes, Die neuen Regelungen des Bundes und der Länder zum Schutz vor gefährlichen Hundesn, DVBl. 2000, S. 1587 ff.

76. Vgl. BVerfGE, 20, 351, 361.

77. Vgl. Caspar, Die neuen Regelungen des Bundes und der Länder zum Schutz vor gefährlichen Hundesn, DVBl. 2000, S. 1587 f.

（Genehmigungsverfahren）所有重要的條件，有關當局則沒有
理由基於預防性因素禁止犬隻飼養之批准 [78]。

伍、警察命令與其他法規之競合：
以德國犬隻飼養之命令為例

除了以警察命令規範犬隻飼養，在其他法規中也有相關
類似規範，亦即在德國飼養犬隻所產生的公共安全問題以及抽
象或具體的危害，在公共安全方面可能違反的法律規定，有
秩序違反法（OWiG）第 121 條、交通處罰條例（StVO）第 28
條以及動物保護法（Tierschutzgesetz）。

一、秩序違反法

在德國秩序違反法第 121 條規定的要件敘述兩種秩序違反
情形，一種是飼養野生危險動物，另一種是飼養兇猛動物。然
而重要的是狗在什麼時候及情況下被視為兇猛危險的動物。
Koblenz 高等法院因為一隻狗所造成的意外事件曾針對這一項
不確定法律概念（unbestimmt Rechtsbegriff）的解釋做說明。
在一個判決中說明，一隻狗之自然性情在沒有被管控的情況以
及尾隨靠近人並不能被視為是兇猛（Bösartigkeit）。確認一隻
兇猛的動物應該基於牠的本質存在有危害性，以致對人類一直
有惡意 [79]。

---

78. Vgl. Schmitt-Kammler, NJW 1990, S. 2515 f.
79. Vgl. Göhler, Ordnungswidrigkeitengesetz, 8. Auflage, § 121 Rn. 5.

二、交通處罰條例 28 條

　　交通法規中也包含針對犬隻飼養者之規定，在 28 條第 1 項第 1 款規定對於家禽或飼養於欄內的動物阻礙交通安全，飼主將被處以罰鍰。但是一隻狗是否妨礙交通，僅僅只能以個案與詳細情況之調查（Sachverhaltsermittlung）而判斷。動物（包含犬隻）必須有主人伴隨以及控制才能允許於公共道路上出現，又動物是不允許由車輛牽引行走，但僅有犬隻可由自行車牽引行走 [80]。

三、動物保護法

　　飼養犬隻若違反動物保護法的規定，主管機關將會干預（Eingriffstatbestände）。最重要的是，如果依據犬隻飼養命令予以干預，對於經詳細證實須將具有攻擊性及巨大危險性的狗予以處死，處死過程必須符合動物保護法的規定要件，依據動物保護法第 1 條第 2 項之規定，經由理性的理由達到正當性，亦即處死犬隻若是基於保護人們身體及生命是沒有疑問的。這種必要死亡（die erforderliche Tötung）之方式應該依據動物保護法第 4 條第 1 項經由專門人員以避免其痛苦（unter Vermeidung von Schmerzen）的方式實施 [81]。

陸、結語

　　在所有警察行政行為中，警察行政處分或事實行為仍然為目前警察機關所熟悉運用，唯獨發布警察命令顯然需要較高

---

80. Vgl. Jagusch/Hentschel, Straßenverkehrsrecht, 29. Auflage, Rn. 7.

81. Vgl. BGBl. I S. 1319 (1265).

度的行政及立法上之法律知識與能力，也因此在警察實務上針對警察命令而言，在品質上顯然不足，這一觀點之呈現，可以從警察機關在面對發生特殊治安及公共秩序狀態下看出，其並無採取有效發布警察命令措施以強化應變治安之能力。尤其現今我國國會立法效率不彰，若只憑藉立法以解決治安犯罪問題，確實緩不濟急，實有賴於警察機關能夠在依法行政原則下，針對治安等問題，訂定積極有效的警察命令予以規範因應，特別是整體性以及特殊性之治安問題，例如本文所舉飼養犬隻之警察命令，或為因應傳染病維持社會秩序所應發布之警察命令，又近來熱烈討論有關導盲犬引導盲人出入公共場所之相關問題，均可運用警察命令規範。因此警察機關應熟悉運用警察命令，亦即符合實質與形式之合法性，而且深入了解警察命令之本質以及與其他法規之界限與競合，必能有助於增進警察機關之行政效率以及執法能力，並也能成為長期改善治安狀況之重要基石。

（本文發表於《警學叢刊》，第 162 期，2005 年 9 月）

7 論警察行政處分之概念與特性

❧ 目錄 ❧

摘要 SUMMARY

本文首先介紹探討警察行政處分之概念，先以學者陳立中依據舊訴願法第 2 條為本，對於警察行政處分之定義為介紹重點，接著依據行政程序法之規定確認現行警察行政處分之法律定義。除了法律上之定義，警察行政處分之成立，也必須具備法定之要件。依據法律發展史對於警察處分與警察行政處分作一區分，事實上此在法制史上為不同之概念，這由普魯士警察法之發展上可得到印證，然而若要分辨警察處分與警察行政處分仍須視行為之性質與許多實際的狀況判斷。最後，進一步探討警察行政處分之特性，認為警察處分之措施為較具有干預性、即時性以及複雜性（涉多層面與針對無責任人）等之特性，警察機關對其運用若有侵害人民權利，應該有完整救濟程序，而行使過程中更須符合「正當法律程序」。因此，警察法或警察職權行使法在未來檢討修正時，除了「比例原則」條款外，可增列「正當法律程序」條款，俾使警察機關行使警察處分有所參考依據，避免因違反正當法律程序而違法。

關鍵詞

- 警察處分
- 行政處分
- 警察職權
- 干預性處分
- 下令警察處分

壹、前言

　　行政處分是行政法學最基本之概念，也是所有行政作用中最受重視以及研究最多之行政行為，基於稅務行政與警察行政是國家行政二個基礎行政 [1]，警察法是行政法各論很重要的一部分，因此警察行政處分之概念以及相關法理亦應該受到重視與研究，惟受到學術環境之限制，目前我國對於警察行政處分這個核心概念之探討仍有待加強，此為本文嘗試之目的。雖然行政處分之定義在行政程序法第 92 條第 1 項與第 2 項已有明確規定，我們可以透過對於一般行政處分之研究來了解警察行政處分，然而畢竟警察行政有其特性，因應警察法研究與實務之需要，探討研究警察行政處分之概念與特性仍有其必要性與學術價值。本文首先針對警察行政處分之基本概念作一論述，再針對警察處分與警察行政處分之概念，從法制發展過程作一論述區分。另外，警察職權行使法於民國 92 年正式公布實施，使得警察機關之重要作為有所依據，是我國警察措施類型化之落實，更進一步給予程序之規定，因此依據警察職權行使法所為之警察處分亦是本文所探討範圍。最後，進一步探討警察行政處分之特性，以更加深入認識與了解警察行政處分。

貳、警察行政處分之概念意涵

　　我國警察行政法學者陳立中對於警察行政處分之定義認為即警察處分，它是警察機關基於職權，就特定之具體事件所為公法上單方之意思表示，依其表示而發生法律效果。此乃依

---

1. Vgl. Pieroth/Schlink/Kniesel, Polizei- und Ordnungsrecht, 2. Auflage, 2004, S.3ff.

行政處分為基準對警察行政處分所下的定義，且依舊訴願法第二條[2] 對行政處分之傳統定義為準，雖然現行法規已有改變，然而學者陳立中在其所著「警察行政法」對於警察行政處分之概念分析，仍然有助於此概念之深入理解，茲分述如下[3]：

一、警察處分乃警察機關基於職權之行為

警察處分係警察機關基於職權之行為，須以現行警察法令為依據，不得超出法令範圍而任意活動，倘不依據現行警察法令，甚至與現行警察法令牴觸者，即是違法。且警察法施行細則第 10 條第 1 項說明警察法第 9 條所稱依法行使職權之警察為警察機關與警察人員之總稱，因此警察處分乃警察機關或警察人員依據警察法令行使職權之行為。

二、警察處分乃對特定具體事件之決定

警察處分須為處理具體事件而行使，警察處分是以特定之具體事實為主，而對於一人或多數人決定其法律關係。譬如對於某甲聲請自衛槍枝執照，經審查合於規定標準者，予以核准許可發照，或不合規定標準者，予以拒絕之行為，即是警察處分。所以「警察法令」為一般事件之設立，警察處分係依警察法令為對於特定具體事件之決定。

---

2. 新修正之訴願法於民國 89 年 6 月 14 日公布，此次修正幅度甚大，包括對於行政處分之定義，其規定於該法第 3 條，是依據行政程序法第 92 條為本。
3. 陳立中，警察行政法，1991 年修訂三版，頁 43。

三、警察處分乃發生公法上效果之單方意思表示

　　警察處分是行使警察職權之意思表示，當警察機關依法令所為之單方意思表示之場合，即發生公法上一定之效果。此種效果不管對方受處分者之同意與否，在所不問。例如警察對於某處所之禁止通行，對於非法集會之解散，只依警察單方之意思表示，毋庸徵詢對方之同意，即發生國家與人民間公法上之效果。

　　顯然地，學者陳立中對於警察行政處分是依據舊訴願法第 2 條之規定，給予警察行政處分定義，自有其時代法制背景，惟行政程序法已經實施，對於行政處分之定義有新的詮釋，若依行政程序法第 92 條分析定義警察行政處分應為：（1）警察機關就公法上具體事件所為之決定或其他公權力措施；（2）警察機關對外直接發生法律效果之單方行政行為；（3）警察機關之決定或措施之相對人以及有關公務之設定、變更、廢止或一般使用者，而依一般性特徵可得確定其範圍者。

　　在警察行政處分之概念中，如何分類實屬重要，警察行政處分可由以下種種見地分類：（1）依警察機關之職權自動或被動可分為職權處分與聲（申）請處分；（2）依其具備一定之形式為法律效力發生之要件與否，可分為要式處分與不要式處分；（3）是否經相對人受領，可分為須受領處分與不須受領處分，警察處分以受領處分為原則；（4）依其意思表示有無附加之限制，可分為無附款處分與附款處分；（5）依其法規有無羈束，可分為羈束處分與自由裁量處分；（6）是否以原處分為基礎，可分為第一次處分與第二次處分；（7）是否變動既存法律狀態，可分為積極處分與消極處分；（8）是否為事件主要目的所為，可分為主處分與從處分；（9）是否

完全生效，可分為完全處分與不完全處分。以上各種類之內容彼此均得存在，惟其主要內容則均在發生法律上之效果，可以積極處分與消極處分概括之。積極處分，乃對於原有之法律狀態積極予以變更，依其內容可分為形成處分與確認處分。消極處分乃維持既存之法律狀態，表示不為變更，即對於人民聲（申）請之拒絕或稱拒絕處分。形成處分乃變動既存法律狀態而構成新法律狀態為內容之警察處分，有創設處分、廢除處分、變更處分。創設處分乃設定新法律關係之警察處分，依其內容有下令處分、許可處分及認可處分[4]。

在德國，警察法重要理論《危害防止》（Gefahrenabwehr）一書將警察行政處分區分為具命令與禁止之警察處分、警察許可以及其他告誡等[5]。這樣的分類可以了解警察作用之型態以及性質，且符合實務之運作，而警察處分與警察許可且已趨類型化，所以不失為很好的分類。事實上與前段之分類是有相通之處，像以設定新法律關係之警察處分，依其內容可分為下令處分、許可處分及認可處分。而德國之警察處分與下令處分相似，同樣具有命令與禁止之性質，都成為一種類別，兩種分類都有許可處分，可知其仍有相通之處。

德國警察法學者蘇勒（Scholler）教授則認為警察與秩序法範圍內之處分，屬公法上單方面處理具體案件且對外產生法律效果之公權力措施，皆為警察行政處分[6]。而在警察法鉅著《危害防止》一書中對警察行政處分有作概念上之解釋，其認

---

4. 有關警察行政處分之分類，當然可依不同性質、不同作用目的來分類，惟一般皆採取行政法對行政處分之分類，可參閱陳立中，警察行政法，頁 430-437。陳山海，論警察訴願制度，中央警官學校警政研究所碩士論文，1990 年 6 月，頁 41。簡建章，警察職權之研究，中央警官學校警政研究所碩士論文，1986 年 6 月，頁 41-42。

5. Vgl. Drews/Wacke/Vogel/Marten, Gefahrenabwehr, 9. Auflage, 1986, S. 341.

6. 李震山譯，德國警察與秩序法原理，中譯二版，登文書局，1995 年，頁 35。

為在警察法實務上，人們最初以處分、准許、確認等等標明警察之個別指令。這些用語不僅有清晰易明瞭之優點，尚且自始就是清楚的。上述警察處分之不同類型所分別適用之規定，若以今日一般行政處分名之，其間之區別並不清晰[7]，所以才有上述警察行政處分之分類。

除了法律上之定義，警察行政處分之成立，必須具備法定之要件。有一般要件與特別要件[8]，一般要件為各種警察行政處分共同應具備之要件，多屬法規所定之共同要素，可分為主觀要件與客觀要件。主觀要件指處分機關之能力與職權而言；客觀條件指處分之內容須有適當之標的，即應具備法律行為之一般有效要件——適法、可能與確定[9]。

另警察行政處分得以口頭、文字或符號發布，也有許多是機器所作之警察行政處分。由於科技發展與事實需要，警察行政處分已不再是以人之行為為限，即所謂「機器制作之行政行為」之觀念。例如，道路上紅綠燈號誌之交通指揮，視如交通警察之手勢指揮，仍為行政處分之一種，此種性質之行政處分符合我國行政程序法第 92 條第 2 項規定：「前項決定或措施之相對人雖非特定，而依一般性特徵可得確定其範圍者。」視為一般處分。德國於 1976 年行政手續法第 37 條第 4 項及第 39 條，對此觀念加以規定，其規定為：「藉自動機器作成之行政分，得不受前項規定之拘束而免去簽署或其簽名下寫其姓名。為（行政處分）內容之記載，得使用『代表性符號』，

---

7. 陳立中，警察行政法，頁 430-432；陳山海，論警察訴願制度，中央警官學校警政研究所碩士論文，1990 年 6 月，頁 40。

8. Vgl. Würtenberger/Heckmann/Riggert, Polizeirecht in Baden-Württenmberg, 5. Auflage, 2002, Rn. 222.

9. 簡建章，警察職權之研究，中央警官學校警政研究所碩士論文，1986 年 6 月，頁 45。

但以行政處分所指定之人，或其所涉之人，根據其說明，得明確瞭解行政處分之內容者為限。」如以交通警察之自動照相為例，根據自動照相而作成之處分，可免去處分官署之簽名，但需有足以辨識該處分機關之「代表性符號」，以為不服該處分時，能確知訴願之管轄機關[10]。

　　在警察行政處分實務運作下，各個法律領域下所產生之警察行政處分則各具特色，在我國，如依據社會秩序維護法之處分、依集會遊行法之處分、依國家安全法或依道路交通處罰條例等等。當然以特別警察法領域所作之處分不勝枚舉，亦值得個別深入研究，然並非本文主要範圍，須留待日後再探討。

參、警察處分與警察行政處分之概念區別

　　學者陳立中將警察行政處分簡稱為警察處分，即認為警察處分與警察行政處分並無區別，惟在警察法理論發源地之德國是有區別的，因在 19 世紀行政處分定義還未法制化之前，在普魯士警察行政法第 40 條第 1 項對警察處分（Polizeiliche Verfügung）有如下的規定：「警察處分乃是警察機關對某一特定人或某一特定多數人所作，包含命令、禁止或拒絕、限制或撤回一法定警察許可或證明。」那麼從此可知，警察處分之範圍是比警察行政處分還小，且有其法制史上之意義，亦即警察處分是警察行政處分之一環，惟不能概括整個警察行政處分。

　　有關「警察處分」之概念及範圍，在德國警察法鉅著《危害防止》一書中曾經敘述：「警察行政處分的實際最重要的案例是警察處分，警察處分特別是指在警察執行職務的例行

10.翁岳生，行政法與現代法治國家，1990 年 11 月 11 版，頁 257。

每日工作中，所公布的一些大大小小的指令。警察處分與其他類型之警察行政處分所區別之實益，在於 1945 年以前，依普魯士法只有警察處分才能提起法律救濟。因為警察處分是具有命令與禁止之警察行政處分，對人民之權益影響最直接也最大，所以先要有救濟之機會。但在 1945 年以後，德國行政法院概括條款的引言，進而取消這樣的限制。[11]」在我國，由於警察行政處分與警察處分兩者名詞近似，因此就認為警察處分是警察行政處分之簡稱，從中文之字義，這樣的看法是很自然且無可厚非，但並無意義。在德文的用法，兩個字彙不同且表示兩個概念，警察處分是 Polizeiliche Verfügung，而警察行政處分是 Polizeiliche Verwaltungsakt。然而在我國，並沒有像德國法制上之歷史背景，所以並沒有「警察處分」之法律定義，如前所述若將警察行政處分簡稱為警察處分，往往對於研究者產生概念上之混淆，因此在我國，研究者對於警察處分必須依據所研究的範圍與目的作一定義，才較妥適。

雖然我國法制上並無「警察處分」之法律定義，若視為是警察行政處分之簡稱，如前述看法是無意義的，那麼也可以參考德國普魯士警察行政法第 40 條對於警察處分之闡釋為：「警察機關的命令，包含了對於特定人或特定人範圍所為的一個命令或禁止，或者拒絕、限制或一個法定警察准許的撤回或證明。[12]」，另外再就我國警察法規對於警察處分字詞所顯示的意義，本文稱警察處分是警察機關行使具有干預性之公權力具體措施，包含預防性的警察行政行為以及壓制性警察行政行為，亦即依據我國警察職權行使法規定所行使的防制犯罪的各項措施或者依據警察機關各項法規所為之行政處分。

---

11. Vgl. Drews/Wacke/Vogel/Marten, Gefahrenabwehr, 9. Auflage, 1986, S. 348.

12. Vgl. Drews/Wacke/Vogel/Marten, Gefahrenabwehr, S. 349.

　　在實務上，警察行政處分的實際最重要的案例是警察處分，警察處分特別是指警察執行職務的例行每日工作中，所公布的一些大大小小的指令，如街道交通的指示、易受危害場所之清除、法定禁止之實施以及其他許多事項。但是當對建築計劃的停止、提供健康損害生活物質之禁止、對一個手工藝場的關閉，以及對違憲集會命令的解決等，行政之警察機關也必須頒布處分。假使警察機關之措施並涉及特別法之規定，可適用一般警察法之規定以作為依據或補充[13]。警察處分包含命令與禁止之主要型態，即作為命令與不作為之禁止，前者乃命令人民為一定之行為處分，例如巡邏警員對自行車附載他人時，告知副坐人自動下車。又如告知旅館送閱旅客姓名登記簿、命令解散應經許可而未經許可之集會遊行，均是命令之警察處分。後者之不作為處分乃禁止人民為某種特定之行為處分，即命令人民不得為一定行為之處分[14]。

　　類似其他行政處分之原則亦適用於警察處分，例如警察處分之內容應充分確定，不得要求處分所及之人為法律上或事實上不可能之事。換言之，警察要求某人作為、忍受或不作為，其要求之內容須充分確定，且不能要求不法或不可能之作為。由此可見，警察與秩序法中亦規定許多一般行政法之原則，其目的特別在於不使受警察處分之人負擔過重，亦給雙方當事人一明確之法律依據。至於警察處分在內容上之要求，包括明確性、必要性、合適性及可能性原則，此外尚及於每個行政行為之合目的性。這些原則，在 19 世紀時之警察法內演變成不成文之原則，藉以界限普魯士警察法中之概括條款。今日，這些界限已被視為對警察措施之當然要求[15]。

---

13. Vgl. Drews/Wacke/Vogel/Marten, Gefahrenabwehr, S. 406.

14. 陳立中，警察行政法，1991 年增訂版，頁 431。

15. 李震山，對警察處分與裁量在內容上之要求，警學叢刊，1994 年 9 月，頁 203。

　　分辨警察處分與警察行政處分仍須視行為之性質與許多實際的狀況判斷，例如在德國，警察若非執行依普魯士警察行政法第 14 條以及相關的命令或所賦予法定的擴大權限，警察處分將不成立，而只是作為行政機關特別委託之特定非警察功能之履行，同理當警察僅僅作為請求機關在執行其他機關管轄權範圍內的相關命令亦然。基於犯罪偵查目的，對於罪犯或違法者使用人身傳喚的強制方式，仍視為警察處分。針對關係市民，警察給予或拒絕作證之法院程序乃非警察處分，那是警察行政處分。另外，雖在單一事件中之措施屬行政處分，而並非警察處分：例如行為可罰性或法律已規定義務手段之訓示，針對確定行為或已發生狀況之警察通知，因為交通危害滋擾以及威脅對駕駛所有者警告，對持續違規行為檢驗其駕駛能力並取回駕駛許可，命為備妥駕駛紀錄簿，甚至對公眾之違規營業行為之警告亦是。然而這一經法律所允許的，所包含機關禁止之法定禁止期限之延長亦是警察處分，那麼也是行政處分。例如社區房屋號碼之分配同樣是行政處分，但若同時包含了安排房屋號碼之命令，在此情況下是警察處分 [16]。

肆、依據警察職權行使法所為之警察處分

　　警察職權行使法於民國 92 年正式公布實施，使得警察機關行使重要行政行為有所遵循依據，亦是我國警察措施類型化之落實，並進一步給予程序之規定，其目的除為了使警察職權之行使合於法律正當程序之要求，符合依法行政與法治國之要求外，也是保障人民權利的重要依據 [17]。因此依據警察職權行

16. Vgl. Drews/Wacke/Vogel/Marten, Gefahrenabwehr, S. 349–351.

17. 蔡震榮，警察職權行使法概論，中央警察大學出版社，2004 年，頁 3-5。

使所為之警察處分亦是本文必須探討範圍，然而因篇幅以及論述目的之限制，僅能就整體上較為重要部分之基本概念作一探討。

　　依據警察職權行使法所為之警察各項措施並非全然是警察處分，本法警察各項措施類別在第 2 條第 2 項規定，其稱：「本法所稱警察職權，係指警察為達成其法定任務，於執行職務時，依法採取查證身分、鑑識身分、蒐集資料、通知、管束、驅離、直接強制、物之扣留、保管、變賣、拍賣、銷毀、使用、處置、限制使用、進入住宅、建築物、公共場所、公眾得出入場所或其他必要之公權力措施。」學者蔡震榮教授對於上述措施，認為大致可分為三大類：下令式的行政處分、具有干預性之事實行為以及無干預性之事實行為，而下令式之行政處分即是符合本文所稱警察處分之概念，係對當事人有命令或禁止之處分性質存在，亦即，不是警察自己去防止危害發生，而是義務人依據警察之下令為之。警察下令當事人作為或不作為義務，當事人即應有義務配合，而此種下令應屬行政處分，例如攔停、查證身分等。而就警察下令處分即是本文所稱警察處分之概念，其類型之區分則有[18]：

一、攔阻權

　　查證身分是指警察詢問當事人之身分，並檢查其證件，查證身分前，警察依警察職權行使法第 7 條第 1 項第 1 款對「人、車、船及其他交通工具」實施「攔阻」之行為，依第 1 項第 2 款「詢問」以及第 3 款「令出示證件」等查證身分行為，若將其一起觀之，則稱之為「攔阻權」，由攔阻至身

18.參閱蔡震榮，警察職權行使法概論，頁 75-82。

分查證等行為，性質為「行政處分」，亦符合即本文所稱警察處分之概念。

「攔停」係指「將行進中之人、車、船及其他交通工具，加以攔阻，使其停止行進；或使非行進中之人，停止其動作而言。」攔停措施為查證身分首先採取之必要步驟。依據警察職權行使法第 7 條第 1 項第 1 款規定，警察為查證身分而攔停之對象為人、車、船及其他交通工具。攔停並非逮捕，須有合理懷疑受攔停人有該法第 6 條第 1 項各款情形之一者，得對之進行攔停。因非逮捕，其對於人權之侵擾極為輕微，故無須達於「相當理由」之程度，亦無須申請令狀及法官介入，惟須依法為之，即得依據該法第 7 條之規定，對其施行攔停作為，而人民有配合及忍受之義務[19]。

二、帶往

警察於現場執行「查證身分」時，若有無法確認身分時，例如有具體事實顯示，當事人拒絕陳述或為不實陳述或提供證件為「假證件」，而無法確認身分時，為達確認身分之目的，得帶當事人至警察處所。依據警察職權行使法第 7 條第 2 項規定：「警察得將人民帶往勤務處所查證；帶往時非遇抗拒不得使用強制力，且其時間自攔停起，不得逾三小時……。」

19.參閱蔡庭榕/簡建章/李錫棟/許義寶，警察職權行使法逐條釋論，五南圖書出版有限公司，2004 年 9 月，頁 160-161；王兆鵬，警察盤查之權限，收錄於「路檢、盤查與人權」，翰蘆圖書出版有限公司，2001 年 6 月，頁 140-141。至於攔停查證身分之時間究應多久始合理？有論者認應以二十分鐘為度，美國聯邦之「統一逮捕法」則規定以二小時為限；亦有以德國警察職權法制析論，認為從攔阻、詢問到證件查驗，原則上以不超過十分鐘為宜。然一般認為，行政處分有其公定力，在未循一定途徑認定其非法時，應推定其合法，處分相對人有忍受義務，但忍受有其界限，該界線則有時空性，在一定範圍內必然是游移不定的。與之相同見解者亦認為應隨著個案之不同而有差異，須以當時執法之整體事實狀況考量，但不得為非必要遲延。

帶往之行為性質應屬於行政處分，亦即所稱警察處分，帶往之前提要件是「無法確定身分」時為之。

　　而帶往措施之法律允許性在各國立法例並不盡相同，依據德國法規定[20]，原則上，將受查證身分者攜往警所，須有法官許可，如果條件或環境上不允許，可事後報告，主要就是要求有「法官保留」為原則。若法官信賴警察作為，亦可透過電話或傳真方式許可；然法官若不認可，即應將人釋放，藉以遵守憲法對人身自由保障機制[21]。針對帶往之措施，在日本係規定視為任意同行[22]；而在美國則被視為逮捕[23]。

三、暫時驅離或禁止進入

　　驅離為行政處分，警察之下令處分，具有下令或禁止當事人為一定行為之措施。驅離處分以口頭或手勢為之皆可。其涉及「身體移動之自由」，屬所謂人身自由之限制。驅離對於

---

20. 依德國基本法第 104 條第 2 項第 1 句規定，人身自由之剝奪、許可及繼續，原則上應由法官裁定。情況急迫時，事後應即補送請法官裁定。警察行使盤查權，有必要剝奪他人自由時，事實上不可能事先得到法官允許，因此在「德國聯邦與各邦統一警察法標準草案」第 14 條第 1 項第 2 句規定：「若法官之裁定，於警察處分依據消滅後才會到達者，則無需請求法官裁定。」

21. 參閱蔡庭榕，論警察之查證身分，收錄於 92 年度學術研討會論文集「刑事訴訟法（交互詰問制）與警察職權行使法」，中央警察大學行政警察學系與中華警政研究學會合辦，2003 年 12 月，頁 119-121。

22. 依據日本警察官職務執行法第 2 條第 2 項規定：「為前項盤問時，若認定在現場為之對其人不利，或將妨礙交通，得要求其人同行至附近警察分局、派出所或駐在所，以便盤問。」第 3 項：「前二項所規定之人，非依刑事訴訟法相關法律之規定，不得拘束其身體自由，或違反其意思強求至警察分局、派出所或分駐所，或強其答辯。」然該條之盤問與同行，學者通說認為係屬於所謂的「任意調查」及「任意同行」，不得以強制力為之。

23. 依據學者蔡庭榕之意見，從美國統一逮捕法之規定，任何可疑人無法證明自己之身分或解釋自己行為以令警察滿意時，警察可加以拘留，並進一步偵訊。然而，除非逮捕，否則對於受檢查人之拘束，不能導致將人帶回警所，並作有罪之控訴。因此，如可攜往警所即已達逮捕之程度。

身體行動自由之侵犯係屬消極之行動方向上受阻，故與積極拘束行動自由，係空間上受限有別，前者為人身自由之限制，後者則可能為人身自由之剝奪。所謂禁止進入係指警察為達成其法定任務，於執行職務時，為了排除危害，對於有受危害之虞或妨礙其執行職務或排除危害之人、車，違反其意思禁止其進入一定範圍或處所之公權力措施，所不同者，僅在於驅離乃是積極地將相對人驅使出一定之範圍或處所，而禁止進入則是消極地禁止相對人進入一定之範圍或處所[24]。

　　以上所述之警察下令處分就是依據警察職權行使法所為之警察處分，而依據警察職權行使法所為之警察措施，除了上述警察處分外，依據學者蔡震榮教授之上述觀點，另有所謂干預性之事實行為以及不具干預性之事實行為，而干預性之事實行為是指有關檢查人車行為[25]、資料蒐集之行為[26]以及警察之即時強制措施[27]。

伍、警察行政處分之特性

一、警察行政處分較具干預性

　　危害防止之警察措施，原則上是以下令形式之行政處分

發布，也就是說是以禁止與命令干預人民之自由與財產。如此
負擔性質的警察行政處分依據法律保留原則需要有一個國會所
通過法律之有效的授權基礎，此授權基礎須明確規範干預條件
之內容、目的以及範圍，這樣才能避免因警察行政處分之干預
性質影響人民之權益[28]。

　　就如同警察行政行為是最具干預性之行政行為一般，所
謂之「干預性」，尤其是指攸關人民之權利與自由方面[29]。當
然，現代法治國家已將有關人身自由幾乎都交由法院裁決，如
以前由警察機關依違警罰法所作有關「拘留」之裁處已改由
簡易法庭依社會秩序維護法裁處。不過在性質上，警察行政處
分攸關人身自由方面，雖已不包括拘留之裁處，然而干預個人
自由範圍之典型警察處分，像盤詰、傳喚、行政管束、驅散
等，則對人民之人身自由有強烈之干預性[30]。

　　而警察在個別領域之法律範圍內所作之處分，更明顯地
看出極具干預性，所以我們可以就警察重要領域之處分來探討
其干預性。例如依據社會秩序維護法所作之處分就是警察罰，
該法係替代舊有之違警罰法而制定，為維護公共秩序、確保社
會安寧，為預防犯罪之主要法律，縱而有規範人民日常生活、

28. Vgl. Würtenberger/Heckmann/Riggert, Polizeirecht in Baden-Württenmberg, 5. Auflage, 2002, Rn. 221.

29. Vgl. Mußmann, Eike, Allgemeines Polizeirecht in Baden-Württemberg, 3. Auflage, 1992, Rn. 100 f.

30. Vgl. Drews/Wacke/Vogel/Marten, Gefahrenabwehr, 9. Auflage, 1986, S. 341。有關盤詰、傳喚、行政管束、驅散等警察行為，在行政訴訟法未修正前常被視為行政事實行為，這是倒因為果之邏輯謬誤，因在當時行政訴訟法只有撤銷之訴，而無法針對已完成之警察行為提起行政爭訟，此行為不能符合撤銷之訴，而在當時就認為這些行為不是行政處分，然而今日在行政訴訟法以及行政程序法之規範下，這些行為已符合行政程序法第 92 條第 1 項規定：「行政機關就公法上具體事件所為之決定或其他公權力措施而對外直接發生法律效果之單方行政行為」之現代意義，將這些警察行政行為歸為警察行政處分之範疇。

啟發倫理道德，實踐守法守紀之作用 [31]。

　　社會秩序維護法如同一部輕犯罪法，對於人民之各樣行為皆有規範，像妨害安寧秩序、妨害善良風俗、妨害公務、妨害他人身體財產等，這些行為還不致構成刑法之犯罪，則分別在社會秩序維護法分則各章中規定。以前違警罰法時代，皆由警察機關裁處，是屬於警察罰，當然是警察行政處分之概念。而目前依據社會秩序維護法之規定，則依情節由兩個機關裁處，依第 43 條規定有五種情形由警察機關裁處：一、違反本法行為專處罰鍰或申誡之案件。二、違反本法行為選擇處罰鍰或申誡之案件。三、依第 1 款、第 2 款之處分，併宣告沒入者。四、單獨宣告沒入者。五、認為對第 1 款、第 2 款之案件應免除處罰者。而以上五種情形以外之案件，警察機關訊問後，應即移送該管簡易庭裁定。在此五種情形範圍內由警察機關裁處，這些都是警察行政處分之概念範圍。雖然違反本法較重之情節（以上五種情形以外之範圍）已由法院受理，應不屬於警察行政處分之概念範圍，亦即更具干預性之處罰已由法院替代。惟警察機關裁處之範圍內，處罰雖然較法院輕微，但仍都攸關人民日常生活與權益，仍具有較大之干預性，因此在此範圍之警察行政處分比其他行政處分具有更大之干預性。

　　又依據道路交通管理處罰條例所作之交通處罰處分，亦影響人民權益甚大，其關係到人民日常生活之行的權利與自由，亦即干預人民行動往來之相關事項，在我國今日交通問題上，已成為人民最關切之問題。尤其在大都會更是成為地方上行政之一大負擔與沉苛，政府為了整頓交通，乃由交通警察大量取締違規，所作處分之數量相當多，殊不論效果如何，此交通干預性處分已對人民造成重大之影響。

31.請參閱內政部警政署編印，社會秩序維護法，1992 年 6 月，頁 3。

而集會自由是表現自由之一種類型，其與講學、著作、出版自由等量齊觀[32]，前者是一般人民以行動為主所表現之言論自由，後者則大多數由知識分子以言語、文字等等為表現之言論自由，制憲者將集會自由單獨類型化，並列於憲法第 14 條，其主要係為保障一般無法接近、掌握或利用媒體言論管道之人，亦有公開表示其意見之可能性，極為神聖值得尊重，此乃落實國民主權重要手段之一[33]。人民有集會之自由，乃憲法第 14 條所明文保障，然而人民此種集會自由之基本權利，並非絕對而漫無限制，必須有一定的法律規範以維持公共秩序作為運作之依歸，但是此種法律規範仍須符合民主憲政之法理基礎，以期有效落實憲法之功能[34]。因此我國制定集會遊行法即是為保障人民之基本權利，而本法規定主管機關是警察機關，凡有關許可事項以及須使用制止、命令解散等強制力之情狀時，皆由警察機關執行，依此法所為之行政行為範圍亦是深具干預性之警察行政處分。

另依據國家安全法所作之警察處分是以入出境許可之處分為主，依國家安全法第 3 條：「人民入出境，應向內政部警政署入出境管理局申請許可。未經許可者，不得入出境。」一般而言，入出境管理之行政內涵大約包括審核發證、入出境許可查驗，入境後之居停留管理與資料運用等部分，而審核發證是典型的警察許可處分，至於入出境許可之查驗應屬行政之事實行為[35]。警察機關所負責山地管制區之許可工作，所作處分牽涉人民自由權利及其他權利甚鉅，而人民入出山地經常管制

32. Vgl. Katz, Alfred, Staatsrecht, 15. Auflage, 2002, Rn. 763.

33. 李震山，我國集會遊行法執行之研究，1992 年 9 月初版，頁 23。

34. 朱源葆，集會遊行法內容評析，警政學報 14 期，1988 年 12 月，頁 114-129。

35. 吳庚，行政法之理論與實用，2000 年增訂版，頁 358-360。

區之許可工作，依國家安全法施行細則第 31 條第 1 項規定，
應向內政部警政署或該管警察局、警察分局或國家公園警察隊
申請許可。入出山地特定管制區，依同細則同條第 2 項規定，
應向內政部警政署或該管警察局、警察分局、分駐所、派出所
或國家公園警察隊、小隊或指定之處所或經授權之檢查哨申請
許可[36]。

　　上述個別領域內所作之警察行政處分只是例示性列舉，
這些處分是屬於警察行政經常運用之法律，此外還有許多依據
警察法所作具有干預性之警察行政處分，例如警械使用條例、
檢肅流氓條例、自衛槍枝管理條例等等。除了這些法律外，仍
有像當鋪業管理規則、玩具槍管理規則、流動人口登記辦法、
戶口查察作業規定等等不勝枚舉之警察行政命令。綜論之，蓋
國家之行政分配已將較具干預性之行政的許多部分交由警察，
特別是危害防止行政任務，所以在行政行為之範疇，警察行政
處分的第一個特性所顯示的是較具干預性之行政處分。

二、警察行政處分之即時性

　　行使警察行政處分而言是較即時性的，為遂行警察任
務，端賴警察勤務之執行，而執勤係動態的，若面臨問題，經
常必須當場及時做成警察處分[37]。警察若是行使較具干預性之
行政處分，也多較具即時性，如警察行使典型處分中之盤詰、
傳喚、行政管束、侵入及搜索住宅、保管及扣押、驅散等大多
是即時所作之處分，也才能達成處分之目的與效果。

36.許文義，從憲法保障人權觀點論國家安全管制區之劃定與管理，警政學報 23
　期，1993 年 7 月，頁 22-24。
37.黃錫安，警察行政裁量之研究，中央警官學校警政研究所碩士論文，1988 年 6
　月，頁 56。

例如盤詰，此處分已拘束了人身自由，應以即時完成為最重要之注意事項，可以說是以時效來視其法律效果，若未能依要件在時效內完成，則有可能傷害人身自由，亦即違反警察職權行使法[38]。另管束係具暫時特徵之短時間措施，與長時間之「收容」有別[39]，此項措施具有「即時執行」之特質，在眾多行政干預人身自由措施之中，顯有其特色。另外重要之警察處分如驅散、保管與扣押亦須常在短時間之內完成，其具有即時性之特色更不待言。

而另一個影響人民生活甚大且具即時性之警察行政處分為交通處罰之處分，此係為加強道路交通管理、維護交通、確保交通安全。依據道路交通管理處罰條例第 8 條規定，違反行為所作處分之機關有兩個機關，分別為公路局監理所以及警察機關。在此條例中，警察機關不僅負責裁處，而最具干預性之舉發與取締則由警察機關負責，而且這些處分具有即時性，又交通警察所作之交通指示與交通燈號裝置亦是即時性之處分。舉凡取締後予以告發均要在短時間內完成，勿需太多考慮空間，否則時間一旦延宕太久，就可能侵犯人民之權益，縱使沒有達到違法之程度，也可能構成擾民之行政疏失。

以上警察即時性之行政處分亦僅是例示性列舉，現行法規中仍然存在很多不同類型之即時性警察處分，乃因警察所負責之危害防止任務，由於大多數「急迫性」之危害或潛在危害交由警察機關負責，在面對這些危害，警察所採行的行為亦是即時性手段，如此才能在短時間防止或排除這些危害或預防可能發生之危害，綜之，警察行政處分具有即時性是一個很顯著的特性。

---

38. 朱金池，警察裁量的意涵與類型之研究，中央警察大學行政系 92 年學術研討會論文集，2003 年 12 月，頁 165-168。

39. Vgl. Vgl. Pieroth/Schlink/Kniesel, Polizei- und Ordnungsrecht, 2. Auflage, 2004, S. 333 f.

三、執行層面複雜多涉且可能針對無責任人

　　警察行政處分之行使牽涉層面較複雜，警察常被當作處理社會、經濟與政治問題之最後手段，若處理得當，功德無量，處理不得當，則罪在警察。有些是從表面上觀之，當然是警察本分的工作，但實質上卻有極其複雜之社會、經濟及政治因素。針對社會問題而言，警察手段之運用，只能發生治標之一時效果，但是治本性而具永久效果之工作，卻因所費太大、費時太多，未能收到立竿見影，所以沒有去做，例如在實務上取締攤販、飆車、大家樂（六合彩）、野雞車以及違法聚眾活動等等。

　　警察行政處分之執行常牽涉到政治、社會之因素，以取締攤販為例，警察所執行的是協助處分，然而在社會因素下，卻大部分取締工作都不彰，亦即光靠警察協助之力量是不夠的，而是要有社會環境之配合，例如可能需要將攤販問題以社會民生問題先解決之，再求助警察強制執行力才妥當。而飆車、六合彩賭博之取締問題，更是典型社會問題，在社會問題未能妥善處理與解決之前，警察之取締工作可以說事倍功半，抓不勝抓。

　　另一牽涉之重要因素為政治因素，這也是警察在執行任務時被要求務必行政中立之問題，而警察行政處分之執行牽涉政治因素，在戒嚴時期最為嚴重，尤其在戒嚴時期處理聚眾活動，因無法可據，只能憑藉政府指示。人民為了爭取政治權利，屢次街頭抗爭，警察之處理類似活動單憑上級指示，經常發生嚴重警民衝突，警察亦常被指責為「統治者之工具」，實在付出很大之代價，所以由此可知警察處分亦受到政治因素之影響，而且牽涉極廣。如今已是解除戒嚴之民主時代，警察所要考慮之政治因素，已不是單憑政府指示，而是如何在依法行

政下保持行政中立，亦即政治立場之中立，這從歷次選舉中不斷地考驗警察如何維護選舉治安中可看出端倪。

　　警察行政處分之執行，若要順利實施或達成警察之任務與目的，則仍然要有社會、政治環境之配合，否則警察行政常會寸步難行。另外仍有其他重要因素之影響，例如經濟景氣、機關士氣或來自內部與外部之特別因素與個別因素等，如關說、貪瀆等，所以執行層面複雜多涉是其一大特性。

　　再者，警察為了排除緊急危害可賦予無責任人警察義務，警察得於緊急狀況下，依法律概括授權，要求無責任人為一定之行為，以參與或協助緊急危害之防止及排除任務[40]。在德國「聯邦與各邦統一警察法標準草案」第6條第1項有規定其要件大略為：「為防止目前重大危害、處分不能或不可能適時所指有責任之人或處分雖及於有責任之人亦無效果、警察無法或無法適時獨自或委託他人防止危害、處分，須對非義務人無重大危害且不傷其重要義務。」

　　警察處分可針對無責任人，其要件是嚴格的，也非一般行政處分所能比擬，而是賦予警察急狀權，以防止現時存在之重大危害[41]，對人民之影響非其他處分可比，而賦予警察如此權力，乃基於現實狀況之無奈，也實非得宜。所以警察行政處分可針對無責任人，並非其他機關所作行政處分所能擁有之職權，當然列為警察行政處分之一大特性。

---

40. Vgl. Möller/Wilhelm, Allgemeines Polizei- und Ordnungsrecht, 5. Auflage, 2003, Rn. 147.

41. BVerfGE 32, 373 (381)；33, 367 (383).

陸、結語

　　由於行政處分中心主義以及警察實務工作上之需要，使得警察行政處分仍然是警察行政最重要之措施手段，亦是警察法學之概念核心，此核心領域又以具有干預性之警察行政處分，即是本文所稱警察處分之概念為主。干預性警察行政處分影響人民權利甚鉅，最明顯的是人身自由權利，對於此類處分之相關探討與研究不僅不能忽視，更進一步應注意行使是類處分能夠確實保障人權，所以本文除了強調認識警察行政處分之概念與特性外，特別在此呼籲，警察機關行使警察處分應了解其特性，才能適時運用得當，倘若警察處分有侵害人民權利之事實發生，也要有完整法律救濟途徑與程序。另外，警察處分依據上述因其較具有干預性、即時性以及複雜性（涉多層面與針對無責任人）等之特性，對其運用更需符合「正當法律程序」，不管在「程序正當」或「實質正當」的那一方面若有所欠缺，將會有適法性問題之產生，嚴重者將構成違法認定，故針對警察處分之性質以及其要件、程序且如何符合「正當法律程序」，均應在未來修訂警察法規時作一完善規範，尤其針對警察法或警察職權行使法在未來檢討修正時，除了「比例原則」條款外，可增列「正當法律程序」條款，俾使警察機關行使警察處分有所參考依據，避免因違反正當法律程序而違法。

（本文發表於《警學法學》，第 4 期，2005 年 12 月）

秩序法篇
PREFACE LAW

1

從動物權與秩序法探討畜犬管理規範

∽ 目錄 ∽

■ 摘要 SUMMARY

　　長久以來，犬隻的存在形成社會文化的一環，然而犬隻之飼養與管理卻也產生許多問題，例如犬隻本身遭受傷害問題，畜犬可能造成環境衛生等危害以及流浪犬問題。針對問題應制定完善的畜犬管理規範，若從動物權的觀點，規範內容應包括有關犬隻飼養之優良環境、

犬隻之健康與衛生、免於被棄養以及宰殺的命運等等。另從秩序法的觀點，為了預防所產生的可能危害，應於規範中賦予飼主或責任人義務，包括對於犬隻生活環境之規定、犬隻戶外以及室內飼養之要求、於狗舍中飼養之要求等等。我國各地方政府所制定的畜犬管理自治條例或辦法，經觀察分析其內容均著重於秩序管理，對於犬隻動物權之保護事項相當缺乏，且在秩序法方面之規範亦不完善。反觀德國飼養犬隻之規範均集中於動物權之落實，重要者包括對於飼主之一般要求、對於戶外飼養之要求、對於室內飼養之要求、對於狗舍中飼養之要求等等，均規定詳細。雖然我國與德國對於犬隻飼養之環境與管理，在社會環境與文化不同下，很難做同等的要求，然而對於動物權保護的相關規定事項以及其精神仍然值得我們參考。

關鍵詞

- ◆ 畜犬管理
- ◆ 犬隻規範
- ◆ 動物權
- ◆ 秩序法
- ◆ 德國犬隻規定
- ◆ 聯邦犬隻命令
- ◆ 流浪狗
- ◆ 動物保護法
- ◆ 危害防止
- ◆ 寵物管理

壹、前言

　　自古以來犬隻與人類社會有密不可分的關係，人類飼養犬隻作為寵物或其他用途已經成為社會生活文化重要的一環，因有如此夥伴關係，人們亦將犬隻視為忠實的朋友。當人類已

經進入現代文明的時代，犬隻的身影仍然出現於各處，只是伴隨牠們而來，除了給予人們的友誼以及生活的助力外，卻也帶來一些社會相關問題，例如犬隻本身成為玩物，遭到殘忍的虐待與傷害，或者飼養與管理上造成環境衛生、交通以及傳染病的危害，尤其亦產生現今最令人頭痛的流浪犬問題。面對這些問題的改善與解決，在依法行政的理念下，應該制定完善的畜犬管理規範予以因應；本文因此擬先介紹探討目前我國的畜犬管理規範，以動物權與秩序法兩個主要方向與內涵，首先論述動物權與秩序法兩種不同性質的概念，並以此為檢驗畜犬管理規範之準則，探討所應改善、修正與補充的事項。又現今世界上德國是一個人民普遍喜愛飼養犬的國家，且形成社會文化重要的一環，因此本文擬探討德國畜犬的相關問題以及聯邦與各邦重要的犬隻飼養規範，尤其以聯邦飼養犬隻之命令為重心，並將其全部條文之譯文與原文置於文後作為附錄，以供比較與參考。

貳、畜犬管理產生之問題

一、一般問題

　　有關犬隻飼養與管理所產生的一般問題，主要為動物保護問題，其次是秩序管理問題，而秩序規範問題亦將會導致危害問題。動物保護之問題在於許多人將犬隻視為玩物，因此犬隻可能遭到虐待或騷擾，例如有人以狗作為競技行為之工具或以狗直接或間接之不當目的，進行動物之間或人與動物間之搏鬥。更嚴重的傷害來自於對犬隻生命之傷害，亦即宰殺犬隻作為食物或其他用途。至於秩序管理之問題，主要針對犬隻於飼養與管理過程中，事先防止未來可能造成之各種危害，例如飼

主應維持狗舍之整潔、遛狗應符合一些相關規定，像繫繩或狗鍊以及狗口罩設備使用之問題等，藉以避免傳染病、交通危害以及咬傷路人等事件。針對犬隻動物保護以及秩序管理問題，主管機關為農委會以及各縣市政府相關單位，目前依據動物保護法以及地方政府之畜犬自治規章執行辦理。

二、危害問題

犬隻之生存與活動直接或間接造成人們身體或健康以及其他損害，如此則存在犬隻之危害問題。此種危害常因上述秩序管理問題產生的後果，例如飼養犬隻未注重衛生而引起傳染病之危害，或者疏縱所飼養之犬隻橫行街頭造成交通事故的危害[1]，或者犬隻咬傷人或其他家畜動物所產生的危害[2]。針對犬隻之危害問題，在法理上，有關其主管機關應為廣義之警察與秩序機關[3]，而實務上在中央為內政部警政署、行政院衛生署、行政院環保署以及農委會等；在地方則為直轄市政府以及

---

1. 自由時報電子報 2007 年 7 月 6 日社會新聞版報導：「高雄縣美濃鎮體重達百公斤的黃姓婦人，前天傍晚騎機車行經東門國小前，突遇一隻中型流浪狗衝出路面，黃婦閃避不及直接撞上，人、狗彈飛十多公尺後跌落地面，雙雙傷重不治，由於肇事者為無人飼養的流浪狗，死者家屬不只民事求償無門，且是因撞狗不是撞車，甚至也不會有『機車強制責任險』給付，死者家屬擬向鎮公所請求國賠。」此種犬隻導致的交通事件，造成人與狗的雙重死亡危害，由此可知針對犬隻所產生之問題，社會亦將付出代價。

2. 自由時報電子報 2007 年 6 月 12 日社會新聞版報導：「台北縣林口鄉嘉寶村洪家羊場昨天清晨再傳羊隻遭攻擊意外，大小羊十四死七傷。由於傷羊身上，發現與八日死亡的八隻羊相似的齒痕，加上場主洪先生昨天目睹野狗撕扯小羊，誘捕籠捕獲中型白狗，洪先生也自行誘捕一隻黑狗，台北縣動物疾病防治所蔡所長表示，初步判定兇手是野狗。」

3. 李震山，警察行政法論 — 自由與秩序之折衝，元照出版公司，2007 年 8 月，頁 5-8；林明鏘，法治國家與警察職權行使，警察法學，第 4 期，2005 年 12 月，頁 282-285；陳正根，論警察處分行使之法律要件與原則，台北大學法學論叢，第 57 期，2005 年 12 月，頁 4-6。

各縣市政府，例如依據地方所制定之畜犬管理規範 [4]，一般規定為針對畜犬汙染環境之取締與清理事項，由市政府環境保護局處理；畜犬傷人或妨害安寧則由市政府警察局處理；畜犬發生狂犬病時，由市政府衛生局辦理。此種危害問題之產生，主要並非犬隻本身動物權受危害之問題，而是產生對他人或事物的損害，若為有飼主之犬隻，則飼主即應對其產生危害之問題與結果負責，亦即成為秩序法上之狀況責任人 [5]；倘若為無飼主之犬隻所造成之危害問題，即為流浪犬問題 [6]。原始問題亦來自飼主棄養犬隻成為流浪犬，而公母流浪犬隨意雜交，繁殖更多的流浪犬。

三、流浪犬問題

近年來，先後在臺北、新竹及花蓮等地發生多起流浪犬咬傷幼童事件，引起國內各界注意犬隻管理問題。其實，國內因畜犬之走失或飼主蓄意將畜犬棄養所產生流浪犬的問題，早已浮現於各地。最常見的有：流浪犬到處大小便，以及流浪犬覓食，打散垃圾袋，汙染社區環境；並在偏僻地區流浪犬成群結隊，威脅路人、甚至攻擊小孩 [7]；流浪犬在大街小巷亂闖，

---

4. 依據台北市畜犬管理辦法第 2 條規定以及高雄市畜犬管理自治條例第 2 條。
5. 黃啟禎，干涉行政法上責任人之探討，收錄於當代公法新論（中），元照出版社，2002 年 7 月，頁 296-299；狀況責任人，係因物之狀況而需負責之人，需因物之本身狀況，肇致危害，而無人為因素參雜其間，方構成狀況責任。狀況責任之種類可區分為所有權人、對物有事實管領力之人及其他有權利人之狀況責任。
6. 流浪犬問題已成為環境衛生以及社會的重要問題，因此在危害防止上可成為獨立探討的課題。
7. 我國已有人民遭到野狗流浪犬攻擊致死，而其家屬針對政府之管理疏失提出國家賠償，經法院判決賠償成立。參閱台南地院 92 年國 14 判決，內容主要為原告之被繼承人經過台南縣七股鄉一處偏僻河邊溪埔地，慘遭七、八隻野狗咬傷並流血過多致死，因此原告係被害者之繼承人，乃以主管機關對野狗管理不

引起交通事故；流浪犬無人照顧，感染傳染疫病等現象[8]。

　　流浪犬所造成的環境衛生、交通安全、疾病傳播及噪音等諸多問題，在在影響國人的生活環境品質。當前動物保護及關懷生命觀念盛行，加以國人飼養寵物風氣日盛，如何建構一套完整的動物管理制度並妥善地解決流浪犬問題，以建立人與動物之間的和諧關係，已成為當前重要的課題[9]。針對流浪犬，我國主管機關為農委會，目前依據動物保護法、寵物登記管理辦法、寵物登記管理及營利性寵物繁殖買賣或寄養業管理收費標準等法令，從實施犬籍管理制度、補助設置流浪犬收容所、建立收容所評鑑制度、加強流浪犬認養工作以及加強收容所管理人力等措施著手改善流浪犬之問題，有關動物保護法等法令之探討將於第四章犬隻飼養之規範一併探討。

參、動物權與秩序法之問題觀點

一、概說

　　若從動物權與秩序法之觀點探討畜犬管理規範，除了應了解犬隻飼養與管理所產生之問題外，對於動物權與秩序法二種不同的概念亦應探討。對於動物權的討論，至今在學術界仍持續不斷，基本上以宗教哲學的論點為主，本文在此亦作一初探，另亦概括探討法律觀點下的動物權，而相對於其他動物，犬隻可以是人類保護動物的首要適用對象，有關犬隻飼養與管

當，向鄉公所請求國家賠償，經判決被告應賠償原告。

8. 陳幸浩，落實國內犬隻管理之探討及展望，農政與農情，第 323 期，1999 年 8 月，頁 43。

9. 石慧美，改善流浪犬處理措施，農政與農情，第 329 期，2002 年 2 月，頁 60。

理之規範，則可從動物權的觀點探討如何在實定法上予以實踐。針對秩序法而言，除了探討其概念外，有關犬隻飼養與管理之規範，所規定之干預措施，在性質上均為秩序法之範圍，但從危害防止法之觀點亦歸類為廣義警察與秩序法之範圍。防止危害之發生亦經常關係著飼主之狀況責任，所以亦探討在犬隻飼養與管理上，針對危害防止措施以及飼主相關責任人之問題。

二、動物權

　　有關於動物權的討論，長期以來爭議不休，因此動物是否擁有權利之主題一直持續被討論著。在西方的哲學與宗教史上共有六種關於動物權的看法；第一：無地位理論，主張動物無文明、人類不必善待牠們，其代表為哲學家笛卡兒與心理學家蓋洛普；第二：地位平等觀，認為動物與人具有同等的權利，因此人類無權處理動物，也不該使用動物做實驗，不該養殖肉用動物，不該有狩獵等捕捉動物的行為，因為動物有天賦動物權，牠們並非人類既有的資源；第三：間接義務理論，認為動物雖然沒有天賦的權利，但人類仍應善待牠們，因為「一個對動物殘忍的人，也會變得對人類殘忍[10]」；第四：平等考慮理論，古典效益主義之父邊沁，認為人類對動物的道德目的是在減少痛苦，動物能感受到快樂或痛苦，因此應該得到道德上的考慮，其後澳洲教授辛格著「動物解放」，仍以效益主義式論證法為理論基礎，其強調痛苦的知覺是道德考量的重要基礎；第五：分級理論，此理論提出「重要需求」與「微末需求」之標準，前者指生存需求、不被傷害需求等，後者指口慾

---

10. 此句名言由十三世紀經院哲學家湯瑪斯‧艾奎納所稱，這種思想是美國人道協會中心思想，也是很多人都能接受的動物權思想。

等，並否定絕對式之動物權理論，亦即認為如果動物對我們的生存有幫助時，我們可以殺死牠們，但若是為了口腹之慾則不應該；第六：其他理論，例如達爾文主義認為，世界上所有之動物事件均是「物競天擇」的正常結果，動物無所謂可憐而言，又佛教認為輪迴中掉入人畜生界，有其應有之業障，人不應管，另有動物行為學，認為動物之行為是恆定的，沒有詭詐，故沒有道德可予以評估[11]。

　　上述所論有六種對於動物權及地位之觀點，本文認為若從現代生活倫理而言，可以綜合採用平等考慮理論，亦即認為人類對動物的道德目的是在減少痛苦，動物能感受到快樂或痛苦，因此應該得到道德上的考慮，並且仍以效益主義式論證法為理論基礎，其強調痛苦的知覺是道德考量的重要基礎。但是除了上述哲學觀點外，本文當然應從法學觀點討論，重要值得注意的是，從法制層面而言，完整呈現出擁護動物權的主張是本部設置於巴黎的聯合國教育科學文化組織在 1978 年發表「動物權利的世界宣言」，此宣言中規定了動物的生存權、受尊重的權利、免於被虐待的權利、野生動物生存於固有環境下的權利、家畜等依從其固有的生命以及自由的韻律與條件而生存的權利、寵物完其天壽的權利、經濟性產業動物的飼養以及休息權等。更重要的是於該宣言第 14 條第 2 項中宣示：動物的權利與人類的權利相同，都應該受到法律的保障。然而此項宣言並不是一個具有實際效力的法律規範，就連作為此宣言主要推手的法國動物權利聯盟都認為，此宣言僅僅表示一般的道德原則，假若想要透過此宣言，找出有關人與動物間關係的現實準則，那將是犯下了極大的錯誤[12]。

---

11. 費昌勇，動物倫理與公共政策，台灣商務印書館，2005 年 4 月，頁 26-28。
12. 李茂生，動物權的概念與我國動物保護法的文化意義，月旦法學，第 94 期，2003 年 3 月，頁 158-160。

　　有關動物權的宣言僅屬於道德宣示，最重要的是應該將此道德宣示落實到實定法，特別是落實到作為根本大法之憲法中，而首先努力實踐者為德國，於 2004 年 4 月，其執政黨聯盟向國會提出修憲的法案，擬於德國基本法第 20 條 a（對於自然的生活基礎之國家保護責任）之後，新設第 20 條 b，其內容為：作為同樣是被創造物的動物，應該受到尊重，國家應該保護動物，使其以不被違背其物種習性的方法而飼養，或受到並非不可避免的痛苦，其生存領域應該受到保護。然而此項基本法修正案並沒有獲得三分之二國會議員之支持，因而沒有通過，但這並不意味國會反對加強保護動物之規範，而是在野黨認為：一、在基本法中規定抽象規範一事，並沒有實效性；二、一方面在基本法中向立法者宣示動物保護的國家目標，但是另一方面對於動物運輸或大量飼養等又沒有任何具體的改善措施一事，事實上是互相矛盾；三、將動物保護視為國家目標而規定到基本法上，這會大幅度地將價值判斷委諸法院，進而有害於基本法的安定性；四、於現階段，動物保護的事項應該在歐盟或國際舞台加以規制，基於上述所以才反對修憲案之成立。換言之，德國在野黨認為，有關動物保護的聖經教示之擴張解釋，最好仍舊停留在道德的層次，等到實定法之內容或原則經過一陣子的反覆修正、實施而趨於整合後，才將此種道德訓示導入法律的領域，並且承認人類的法律是抽象義務[13]。

　　面對動物權概念的闡釋，除了上述以人權以及法規範之角度外，重要的仍有以哲學與宗教的論點。在哲學上，著名者有現代哲學家湯姆雷根（Tom Regan）以及彼得辛格（Petre Singer），雷根主張動物應該擁有與人類同等的尊嚴，就如同具有一種不容傷害的同等初步權利一樣，他把這種論據視為道

13.同前註。

德哲學上的一種嚴密而有系統的基本原則，並主張動物的價值並非建立在是否對他人有利益，而是牠作為一個擁有知覺、記憶、未來感以及快樂感受的生命主體所具有的內在價值[14]，這樣的價值使得作為道德主動者的人類應該以一種尊重的態度對待動物。而辛格是一位功利主義者，他主張人類必須給予動物相同的道德考量，在計算最大功利時，那些在人類行動中受到影響的動物應該享有與人類相同的利益價值，而不應該認為人類佔有較大的權衡地位，人類的道德考量範圍必須外延至動物的身上，在這個圈圈內，動物與人一樣都有相同的利益考量基礎。他也認為動物與人類一樣有類似的感受痛苦與快樂的經驗與能力，人類在各種行動中不應該忽略動物的地位，並關心動物的基本利益問題，且實際參與動物解放運動[15]。

在宗教上，前述西方動物權概念之原理，其許多思想源自於基督教文明，而在東方傳統的佛教與道家或儒家思想對於動物權亦有許多觀點以及思想的啟發。佛教是由「眾生平等主義」觀，看待「把權利賦予動物」的問題，所倡導的眾生平等，乃立基於「緣起性空」之上，認為世間萬物皆「依因待緣」而起、「空無自性」；換言之，也就是所謂「萬法平等」，以緣起的角度觀之，萬法皆空，也就沒有什麼差別，乃是一種「立足點上」的平等，所以其認為不會遭遇「立場性衝突」的困境，是真正的「物種無私說」，亦主張此「物種無私說」不會使尊重生命與正視動物權，變形為人類的某種道德責任，並可以循此說與「眾生平等觀」，主張動物也享有相同的

---

14. 朱建民，由儒家觀點看環境倫理的人類中心問題，生態哲學與環境倫理研討會論文集，2001 年，頁 2-4。

15. 林惠群，從「Regan on the Lifeboat Problem」探討動物權，壢商學報，第 11 期，2003 年 5 月，頁 203-205。

待遇或權利[16]。儒家是我國傳統文化最重要的一環，其對動物權的看法亦有值得注意的地方，其雖然主張人有所貴於動物，也以為不應對動物殘暴，但並不以為是因為避免對人產生不良後果，而是認為人之良心會不安，而這不安乃出於對動物之感受痛苦的回應。亦即，儒家雖以人為尊，但不以動物草木為附屬於人，為只供人享用的工具或資源，此種看法在內涵上有一種儒家的生命價值序列，表現人與其他物種的相互關係[17]。而道家以老莊思想為主，認為「天地與我並生，萬物與我合一」，對於動物權亦有相當的啟示[18]。

基於不同的角度與思想基礎對於動物權皆有不同的詮釋，但無論如何，動物權之存在已經受到重視，並且已經漸漸受到肯定，所不同的可能只是針對其質量或程度上的差別。有關犬隻飼養之規範，從動物權的觀點予以探討與實踐，則是必要的。因為犬隻被稱為是人類最忠實的動物，甚至有人直接稱許牠們為人類最好的朋友，相對於其他動物，犬隻可以是人類保護動物的首要適用對象。從動物權的觀點，有關犬隻飼養之優良環境、犬隻之健康與衛生、免於被棄養以及宰殺的命運等等，均是犬隻飼養規範在內容上所應規定予以保障的。

三、秩序法

秩序法是指於行政法中有秩序行政作用之法規，秩序行政以致力於創設良好公共秩序為目的之行政，而該目的之達

---

16. 蕭振邦，動物權：一個佛教向度的解讀與解釋，應用倫理研究通訊，第 13 期，2000 年 1 月，頁 29-31。

17. 李瑞全，儒家論動物權，應用倫理研究通訊，第 13 期，2000 年 1 月，頁 19-21。

18. 陳德和，從道家思想談動物權的觀念，應用倫理研究通訊，第 13 期，2000 年 1 月，頁 22-23。

成，大多係以法令限制人民作為手段，由於限制的手段具有強烈命令、禁止、干涉、取締及強制之色彩，傳統是被稱為干涉行政[19]。干涉行政為公權力行政中常見的行為方式，指行政機關為達成下命、禁止或確認之效果，所採取之抽象或具體措施，以及必要時所使用之強制手段[20]。此類行政對自由或權利受侵害而言，固屬不利，但對維持社會秩序，避免其他社會成員之自由遭受不法侵害以及增進公共利益而言，乃為不可缺少之手段，其對外表現之方式，多屬負擔處分或使用事實上的行為[21]，例如即時強制或警察為防止危害所採取之措施即為典型的干涉行政。因為干涉行政係對受干涉之對象，直接限制其自由或權利，自應接受較嚴格之法律羈束[22]。

　　從秩序法的角度探討犬隻飼養的規範，首先應了解的是秩序法所針對的相對人，因秩序法直接限制人民的自由與權利，最重要為法律效果，因此行政罰即為秩序法上重要的一部分，其相對人即是處罰的對象，而在犬隻飼養規範上，處罰對象仍然是人，並非流浪犬，因為即使討論動物權的存在，動物目前亦難在實定法上成為權利與義務的主體。因此犬隻飼養規範之相對人一般均為犬隻之飼主，所規範之飼主責任應有二種，一種為飼主本身行為的責任，另一種是對於事物（在此主要為犬隻）具有所有權以及管領力之責任，亦即所謂行為責任以及狀況責任。責任之產生，除因其本身的行為而構成責任之可能外，尚須對其人之生活周遭發生的行政法上之違法狀態負責。換言之，行政法上的責任人並非如同刑法一般，僅對其個

---

19. 李震山，行政法導論，三民書局，2005 年修訂六版，頁 5-7。
20. 林錫堯，行政罰法，元照出版社，2005 年，頁 47-49。
21. 蔡志方，行政罰法釋義與運用解說，三民書局，2006 年11月，頁98-100。
22. 吳庚，行政法之理論與實用，2005 年增訂九版，頁 17-19。

人的行為加以判定，行政法上的責任人之重心在於排除危害，為了同一目的，甚至對自己監護之人亦有責任發生之可能。危害之產生除了行為因素外，尚可能因物之狀況而產生，而責任人概念就涵蓋所謂行為責任人（Verhaltensverantwortlicher）及狀況責任人（Zustandsverantwortlicher）兩種[23]。

所謂「行為責任」係指因作為或不作為而肇致公共秩序或公共安全之危害責任，該行為並非一定由責任人本身所為，亦可能因為他人的行為所造成，但因該他人與責任人之間的特別關係，故法律認定應納入干涉行政責任的範疇，而成為責任人，因此另有將行為責任稱為行為滋擾者[24]。行為責任人因行為的發生而負責，但因為行為人的不同，行為責任的態樣可區分為自己行為負責者、為不作為負責任者及為附帶責任負責者[25]。狀況責任人，係因物之狀況而需負責之人，需因物之本身狀況，肇致危害，而無人為因素摻雜期間（Ohne menschliches Zutun），方構成狀況責任。由於物之歸屬狀況有時相當複雜，因此狀況責任人之認定，有先後順序，一般而言是先對物有事實管領力之人，其次才是物之所有權人或其他有權利之人[26]。行為責任是因為行為人所為的行為，與危害的發生有因果關係，而滋生責任[27]。狀況責任人的行為對責任的發生並非一定必須具備因果關係，卻因為享有物的管領力，對物有防止危害的效率及可能，而負有責任，所以包括對於物之權利繼承

---

23. Vgl. Drews/Wacke/Vogel/Martens, Gefahrenabwehr, 9. Auflage, S. 301 ff.

24. Vgl. Schenke, Wolf-R?diger, Polizei- und Ordnungsrecht, 4. Auflage, 2005, Rn. 239 ff.

25. 黃啟禎，干涉行政法上責任人之探討，收錄於當代公法新論（中），元照出版社，2002 年 7 月，頁 296-299。

26. 李震山，警察法論—任務編，正典出版公司，2003 年，頁 230。

27. 陳正根，論警察處分行使之法律要件與原則，台北大學法學論叢，第 57 期，2005 年 12 月，頁 16-18。

者[28]。狀況責任之種類可區分為所有權人（Eigentümer）、對物有事實管領力之人（Inhaber der tatsächlichen Gewalt）及其他有權利人的狀況責任[29]。

　　從秩序法的觀點，飼養犬隻之規範中有關飼養者之責任，除了一般行為責任外，其中狀況責任又以對物有事實管領力之責任為主要類型。飼主對於犬隻之管領力即是責任的重點，以此作為究責的理論基礎，較能掌握該物可能造成違反秩序或危害之先機，因為物之所有權人需要深入調查，有時亦有困難存在。而針對犬隻事實管領力問題，又有特殊責任問題，需要討論，例如拋棄所有物之問題；倘若飼主拋棄所養之犬隻，而該犬隻違反秩序法或肇致危害，則有上述究責問題，亦即實務上常出現的流浪狗問題，此問題亦屬於秩序法上狀況責任中拋棄所有物之理論範圍[30]。經拋棄之物（犬）成為無主物，亦可能肇致危害，為防止危害產生，必須先確認無主物之狀況責任人，危害若係無主物所引起者，責任人應為拋棄該物所有權之人[31]。

---

28. Vgl. Möller/Wilhelm, Allgemeines Polizei- und Ordnungsrecht, 5. Auflage, 2003, Rn. 140.

29. 楊文蘭，警察與秩序法上責任人，東海大學法律研究所碩士論文，1998 年 7 月，頁 61-65。

30. 例如棄狗流竄街頭咬傷路人，棄狗的原所有人因拋棄動產的意思表示以及拋棄物權之行為，依民法的規定，已非該物的所有人，非屬畜養動物者，無法依據社會秩序維護法第 70 條第 1 款規定「畜養危險動物，影響鄰居的安全者」科以責任。其次，棄狗與原主人之間，已因拋棄行為而對該棄狗無事實管領力，故無法以事實管領力之狀況責任科之，在我國對此尚無明文規定，而德國則規定以拋棄物的原有人為責任人，如此以銜接責任，維持公共利益。另「棄狗」之形成原因，究係找不回來？不想找？或是刻意拋棄，針對本文所探討秩序法上之狀況責任係為「刻意拋棄」，應可比照德國之規定，在秩序法上訂定針對拋棄犬隻飼主之罰則，至於「找不回來」之情況則係能力問題，若科以狀況責任，則將失之過嚴，而「不想找」在認定其主觀意思上應有困難，若科以狀況責任，恐怕難以執行，因此秩序法規範狀況責任之目的應以禁止惡意遺棄犬隻為主。Vgl. Drews/Wacke/Vogel/Martens, Gefahrenabwehr, 9. Auflage, S. 301 ff.

31. 李震山，警察行政法論，元照出版公司，2007 年 8 月，頁 205。

在犬隻飼養之規範中，對於飼養者行為責任之規定，主要賦予其禁止或命令之義務，尤其要求飼主對於飼養犬隻盡到必要之基礎義務，而規範所要求之義務，亦即針對飼主之行為責任，要求符合秩序行政之命令規範。針對犬隻飼養規範，從秩序法上另一重要的觀點，則是防止危害的發生，為了此目的亦賦予飼主或法定責任人重要義務，包括對於犬隻生存環境，例如對於犬隻戶外以及室內飼養之要求、於狗舍中飼養之要求以及對於繫繩飼養之要求等等，此種危害防止行政亦為廣義警察與秩序法之範圍；而另一層面，同樣將動物權所保護的事項以秩序法規範保障，亦即動物權概念亦透過秩序法予以落實，因為防止危害之範圍亦可運用法律之實施保障，擴及防止犬隻受到傷害。

四、本文觀點與實踐方向

雖然動物權的各種定義仍存在爭議，但保護動物的觀念已經成為時代潮流，尤其狗為人類忠實的夥伴，更應是優先適用保護的對象，只是動物權之概念亦關係保護動物的方式與程度，並且必須與現代生活相互配合，所以本文亦提出對於動物權之觀點並作為探討之法理根據，如此依據動物權觀念的法理標準，針對規範目的能夠同時擬定出法規範中有關秩序法的內涵與範圍。亦即，動物權之存在與概念至今雖有很大的爭議，但我們也需要以本國文化為基礎之動物權概念，此概念不僅應符合現代法治之潮流，更應有實踐之可能，亦即不能淪為曲高和寡之空洞理論，而有確實對於動物或人民有益。

本文綜合上述現代哲學家湯姆雷根（Tom Regan）以及彼得辛格（Petre Singer）、我國儒家與道家等思想且考量我國傳

統生活文化，認為以生命的觀點來看，動物與人沒有不同，動物具有生命、活動力、有知覺和記憶，動物與人類的不同只在生物的機能上，比如理性思考判斷或者語言的表達，因此動物所擁有的權利，在本質上應是與人類完全相同的，但在程度上則比人類弱；亦即，當動物的權利與人類的權利相衝突時，應以人類的權利為優先，而除此之外，人類並無權力任意虐待動物或使其痛苦或殺害，甚至有義務提供良善的生存環境。

　　當人類虐待動物或使其痛苦或殺害，即是逾越本身權利範圍，針對此應以秩序法賦予相當保護動物的義務，另一方面亦可賦予提供動物良善環境的義務。由此，針對動物權與秩序法之研究結果如何實踐，其方向則應從制定完善的畜犬管理規範著手，本文認為在畜犬管理規範上，綜合動物權與秩序法的觀點，應該以動物保護為一個重要出發點予以檢驗。所以從本文動物權的觀點，有關犬隻飼養之優良環境、犬隻之健康與衛生、免於被棄養以及宰殺的命運等等，均是犬隻飼養與管理規範在內容上所應規定予以保障的。另基於保障犬隻之動物權以及預防因犬隻飼養與管理直接或間接所產生的危害，應於畜犬管理規範上，於其內容規範飼主或責任人之秩序法上之義務，包括對於犬隻生活環境之規定、犬隻戶外以及室內飼養之要求、於狗舍中飼養之要求以及對於繫繩飼養之要求等等，並對義務違反者訂列行政罰則，以使其確遵避免危害之發生。基此，另一實踐方向為針對我國與德國畜犬管理規範之探討作一綜合比較，於日後我國主管機關修訂補充管理規範時，提供相關建議予以參考。

肆、畜犬管理規範之適用探討

一、概說

對於畜犬管理規範之探討主要以法律以及行政命令兩種不同性質之規定，另外基於德國對於畜犬管理之重視以及特殊熱愛畜犬隻之文化，本文特別探討介紹德國畜犬管理規範，相關規定並與我國作一綜合比較。在我國並沒有專屬的畜犬法律，然而動物保護法的相關規定已經有很多條文適用於畜犬管理，因此成為主要的探討重心，另基於一些與飼養動物相關的法律條文以及法規命令。在地方畜犬管理規範，目前因應需要制訂規範的縣市並不普遍，重要僅有高雄市畜犬管理自治條例、台北市畜犬管理辦法等，本文亦作重點探討。針對德國畜犬管理規範，除了探討德國畜犬隻問題以及各邦規範外，最重要的為聯邦飼養犬隻之命令，在此將作詳細探討，並將原文譯出作為附錄，提供文獻參考。除了探討介紹畜犬管理規範外，本文將以動物權與秩序法兩種觀點予以探討分析，並與德國法作一比較，以提供參考。

二、我國畜犬相關法律

（一）動物保護法

在我國，目前並無針對犬隻飼養與管理之專屬法律，然而有些法律規範之範圍仍然可規範至犬隻飼養以及管理之相關事項，其中最重要者為動物保護法，該法於 1998 年制定，其立法目的在第 1 條規定，為尊重動物生命及保護動物。本法第 3 條對於相關用詞有明確定義，尤其對動物之定義：指犬、貓及其他人為飼養或管領之脊椎動物，包括經濟動物、實驗動

物、寵物及其他動物；並對經濟動物、實驗動物、寵物以及飼主等名詞予以定義。犬隻自古以來被視為對人類最忠實的動物，當然接觸最為頻繁，因此適用動物保護法之各項規定亦最多；例如針對動物之一般保護規定，其中有關飼主、對待動物之禁止行為、宰殺之限制、動物收容所、科學應用、寵物管理以及罰則等，均適用於犬隻，以下將就各項分別論述之。

　　動物保護法第 5 條規定飼主之年齡限制及對動物應負之責任，上述因我國並無規範犬隻飼養之專屬法律，飼養犬隻之飼主必須符合此項規定，而地方政府針對犬隻飼養管理之專屬行政命令，亦不得違反此項有關飼主的規定，此規定明文規範動物之飼主，以滿十五歲為限。未滿十五歲者飼養動物，以其法定代理人或法定監護人為飼主。飼主對於所管領之動物，應提供適當之食物、飲水等，注意其生活環境，並不得棄養；倘若違反所規定之義務，飼主將受行政罰，例如第 30 條規定，飼主棄養動物者，處新台幣 1 萬元以上，5 萬元以下罰鍰。而第 6 條規定，任何人不得惡意或無故騷擾、虐待動物，違反者亦依第 30 條規定，處新台幣 1 萬元以上，5 萬元以下罰鍰。另外依據第 10、12 條主要禁止之行為有：以直接、間接賭博、娛樂等目的，進行動物間或人與動物間之搏鬥，以直接、間接賭博為目的，利用動物進行競技行為；除了在特定條件下，否則不得任意宰殺，此特定條件例如為科學應用目的者、為控制動物群體疾病或品種改良之目的者等等。

　　對於犬隻管理影響甚大的重要規定則為動物保護法第 14 條規定，直轄市、縣（市）規劃設置動物收容所或委託民間機構、團體設置動物收容所或指定場所，收容及處理包括所謂遊蕩動物、飼主不擬繼續飼養之動物或危難中動物等。目前縣市政府設置動物之家或者流浪狗安置中心，均依此規定制定管理辦法，以主要處理流浪犬的問題。流浪犬之捕捉、收容及處

理，原係由環保單位負責，自「動物保護法」公布施行後，有關流浪犬之收容及處理依據第 2 條以及第 14 條規定，移由農委會及各縣市政府農政單位辦理，而捕犬業務經行政院協調有關部會後，政策擬定則由農委會負責，地方政府則回歸地方自治，由其政府首長評估人力、資源等條件自行裁定承辦單位。農委會目前政策以積極協助縣市政府設立流浪犬收容處所，並改善設備、增設污水處理設施及進行綠美化，改變外界對收容處所之不佳印象，且增進與動物之互動，同時輔導、推廣人道方式收容處理流浪犬，鼓勵民眾認領健康溫馴的收容犬隻，未來更希望能朝向兼具教育功能的方向去經營。

犬隻為人們主要的寵物，因此動物保護法對於寵物管理的規定亦為犬隻飼養管理的重要規範，本法第 19 條規定寵物之辦理登記，有關寵物之出生、取得、轉讓、遺失及死亡，飼主應向主管機關辦理登記。依據該條規定之精神，主管機關為加強犬隻管理，凡以營利為目的，經營犬隻繁殖、買賣或寄養業者，應於規定期限內完成登記手續，未來從事犬隻買賣行為將有所規範，禁止再以攤販行為從事犬隻販賣，以減少人為不當繁殖所衍生之棄犬問題，並促使業者提供飼養犬隻適當生活空間，避免太高密度的飼養[32]。近年來，隨著經濟快速成長，國人飼養寵物的風氣日盛，飼養寵物種類也日益增多，除了犬貓外，蜥蜴、小老鼠、鳥類、蛇類、魚類等等也在飼養之列，然而以往對於買賣與飼養寵物之行為，並無相關法令予以規範，以致於大部分寵物業者與飼主並無正確的保護動物觀念，只將寵物視為一般商品或玩具，並未有對寵物生命予以尊重的基本認知，於「動物保護法」公布實施後，才有明確的規範，

32.鄭祝菁，動物保護法之執行成果及展望，農政與農情，第 347 期，2001 年 8 月，頁 29-30。

該法第 22 條即針對以營利為目的之寵物業者予以規範，並規定應由中央主管機關訂定管理辦法[33]。現今農委會已依據該條制定「寵物管理辦法」，針對該辦法，本文將於後面有關犬隻飼養之行政命令一節中予以探討。

　　犬隻亦可能被當成實驗動物，而動物保護法第 15 條至第 18 條，針對動物之科學應用有詳細規定。人類長期致力於生命科學之研究，無論是醫、藥學或農業、食品等科技領域都有顯著進步。但在享受文明成果的同時，除了要感謝科學家的貢獻外，也應瞭解研究成果的背後，是犧牲無數實驗動物之生命所換來，這其中當然也包括犬隻。早期，在國際上尚未興起尊重動物權的風氣，對於實驗動物的管理亦未有任何規範，迄至 1970 年代，國際上動物保護的範疇擴及實驗動物，實驗動物的管理方法成為一項新興的應用科學，舉凡應用動物的教學、研究、商業生產乃至於繁殖供應等機構，於國際上已建立管理規範；因此我國於動物保護法第三章亦訂有「動物之科學應用」專章，即是順應國際間推動實驗動物福利的重要法令依據，也彰顯我國對保護實驗動物的重視[34]。上述有關動物之一般保護、寵物之管理以及動物之科學應用等規定，歸結而言，均為本法以秩序法之規定落實動物權的理念。

（二）其他相關法律

　　社會秩序維護法第 70 條規定：「有左列各款情形之一者，處三日以下拘留或新台幣 1 萬 2,000 元以下罰鍰：一、畜

33.許桂森，動物保護法執行現況與展望，雜糧與畜產，第 324 期，2000 年 12 月，頁 15。

34.鄭祝菁，動物保護法之執行成果及展望，農政與農情，第 347 期，2001 年 8 月，頁 31。

養危險動物，影響鄰居安全者。二、畜養之危險動物，出入有人所在之道路、建築物或其他場所者。三、驅使或縱容動物嚇人者。」該條文中第 1 項及第 2 項有關畜養危險動物之規定，如果所飼養之犬隻有影響鄰居安全者，可能構成處罰之要件；然而重點在於犬隻是否成為危險動物，則須經由行政判斷，如何依據犬隻之種類與性情分辨何種犬隻為危險兇猛之動物，在我國目前並無任何規定，可作為判斷之標準，容易引起紛爭。針對犬隻危險性之分類而言，在德國各邦有以警察命令予以分類，並作為規範飼主義務之基礎[35]。另該法第 79 條規定：「有下列各款情形之一者，處新台幣 3,000 元以下罰鍰或申誡：第 4 款虐待動物，不聽勸阻」；上述條文與動物保護法第 6、7、10 條及第 29 及 30 條之規定有競合之處，然而不同的主管機關均可分別依據事實處罰，相關處罰競合問題則適用行政罰法。

　　道路交通管理處罰條例第 84 條規定：「疏縱或牽繫禽、畜、寵物在道路奔走，妨害交通者，處所有人或行為人 300 元以上 600 元以下罰鍰。」此項規定對於飼養犬隻而從事「遛狗」運動者有規範作用，亦即遛狗者不得有妨害交通之情形，否則將受罰。廢棄物清理法第 11 條第 6 款規定：「家畜或家禽在道路或其他公共處所便溺者，由所有人或管理人清除之。」第 27 條規定：「在指定清除地區（執行機關基於環境衛生需要，所公告指定之清除地區）內，嚴禁有下列行為：第

35.德國許多邦制定「飼養犬隻之警察命令」，將犬隻危險性分類，在巴發利亞邦與其他少數各邦有兩種不同分類，第一類別是所飼養犬隻之危險性是很確定的，他人不容辯駁的，另一種類別是稍具有危險性之犬隻，但對於人或動物並無高度攻擊性之犬隻，此種類別需要再經研究探討的；然而在德國大多數的邦是放棄以此種二分法之分類，而是統一列冊管理之分類；參閱陳正根，論警察命令之運用、界限與競合 — 以德國犬隻飼養之警察命令為例，警學叢刊第 162 期，2005 年 9 月，頁 58-59。

6 款，棄置動物屍體於廢棄物儲存設備以外處所。第 9 款，飼養禽、畜有礙附近環境衛生。」基此，飼養犬隻若破壞環境衛生，一般經由糞便、狗屍體以及狗舍設備等容易造成，將會被環境主管機關依據該法第 50 條處 1,200 元以上 6,000 元以下之罰鍰。

有關所飼養動物之環境衛生問題，在上述廢棄物清理法相關條文予以規定，然而針對動物之傳染病問題，亦包括犬隻部分，則有專法「動物傳染病防治法」予以規定，為防治動物傳染病之發生、傳染及蔓延，特制定此條例，所稱防治，包括預防、防疫及檢疫事項。該法規定甚為詳細，飼主所飼養之犬隻，有關傳染病之防治均須適用本法，例如眾所皆知狂犬病，有關防治措施等，除了台北市制定地方自治法規（台北市畜犬管理辦法），可資遵循外，其他地方在無其他法令規定情形下，均須依據本法進行。另在公寓大廈管理條例第 16 條 4 項規定：「住戶飼養動物，不得妨礙公共衛生、公共安寧及公共安全。但法令或規約另有禁止飼養規定時，從其規定。」此項規定對於犬之飼養亦相當重要，依據此條文規定，原則上在我國並無禁止在公寓飼養犬隻，有特別規定才禁止飼養，然而在我國並無針對犬隻飼養之特別規定，使得公寓飼養犬隻產生重大問題，相關問題本文第二章已有敘述，這些問題的產生也突顯制定專屬犬隻飼養規範的重要性。

三、我國畜犬相關行政命令

（一）寵物登記管理辦法

此辦法依據動物保護法第 19 條第 3 項規定訂定，乃為中央層級法規中，針對犬隻飼養，除了動物保護法外之一重要規

範。本辦法共計 17 條，重要條文規範為第 3 條規定，飼主應於寵物出生日起四個月內，檢具必要文件（如飼主身分證明等），向主管機關或其民間委託之機關辦理寵物登記；第 4 條規定，軍用、警用或導盲等犬隻，經直轄市、縣（市）主管機關核准，得免辦理寵物登記；第 5 條規定，登記機構受理申請後，應將寵物編號並懸掛寵物頸牌於頸項及植入晶片後，核發寵物登記證明；第 7 條規定，寵物遺失，飼主或寄養者應於遺失事實發生後五天內，檢具寵物登記證明，向登記機構申報寵物遺失；第 9 條規定，民間機構、團體申請為寵物登記之登記機構者，應檢具申請書，向所在地直轄市或縣（市）主管機關申請辦理；第 13 條規定，寵物標識之頸牌及晶片編碼方式，由中央主管機關規定之；其標識所用之頸牌、晶片由直轄市、縣（市）主管機關辦理採購；第 15 條規定，飼主未依本辦法所定期限辦理寵物之出生、取得、轉讓、遺失或死亡登記者，依動物保護法第 31 條處罰。從以上此辦法之重要條文觀察，相當多是專門針對犬隻飼養管理，尤其是第 4 條、第 7 條以及第 15 條之規定，更可得知。

本辦法之制定與推動，實因近年來，隨著經濟快速成長，國人飼養寵物的風氣日盛，飼養寵物種類也多，除了一般犬貓外，蜥蜴、小老鼠、鳥類、蛇類、魚類等均是常見的寵物，然而以往對於買賣與飼養寵物之行為，並無相關法令予以規範，以致於大部分寵物業者與飼主並無正確的保護動物觀念，他們只是將寵物視為一般商品或玩具，並未有對寵物生命於以尊重的基本認知。所以基此，在實務上，本辦法由中央主管機關農委會於 1999 年 9 月發布實施，乃基於過去寵物業被列為一般服務業，該行業之專業性以及保護動物權並未被重視，業者亦普遍認為無適切的主管機關予以輔導，致使其經營型態長期無法提昇，一些地攤式的販賣行為，常為人所詬病，

因此自此辦法實施後，該項行業之主管機關已明定為農政單位，農委會未來除應依動物保護法相關規定將其納入管理範疇外，也肩負該項產業的輔導責任，將積極的輔導寵物業辦理登記[36]。

寵物登記管理辦法的制定，在實務上，主要針對前述日益嚴重的流浪犬問題，因此除了一般寵物登記管理規定，其餘大部分條文皆以適用犬隻為主，所以如前所述，此辦法一直是現行犬隻管理規範之重要規定。本辦法立意之初，即以有效改善流浪犬處理措施為主要目的。在實務上，農委會公布「寵物管理辦法」及「寵物登記管理及營利性寵物繁殖買賣或寄養業管理收費標準」，建立寵物登記制度及資訊管理系統，普遍設置登記站，從 1999 年 9 月 1 日開始，全面辦理家犬之登記管理，以避免因飼主不負責的遺棄行為，造成更多流浪犬問題。在執行工作上，農委會調查犬隻數量以作為擬定政策的依據，補助地方政府設置或改善流浪犬收容所，補強老舊收容所之設施，並建立收容所評鑑制度以及加強流浪犬收容所之硬體設施與流浪犬認領養工作等等，此等均為寵物登記管理之後續措施[37]。

（二）地方畜犬管理規範

針對犬隻飼養管理規範，在我國有關法律層面的規定，主要只有動物保護法，該法亦非犬隻飼養管理之專屬法律，因此地方政府因應實務需要制定「畜犬管理辦法」或「畜犬管理自治條例」，例如台北市畜犬管理辦法以及高雄市畜犬管理自

36.許桂森，動物保護法執行現況與展望，雜糧與畜產，第 324 期，2000 年 12 月，頁 16。

37.石慧美，改善流浪犬處理措施，農政與農情，第 329 期，2002 年 2 月，頁 60-62。

治條例。在實務上，我國地方畜犬管理規範呈現自治規則與自治條例並列的情況，目前訂定畜犬管理規範的地方政府有台北市、高雄市、台中市、台南市以及澎湖縣，其中除了高雄市所制定的規範為自治條例外，其餘皆為自治規則。依據地方制度法第 25 條以下各規定，經由地方議會通過的自治法規只稱自治條例，並沒有其他名稱；然而不必經由地方議會審議通過，只由地方政府自行訂定者稱為自治規則，依其性質可定名為規程、規則、細則、辦法、綱要、標準或準則，而現行我國畜犬管理規範屬於自治規則者，除台南市畜犬管理規則外，其餘台北市、台中市以及澎湖縣均稱為辦法。

值得注意的是，地方畜犬管理規範所呈現的是自治規則與自治條例並列的情況。事實上，在地方制度法中對兩者之區別是有明顯的不同，尤其於第 28 條更加強調的應以自治條例規定的事項，最重要者應為針對「創設、剝奪或限制地方自治團體居民之權利義務者」，即使並無上述詳細規定，依據法律保留的原理，自治條例應以規範人民重要權利義務為主。然而針對犬隻飼養管理而言，其管理規範均應涉及人民權利義務之創設、剝奪或限制，自然均以自治條例之規範較為妥當，現今許多縣市以「辦法」或「規則」規範，顯然有地方行政機關便宜行事之嫌，應早日制訂或修正完成自治條例，以符合法治國家依法行政原則。

地方政府最早因應犬隻飼養管理之問題而制定規範可推溯台灣省政府，於 1986 年制定「台灣省畜犬管理辦法」，此辦法作為地方各縣市政府執法之依據，然而精省政策推行後，該辦法於 2000 年廢止，有關地方畜犬管理規定則由各縣市自行訂定。除了台灣省制定規範外，直轄市政府亦因應實務需要制定畜犬規範，例如台北市政府於 1997 年制定「台北市畜犬管理辦法」以及高雄市政府於 1997 年制定「高雄市畜犬管理

辦法」，並於 2000 年依據該辦法修正後重新制定「高雄市畜犬管理自治條例」。由此觀之，高雄市對於畜犬規範之修訂作為符合法制改革之依法行政原則，值得介紹探討。

　　高雄市畜犬管理自治條例共有 16 條，重要者為第 2 條規定，有關畜犬管理之權責，畜犬登記、生體檢查、狂犬病預防注射等事項由該府建設局家畜衛生檢驗所負責辦理；環境保護局辦理畜犬污染環境之取締事項；警察局辦理畜犬傷人、妨害安寧及被虐待案件之處理事項；衛生局於畜犬發生狂犬病時，由檢驗所會知辦理各種防治事項。第 4 條規定，畜犬所有人或管理人應如何依規定，攜帶畜犬至檢驗所或指定處所辦理畜犬登記及狂犬病預防注射，並由檢驗所核發登記證或識別牌。第 9 條規定，疏縱或遊蕩戶外之犬隻應捕捉繫留，並依相關規定處置。第 10 條規定，攜帶畜犬出入公共場所者，其畜犬應繫以犬鏈，必要時應帶口罩，如有便溺應立即 清除之。第 11 條規定，倘若畜犬傷人，其所有人或管理人應立即攜帶畜犬至檢驗所或醫院等作檢查。其有罹患或疑患狂犬病者，應立即通知檢驗所依規定辦理。第 14 條規定，若疏縱畜犬造成秩序或環境之危害，得依動物傳染病防治條例、社會秩序維護法、廢棄物清理法、公寓大廈管理條例及其他有關法令規定處罰。

　　目前以自治條例作為犬隻飼養之規範只有高雄市，另台北縣亦制定畜犬管理自治條例，不過僅於 2007 年 7 月 10 日經其縣務會議審查通過，仍必須依制定程序送縣議會審議通過，才算完成 [38]。其餘有制定規範之縣市，除台南市畜犬管理規則外，台北市、台中市以及澎湖縣均稱為辦法。至於沒有制定規

---

38. 聯合報於 2007 年 7 月 11 日地方新聞版報導，台北縣政府府為紓解流浪犬問題，做好源頭管理，昨天通過「台北縣犬隻管理自治條例」草案，明訂寵物業者及飼主必須在犬隻出生 4 個月內辦理登記及植入晶片，違規業者將可重罰 3 萬至 10 萬元罰鍰，送縣議會審查通過後，即公布實施。

範之地方政府，並非不需要專屬規範，以目前犬隻飼養管理之問題應該已經普遍存在各地方，只是因為地方政府對於問題重視之程度不同。從規範形式面觀之，對於飼養犬隻規範應以自治條例規範以符合依法行政原則，若僅以自治規則規範，在法律效果部分顯然不足，因無強制罰則，其所產生規範效果有限。另從實質層面觀之，目前我國各地方政府所制定畜犬管理自治條例或畜犬管理辦法均著重於畜犬管理之權責以及畜犬之登記與流浪犬之收容，至於針對飼主飼養犬隻條件之要求、犬隻生長環境條件之規定以及如何餵食與照料等等規定則相當缺乏；所以值得注意的是，我國地方畜犬規範仍著重於秩序法層面，至於動物權保護方面仍需加強。

（三）其他相關命令

動物保護法施行細則乃依據動物保護法第 39 條之規定而訂定，重要者為第 2 條規定，依動物保護法第 12 條第 1 項第 4 款規定，申請宰殺動物者，應於宰殺動物前填具申請書，並檢附申請人名稱等證明文件、宰殺動物之種類與理由、宰殺動物之實施期間、宰殺動物之場所等資料，向該管直轄市或縣（市）主管機關申請許可。第3條規定，依據動物保護法第 16 條第 1 項所稱進行動物科學應用之機構如下：一、專科以上學校。二、動物用藥品廠。三、藥物工廠。四、生物製劑製藥廠。五、醫院。六、試驗研究機構。七、其他經中央主管機關指定之動物科學應用機構。第 5 條規定，依據動物保護法第 23 條第 1 項所定動物保護檢查人員，應經中央主管機關辦理專業訓練結業；所定義務動物保護員，應經直轄市或縣（市）主管機關辦理之專業訓練結業。動物保護檢查人員及義務動物保護員之身分證明文件，由直轄市或縣（市）主管機關核發。

保護牲畜辦法原由經濟部於 1963 年制定，後來改由行政

院農委會於 1991 年修正發布，重要者為第 3 條規定，本辦法所稱牲畜係指牛、水牛、馬、驢、騾、鹿、駱駝、豬、綿羊、山羊、兔、雞、火雞、鵝、犬、貓等。前項未經列舉之地方特有牲畜，得由省（市）政府另以命令訂之。第 9 條規定，對於牲畜不得有下列各款虐待情事：一、裝運牲畜應善予處理不得倒提倒掛或疊壓。二、牽引驅策牲畜不得任意以暴力鞭韃。三、犬、貓等牲畜除有妨礙公共安全或環境衛生之虞者外不得宰殺。四、販賣肉用牲畜不得灌塞泥沙等雜物或強餵過量飼料或以殘忍方式宰殺。五、役用牲畜不得使其過勞或超載。第 10 條規定，省（市）、縣（市）主管機關得於適當時間或處所，隨時宣導牲畜飼養及管理方法，以提高國民愛護牲畜之基本德性。第 11 條規定，中央主管機關得商請教育主管機關於中等及國民學校教科書中編輯愛護牲畜教材，並由各級學校講授有關常識，以培育國民愛護牲畜之德性。

　　因應動物保護法以及寵物登記辦法之制定，農委會於1999 年制定寵物登記管理及營利性寵物繁殖買賣或寄養業管理收費標準，主要為第 3 條規定，寵物辦理登記時，直轄市及縣（市）主管機關應發給寵物身分標識，並依下列規定收費：一、寵物晶片、頸牌之成本及植入手續費 300 元。二、登記費 （一）絕育寵物：500 元。（二）未絕育寵物：1,000 元。本標準施行三個月內，辦理寵物登記者，依下列規定收費：一、寵物晶片、頸牌之成本及植入手續費 300 元。二、免收登記費。本標準施行三個月以上一年以內，辦理寵物登記者，依下列規定收費：一、寵物晶片、頸牌之成本及植入手續費300 元。二、登記費 （一）絕育寵物：250 元。（二）未絕育寵物：500 元。第 7 條規定，寵物遺失經送交動物收容處所收容，飼主認領時，動物收容處所得向飼主收取飼料及場所管理費用，每日 200 元。

四、德國犬隻飼養管理規定

（一）德國飼養犬隻規範之問題

　　德國是一個重視動物權的國家，德國人民尤其有特別喜愛飼養犬隻之習性 [39]，所以其犬隻飼養管理規定值得我國參考。德國人雖然喜愛飼養犬隻作為寵物或其他用途，然而仍然因為飼養犬隻產生一些社會問題，亦引起普遍重視。近年來德國一直發生經由犬隻的攻擊而對人們造成嚴重傷害，甚至死亡的事件。特別是小孩、老人及殘障者遭到攻擊時，較無應變措施及防禦能力，面對這樣的狀況，針對飼養攻擊性的犬隻，若沒有經過法令的限制，將產生嚴重問題。基於公眾及輿論的壓力各邦紛紛採取措施，最重要的是制定飼養犬隻之警察命令，最顯著的例子是發生在 2000 年 6 月底的漢堡，因為一個六歲小孩在學校校舍（Schulhof）附近玩耍卻遭到兩隻 Pitbull 種的戰鬥犬（Kampfhund）攻擊致死。幾天以後漢堡市政府制定一項嚴厲的「犬隻飼養命令」，內容最主要為制定針對具有危險性犬隻（gefährliche Hunde）之飼養、營業貿易等相關規定 [40]。

　　德國犬隻之飼養所產生危害已經不是個案且並非冷僻孤立的案件，戰鬥犬隻不僅在德國已成為一嚴重問題，例如於 2000 年 6 月一個六歲小孩在漢堡被兩隻沒有主人掌控的戰鬥

---

39. 德國首都柏林市是擁有最多犬隻的城市，大約已登記的犬隻有十萬隻，未登記但亦受到保護的亦約有一萬隻，針對此種狀況，該市亦制定畜犬規定，亦包括危險兇猛之犬隻飼養命令等；Vgl. Albrecht Stadler, Rechtliche Maßnahmen zum Schutz der Bevölkerung vor Kampfhunden und ihre Bewertung in der Rechtsprechung, Diss. Tübingen 2004, S. 93 f.

40. Vgl. Thomas Kunze, Kampfhunde— Verfassungsrechtliche Aspekte der Gefahrenabwehr, NJW 2001, S. 1609.

犬咬死[41]。這些犬隻傷害人們的事件,立即引發下列即將探討的規範問題,另亦產生民事上賠償或國家責任賠償等問題,本文係以規範問題為重心,因為德國犬隻飼養問題之處理相對於我國一些危險動物或事件,關係著犬隻管理規範之運用,此規範之性質可視為警察命令,不僅可以作為我國修訂畜犬管理規範之藍本,亦足為我國未來危害防止等警察行政上之參考,例如對於 SARS 傳染病的防治,不僅是衛生機關的工作,警察機關亦負有協助的重要責任,對於一些可能感染或預防感染的隔離措施,特別是社區感染的大規模隔離措施,發布警察命令等管理規範以配合衛生行政之防治工作。基此,針對問題之重心,本文探討德國聯邦與邦之飼養犬隻規範。

(二)邦飼養犬隻規範之探討

德國飼養犬隻規範在中央與地方之立法權限(Gesetzgebungskompetenzen)依據德國基本法第 70 條以下規定有關公共安全與秩序(Ordnung)是屬於傳統的邦立法的權限。有關危險犬隻的飼養規定(Vorschriften)部分來自於外國人法的特別法以及施行細則,相反的大部分的邦是直接來自於警察法規命令(Verordnung),其授權基礎(Ermächtigungsgrundlage)在於一般警察與秩序法[42]。整體而言,對於動物保護的權限依據基本法第 74 條第 1 項第 20 款規定是屬於聯邦與邦競合的共同立法權限。危險犬隻侵害之問題,基本上是邦的權限,只有部分事項須經由聯邦立法,例如攻擊性犬隻(aggressive Hunderassen)飼養之禁止以及從第三

---

41. Vgl. Kipp, NVwZ-Beil. II 2001, S. 48.

42. Vgl. Johannes Caspar, Die neuen Regelungen des Bundes und der Länder zum Schutz vor gefährlichen Hunden, DVBl. 2000, S. 1581.

國進口危險種類犬隻之相關事項。另外危險種類犬隻買賣及飼養等相關規定權限，就有關動物保護相關規定而言，是依據基本法74條第1項第20款規定制定[43]。

一個典型的規範是在德國巴發利亞邦，早在1992年該邦依據邦刑事及命令法（Landesstraf- und Verordnungsgesetz）中制定有關犬隻飼養之命令，就對具有較高攻擊性及危害性的戰鬥犬隻有限制的規定。除了各邦紛紛制定針對犬隻飼養的行政命令，性質上屬於警察法規命令，基於符合全國性規定之需要，聯邦政府亦於2001年5月2日發布「犬隻飼養命令」，最主要是補充各邦的規定以及處罰違反者[44]。另外在德國有些邦及城市已經制定了有關飼養犬隻之邦法律，如不萊梅、柏林，然而針對飼養犬隻的規範形式，運用法律或者命令之標準取決於危害防止行政之狀況，目前聯邦僅以警察命令規範，稱為「聯邦飼養犬隻命令」（Bundesverordnung zur Haltung von Hunden）。有關以警察命令為運用之規範，其與法律之不同，在實質上命令通常僅能規定非屬法律保留之事項，換言之，國家生活中重要之事項，保留予法律加以規定，命令僅就未保留之次要事項予以規範，在形式上命令係行政機關訂定，法律則為立法機關制定。

何種行政上之措施對於有攻擊性以及危險性之犬隻是較為有效的，是一個受討論的重點，而這個問題也必須以秩序法的觀點探究有關環境保護之問題以及有關秩序違反法之相關問題。危險動物的飼養責任以及危險性的犬隻是在危害防止法的範圍內，而最重要的就是一般秩序法，主管機關是警察或秩序

43. Ebenda.

44. Vgl. Johannes Caspar, Die neuen Regelungen des Bundes und der Länder zum Schutz vor gefährlichen Hundesn, DVBl. 2000, S. 1581.

機關[45]，面對情況所實施之最有可能措施為依據概括條款發布秩序機關之命令或處分[46]。針對抽象危險構成要件則運用前述所稱「秩序機關的命令」規範，部分亦稱「警察命令」或「危害防止之命令」，該項命令係針對不確定的相對人範圍，對犬隻飼養之命令而言，指針對所有犬隻飼養者。相反的，若運用秩序機關處分係針對具體的危險以及單一事件的相對人[47]。另一方面之可能性則運用秩序違反法之處罰措施，亦可廣泛規範於秩序機關之命令中，予以違反者罰鍰處罰。機關亦可使用行政強制的手段（Zwangsmittel）（強制金、代執行以及直接強制）去實施秩序機關之行政處分[48]。除了犬隻飼養之警察命令外，在德國飼養狗所產生的公共安全問題以及抽象或具體的危害之法律，在公共安全方面可能違反的法律規定，有「秩序違反法」（OWiG）第 121 條、交通處罰條例（StVO）第 28 條以及動物保護法（Tierschutzgesetz）。

若要考慮聯邦與各邦，由何者制定危險犬隻規範較為適合，針對聯邦制定規範可能產生侵犯各邦立法權問題而言，則各邦制定法律或命令以規範危險犬隻顯然較無疑義。因為一般秩序法是各邦的權限以及聯邦法對於邦法有廣泛的委託，邦立法一般針對危險犬隻的規範均是最主要而且站在第一線。通常為了防止具危險性的戰鬥犬之危害，各邦主要是運用警察命令以規範之[49]。各邦針對制定如此性質之危害防止法規命令的

---

45. 警察機關與秩序機關有所不同，主要是以組織法觀點區分，除了警察機關外，其餘大部分執行干預性處分之行政機關稱為秩序機關。

46. Vgl. Lange/Wilhelm, Recht der Gefahrenabwehr, 1982, S. 103.

47. Vgl. Wolfram Hamann, Ordnungsrechtliche Grundfragen der Hundehaltung, DÖV 1989, S. 210.

48. Vgl. Lange/Wilhelm, Recht der Gefahrenabwehr, S. 83.

49. Vgl. Johannes Caspar, Die neuen Regelungen des Bundes und der Länder zum Schutz vor gefährlichen Hunden, DVBl. 2000, S. 1582.

一個共同立法策略（kombinierte Strategie）是：犬隻的危險性
（Gefährlichkeit）將不再如同以往的邦法只作抽象規定，這些
規定大都是單獨針對動物的具體行為之危害加以規範，而這種
規定則是針對一般性的犬隻種類列冊規範，在邦法中列冊規範
犬隻種類的危害性[50]。

　　對於犬隻種類之危害性列冊並為資料管理是此類行政命
令的第一個重點，也是最重要核心，在邦法規定的第二個重點
是犬隻飼養本身的相關問題，主要規定在於禁止擁有危險犬隻
的相關規定。以柏林市為例，養狗作為寵物相當普遍，以至於
成為德國犬隻密度最高的城市。在此，擁有犬隻之先決要件
是必須申請並提供必要文件才能獲得允許[51]。第三個重點是針
對禁止犬隻貿易及飼養等相關規定，結合聯邦法有關危險犬
隻的進口禁止規定，貿易與飼養之禁止基本上是一個有效的
措施，特別是禁止有關營業性質方面之危險犬隻[52]。以犬隻危
險性分類而言，在巴發利亞邦與其他少數邦有兩種不同分類，
第一種類別是所飼養犬隻之危險性是很確定的，他人不容辯駁
的（unwiderleglich）；另一種類別是稍具有危險性之犬隻，但
對於人或動物並無高度攻擊性之犬隻，因此比較需要討論[53]。
然而在其他大多數的邦放棄以二種類別分類犬隻之危險性，
而是統一列冊管理之分類[54]。在許多邦對於危險犬隻之飼養亦
以允許保留（Erlaubnisvorbehalt）之方式運用於預防性之禁止

50. Vgl. Thüringer Gefahrenhundeverordnung vom 21.3.2000, Thür. Staatsanz. 15/2000, S. 884.

51. Vgl. § 5 a Berliner Hundeverordnung; § 5 a Bremer Polizeiverordnung über das Halten von Hunden.

52. Vgl. § 2 GefahrenabwehrVO gefährliche Hunde Rh-Pf.

53. Vgl. 37 LStVG (BayRS 2011-2-I).

54. Vgl. § 3 Berliner HundeVO, GVBl. Nr. 22, vom 5. 7. 2000.

（präventives Verbot），准許飼養之核准條件，在此經由不同的條件，亦即必須是選擇或者是多項條件同時存在。這些條件規定飼主必須擁有汽車駕照、飼主個人的身分資料以及對於犬隻本性測試的實施（die Durchführung eines Wesenstest），進一步條件為犬隻之閹割以及除菌、飼養保險證件（Nachweis einer Haftpflichtversicherung），另外在一些邦也需要提出對於飼養犬隻有合法利益之證明[55]。

（三）聯邦飼養犬隻之命令

在德國各邦普遍針對犬隻飼養均制定相關規範，有些是邦法律，然而有些是以邦命令，而聯邦雖然沒有針對犬隻飼養管理制定專屬法律，為因應全國性需要以及補充邦規定之不足，於 2001 年制定「聯邦飼養犬隻命令」。聯邦政府曾經試圖制定法律規範，曾草擬了「聯邦危險性犬隻防治法」草案，包含了三個範圍：第一是國內危險犬隻運用的限制，第二是針對動物保護法的改變，第三是有關刑事處罰。第一個範圍包含更多的是有關犬隻進口之限制法律（Einfuhrbeschränkungsgesetz）。在此所規定是禁止傳統所謂戰鬥犬隻之進口（如下的犬隻種類：Pitbull, American Staffordshire-Terriet）。至於其他種類之輸入進口，主管機關是有義務准許的，又有關取得輸入進口批准飼養犬隻之細節規定等是屬於邦法的規定。第二個範圍是特別針對虐待飼養動物構成要件之改變以及所飼養動物攻擊性之認定，這項規定重點是，所謂動物有攻擊性之認定，並不必然以動物本身可能達到痛苦之程度才具有攻擊性（例如因疾病或外來傷痛使得動物本身感覺痛苦，這樣的犬隻被認定

---

55. Vgl. § 3 II PolVO (Baden-Württemberg); § 2 I HambHVO.

較具攻擊性），其他因素所造成亦可認定動物有攻擊性。在動物保護法第 11 條授權改變此項規定，聯邦農業森林物資部（Bundesministerium）經由法規命令規範有關具有攻擊性動物之種類、範圍等，並加強禁止飼養具有攻擊性野生動物之規定。第三個範圍規定，對於飼養危險性犬隻或者販賣者，將違法之構成要件入罪於刑法第 143 條[56]。

　　然而後來基於危險犬隻之問題在中央與地方權限仍然有所爭議，該法還未經由國會通過，因此仍未實施[57]，所以針對全國性已實施之規範而言，本文僅能就於 2001 年所制定之「聯邦飼養犬隻命令」之重要條文作一介紹探討。此法規命令共有 14 條，由聯邦消費者保護部與食品及農林部共同制定。第 1 條規定其適用範圍，此命令適用於犬隻之飼養與繁殖，然而不適用於下列情形：運送途中，獸醫醫療期間，在個別情況下根據獸醫之診斷有必要對於飼養之其他要求。動物保護法第 7 條第 1 項所明定之以研究目的為用途之飼養或動物保護法第 6 條第 1 項第 2 款第 4 目、第 10 條第 1 項或第 10 條之 1 所稱之手術或醫療目的，對於追求之科學目的有其他必要之飼養要求。第 2 條規定針對飼養之一般要求，第 3 條規定對於職業飼養照管之要求。第 4 條規定對於戶外飼養之要求：於戶外飼養狗者，必須安排使狗符合所要求之避雨及過夜之小屋，除了避雨及過夜之小屋外，須有遮蔭的棲息處及熱防護地板之氣候防護裝置。相對於狗於活動期間之配置，飼主也須設置狗於休息

---

56. Vgl. BVerfGE 23, 113, 124; 26, 246, 257 f; 31, 141, 144；德國刑法第 143 條規定略以，若飼養或販賣各邦法所規定之危險犬隻，將處以二年以下有期徒刑或罰金。然而聯邦憲法法院於 2004 年 3 月 16 日判決，因該條文涉及行政刑法以及公共秩序之要件問題，被認為是違憲的，因此該條文即直接失效，條文內容即遭刪除。

57. Vgl. BR-Druck, 460/00 vom 18.08.2000.

時間所需用到之氣候防護裝置及熱防護之棲息處。避雨及過夜之小屋必須由保暖及對健康無害之材料建成，使狗於內不致受到傷害和乾燥。小屋必須依下列標準衡量：狗能於內正常走動及躺下，當小屋無保暖功能時，狗能以自身的體溫於內部空間中保暖[58]。

　　第5條規定對於室內飼養之要求：狗只允許被飼養於有自然光線照入之室內。於飼養狗之室內必須具有自然光線之開放面積，基本上總計至少八分之一的地板面積，根據用途不可以是人的居住地。若能固定提供狗於自由的活動場地活動，則不適用第2款之規定。當較少自然光線照入時，為補充光線，此飼養狗之房舍必須點亮適量的天然日夜循環裝置。此飼養狗之房舍必須確保具有充足之新鮮空氣供應。狗只允許被飼養於符合第6條第2項所要求之可使用地板面積的房舍，這些房舍根據用途不可以提供為人的居住地。當避雨及過夜之小屋根據第4條第2項設置或裝置足以避強風及寒冷之乾燥的休息地時，狗允許被飼養於無暖氣設施之房舍。除了上述避雨及過夜之小屋外，提供一保暖的休息區域。第6條規定對於狗舍中飼養之要求，其中第2項規定，針對狗前背部隆起的高度具備下列表格中完全可使用之地板面積，狗舍中每一邊的長度至少須符合狗身體長度的兩倍，而且任何一邊都不得少於兩公尺[59]：

狗前背部隆起部分之高度 （單位：公分）	至少應具備之地板面積 （單位：平方公尺）
50 以下	6
50 至 65	8
超過 65	10

---

58. Vgl. Bundesverordnung zur Haltung von Hunden, § 1, 2, 3, 4.

59. Vgl. Bundesverordnung zur Haltung von Hunden, § 5.

　　在同一個狗舍中每多增一隻狗以及每隻雌狗若再加上牠的幼犬，則每增一隻狗，就須增加根據上述所訂之地板面積之一半。圍牆高度須以狗豎起時前腳無法到達最高之邊界為標準。與第 1 款第 1 目不同的是一隻狗必須一星期至少五天，而且一天中大部分的時間都於狗舍外度過，則完全可使用之狗舍面積總計至少六平方公尺。第 6 條第 3 項規定，狗舍之圍牆必須由對健康無害之材料建造，以使狗不致越過及受傷；地板必須好踩踏、不致導致受傷及疼痛，而且稍微保持乾淨及乾燥；分隔設施之設置必須使狗之間不致互相咬。至少狗舍之一邊必須具有向外之開闊視野，若狗舍位於建築物中，必須保障狗可由此建築物向外看到開闊之視野。第 6 條第 4 項規定，於狗舍中狗豎起時前腳可以達到之高度，不得設置下列設備，使狗與之接觸：通電設備或發射電擊設施。第 6 條第 5 項規定，較多的狗於同一塊土地上各自於狗舍中飼養時，狗舍之安排應使狗與其他的狗有目光接觸。第 6 條第 6 項規定，狗於狗舍中不允許被繫住[60]。

　　第 7 條規定對於繫繩飼養之要求，其中第 2 項規定，繫繩飼養必須固定於讓狗可自由走動之設施上，繩長至少六公尺長；狗的旁邊提供至少五公尺長的活動空間；繫繩必須使狗能毫無阻礙找到牠的狗舍，以及可以自由的躺和轉身。第 3 項規定，於活動範圍內不得存在阻礙狗活動或使狗受傷之物品。地板必須好踩踏，不至於導致傷害或疼痛，而且保持稍微乾淨及乾燥。第 4 項規定，只允許運用寬的、非扎進肉裡之胸鞍或頸圈，而且不至於自行拉緊或導致傷害。第 5 項規定，為確保狗不致自行鬆脫，只允許使用一條繫繩。材質必須輕，而且不至於傷害到狗。第 6 項規定，當飼養人員陪伴狗訓練或活動時，

---

60. Vgl. Bundesverordnung zur Haltung von Hunden, § 6.

可以不符合第 1 項之標準，而根據第 4 項及第 5 項之標準，使用至少三公尺長之繫繩。第 7 項規定，於下列情況禁止繫繩飼養：狗於滿一歲之前；雌狗處於懷孕期最後三分之一的時間；哺乳的雌狗；遭受疼痛、痛苦或殘疾之狗[61]。

第 8 條規定餵食與照料，其中第 1 項規定飼養人員必須留意，狗在牠習慣停留之區域，任何時間都需供應充足且品質良好的水以及適合狗之飼料。第 2 項規定，飼養人員必須考慮到狗的品種，按其適當之需求，規律地照顧其健康；至少一天一次檢查相關設置及至少一天兩次檢查繫繩設施，並且立即克服缺點和不足之處；當狗停留於交通工具中而無監看者時，必須注意足夠的新鮮空氣及適當的溫度；保持狗的停留區域乾淨且無有害之寄生蟲；每天清除狗糞便。其餘 9 至 14 條之規定，分別為第 9 條規定暫時飼養之特殊情況，第 10 條規定展覽禁令，第 11 條規定何謂動物保護法所稱之攻擊力提昇，第 12 條規定何謂違反紀律，第 13 條規定過渡時期規章，第 14 條規定此命令之生效與失效日期[62]。

五、綜合比較

（一）我國規範之重心

我國動物保護法之制定，對於動物之飼養與管理已有詳細明確的規定，尤其對於動物保護、動物之科學運用以及寵物的管理等事項亦有相當詳細的規定。犬隻為動物之一類種，有關其飼養與管理，自然適用該法且比起以前的狀況有大幅之改善與進步；雖有學者認為動物保護法是在我國毫無動物保護的

---

61. Vgl. Bundesverordnung zur Haltung von Hunden, § 7.
62. Vgl. Bundesverordnung zur Haltung von Hunden, § 9, 10, 11, 12, 13, 14.

文化環境下，基於外力所制定之法律，但只要經由政府以及人民多加宣導與努力，法律的實踐並非難事。至於社會秩序維護法、道路交通管理處罰條例、廢棄物清理法以及公寓大廈管理條例等有關動物飼養管理之規定均屬於秩序法範圍，所規範事項均針對動物飼主，並使其擔負狀況責任，而達成秩序作用之目的。在行政命令，重要者為「寵物登記管理辦法」、「寵物登記管理及營利性寵物繁殖買賣或寄養業管理收費標準」、「動物保護法施行細則」、「保護牲畜辦法」等等，均為實踐動物保護法之補充規定。

因動物保護法為一般性規定，在我國並無專屬之畜犬管理法律，所以針對畜犬管理規範而言，重心應為各地方政府所制定的畜犬管理自治條例或辦法。然而目前所制定施行之高雄市畜犬管理自治條例、台北市畜犬管理辦法以及台南市畜犬管理規則等，經觀察分析其內容均著重於秩序管理，對於犬隻動物權之保護事項相當缺乏，尤其提供犬隻良善生存環境部分並未規範，且在秩序法方面之規範對於飼主飼養犬隻條件之要求、犬隻生長環境條件之規定以及如何餵食與照料等等規定則相當缺乏。

（二）德國規範之特色

有關德國飼養犬隻之規範，聯邦與各邦所制定的相關規定為數不少，例如動物保護法以及各項法規命令，本文以德國犬隻飼養之聯邦命令為主要探討之規定，主要在於此一行政命令雖非專屬法律，然而其為聯邦層級法規，且為專門針對飼養犬隻而規定，因此成為探討之重點，此項規範重要者包括對於飼主之一般要求、對於戶外飼養之要求、對於室內飼養之要求、對於狗舍中飼養之要求、對於繫繩飼養之要求以及餵食照

料之要求，均規定詳細，亦均以落實動物權為主要內涵，至於有關秩序罰則亦以違反上述犬隻飼養條件而規定。雖然動物權的概念在德國亦並非完全定調，但是德國以落實動物權核心概念中，以保護動物免於被虐待、殺害之觀點以及提供動物良善生存環境為主軸思考，確實已落實於德國畜犬管理規範中，尤其本文所介紹的德國犬隻飼養之聯邦命令。

（三）比較與省思

在上位思想與文化之範圍內，我國與德國有基本文化環境之不同，所以首先對於動物權之概念與認識就有根本上的不同，其次對於實踐之方向與態度方面亦有歧異，德國實踐動物權之程度更非我國所能及。整體而言，可以說德國法制著重在犬隻動物權的保障與落實，我國則著重於畜犬對他人人身安全、安寧與衛生等秩序面，而如此概略性比較之樣本，可以我國高雄市畜犬管理自治條例以及德國飼養犬隻之聯邦命令為例。值得一提的是，德國有關犬隻秩序管理規定均在動物保護法以及其授權之相關法規命令，而我國飼養犬隻之規定，除了畜犬自治條例外，亦經由動物保護法以及其授權之命令，如寵物登記管理辦法，有關我國犬隻飼養適用此辦法，因為目前我國並無如同德國專屬飼養犬隻之規定。

雖然德國飼養犬隻之聯邦命令為聯邦層級，然而亦足為德國各邦之範本，而我國高雄市畜犬管理自治條例僅為地方規範，然而高雄市為我國第二大都市，且為最早將畜犬規範修訂為自治條例之主管機關，其修訂作為上述已提及符合法制改革之依法行政原則，值得探討與介紹比較。以下為兩者之綜合比較之重點：高雄市著重於秩序管理之規定，此一規定是一項綜合性質的規範，不僅規範組織任務分工，亦規定主管單位之作

用措施，而內容亦相當廣泛，包含傳染病之防治、犬隻衛生管理、經營畜犬買賣之規定、賦於飼主相關飼養義務等等。相對的，德國規定則僅著重於營造一個犬隻良善生存環境，尤其乍看之下，德國規定猶如照顧一個人類的小嬰兒，有關各種飼養犬隻之要求，大部分均係賦予飼主相關飼養義務。

經由比較相關規定得知，目前我國與德國之差異甚大，對於犬隻飼養之環境與管理，在社會環境與文化不同下，很難做同等的要求，然而對於動物權保護的相關規定事項以及其精神，尤其賦予飼主相關義務要求，仍然值得我們參考，例如飼主應該提供犬隻適當的居住場所，雖然我國規定可能無法比照德國提供相對良善之場所，然而也不能針對飼養場所毫無規定或設限，對於目前生活空間日益受限的我們，更應注意規範動物生存空間的問題，若是飼主達不到一定的義務要求標準，應該禁止其飼養，以免擠壓到人們生活空間等，進而產生更多問題。亦即，本文觀點認為即使無法達到德國規定之飼養條件的標準，亦應有一定的義務要求標準，以維繫未來犬隻飼養的合理發展空間。

伍、結語

人類將狗視為最忠實的朋友，因此幾乎有人類社會的地方，就有犬隻伴隨的身影，然而人們飼養犬隻亦產生許多問題，重要者為動物保護、秩序管理、危害以及流浪犬等問題。基於上述問題的產生，在依法行政的國度，主管機關應針對犬隻飼養管理制定相關規範予以因應，而犬隻飼養與管理之規範，則應包含動物權與秩序法兩大方向與內涵。雖然動物權的存在仍有爭議，但保護動物的觀念已是共識，所以有關犬隻飼

養之優良環境、犬隻之健康與衛生、免於被棄養以及宰殺的命運等等，均是犬隻飼養與管理規範在內容上所應規定予以保障的。另基於落實保護犬隻之措施及預防因犬隻飼養與管理所可能造成的危害，應於畜犬管理規範中規範飼主或責任人之秩序法上之義務，包括對於犬隻生活環境之規定、犬隻戶外以及室內飼養之要求、於狗舍中飼養之要求以及對於繫繩飼養之要求等等，並對義務違反者訂列行政罰則，以使其確遵避免危害之發生。

檢驗現行我國犬隻飼養與管理之規範，目前並無專屬之法律，然而動物保護法之制定，已經對於動物保護、動物之科學運用以及寵物的管理等事項有相當詳細完善的規定，而作為動物之犬隻，有關其飼養與管理，自應適用；雖然實踐動物保護法，在我國並無動物保護的文化環境下，是一件困難的事，但只要經由政府以及人民多加宣導與努力，亦並非遙不可及。至於社會秩序維護法、道路交通管理處罰條例、廢棄物清理法等法律相關條文以及「寵物登記管理辦法」、「動物保護法施行細則」、「保護牲畜辦法」等行政命令，均為秩序作用法規以及配合實施動物保護法之相關規定，應可隨時因應畜犬管理規範之需要而做適當修正。因為我國並無專屬之畜犬管理法律，所以各地方政府所制定的畜犬管理自治條例或辦法則成為畜犬規範的重心。經本文觀察分析目前所制定施行重要規範如高雄市畜犬管理自治條例、台北市畜犬管理辦法以及台南市畜犬管理規則等，其內容均著重於秩序管理，對於犬隻保護事項相當缺乏，且從秩序法方面觀察，相關規定對於飼主飼養犬隻條件之要求、犬隻生長環境條件之規定以及如何餵食與照料等等規定則相當缺乏。

由於德國是一個普遍喜愛飼養犬隻之國家，而形成至今社會文化之一環，所以本文特別探討介紹德國飼養犬隻之規

範，以作為我國之比較參考。在德國，聯邦與各邦所制定的規定，均集中於犬隻動物權之落實，重要者包括對於飼主之一般要求、對於戶外飼養之要求、對於室內飼養之要求、對於狗舍中飼養之要求、對於繫繩飼養以及餵食照料之要求，均規定詳細，至於有關秩序法上之罰則亦以違反上述犬隻飼養條件而規定，值得我國未來修法時參考。另應注意的是，德國各邦規範將犬隻之危險攻擊性作一等級分類，對於預防危害有相當大的作用，亦值得我國地方犬隻規範效法。綜合而言，雖然我國與德國對於犬隻飼養之環境與管理，在社會環境與文化不同下，很難做同等的要求，然而對於動物權保護的相關規定事項以及其精神仍然值得我們效法參考。亦即，本文觀點認為即使無法達到德國規定之飼養條件的標準，亦應對於飼主有一定的義務要求標準，以維繫未來犬隻飼養的合理發展空間。

（本文發表於《興大法學》，第 5 期，2009 年 7 月）

2 環保秩序法上責任人之基礎與責任界限

摘要 SUMMARY

　　本文探討依據環保秩序法所為行政罰，其中行政罰之對象，依據危害防止法之「責任人」概念稱之。環保秩序法可以視為廣義警察與秩序法之一環，有關責任人之概念源自警察法責任人之基礎理論，因此本文首先介紹責任類型以及多數責任人選定之理論，以作為論述之基礎。另本文以土壤污染整治費用為例，並參考德國聯邦憲法法院之判決，對於

狀況責任人之責任界限作探討，並進一步論述環保相關法律在責任人等相關理論之適用問題，且對於其他非環保相關法律，列舉具代表性之法律，針對責任人問題作修正探討。本文並建議，有關我國環保相關法律之狀況責任界限，應可參考德國聯邦憲法法院之判決，對於各項法律作適度修正調整，以期符合環保秩序法上責任人之基礎與責任界限理論。至

於我國非環保之相關法律，對於其責任人範圍之擴大或共同責任之承擔，應考量憲法保障人民之資訊自決權，避免淪為封建時代之「連坐法」責任規範，亦應避免侵犯人民行動以及其他各項自由權。

關鍵詞

- ◆ 環保行政
- ◆ 環保秩序法
- ◆ 行政罰
- ◆ 行政秩序罰
- ◆ 責任人
- ◆ 狀況責任
- ◆ 行為責任
- ◆ 責任界限

壹、前言

　　自從環保意識興起，多年來環境保護工作一直成為政府機關最主要的行政任務之一，為完成各項環境保護工作，其中重要的一環，主管機關必須防止破壞環境之各項危害，其中有效採取的措施，即是依據環保法規對於破壞環境違規者施以行政罰，在行政法上針對破壞環境違規者或稱為義務人、相對人，亦即為本文所要探討秩序法上責任人之概念。除了責任人概念外，有關責任人之類型以及多重責任人競合等問題，皆關係秩序法上責任人之研究，因此本文將就責任人之基礎作為論述範圍。

　　防止環保範圍之危害，除了針對破壞環境者施以行政罰，對於所謂關係人亦可能成為責任人，而破壞環境違規者在責任人理論下可稱為行為責任人，與之相對應的另外一項重要類型即為物之狀況責任人，包括所有權人以及事物管領者，此項狀況責任人對於環保秩序法更是深具特色與意義，本文將以

土壤污染整治費用為例，並參考德國聯邦憲法法院之判決，對於狀況責任人之責任界限作探討，並進一步探討環保相關法律在責任人等相關理論之適用問題，且對於其他非環保相關法律，列舉現今較受矚目且具代表性者，因均亦屬秩序行政法之範疇，且這些法律對於責任人問題均有修正探討，因此本文亦列為探討範圍。

貳、環保秩序法上責任人之基礎

一、概說：環保秩序法之定位

從環境法體系建構之觀點，主要可以區別為環境行政法、環境私法以及環境刑法[1]。環保秩序法於傳統法的歸屬性而言，則主要歸屬於環境行政法領域，但並非一部已制定完成之「實定法」[2]，而是指概括分散於個別環境行政法中有秩序行政（Ordnungsverwaltung）作用之所有法規。蓋行政目的主要區分秩序行政以及給付行政，本文所探討之環境保護相關法律，則以具有干預性質之環保行為，有關於環保行政制裁範圍之行政法，不包括提供環保建設與資源之給付行政法範圍。對違反環保義務者之制裁屬於環保法的「基本動作」，也是核心領域[3]。環保秩序法即就環保行政法中具有干預處罰性質之法

---

1. Vgl. Hoppe/Beckmann/Kauch, Umweltrecht, 2. Auflage, 2000, S. 1-10; 陳慈陽，「環境法總論」，頁 50-55，台北，自版，二版，2000。

2. 學者柯澤東教授認為，在立法上所謂「環境保護法」應即為「環境法」，而以後者代替前者，較能周延。在環境「保護」意識上，「保護」即兼指保育、經營、規畫與管理。「環境法」已成為正式學術上之名稱，在法學中為獨立之一支新法律學用語。進一步說明資料，請參閱柯澤東，「環境法論」，頁 41-45，台北，台大法學叢書，1988。

3. 黃錦堂，「台灣地區環境法之研究」，頁 113，台北，月旦出版，1998。

規總稱，而本文主要探討依據環保秩序法所為行政罰，其中行政罰之對象，或稱相對人、或稱義務人[4]，本文則依據危害防止法之「責任人」概念稱之。

　　從危害防止法體系觀之，環保秩序法基於防止對於環境所造成之危害，針對危害者施以行政罰，相對於秩序行政法之內容而言，環保、衛生、建築、消防皆屬於廣義的警察與秩序法範圍；亦即，環保秩序法在此觀點下，可歸屬於廣義的警察與秩序法。因此，本文所探討環保秩序法上責任人之基礎與責任界限，許多責任人理論基礎乃根源於警察與秩序法上之責任人概念，兩者亦皆可屬於干預行政法上責任人之研究範圍。有關責任人之基礎，本章主要論述責任人之概念與類型、多數責任人之選定與行為責任人與狀況責任人之責任競合等，這些範圍與責任界限密切相關，以作為本文立論之基礎。

二、責任人之概念與類型

　　為了危害防止的任務，主管機關應對誰採取干預措施或對誰提出義務之要求，這就是警察與秩序法上責任人的問題產生之所在[5]。原則上公共安全與秩序機關為防止危害採取之干涉措施，應對責任人為之。亦即，一般而言，若沒有責任人在行為以及物之狀況關係下，將不會形成對公共安全與秩序之滋擾（Stör）與危害（Gefahr）[6]。責任人一詞在德國行政法教

---

4. 李建良，「行政法上義務繼受問題初探— 兼評高雄高等行政法院九十二年度訴字第 806 號判決暨最高行政法院九十四年度判字第六二二號判決」，收錄於行政管制與行政爭訟，頁 79-81，台北，中央研究院法律學研究所籌備處，2006。

5. Vgl. Pieroth/Schlink/Kniesel, Polizei- und Ordnungsrecht, 2. Auflage, 2004, S. 142 f.

6. Vgl. Würtenberger/Heckmann/Riggert, Polizeirecht in Baden-Württemberg, 5. Auflage, 2002, Rn. 427 ff.

科書上與另一名詞「警察義務人」等同而交替使用，由於德語「警察」一詞在學理上涵義甚廣，等同於干預行政，亦相當於古典的內部國家行政（秩序行政），有其字義學上之特殊及歐洲特殊的行政歷史演進背景，基於不同文化與歷史背景，我國學者不採德國教科書常用之「警察義務人」之用語，而改以「責任人」或「干預行政之責任人」[7]。此處之干預行政泛指警察、消防、建管、環保、交通、營業工商管理等行政領域，而本文探討之「環保秩序法」屬於干預行政法之範疇，因此適用干預行政之「責任人」之概念。

　　因此，環保秩序法上之責任人概念是等同於警察與秩序法之責任人概念，而為適應警察與秩序法之發展趨勢，德國聯邦與各邦警察法統一標準草案乃以中立以及較周延之 Verantwortlichkeit（責任）一詞代替昔日慣用之術語 —— 責任（Haftung）[8]。Haftung 之概念源於民法，其適用範圍亦及於其他法域。然而，責任之主觀要素（故意或過失）在警察及秩序法上並不重要，例如 Verantwortlichkeit 亦含純粹不作為之責任，唯有如此才能涵蓋個人與警察及秩序法上相關案情之所有影響因素[9]。一般而言，警察責任人即為肇致危害之人，且其必須是依法令或本於法令，對危害防止有作為或不作為之義

---

7. 黃啟禎，「干涉行政法上責任人之探討」，收錄於翁岳生教授祝壽論文編輯委員會編輯，當代公法新論（中），頁 291，台北，元照出版公司，2002；黃教授進一步指出，德國文獻過去使用滋擾者（Störer）一詞，今日已較少使用，此一概念雖然清楚，卻較常無法觸及整個問題的核心。因而，德國之警察法標準草案及各邦之警察法均不再使用此一概念，反而較常以 Verantwortlichkeit 所取代，相當於將 liability 改由 responsibility 取代。

8. Vgl. Franz-Ludwig Knemeyer, Polizei- und Ordnungsrecht, 10. Auflage, 2004, Rn. 322 ff.

9. Vgl. Scholler/Schloer, Grundzüge des Polizei- und Ordnungsrechts in der Bundesrepublik Deutschland, 4. Auflage, S. 240-242；李震山譯，「德國警察與秩序法原理」，頁 261-262，高雄，登文書局，二版，1995。

務,而違反該項義務之人。警察法之所以特別強調責任人之概
念,就消極意義而言,是確定警察處分之對象,就積極面而
言,是要使人民知悉,其亦有義務防止因可歸責於自己所生之
危害[10]。

　　人民在法律上是否成為責任人的判斷,係以個人的社會
表現行為作為判斷之標準,苟有違反的狀態即應負責,不問其
出於故意或過失。因此,除因本身的行為而有可能成為責任
人外,如已對其他人的生活產生違法狀態時亦須負責。干涉行
政法上責任人之認定,不受主觀意思的有無而受影響。此種責
任的觀念,與刑法係對個人違反倫理價值為判斷的標準有所不
同,亦與民法不同,故應與民、刑法的理論及內容有所區別[11]。

　　責任之產生,除因其本身的行為而構成責任之可能外,
尚須對其人之生活周遭發生的行政法上之違法狀態負責。換言
之,干涉行政法上的責任人並非如同刑法一般,僅對其個人的
行為加以判定,行政法上的責任人之重心在於排除危害,為了
同一目的,甚至對自己監護之人亦有責任發生之可能。危害之
產生除了行為因素外,尚可能因物之狀況而產生,而責任人概
念就涵蓋所謂行為責任人(Verhaltensverantwortlicher)及狀況
責任人(Zustandsverantwortlicher)兩種[12]。

　　所謂「行為責任」係指因作為或不作為而肇致公共秩序
或公共安全之危害責任,該行為並非一定由責任人本身所為,
亦可能因為他人的行為所造成,但因該他人與責任人之間的特
別關係,故法律認定應納入干涉行政責任的範疇,而成為責任

10.李震山,「警察法論—任務編」,頁389-390,台南,正典出版公司,2002。
11.黃啟禎,「干涉行政法上責任人之探討」,頁292。
12. Vgl. Drews/Wacke/Vogel/Martens, Gefahrenabwehr, 9. Auflage, S. 301 ff.

人，因此另有將行為責任稱為行為滋擾者[13]。此與傳統刑事法學有所差異，行政法上的責任人必須為防止危害的任務而負責，即便該行為並非自己所為者亦同，惟該責任的發生原因則是來自一定行為。行為責任人因行為的發生而負責，但因為行為人的不同，行為責任的態樣可區分為自己行為負責者、為不作為負責任者及為附帶責任負責者[14]。

因其本身的行為產生責任，行為人應為本身行為負責者，為行為責任的典型類型，也是探討責任人之基礎與範圍的常態，此與刑法上之責任人概念是相同的；又有為自己不作為而須負責，不作為責任來自法律賦予人民義務，當未履行該義務時，即生危害防止之責任[15]。而所謂「為附帶責任負責」是指個人因其子女、家屬、受僱人發生違反干涉（秩序）行政法而需負責之情形。如監護人對其監護之心神喪失之人所為的違反秩序行為而負有責任，輔佐人亦同。

狀況責任人，係因物之狀況而需負責之人，需因物之本身狀況，肇致危害，而無人為因素摻雜其間（Ohne menschliches Zutun），方構成狀況責任。由於物之歸屬狀況有時相當複雜，因此狀況責任人之認定，有先後順序，一般而言是先對物有事實管領力之人，其次才是物之所有權人或其他有權利之人[16]。行為責任是因為行為人所為的行為，與危害的發生有因果關係，而滋生責任[17]。狀況責任人的行為

---

13. Vgl. Wolf-Rüdiger Schenke, Polizei- und Ordnungsrecht, 4. Auflage, 2005, S. Rn. 239 ff.

14. 黃啟禎，「干涉行政法上責任人之探討」，頁296-299。

15. Vgl. Pieroth/Schlink/Kniesel, Polizei- und Ordnungsrecht, S. 145 f.

16. 李震山，「警察法論—任務編」，頁230。

17. 陳正根，「論警察處分行使之法律要件與原則」，台北大學法學論叢，57期，頁16-18，2005。

對責任的發生並非一定必須具備因果關係，卻因為享有物的管領力，對物有防止危害的效率及可能，而負有責任，所以包括對於物之權利繼承者[18]。狀況責任之種類可區分為所有權人（Eigentümer）、對物有事實管領力之人（Inhaber der tasächlichen Gewalt）及其他有權利人的狀況責任[19]。

　　所有權人享受物的權利，而負有義務，且所有人對物的狀態原則上最能把握，如因所有物的狀態發生妨害公共秩序或危害公共危險的結果，所有權人因而成為責任人。而對物有管領力之人需負責任人的責任，此乃基於裁量的簡易性、有效性，在認定時，首先認為其有防止危害的可能，例如承租人、保管人等。而其他狀況責任有無主物之責任認定問題，危害若係無主物所引起者，責任人應為拋棄某物所引起之危害負責。另權利之移轉不可作為規避責任之理由，責任之延續係因物之權利狀況而生，為有效防止危害，責任應隨權利之移轉而移轉[20]。

三、多數責任人之選定

　　行政機關危害防止之措施，原則上應係針對違法行為或狀態應負責之人為之，然而在具體案件上卻經常發生多數人均應負責之情形。在多數人同時存在之情形下，主管機關應從多數責任人競合情況中，認定正確責任人。責任競合之情形大致可分為多數行為責任人、多數狀況責任人、行為責任人與狀況責任人之競合以及雙重責任人與單一責任人競合。

---

18. Vgl. Möller/Wilhelm, Allgemeines Polizei- und Ordnungsrecht, 5. Auflage, 2003, Rn. 140.
19. 楊文蘭，「警察與秩序法上責任人」，頁 61-65，東海大學法律研究所碩士論文，1998。
20. Scholler/Schloer, Grundzüge des Polizei- und Ordnungsrechts in der Bundesrepublik Deutschland, 4. Auflage, 1993, S. 269-271.

多數行為責任人係指在同一事件中，同時存在之多數責任（mehre Verantwortlichkeit），且皆為行為責任，例如在公共道路上攤販聚集，形成夜市謀利，依據道路交通管理處罰條例第 82 條第 1 項第 9 款規定，未經許可在道路上舉行賽會、演戲、拍攝電影等，上述均成為行為責任人。另多數狀況責任人係指在同一事件中，同時存在多數的責任內容，其發生原因均相同，例如廢棄物清理法規定該土地之所有人、使用人或管理人皆需負責。而行為責任人與狀況責任人競合係指在同一事故中，多數存在的責任內容包括不同的發生原因。例如油灌車翻覆農地污染農地造成危害，此時該農地之危害責任人，計有油灌車之行為責任人與該農地的所有人，亦可能包括承租農地的承租人，責任類型包括行為責任與狀況責任兩者[21]。

在具體案例中，多數責任人同時存在時，有關責任人之選定，主管機關應遵守一般裁量規範外，依據法理以及對於事物本質之判斷，原則上，以時間上最後導致干擾者，為最優先考量，是以對危害較近者為對象，要求其排除危害為優先考量，才能滿足公共秩序及安全保護的急迫性之要求。行為責任與狀況責任重疊時，行為責任人優先於狀況責任人，選擇行為危害人。如為雙重危害人，即兼具行為危害人及狀況危害人者，優先於單一危害人。管理權人多數時，以管理時間在後者優先考量[22]。至於對於多數責任人同時存在或不明之情形，主管機關依據裁量或針對事物本質之判斷，常因個案之不同，可能產生許多裁量或判斷之瑕疵[23]。因此，為提高效率，快速排除危害，透過法律之規定擬制責任人，以減免機關認定的困

---

21. 黃啟禎，「干涉行政法上責任人之探討」，頁 316-318。

22. Vgl. Pieroth/Schlink/Kniesel, Polizei- und Ordnungsrecht, S. 174 f.

23 Vgl. Ruder/Schmitt, Polizeirecht Baden-Württemberg, 6. Auflage, 2005, Rn. 279 ff.

難，而以法律的明定釐清規則的對象，將可使公權力主體有法可循，以杜爭議 [24]。

四、行為責任人與狀況責任人之競合

　　前述在危害防止法上兩種重要責任人之類型為行為責任人與狀況責任人，然而環保秩序法之實務上，兩種類型之責任常有競合情形，亦即同一秩序法作用產生行為責任人與狀況責任人，前面已稍有介紹，然而因其重要性，在此特別深入探討。依據危害防止法之觀點，就同一危害而言，可能有多數人都需負責，而其負責之原因有可能是因人之行為，亦有可能因物之狀況而成，構成責任人競合，此時警察與秩序機關得依合義務性之裁量決定責任人 [25]。依據直接肇因說，時間上最後肇致危害之人，宜為責任人，若行為人與狀況責任人，非屬同一人而競合時，優先選擇行為責任人；基此，狀況責任人可向警察與秩序機關要求主張，責任應先由行為責任人負擔 [26]。然而上述所言只是原則論述，警察與秩序機關針對責任人之選擇，在實際狀況下卻並非單純，仍應遵守比例原則、有效性原則 [27]，而有以下更深入的論點。

　　由於危害防止往往具有時間之急迫性，因此主管機關於

---

24. 楊文蘭，「警察與秩序法上責任人」，頁 99-101。

25. Scholler/Schloer, Grundzüge des Polizei- und Ordnungsrechts in der Bundesrepublik Deutschland, S. 263 ff.

26. Vgl. Drews/Wacke/Vogel/Martens, Gefahrenabwehr, S. 305 f；李震山，「警察法論—任務編」，頁 397。

27. 比例原則之適用在此較重要者為狹義比例性原則，亦即主管機關進行選擇責任人之裁量處分時，其所造成之傷害不得與其所欲達成之結果顯然不成比例。而有效性原則在此由於危害防止與排除在時間上都有其急迫性，因此措施是否有效，為責任人競合時考量重要因素之一。另有亦可依「期待可能性」為判斷標準，惟其判斷標準亦可為有效性原則所涵蓋。

進行選擇責任人之裁量時，應在眾多責任人中，找出最能迅速和有效排除危害之人。考慮的因素像是個人和財產的給付能力、民法上的處分和使用權限、危害的地緣關係等等[28]。因此，當行為責任人與狀況責任人，非屬同一人而同時存在時，並非一定優先選擇行為責任人；而主管機關選擇責任人之裁量亦不會因責任人間之內部、私法上協議而受影響，所以並無法定的優先次序關係，有效率的危害防止，才是重要的裁量標準[29]。至於被選定從事危害排除之責任人，其與其他人責任人間之關係，依據德國法理，於此構成連帶債務關係（Gesamtschuldverhältnis），可類推適用德國民法第 426 條規定[30]。在我國法制上，可類推適用民法第 280 條之規定，即連帶債務人相互間，應平均分擔義務，被指定之行為責任人或狀況責任人，可依此向其他責任人請求費用分擔[31]。

五、小結

環保秩序法之責任人概念源於廣義警察與秩序法之責任人理論，主要的責任類型為行為責任與狀況責任，在環保秩序法之理論與實務，為防止與排除對環境保護造成之危害，狀況

---

28. Vgl. Gornig/Hokema, Störerauswahl- VGH München (NVwZ 2001, 458), JuS 2002, S. 21 f.

29. 優先選擇行為責任人之理論為德國警察法「危害防止」一書之觀點，但後來德國學界仍有不同看法，認為應以防止危害之效率為準。參見Drews/Wacke/Vogel/Martens, Gefahrenabwehr, S. 305 f；Schoch, Polizei- und Ordnungsrecht in Schmid-Aβmann, Besonderes Verwaltungsrecht, 12. Auflage, 2003, 2. Kap. Rn. 18; Möller/Wilhelm, Allgemeines Polizei- und Ordnungsrecht, Rn. 140.

30. 德國土壤保護法第 24 條第 2 項已明文規定多數責任人之連帶債務分擔。

31. 翁曉玲，「我國水土保持責任與處罰規定之檢討」，收錄於論權利保護之理論與實踐——曾華松大法官古稀祝壽論文集，頁 310-312，台北，元照出版公司，2006。

責任人之歸責更深具意義。狀況責任之種類可區分為所有權人、對物有事實管領力之人及其他有權利人的狀況責任。在具體案例中，多數責任人同時存在時，有關責任人之選定，主管機關應遵守一般裁量規範外，依據法理以及對於事物本質之判斷，選定正確責任人，當行為責任人與狀況責任人競合時，主管機關應基於比例原則以及有效性原則予以選擇裁量。本文有關責任人之論述，除了行為責任人之基礎論述外，一般以狀況責任人之論述為重心，藉以闡明環保秩序法上責任人之基礎與責任界限。

參、環保秩序法上責任人之責任界限

一、概說

當環境遭到破壞造成危害，主管機關依據環保秩序法規予以處罰責任人時，倘若具體案件牽涉行為責任人與狀況責任人，處罰行為責任人之情況，較類似刑事罰，其應為自己之行為完全負責。然而狀況責任人之處罰，因其責任來自於物之狀況，因此產生責任人之界限問題。本章將主要以德國聯邦憲法法院有關「廢棄物土地清理狀況責任人之界限」之判決為基礎，基於憲法保障財產權之觀點以及土壤污染整治費用之實例，探討環保秩序法上責任人之界限。

二、環保秩序法上之責任人特色

從危害防止法的觀點，環保秩序法上之責任人亦主要分為行為責任人與狀況責任人，而其特色表現於環境保護所賦予義務之違反者，以我國土壤污染防治為例，有所謂污染行為以

及污染關係人之分，依據土污法第 2 條第 15 款之規定，污染土地關係人係指土地經公告為污染整治場址時，非屬於污染行為人之土地使用人、管理人或所有人。另我國水土保持法，於該法第 4 條設立水土保持義務人制度，明定公、私有土地之經營人、使用人或所有人，於經營或使用土地時，應實施水土保持處理與維護。而我國廢棄物清理法規定一般廢棄物清理責任人係以土地或建築物之所有人、管理人或使用人為清除之責任人，其所負責任則係屬狀況責任。而德國聯邦土壤保護法第 4 條第 3 項規定，行為人及其權利繼受人、土地所有權人以及對於土地有事實上管領力之人為責任人。

　　綜合我國與德國環保法上之責任人，除了行為責任人外，最主要的特色即在狀況責任人：土地使用人、管理人以及土地所有權人等三者。在此值得注意的是，土地使用人並非指違規使用土地行為之人，「使用人」的概念非可理所當然地以脫離法律規範體系脈絡的文義解釋方式，解為「從事物之（物理性）使用行為之人」，其概念意涵應回到使用人被課予行政法上義務的脈絡與理據以判定之。使用人為對於物具有事實上的管領支配實力，方能有效維護物的安全狀態，法律與行政機關方能分別課予其抽象與具體的物之安全維護義務以及危險排除義務。因此，使用人地位的建立，絕不是依據物理性使用行為，而是是否對於土地與建築物等具有事實性的管領力，得於一段時間內繼續有效地對之支配，至於是否具有法律上的使用權限或是基於何種法律關係而取得使用人的地位，在此並無太大影響。而有關管理人之概念，其是另一種表現狀況責任之責任人型態，典型規定為消防法對管理權人之定義：管理權人係指依法令或契約對各該場所有實際支配管理權者。依此，管理

人其實便是使用人概念下更特定的類型[32]。

　　環保秩序法上之責任人特色雖以土地使用人、管理人以及土地所有權人為主要，然而其中又以土地所有權人之地位最具特色，不管是土地使用人或管理人均可稱是對於土地有事實上管領力，其負擔責任與人民的法感較為接近，然而土地所有權人與責任可能在感覺上距離較遙遠，例如所有權人將土地出租或者不知名的第三者介入，土地受到破壞或污染；另外亦可能天外飛來橫禍，例如一輛載滿污油的卡車因交通事故翻倒在一塊土地上，造成土地嚴重污染。基於上述，土地所有權人為何須負擔責任的課題，亦成為討論的重點。

　　土地所有權人所應擔負的責任即是一種狀況責任，因為狀況責任既屬於對物之維護照管責任，則在法律上享有物之自由使用、收益處分之物的所有權人自然成為立法者所得選定之最直接以及主要的狀況責任人。此種所有權人在公法上所承擔責任的狀況責任，其法理依據與我國民法第 191 條第 1 項所定之建築物或工作物所有人之侵權責任相當，從憲法層面而言，均屬於所有權的法定限制之一。亦即，法律凡是課負所有權人在公法上或民法上對於其所有之土地或建築物所肇致之危險或損害，有排除之義務或承擔賠償之責任時，其已屬於以法律對所有權人施以限制，此為所有權之社會責任的表現之一。同時，立法者基於財產所負有的社會義務性，對於土地所有權人課予狀況責任，即是執行憲法對於財產權之限制[33]。

　　近年來，2000 年 2 月 16 日德國聯邦憲法法院「廢棄物土地清理狀況責任人之界限」之判決案例（本文於後面專項探

32.蔡宗珍，「行政法義務人之競合與認定 —— 以建築法為中心」，台大第六屆行政法實務與理論學術研討會，頁10-12，台灣大學法律學院主辦，台北，2006。

33.同前註。

討，並於文後簡稱「德國憲法法院判決」）所認為的觀點，即是針對土地所有權人之憲法財產權的觀點，對於土地所有權人承擔狀況責任提出相關理由，在於立法者制定限制財產權之法律時，應顧及基本法第 14 條第 1 項第 1 句對於私有財產之承認，以及基本法第 14 條第 2 項財產權負有社會義務兩方面之觀點。該判決認為將土地所有權人列為狀況責任人，而應負擔土壤污染整治責任，一方面係基於危害防止之有效性，另一方面也基於土地所有權人對於土地之事實上管領力。一般而言，所有權人在法律上及事實上，對於土地本身及其污染源，應有管控之可能性。重要的是，所有權人既然擁有憲法保障的財產權，其有權自由使用其所有物，對於其所有物產生對公眾之危害，亦有義務排除之。正因所有權人對於所有物有經濟上使用與利用之可能性，相對地也必須負擔伴隨而來之公法上義務，所有權人必須承擔因為經濟利用所造成之風險。

綜上所述，針對土地所有權人成為責任人，比較起行為人或使用人、管理人而言，在環保秩序法上更具特色，而立法者使其承擔責任應具更充分的理由，其理由如前述主要關係憲法財產權所擔負的社會義務，然而立法者也必須考量土地所有權人之利益，與公共利益間求取調和與均衡，特別應注意憲法上之比例原則與平等原則，而不是一味要求土地所有權人負責。因此，對於憲法財產權之限制所產生土地所有權人需擔負狀況責任之核心問題，除了需進一步論述財產權之限制與保障外，更須一併探討責任界限以及期待可能性等相關理論。

三、責任界限與憲法財產權

干涉行政上之責任態樣相當多元，其中尤以涉及環境污染危害者影響最鉅，亦即本文所探討環保秩序法責任人之範

圍。環保秩序法責任人亦以狀況責任人為重，尤其以土地所有權人最具特色，基於公共秩序及公眾安全之維護，環保主管機關對土地所有權人科以排除污染危害之責任，土地所有權人所應負的責任界限究竟何在？土地所有權人所應負的最終責任是否及於天災或一切不可抗力？此問題涉及責任之界限問題。學理尚有二說，一為絕對說：即所有人應負全責。因其享有者為所有的全部權利，對其所有物所生的影響公共秩序的行為，應負完全責任。另一為合理犧牲界限說：採取合理界限之理由係因所有權人無法承擔所有危險的可能，尤其是意外或天災的情形之特殊環境危害[34]。

從責任之責任界限得知，所有在行政法上之責任人，尤其環保秩序法上之責任人，其防止危害之責任係具有限性，而非完全無限制[35]。特別應注意的是，從德國基本法第 14 條第 2 項得知，財產權有其社會義務內容與界限，此一憲法位階的權利有助於說明狀況責任之界限；又從德國基本法第 14 條第 1 項第 2 款以及上述第 14 條第 2 項之規定綜合判斷，當一個人要求享有物之所有權利益時，必須同時負擔責任[36]，但其責任並非完全無界限，如對某些特殊風險並無任何利益，即非屬該所有人所應承擔的範圍，理應由全體大眾負擔。在德國聯邦土壤保護法之立法過程中，曾有將土地所有權人之整治責任限於市價之建議，聯邦眾議會之草案第 25 條第 2 項規定，土地所有權人若非污染行為人且未可知悉土地受污染者，只要整治費用之負擔排除了土地利用之可能性時，可免除費用之負擔，例如自然災害或戰爭之情形，土地所有權人於負擔整治費用後，並

---

34. Vgl. Scholler/Schloer, Grundzüge des Polizei- und Ordnungsrechts in der Bundesrepublik Deutschland, S. 254-256.

35. Vgl. Drews/Wacke/Vogel/Martens, Gefahrenabwehr, S. 322 ff.

36. Vgl. Christoph Gusy, Polizeirecht, 5. Auflage, 2002, Rn. 353 f.

無污染行為人得以求償，此種風險應由社會大眾來承擔。但此條文後來因聯邦參議會的反對而被刪除，因此德國針對責任界限目前並無法律明文，而必須只能繼續遵循法理以及判例[37]。

環保秩序法上責任人之責任界限牽涉憲法保障財產權之問題，因此有必要從憲法財產權的觀點直接探討責任人之責任界限（Grenzen der Verantwortlichkeit），亦即責任人負擔環保秩序行政之義務，通常情形是針對財產之支出負擔，其主要類型為罰鍰或其他公法上應給付之義務。憲法保障人民之財產權，係保障人民對其財產有占有、利用、管理及支配（zu verfügen）之權力[38]。憲法所保障之財產權，特徵是人民可以對於財產權之客體加以利用，並擁有支配權[39]。人民可以依照自己之意思，自己承擔責任地使用其私有財產，並享有與個人自由權一樣的保護。但是，依照德國基本法第 14 條第 2 項之規定，財產權之行使同時應有利於公共福祉。由此可以看出，基本法之財產秩序，相當重視個人之利益及公共福祉之協調[40]。

在我國，以物之所有權為核心的古典財產權意義，係憲法實務上的重心，此之「物所有權」並擴及「所有權之權能及其他債法上之請求權以及無體財產權」。司法院大法官第 374 號解釋即確認，土地所有權本身即屬財產權，釋字第 358 號解釋承認共有物分割請求權亦屬財產權，其他物權，如抵押權（釋 216、304）、水權，另無體財產權如著作權及商標專用權（釋 370、492）均屬憲法財產權保障的範圍。前面已述，

---

37. Vgl. Kahl, Die Sanierungsverantwortlichkeit nach dem Bundesbodenschutzgesetz, Die Verwaltung 2000, S. 29 ff.

38. Vgl. BVerfGE 97, 350 (370 f).

39. Vgl. Lothar Knopp, "Flucht aus der Zustandsverantworttung" und neus Bundes-Bodenschutzgesetz, DVBl. 1999, S. 1012 f.

40. Vgl. BverfG, 1 BvR 242/91, 315/99 vom 16.02.2000.

財產權受憲法保障，其若無社會義務性，所有權人之責任界限亦將非常模糊。我國憲法第 15 條只簡單的規定，人民之財產權應予保障，未同時提及財產權的社會義務性，但釋字第 577 號曾認為，從憲法第 23 條可以導出財產權之行使亦不得「妨害社會秩序與公共利益」，所以仍有其「社會義務性」。且憲法第 145 條亦有規定，國家對於私人財富，認為有妨害國計民生之平衡發展者，應以法律限制之。因此，在承認私有財產制度下，國家固應保障私有財產的完整行使，但此種保障只是防止國家不當的侵害而已，並未限制國家採取可能影響人民之財產權之經濟政策[41]。

　　針對環保秩序而言，由於財產之社會關聯的具體化使得立法者應考慮「自然」以及「生態發展義務」（Ökologiepflichtigkeit）與財產所有人的利益平衡，同時顧及環境保護之優先化（Optimierung des Umweltschutzes）（規定於德國基本法第 20 條 a）所保障大眾及第三者之利益。因此，警察與安全法上的規範或者環境法上的狀況責任必須考量財產的基本保障以及私人利用，例如社會關聯性以及基本法第 20 條 a 之國家目的規範。在此，當事人之利益是經由比例原則與平等原則之標準而衡量的[42]。德國教授 Friauf 曾提出針對狀況責任滋擾要件（Störerqualifilation）之界限[43]，就憲法的觀點而言，基本法第 14 條第 2 項雖然強調財產之社會義務性，然而財產所有權人不僅享受財產事物之利益，但也承擔財產利用造成的不利益，在此觀點財產所有權人之責任可能是無界限

41.李惠宗，「憲法要義」，頁 238-253，台北，元照出版公司，四版，2004。

42.Vgl. M. Huber/Unger, Grundlagen und Grenzen der Zustandsverantwortlichkeit des Grundeigentümers im Umweltrecht, VewArch 2005, S. 155 f.

43.Vgl. Friauf, Zur Problemmatik des Rechtsgrundes und der Grenzen der polizeilichen Zustandshaftung, in: FS für Wacke, 1972, S. 293.

的。在事物一般性的風險（Risiko）層面考量下，財產所有權人若對財產沒有特殊的利用，他可以不必承擔危害狀況。例如常被舉的例子為當一輛油灌車翻覆在一塊土地上，對於土地的狀況責任人而言，此種危害並非針對土地一般性利用之危害，而是經由交通道路上的特別風險而帶來的狀況，自然此種危害狀況之責任並非土地所有權人所應完全承擔，也因此在憲法觀點下，需要有狀況責任之界限[44]。

　　因此，相對人若受環保秩序法規的處罰，若是歸屬於一般狀況責任下，尤其針對通常方式的罰鍰，一般而言應有其界限，而不是無條件對於受污染事物一定命其回復原狀或以金錢賠償至所謂的「底線」，而以憲法財產權為觀點，則應是法院審查的基礎。此項憲法審查基礎，依照德國憲法法院判決認為，有關土地所有權人狀況責任之現行規定所涉及的為基本法第 14 條第 1 項第 1 款之保護範圍（Schutzsbereich）。該判決針對此憲法財產權的觀點指出，財產所有權人之義務作為滋擾清除或危害防止涉及基本法第 14 條第 1 項第 1 款所保護之法律狀態，財產是一種基礎的基本人權，對於財產之承認是社會法治國在基本法特別意義之價值判斷[45]。財產保障才得以實踐基本人權，是基於財產法範圍內確保基本人權主體之自由空間以及經由此儘可能達成生命本身責任之形態。憲法上所保障之財產權是經由私人之利用以及財產所有權人對於財產內容基本上之處分呈現出來。同時財產之利用應該有利於一般大眾之利益，而對於財產規定之異議，個人利益相對於大眾利益時，有

---

44. Vgl. Würtenberger/Heckmann/Riggert, Polizeirecht in Baden-Württemberg, 5. Auflage, 2002, Rn. 439.

45. Vgl. Matthias Dombert, Streben nach effektiverem Bodenschutz an den Grenzen des Grundgesetzes, NJW 2001, S. 928 ff; BVerfGE 14, 263 (277).

絕對之優先權[46]。

　　國家徵收干預個人之財產權，所規定是經由基本法第 14 條第 1 項第 1 款所保護之具體法律狀態，此規定是完全或部分對剝奪特定公共任務之實踐。如果在個別情況下，憲法所允許的範圍限制財產所有權人之職權，依據規定所規範財產之內容與限制，也不具有徵收之特點。一項違憲內容之規定呈現在憲法意義的並不是「剝奪干預」且不可以改變解釋為因為剝奪與內容規定之特性不同[47]。立法者以基本法保護之法律狀況所規範財產內容與限制，既已經由基本法第 14 條第 1 項第 1 款規定私人財產在基本法上之確保，而且也必須考慮財產之社會義務（Soziale Pflicht）（基本法第 14 條第 2 項）。針對一般大眾之利益，立法者制定財產之內容與限制，不僅是理由，而且是財產所有權者限制之界限。在此立法者在合理之平衡（Balance）以及基於超比重之關係且與所有其他憲法規範一致，特別是受限制於憲法之比例原則以及基本法第 3 條第 1 項之平等原則[48]。

四、土壤污染整治責任為例

　　環保秩序法上的責任，主要類型有行為責任與狀況責任，而相對的狀況責任在實務上是較常發生且較為重要的，因此首先應探討狀況責任之界限。例如德國聯邦土壤保護法（Budes-

46. Vgl. BverfG, 1 BvR 242/91, 315/99 vom 16.02.2000＝BVerfGE 102, 1 (17)；陳正根譯，「『基本法第 14 條第 1 項廢棄物土地清理狀況責任人之界限』之裁定」，收錄於德國聯邦憲法法院裁判選輯（十二），頁 194-195，台北，司法院，2006。

47. Vgl. BVerfGE 52, 1 (27f)；58, 300 (320)；79, 174 (192).

48. Vgl. BVerfGE 25, 112 (118)；50, 290 (340f)；100, 226 (241).

Bodenschutzgesetz-BBodSchG）第 4 條第 3 項[49]明文擴大了責任人的範圍，包括行為人、土地所有權人以及事物管領者，而其責任可分為行為責任以及狀況責任，亦即狀況責任為土地所有權人以及事物管領者（本文於肆專項探討該法）。自此以後，環保秩序法之狀況責任均為學界與實務界討論之重點[50]。

　　狀況責任即是對物之狀況應負責之人，計有所有權人及對物有事實管領力之人，在物狀況責任界限中，所討論最為通常之理論為「財產犧牲者界限」之（Eigentümer-Opfer-Theorie）問題，經常係為排除環境危害，一個通常案例是有關廢棄物之責任。例如有一運油卡車發生意外，幾千公升的油傾倒於土地上，清理的費用昂貴，運土、熱處理、取油、乾燥需要很多錢。對此事應負責的，有因行為須負責的卡車司機及其雇主，以及須為其土地「污染」狀況負責之土地所有人，依事件之結果，有學說從嚴認為土地所有人須負責任，而不考慮危害之肇因。然而此種看法，引起重大憲法上之疑慮，許多學者認為，土地所有權人無法承擔其物狀況之每種危機，該危機不僅是一般之危害狀況，如交通事故之意外、天然災害以及工業生產之特殊環境之危害[51]。

　　因此，物之狀況責任人所承擔排除危害之責任應有一定

49.德國聯邦土壤保護法第 4 條第 3 項規定：「導致土壤產生有害變化之行為人及其權利繼受人、土地所有權人，以及對於土地有事實管領力之人，有義務對於土壤污染或因土壤污染導致之地下水污染，加以整治……」；Erbguth/ Stollmann, Verantwortlichkeit im Bodenschutzrecht, DVBl. 2001, S. 601 ff；Wilfried Kügel, Die Entwicklung des Altlasten- und Bodenschutzrechts, NJW 2004, S. 1570 ff.

50.Vgl. Matthias Dombert, Strben nach effektiverem Bodenschutz an den Grenzen des Grundgesetzes, NJW 2001, S. 927; Würtenberger/Heckmann/Riggert, Polizeirecht in Baden-Württemberg, 5. Auflage, 2002, Rn. 457.

51.李震山譯，「德國警察與秩序法原理」，頁 275-277，高雄，登文書局，二版，1995。

界限，而不是「負責包辦」完全後果。然而界限如何擬定，往往需要個案判斷，尤其法院的審理判決，應考量憲法上財產權保障以及危害責任等，對於實務運作能有一明確的界限。至於理論上的界限，從學說以及判例之整理亦難看出端倪，直到德國聯邦憲法法院於 2000 年 2 月作成的「廢棄物土地清理狀況責任人之界限」判決，該判決中有很重要的界限理論，可以讓我們參考。

　　有關土地所有人對於受污染土地應負狀況責任之界限問題，德國聯邦憲法法院於 2000 年 2 月作成的「廢棄物土地清理狀況責任人之界限」（Altlasten-Beschluss）判決，其案例事實有二，事實一：在德國巴伐利亞邦，有一位擁有十六公頃之林地所有權人將該地租給一個射擊社團，年租金為 12792 馬克，作為飛靶射擊場之用。該地出租前，政府公報已經刊登該地即將劃為水資源保護區之公告。射擊場於 1971 年取得許可開始營運，於 1972 年該地被正式列入專供飲水之水資源保護區。其後數年內，射擊場未取得擴張營業之許可，卻即擴張射擊場之營運範圍。主管機關懷疑該地有水質問題，經檢驗得知，該地因為誤射而殘留二百至三百噸之鉛，鉛污染達到八十公分深，有污染水源之虞。射擊場不僅無法取得擴張營業之許可，行政機關還廢止原本之建築許可及安全法上之使用許可，並要求立即停止射擊場之營運。於 1988 年，行政機關針對射擊社團發布應清除 20 公分污染土壤之處分。於 1989 年，該社團宣布倒閉，其後行政機關將土地所有權人列為土壤污染之整治責任人，命其整治受污染之土地。整治工作於 1997 年完成，總計整治費用高達 590 萬馬克，土地所有權人遂向行政法院訴請確認行政處分之違法性，並要求行政機關給付 550 萬馬克及利息；理由是土地所有權人從出租土地得到之租金總共只有 16 萬馬克，整治費用比所有人之租金收入高出許多倍，也

超出土地之市價至少 20 倍。地方行政法院曾駁回土地所有權人停止執行之請求,認為憲法並無限制土地所有權人狀況責任之規定。地方行政法院在本案判決中指出,唯有在土地所有權人本身是受害人或費用負擔不屬於其風險範圍時,狀況責任人之責任才會受到限制。土地所有權人既將土地出租作為射擊場之用,必須自行承擔市場交易之風險。該案經上訴至高等行政法院,高等行政法院認為,土地所有權人將土地租給他人,取得租金,獲得收益,必須自行承擔出租土地之風險。土地所有權人於判決確定後,以基本法第 14 條保障之財產權受侵害為由,提起憲法訴訟[52]。

該判決案例事實二:一家公司於 1982 年在巴登符騰堡邦經由拍賣程序購買相鄰企業破產後之土地。該土地因為相鄰之破產企業先前使用含氯溶劑製作皮帽原料而造成污染。購買土地時,該公司已經察覺,從相鄰之土地所流出之水,有溶劑之味道。於 1985、1986 年,購得該土地之公司陸續收到主管機關命令調查污染情形及清除污染之處分,總計整治費用高達 110 萬馬克,但是該土地在整治時之市價只有約 35 萬馬克。該公司訴請撤銷行政機關之處分,高等行政法院認為,整治計畫不會危及該公司之存續,因而駁回該公司之行政訴訟。聯邦行政法院認為,因該公司購買土地前,即得知相鄰企業使用溶劑製造皮帽原料,也聞到該土地流出來的水有很強的溶劑味道,因此,該公司不能算是土壤污染之受害人,也不能降低該公司整治費用之負擔,該公司遂提起憲法訴訟[53]。

德國聯邦憲法法院第一庭就上述二項案例事實合併審查

---

52. Vgl. BverfG, 1 BvR 242/91, 315/99 vom 16.02.2000＝BVerfGE 102, 1 (17);陳正根譯,「『基本法第 14 條第 1 項廢棄物土地清理狀況責任人之界限』之裁定」,頁 185-187。

53. 同前註 52。

判決，其裁判要旨為：「對於狀況責任人所負擔費用之估計不能一般性以財產整體所有人之經濟效益作為衡量，財產之保障目的在於針對財產所有人中財產具體要素之保護，經由基本法第 14 條第 1 項所保護財產價值狀況之私人使用沒有比例限制。如果清理費用負擔缺乏憲法限定之期待可能性，行政機關也必須決定狀況責任費用負擔之界限。行政法院也必須了解，是否或者在何種程度下財產所有權人負擔清理費用，以判斷所干預行政處分在財產狀況之合法性，並依據基本法第 14 條第 1 項第 1 款之規定對於狀況責任之界限作足夠之衡量。[54]」

　　就土地所有人整治責任之範圍，該判決提出兩項重要觀點：一、危害肇因於天然災害、一般大眾或是無權使用的第三人，且受整治的土地乃義務人財產的重要部分時，以土地的交易價值（Verkehrswert）作為負擔費用的界限（上限）。二、土地所有人自願承擔風險時，可期待土地所有人負擔超過土地交易價值之整治費用。第 1 項所謂「土地乃義務人財產的重要部分」，係指若應整治之土地占所有人財產之大部分，而該財產是其個人及家庭生活之基礎[55]；第 2 項所謂「自願承擔風險」，係指若土地所有權人有認識地承擔土地利用可能造成之風險，或對於污染之發生有認識之可能性[56]。因此，在解釋與適用狀況責任規定時，行政機關應考量財產權保障與過度禁止

---

54. 同前註 52。

55. 例如自用住宅所有人因為必須支付整治費用，可能無法保有該房屋基地，此時，土地所有權人之財產權保護及維持其生活之基礎，應優先受到考量；參考前註 52。

56. 例如土地所有權人於購買土地時，已知土地已遭先前之土地使用人所污染，或者已經知道該土地以前之使用狀況，乃屬於高危險性之使用，例如該土地以前是垃圾儲存場或廢棄物清理場，此時土地所有權人自願吸收該風險，其財產權所受之保障相對降低，也無法主張整治費用應限於土地之市價；參考前註 52。

原則，因為對所有權人而言，其所受到的負擔，事實上已造成徵收之效果，但卻無法像其他非責任人一般請求徵收補償，因此行政機關應於個案中審慎裁量責任人實施危害排除措施的範圍與程度，以免造成土地所有人無法承受之負擔[57]。

所以從憲法之觀點而言，土地所有人之狀況責任，係屬對財產權之限制，並無疑問。惟其究係「所有權之社會義務」，抑或「財產權全部或一部之剝奪」，從上述德國法理論之探討已經明確為前者，然而我國法之情況如何？若依據前述我國憲法第 15 條規定，人民之財產權應予保障，卻未提及財產權的社會義務性，但釋字第 577 號曾認為，從憲法第 23 條可以導出財產權之行使亦不得「妨害社會秩序與公共利益」，所以有其「社會義務性」。且憲法第 145 條亦有規定，國家對於私人財富，認為有妨害國計民生之平衡發展者，應以法律限制之。因此，基本上我國對於財產權之本質，應仍視為具有其社會義務性，土地所有人所負擔的「狀況責任」並不違背憲法所保障之財產權，不得向國家請求補償其損失，只有在超過其責任界限之情況，由國家負擔所超過之責任而予以補償。

又針對德國該判決進一步探究，關於土地所有權人之整治費用負擔，德國聯邦憲法法院提出兩個界限，第一：以「整治後之市價」作為整治費用之界限，土地所有人負擔土壤污染整治費用，對於土地所有人而言，是否具有期待可能性，可以用土地整治後之價值作為指標。整治費用低於整治後土地之市價或至多與市價同，原則上具有期待可能性。行政機關課予所有人超過整治責任，是否有期待可能性，可視幾種情形，一、土地所有人本身是否為受害人之情形。二、所有人是否以該土

---

57. 翁曉玲，「我國水土保持責任與處罰規定之檢討」，收錄於論權利保護之理論與實踐—曾華松大法官古稀祝壽論文集，頁 308-310，台北，元照出版公司，2006。

地為財產重心或生活基礎。三、所有人是否有認識地承擔風
險 [58]。該判決運用「期待可能性原則」作為費用負擔之界限理
論，此理論針對狀況責任之責任界限常被提及，但當探討選定
責任人或責任界限適用有效性原則或比例原則，此期待可能性
之理論即可能包含於上述二原則，例如有效性原則所考量的經
常是面對急迫性危害，有關措施是否有效，則對於無效之人則
無期待可能性，另對責任人所採取之措施，基於防止危害並無
期待可能性時，該項措施亦違反比例原則 [59]。總之，期待可能
性原則乃基於法律不能強人所難之理念，以責任人當時所處狀
況，欲遵守法規範而為，雖非不可能，但卻十分困難，若強令
其依法行事，即無可期待性（Unzumutbarkeit）[60]。

　　德國聯邦憲法法院對於土地所有人之整治費用負擔，提
出第二個界限係為以「與污染土地有功能上一體性之財產」作
為超過市價整治費用之界限 [61]，在可期待土地所有人負擔超過
土地價值之整治費用時，不能將土地所有人全部之經濟能力，
作為負擔整治費用之後盾。對於所有人而言，與污染土地毫無

---

58. 林昱梅，「土地所有人之土壤污染整治責任及其界限」，收錄於黃宗樂教授六
　　秩祝賀─公法學篇，頁 252-255，台北，元照出版公司，2002；BVerfG, 1 BvR
　　242/91, 315/99 vom 16.02.2000. 進一步而言，針對土地所有人本身是否為受害
　　人之情形，如果土地污染係基於天災或其他第三人行為，則超過土地價值整治
　　費用，對於所有人而言，不具備期待可能性。針對所有人是否以該土地為財產
　　重心或生活基礎，若應整治之土地占所有人財產之大部分，而該財產是其個人
　　及家庭生活之基礎時，不一定具備期待可能性。針對所有人是否有認識地承擔
　　風險，若所有人有認識地承擔土地利用可能造成之風險，或對於污染之發生，
　　有認識之可能性，則對於土地所有人而言，超過土地價值之整治費用，具有期
　　待可能性。

59. Pieroth/Schlink/Kniesel, Polizei- und Ordnungsrecht, S. 167 f.

60. 李震山，「警察行政法─ 自由與秩序之折衝」，頁 207-209，台北，元照出版
　　公司，2007。

61. Vgl. Wilfried Kügel, Die Entwicklung des Altlasten- und Bodenschutzrechts, NJW
　　2004, S. 1574 f.

法律或經濟關聯之土地，也必須拿來負擔整治費用，既無期待可能性，也違反比例原則（Verhältnismäßigkeitsgrundsatz）[62]。土地所有人承擔費用之期待可能性，不應以所有人整體之經濟能力為衡量之標準。畢竟，德國基本法所保障之財產權，乃以財產具體地存續於財產權人手中為目標，以所有人之其他財產承擔土壤污染之整治費用，並不符合比例原則。因此，即使肯定行政機關得課予土地所有人超過市價之整治責任，但是超出市價之費用範圍，不能涵蓋與污染土地毫無法律或經濟關聯性之財產[63]。

五、小結

有關責任人之責任界限，在德國聯邦憲法法院未有上述重要判決之前，學理上有二說，一為絕對說：即所有人應負全責。因其享有全部權利，對其所有物所生的影響公共秩序的行為，應負完全責任。另一為合理犧牲界限說：採取合理界限之理由係因所有權人無法承擔所有危險的可能。顯然，於2000年德國聯邦憲法法院所作判決，傾向於合理犧牲界限說，亦使理論與實務趨於一致，尤其是意外或天災的情形之特殊環境危害，例如重大環境危害案件，其清理或排除之費用將難以承擔，不具期待可能性時，更加適用此說。該判決就土地所有人針對污染土壤之整治，作成重要界限標準，值得我國參考，其標準：一、危害肇因於天然災害、一般大眾或是無權使用的第三人，且受整治的土地乃義務人財產的重要部分時，以土地的交易價值作為負擔費用的界限。二、土地所有人自願承擔風險

---

62. Vgl. M. Huber/Unger, Grundlagen und Grenzen der Zustandsverantwortlichkeit des Grundeigentümers im Umweltrecht, S. 160 ff.

63. Vgl. BVerfG, 1 BvR 242/91, 315/99 vom 16.02.2000＝BVerfGE 102, 1 (17).

時，可期待土地所有人負擔超過土地交易價值之整治費用。

肆、環保相關法律適用之探討

一、概說

　　有關秩序法上所有權人之狀況責任，上述德國聯邦憲法法院之判決，確立了土地所有人狀況責任之合憲性，以及土壤污染整治費用之負擔，必須有其界限。該判決值得我國借鏡，有憲法針對財產權的保障、比例原則針對土地所有人整治費用界限之適用，更重要的是，藉以探討我國環保法以及其他相關法律有關責任人之問題。本章將以前一章責任人之基礎與責任界限為論述基礎，主要探討德國聯邦土壤保護法、我國水土保持法、土壤及地下水污染整治法等重要環保法上之責任人問題。當然我國環保法相關法律亦相當繁多，針對責任人之問題不可能一一列舉探討，本文僅就較具代表性或現今受到矚目之法律，作為探討範圍。

二、德國聯邦土壤保護法

　　德國聯邦眾議會（Bundestag）於 1998 年 3 月 17 日通過制定聯邦土讓保護法（Budes-Bodenschutzgesetz-BBodSchG），並依規定於 1999 年 3 月 1 日生效，自此以後該項法律就成為法院針對環保案件判決之重要條款準則，也成為研究廢棄物以及土地污染等議題在實定法上最重要的資料，並作為德國執行土壤保護主要之法律依據。此項聯邦立法的權限基於德國基本法第 74 條第 1 項第 18 款之規定，該規定有關於聯邦與各邦共同立法的權限為：地產交易、土地法（不含拓路受益法）與農

地租佃制度、住宅制度、政府給予墾殖與家園制度。因此，基於土地法事項，所謂聯邦與各邦共同立法，即亦是有彈性的規定，由聯邦或各邦立法均可行，並無硬性規定非由聯邦立法。所以該法施行前，有關於土壤污染防治與整治之規定，大部分來自各邦法規。而污染土地之整治義務規定於各邦警察法或一般秩序安全法，或者規定於各邦所制定之土壤污染保護法，而土地所有權人之整治責任係以警察與秩序法上之狀況責任為理論依據[64]。

該法主要適用範圍為補充其他未將土壤保護觀念納入考量之相關法規，包括廢棄物、危害物質運送、肥料及植物保護、基因工程、森林、土地、交通、建築、礦業及人口等法規等，並將核能及戰爭等特殊狀況排除在外。該法共有 26 條，其中重要者為：第 2 條規定各項概念及名詞定義，第 3 條規定適用範圍，第 4 條規定危害防止之義務，第 9 條為危害的評估與調查命令，第 12 條為相對人之通知，第 13 條為清除污染之調查與清除計畫，第 14 條為機關的清除計畫，第 15 條為機關的掌控監督，第 19 條為資料傳輸，第 24 條費用問題以及第 26 條的罰鍰規定。其中與本文最為相關，且引起注意的為第 4 條針對土地污染防治與整治責任人相關規定。該條各項明文擴大了責任人的範圍，包括行為人、土地所有權人以及事物管領者，而其責任可分為行為責任以及狀況責任，亦即狀況責任為土地所有權人以及事物管領者[65]。

該條第 1 項首先規定，每一個人對於土地之行為，皆不可以造成土地有害的變化。第 2 項規定，土地所有權人及對於

---

64. Vgl. Wilfried Kügel, Die Entwicklung des Altlasten- und Bodenschutzrechts, NJW 2004, S. 1570 f.

65. Vgl. Landel/Vogg/Wüterich, Bundesbodenschutzgesetz, 2000, § 4 Rn. 50 ff.

土地有事實上管領力之人，有義務對於有害之土壤變化採取防止措施。該條第 3 項規定，導致土壤產生有害變化之行為人及其權利繼受人、土地所有權人，以及對於土地有事實管領力之人，有義務對於土壤污染或因土壤污染導致之地下水污染，加以整治；使得個人或公眾持續性地不受到危害、明顯之不利益或明顯之侵擾。因有害物質造成之負擔，必須採取保護措施，並長期地防止有害物質擴散。保護措施不可能或無期待可能性者，應採取其他保護或限制措施。因為商業法或公司法之原因，法人擁有土地者，或將該土地拋棄者，亦負整治義務。第 4 項規定，就該法第 2 條第 2 項第 1 至 2 款所為土地利用功能之保護而言，依據本條第 1 項至第 3 項針對土壤以及廢棄物防治義務的實踐乃為土地計畫法的許可利用以及應注意由此義務產生的保護要求；如果缺乏計畫法的規定，則保護範圍的形成取決於未來可以預見的保護需求的進展；對於必要處理廢水之清除則依據水利法之規定。第 5 項規定，污染場址於 1999 年 3 月 1 日後發生者，則有害物質必須被排除，但基於對肇因時信賴有效法律之要求，且其信賴考量個案情況值得保護者，不在此限。第 6 項規定，先前的土地所有權人，如果在 1999 年 3 月 1 日以後購買土地者，且對有害土壤之變化有認識，則負有清除污染的義務，但若其購買土地時，對於有害土地的變化或廢棄物污染並不知情，且其信賴考量個案情況值得保護者，不在此限。另一較相關條文為第 24 條有關費用規定，土地所有權人因為狀況責任所負擔之土壤污染整治費用，得依第 24 條第 2 項之規定，向污染行為人求償[66]。

66.同前註 61。

三、我國環保法

（一）水土保持法

水土資源乃係一項有限的公共資源，其保育與利用必須經過妥善的規劃與評估，方能達成水土資源永續發展、地盡其利之終極目標。為維護水土資源、減少災害發生，我國水土保持法所採取的對策，並非消極的禁止人民從事土地開發利用，而是更為積極的管理各種土地開發利用行為，並要求實施行為人應依水土保持技術規範實施水土保持之處理與維護。因此立法者於制定水土保持法時，於該法第 4 條設立水土保持義務人制度，明定公、私有土地之經營人、使用人或所有人，於經營或使用土地時，應實施水土保持處理與維護。該法水土保持責任之建立，乃是考慮到土地利用之身分資格關係，故水土保持法特別課予具備利用開發土地等身分資格者，有實施水土保持處理與維護之義務，而非廣泛賦予一般人民有此等義務，也因此土地之經營人、使用人與所有人之水土保持責任，乃為法律所創制的特定責任[67]。

然而學者認為前述的水土保持責任規定，無法滿足行政管理現實的需求，由於實務上常見濫墾、濫挖等破壞地表的行為人，並非土地所有人、經營人或使用人，而是未經前者同意即擅自開墾的無權使用人，在此情形依照水土保持法第 32 條的規定，行為人至多僅構成刑事上竊占致生或釀成水土流失之罪。但由於刑事制裁的認定較為嚴格，行為人未必會被定罪，況且行為人即使受到刑法制裁，但行政機關可否另要求其從事改正事項，仍有疑問。因此針對無權利用土地之違規行為人的

67.翁曉玲，「我國水土保持責任與處罰規定之檢討」，頁 303-305。

處罰問題，其根本之道即在於修法，而修法方向可從兩方面思考，一為增訂無權利用土地之違規行為人的行政處罰規定[68]，二為直接刪除前述水土保持法第 4 條關於特定水土保持義務人之規定，擴大本法適用對象為一般不特定人，回歸「環境保護、人人有責」之精神，如此方不至於造成管理上之漏洞[69]。

　　針對水土保持法之責任人問題，亦即該法第 4 條所規定課予人民責任義務是否合理，重要的是亦應從狀況責任人之角度思考，該法規定土地所有人等應依法實施水土保持的處理與維護，並不問其是否為實際違規行為人。因為針對所謂水土保持義務，不僅係指積極的從事處理和維護水土保持的措施而已，實亦涵蓋水土危害防止措施之義務，該法並無課予實際違規行為人有危害防止義務之規定，但危害既已發生，則應儘速排除，以避免擴大災害，故基於土地資源的珍貴性以及所有人負有實現公益的社會義務，亦應承認土地所有人負有狀況責任，而其經營人以及使用人，在此應比照土地所有人之責任地位。

　　至於土地所有人等所應負之狀況責任有無界限，即可參考本文上述德國聯邦憲法法院於 2000 年 2 月所作成的「廢棄物土地清理狀況責任人之界限」之判決，主要觀點認為污染土地之整治應以土地的交易價值作為負擔費用的界限，另土地所有人等自願承擔風險時，可期待土地所有人等負擔超過土地交易價值之整治費用。參考該判決，可知行政機關如命水土保持義務人從事清除廢棄物等危害排除措施時，其所負

---

68. 例如在水土保持法第 32 條第 1 項條文中即可作相關修正：「在公有或私人山坡地或國、公有林區或他人私有林區內未經所有人或管理人同意擅自墾殖、占用或從事第 8 條第 1 項第 2 款至第 5 款之開發、經營或使用者，處新台幣 6 萬元以上 30 萬元以下；若致生水土流失或毀損水土保持之處理與維護設施者，處六個月以上五年以下有期徒刑……」。

69. 同前註 52。

擔的費用，應以不超過該土地之市價為宜。總之在解釋與適用狀況責任規定時，行政機關應考量財產權保障與過度禁止（Übermaßverbot）原則，因為對所有權人而言，其所受到的負擔，事實上已造成徵收之效果，但卻無法像其他非責任人一般請求徵收補償，因此行政機關應於個案中審慎裁量責任人實施危害排除措施的範圍與程度，以免造成土地所有人無法承受之負擔。至於土地所有人所負擔的維護與修繕費用，雖無法向國家請求補償，但另可依民事侵權行為之規定向無權使用土地之第三人求償[70]。

（二）土壤及地下水污染整治法

　　為預防及整治土壤及地下水污染，確保土地及地下水源永續利用，改善生活環境，增進國民健康，特制定土壤及地下水污染整治法，依據該法第 22 條規定，有污染整治基金之設置[71]，但是整治基金只是在責任主體不明，或實施緊急應變措施時，代為支應，並非終局之責任主體[72]。土污法係以污染行為人、污染土地關係人為主要之責任主體，依照該法第 2 條第 12 款規定，污染行為人係指因：1. 非法排放、洩漏、灌注或棄置污染物；2. 仲介或容許非法排放、洩漏、灌注或棄置污染物；3. 未依法令規定清理污染物，而造成土壤或地下水污染之人。污染者負責原則在土壤及地下水污染整治法中已有確實落實，污染行為人與污染土地關係人應就主管機關在整治污染源時所支出之必要費用，負擔最後之清償責任，而其屬於連帶債

70. 翁曉玲，「我國水土保持責任與處罰規定之檢討」，頁 306-308。

71. 陳慈陽，「環境法總論」，頁 430-435。

72. 卓英仁，「我國土壤污染現況分析及防治政策之研究」，環保通訊雜誌社，頁 90-92，1988 年。

務之關係，費用支出之多寡，當應取決於主管機關所為之具體整治措施內容[73]。

　　依據土壤及地下水污染防治法（簡稱土污法）第 2 條第15 款之規定，污染土地關係人係指土地經公告為污染整治場址時，非屬於污染行為人之土地使用人、管理人或所有人。而污染行為人之行為若與土壤污染有因果關係，不論歸責與否，即應負土壤污染整治之責任；至於污染土地關係人，針對我國土地所有人之土壤污染整治費用負擔，則以重大過失為歸責要件，土地所有人對於土壤污染若無重大過失，即毋須負擔整治費用[74]。惟當土地於污染後，只要該土地被公告為污染整治場址前所有權或占有權發生移轉，則有關污染土地關係人之責任將無法徹底追究，主要問題在於污染土地關係人之認定時點，不應侷限於該土地被公告為污染整治場址時之所有人或占有人，至少應擴及至土地遭受污染時之所有人或占有人，否則有重大過失之污染土地關係人應負連帶清償責任之規定，則將只成為具文，無法落實[75]。

　　而依據土污法第 25 條等相關規定，污染行為人必須負擔終局之整治費用，但是當污染行為人破產或無法找到時，污染土地關係人即使有求償權，亦無從行使，整治費用之負擔即落在污染土地關係人身上。因此，當土地所有人並非污染行為人時，若無限制地負擔整治費用，顯然有違比例原則。另依據該

---

73. 陳慈陽，「台鹼安順廠環境污染之公法責任問題之初探」，全國律師，頁 40-41，2005 年 4 月。

74. 學者林昱梅教授指出，依據我國土污法相關規定，大部分之土地所有人皆得因無重大過失而免責，與強調風險承擔觀念之土壤污染防治機制，似乎有一段差距，該法以重大過失作為土地所有人負擔整治費用之要件，此種寬鬆之要件，是否能收土壤污染防治之效，實有疑問。

75. 康文尚，「論我國土壤及地下水污染整治法之污染責任人及其責任範圍」，工業污染防治，82 期，頁 34-36，2002 年 4 月。

法第 39 條之規定，污染土地關係人未依規定支付整治費用，經限期繳納，屆期未繳納者，得按其規定支出費用加計二倍，命其繳入土壤及地下水污染整治基金並移送法院強制執行。此種風險之轉嫁，將使有支付能力之土地關係人為無支付能力之污染行為人負擔整治費用。雖然土地所有人負擔整治費用僅限於其對土地成為污染整治場址有重大過失時，但是未依現繳納者甚至加倍計算，在此有違憲法保障人民財產權之意旨[76]。

　　如同前面相同的重要課題是，土污法為何課予土地所有人土壤污染整治義務，若是必要的，其是否亦有責任限制？探討此一問題，首先應瞭解我國土污法之責任體系，係兼採民法之侵權行為法及行政執行法，理論基礎又為民法之無因管理與環境法之污染者付費原則，然而學者認為，德國危害防止法之責任體系，對於土地所有人之污染土地整治責任，具有較強之說服力[77]。土地所有人因為其對於土地之事實上管領力及支配力，必須負擔土壤污染整治責任，此種責任即為本文前述的狀況責任。進一步而言，在風險社會中，基於公共利益之要求，人民有危害防止之責任，土地所有人有義務維持土地處於無污染，對公眾無危害之狀態。所以土污法若課予土地所有人危害防止之狀況責任，不僅有助於建立風險社會之土地秩序，也能加強土壤污染防治與整治。至於責任限制，我國土污法並無明文規定，但本文認為前述德國聯邦憲法法院以土地整治後之市價作為土地整治費用之界限，加上期待可能性之判斷標準，皆可作為我國修法或實務判斷之理論依據。

---

76. 林昱梅，「土地所有人之土壤污染整治責任及其界限」，頁 262-265。
77. 同上註。

四、小結

　　德國制定聯邦土讓保護法後，該項法律就成為法院針對環保案件判決之重要條款準則，也成為研究廢棄物以及土地污染等議題在實定法上最重要的資料，並作為德國執行土壤保護主要之法律依據，尤其第 4 條針對土地污染防治與整治責任人相關規定，不僅擴大責任人之範圍，也引發討論土地所有權人責任界限之問題。針對我國水土保持法，主管機關應參照學者意見，增訂無權利用土地之違規行為人的行政處罰規定，或直接刪除前述水土保持法第 4 條關於特定水土保持義務人之規定，擴大本法適用對象為一般不特定人，回歸「環境保護、人人有責」之精神，如此方不至造成管理上之漏洞。而針對我國土地所有人之土壤污染整治費用負擔，當土地所有人並非污染行為人時，若無限制地負擔整治費用，應參考德國保障憲法財產權之精神，修正土污法之責任規定，以符合比例原則。除了環保相關法律在責任人等問題引起注意與討論外，其他一般法律如兒童及少年性交易防制條例[78]、道路交通管理處罰條

---

78. 針對該條例第 9 條所規定通報義務，其責任人之範圍值得探討。該條文規定，醫師、藥師、護理人員、社會工作員、臨床心理工作者、教育人員、保育人員、警察、司法人員及其他執行兒童福利或少年福利業悉未滿十八歲之人從事性交易或有從事之虞者，或知有本條例第四章之犯罪嫌疑者，應即向當地主管機關或第 6 條所定之單位報告。若上述範圍之人未盡通報義務，將會依第 36 條規定處以新台幣六千元以上三萬元以下罰鍰。針對上述通報義務責任人之範圍，近來研議擬予擴大，將村里幹事、網際網路服務商、電信系統業者列入通報責任人之範圍。本條文所以值得探討，其應有兩個層面的特色，第一在行政罰上針對賦予人民通報告知主管行政機關之義務，在目前法規上屬於少數，因為在民主國家此種報告義務，將會令人回憶起「保密防諜，人人有責」之威權時代。政府賦予人民提供各項資訊之義務，依據憲法基本權的觀點，將牽涉人民之資訊自決權的問題，亦回到基於社會治安之目的而需採取干預人民之禁止或命令措施；第二個層面則在於該條文所列的責任人範圍並無界限理論之基礎，亦即立法者僅以社會狀況或主觀認識，而將責任人規定於某一範圍，此範圍在於其與兒童及少年性交易防制工作或環境等相關者，因此界限不明確，而有不斷擴大責任人範圍之作法。針對第一層面，倘若條文規定要避免侵犯人民

例⁷⁹、社會秩序維護法⁸⁰、建築法⁸¹及消防法⁸²等，其在責任人之問題上亦值得探討，尤其立法者制定法律時針對責任人之

資訊自決權，必須考慮比例原則，應參照司法院大法官釋字第 603 號解釋，針對戶籍法上請領身分證按捺指紋之解釋精神，慎重規範賦予人民提供資訊義務之合理範圍；而針對第二層面，應以法定責任人之理論基礎，對於為提高效率，便於達成行政目的或快速排除危害，才可透過法律擬制列為責任人範圍，且亦應遵守不當連結之禁止原則，排除不相關者以及毫無效果者，以避免責任人無限擴大，失去處罰責任人之效果與意義，亦可避免有侵犯人民行動以及自由權之嫌。

79. 我國道路交通管理處罰條例第 85 條以下，對於責任人有詳細規定，例如本條例第 85 條第 1 項規定略以，依本條例之受處罰人，認為受舉發之違規行為應歸責他人者，應於違規通知單應到案日期前，檢附相關證據及應歸責人相關證明文件，向處罰機關告知應歸責人，處罰機關應即另行通知應歸責人到案依法處裡。依據本條條文，此種立法方式將交通違規責任歸責於行為責任人，其主要類型是為自己之交通違規責任負責，盡量促使原先受處罰人找到確實行為違規者，避免頂替或附帶責任之發生，其效用亦以法律明文規定，而能解決多數責任人競合問題。另有擬議該條例第 35 條有關酒醉駕車之處罰，增列對於同車乘客之處罰，行為駕駛人經測試酒精濃度超過規定標準固應受罰，然而同車乘客將連帶受處罰，亦即賦予同車乘客勸阻之義務責任。而處罰同車乘客是否認定為株連九族、室礙難行，若從責任人理論而言，此項規定亦不同於監護責任，乃為共同責任之承擔，然而完全以法律明定之法定責任人，若不考量同車乘客對於事物管領之期待可能性，同樣缺乏理論基礎，同時亦有違反憲法保障言論與行動自由之嫌。針對責任人範圍之界定，若無理論基礎，此種共同責任之承擔確實容易淪為「連坐」法受到批評，因此仍應基於行政法上之責任人理論，以行為責任人中「為自己本身責任負責」為主要重點，另輔以「狀況責任」作為界定基礎，才能符合法治國依法行政之原則。

80. 例如社會秩序維護法第 70 條各款規定，有針對畜養動物而賦予未盡義務之責任，如畜養危險動物，影響鄰居安全者，又畜養之危險動物，出入有人所在之道路、建築物或其他場所，另驅使或縱容動物嚇人者。此項責任並非為他人之行為責任負責，而是一種特殊型態的狀況責任，亦即對於物之掌領能力之責任。

81. 例如建築法第 98 條規定：「違反第 63 條及第 84 條各條規定之一者，除勒令停工外，並科處承造人、監造人或拆除人六千元以上三萬元以下罰鍰；其起造人亦有責任時，得處以相同金額之罰鍰」，此則為多數責任人選定之典型適用，在多數責任人同時存在的情形之下，主管機關應從多數責任人競合中認定正確責任人。

82. 例如消防法第 37 條等規定，涉及違規的責任人亦為多數，包括所有人、承租人、使用人、事實管理人。在實務上，更屢見業者一再轉讓亦產生多數責任人，應適用上述本文所論述多數責任人選定之理論。

選定更是當前的課題。本文認為主管機關仍應尊重人民資訊自決權，慎重規範賦予人民提供資訊義務之合理範圍，並考量狀況責任人對於事物掌領之期待可能性，避免因責任人範圍之擴大或因共同責任之承擔，淪為「連坐法」受到批評，且有侵犯人民行動以及其他各項自由權之嫌。

伍、結語

　　環保秩序法為環保行政法中具有干預處罰性質之法規總稱，而依據環保秩序法所為行政罰之對象，即為本文依據危害防止法之「責任人」概念，其基礎與界限源自於廣義警察與秩序法，皆屬於干預行政法上責任人之研究範圍，其主要責任類型為行為責任與狀況責任。行為責任是因為行為人所為的行為，與危害的發生有因果關係，而滋生責任。狀況責任人的行為對責任的發生並非一定必須具備因果關係，卻因為享有物的管領力，對物有防止危害的效率及可能，而負有責任。狀況責任之種類可區分為所有權人、對物有事實管領力之人及其他有權利人的狀況責任。

　　環保秩序法上之責任經常關係物之狀況責任，亦即以狀況責任人為重，主管機關對狀況責任人科以排除污染危害之責任，其防止危害之責任係具有限性，而非完全無限制。而責任人即是事物所有權人以及事物管領人，有關狀況責任，從憲法觀點探討其界限，在實務上是有必要的，因為憲法上的基礎乃為法學理論之重要根基。從德國基本法第 14 條第 2 項得知，財產權有其社會義務內容與界限，此一憲法位階的權利有助於說明狀況責任之界限，因為一個人要求享有物之所有權利益時，必須同時負擔責任，但其責任並非完全無界限，如對某些

特殊風險並無任何利益，即非屬該所有人所應承擔的範圍，理應由全體大眾負擔。

　　然而界限如何擬定，往往需要個案判斷，尤其法院的審理判決，應考量憲法上財產權保障以及危害責任等，對於實務運作能有一明確的界限。至於理論上的界限，從學說以及法院判例之整理仍難看出端倪，直到德國聯邦憲法法院於 2000 年 2 月作成的「廢棄物土地清理狀況責任人之界限」判決，該判決中有很重要的界限理論，可以讓我們參考。該判決對於污染土地之整治，提出兩項重要觀點，值得我國參考：一、危害肇因於天然災害，一般大眾或是無權使用的第三人，且受整治的土地乃義務人財產的重要部分時，以土地的交易價值作為負擔費用的界限；二、土地所有人自願承擔風險時，可期待土地所有人負擔超過土地交易價值之整治費用。

　　針對我國環保法相關法律之責任人問題，例如水土保持法、土壤及地下水污染整治法等，亦應從狀況責任人之角度思考，基於土地資源的珍貴性以及所有權人負有實現公益的社會義務，未來修訂法律亦應賦予土地所有權人之狀況責任，對於狀況責任之界限，於各項法律作適度修正調整，以期符合環保秩序法上責任人之基礎與界限理論。至於責任限制，我國土污法並無明文規定，但本文認為前述德國聯邦憲法法院以土地整治後之市價作為土地整治費用之界限，加上期待可能性之判斷標準，皆可作為我國修法或實務判斷之理論依據。至於我國非環保之相關法律，對於其責任人範圍之擴大或共同責任之承擔，應考量憲法保障人民之資訊自決權，避免淪為封建時代之「連坐法」責任規範，亦應避免侵犯人民行動以及其他各項自由權。

（本文發表於《國立中正大學法學集刊》，第 25 期，2008 年 11 月）

3

論一行為不二罰：以交通秩序罰為探討重心

∽ 目錄 ∽

▓ 摘要 SUMMARY

　　一行為不二罰與一事不二罰究竟是否相同或不同，本文首先探討兩者之區別。一般而言在行政法之理論與實務上，即出現兩者混合使用之情形。一事不二罰之原則原為刑事法上的概念，是指同一行為不得受到二度或二度以上之處罰，而一行為不二罰原則係單純就事件實

體內涵，指出國家不得對於人民之同一行為，以相同或類似之措施多次地處罰。我國行政罰法制定實施後，則明文使用一行為不二罰之概念，爾後行政法上一行為不二罰原則均包含一事不二罰之概念與內涵。而論述「一行為」，依據我國法以及德國法理論，則區分為「自然一行為」與「法律一行為」作為各項問題之論述基礎。「一行為不二罰」之原則，相關問題之探討則擴及至行政罰與執行罰之區隔，以及行政罰與刑罰之競合。又現代社會中交通行為與人們有密切不可分的關係，交通行政已經成為國家行政之重要內涵，所以交通行政中有關違規處罰之研究與探討相當重要，本文之探討亦即突顯其重要性，從交通基本權之概念出發，以交通基本權之保障與限制為觀點，針對處罰之重要類型如違規超速、違規停車與酒醉駕車等等，探討其本質並檢驗其在「一行為不二罰」原則下之適用，相關結論據以作為未來修正處罰規定之建議。

關鍵詞

- ◆ 一行為不二罰
- ◆ 一事不二罰
- ◆ 自然一行為
- ◆ 法律一行為
- ◆ 行政罰
- ◆ 秩序罰
- ◆ 交通秩序罰
- ◆ 交通基本權
- ◆ 違規處罰

壹、前言

　　對於人民同一違法行為是否容許國家做出多次制裁，乃有所謂「一行為不二罰」原則之適用，此原則原本為刑事法上所恪遵並予以落實與貫徹，然而近年來在行政法方面，亦引起注意，尤其在我國行政罰法制定實施後，對於行政罰適用「一行為不二罰」原則之情形，更引起廣泛以及深入的討論。在我國文獻亦常出現「一事不二罰」之用語，一事不二罰與一行為不二罰究竟是否相同或不同，一般而言在行政法之理論與實務上，即出現兩者混合使用之情形，因此本文擬就二者之理論、法源依據、憲法位階以及行政法上之理論基礎等作一探討。又在一行為不二罰之概念下，有關行為之概念與理論亦屬相當重要，亦即何謂「一事」以及「一行為」，有關連續行為與繼續行為相對於單一行為之關係等。另在行為之競合理論下，行政罰與執行罰之區隔以及行政罰與刑罰競合之處罰均值得一併探討。

　　在現代社會中交通行為與人們有密切不可分的關係，交通行政已經成為國家行政之重要內涵，所以交通行政中有關違規處罰之研究探討，其重要性不言自明。尤其，在釋字第 604 號針對違規停車問題作出重要解釋後，亦使得「一行為不二罰」以及「交通秩序罰」成為重要探討課題，所以本文於探討「一行為不二罰」原則之餘，擬以「交通秩序罰」之適用情形為探討重心，主要為突顯「交通秩序罰」研究之重要性。本文擬從交通基本權之概念出發，以交通基本權之保障與限制為觀點，針對違反道路交通管理條例之處罰重要類型如違規超速、連續闖紅燈、無照駕駛、車輛超載、違規改裝車箱與違規停車以及酒醉駕車等，探討其本質並檢驗其在「一行為不二罰」原則下之適用，以及探討此原則在個別法規之落實情形，相關結

論後可據以作為未來修正處罰規定之基礎與方向，以避免交通秩序罰過度限制交通基本權，致使侵犯人民應有的基本權利之保障。

貳、一事不二罰與一行為不二罰

一、概說

在我國法學文獻中常出現一事不二罰之用語，也常出現一行為不二罰之詞句，而一事不二罰與一行為不二罰究竟是否相同或不同，一般而言，不區分兩者而交叉使用者，大有所在，亦即出現兩者可以混合使用之情形。

因此本文擬就二者之理論、法源依據、憲法位階以及行政法上之理論基礎等作一探討。另自從我國行政罰法制定實施後，即明文使用一行為不二罰之概念，爾後行政法上一行為不二罰原則是否均包含一事不二罰之概念與內涵在內，均值得注意。

二、一事不二罰

（一）概念與憲法定位

一事不二罰之原則原為刑事法上的概念，是指同一行為不得受到二度或二度以上之處罰，又稱為「禁止雙重處罰原則」（der Prinzip des Doppelbestrafungsverbot），亦有學者稱為「重複處罰之禁止」。此項原則根源於刑事訴訟法上之「一事不再理」的概念，是指同一行為已受刑事判決確定，對該同一行為不得於程序法上再以刑罰追訴或處罰，而一般所稱「一事

不二罰」是以「程序法」上的意義來理解，亦即，不得對同一
行為，再度進行同樣之程序加以處罰[1]。

　　一事不二罰原則在大陸法系國家的法制史發展上，早期
本來僅屬法律層次之原則，由於該原則具有類似訴訟基本權的
特徵，在德國，乃至於歐洲逐漸發展成為憲法上的原則。不過
在威瑪時代，德國上尚未將此原則納入憲法中，直到戰後制定
基本法時，始於第103條第3項明文規定：「任何人不得因為同
一行為，受到普通刑罰多次之刑罰。」[2]，禁止對同一行為重
複刑罰，明確賦予其憲法上之地位[3]。在英美法系中，「一事
不二罰原則」之相對應概念為「雙重危險禁止原則」。而受美
國法影響甚深的日本，於昭和21年所制頒之新憲法亦以美國
聯邦憲法為藍本，將「雙重危險禁止條款」亦明文納入日本憲
法規定[4]。而我國憲法並無一事不二罰原則或雙重危險禁止原
則之明文規定，但仍然有其憲法理論基礎，如本於對人性尊
嚴、自由權之維護、法安定性之要求、比例原則、信賴保護原
則及正當法律程序之具體化與延伸，並參酌大法官解釋及相關
不同意見書，大法官已承認該原則之憲法定位，因此一事不二
罰原則應為我國憲法所承認之基本原則[5]。

1. 蔡震榮，論行政罰上一事不二罰之原則，收錄於公法學與政治理論論文集—
   吳庚大法官榮退論文集，頁523-525，元照出版社，2004年10月；王兆鵬，
   論一事不再理之憲法原則（上），頁52-54，台灣本土法學第80期，2006年
   3月。

2. Vgl. Bohnert, Einleitung, in: Karlsruher Kommentar zum Gesetz über
   Ordnungswidrigkeiten, hrsg. Karlheinz Boujong 2000, Rn. 134.

3. 洪家殷，行政罰法論，頁120-122，五南出版社，2006年2版。

4. 呂月瑛，一事不二罰之研究，頁23，國立中正大學財經法律研究所碩士論
   文，2006年7月。

5. 洪家殷，行政罰法論，頁124-129，五南出版社，2006年2版。

（二）美國法與德國法之理論

　　關於一事不二罰原則，美國的雙重危險禁止條款以及德國基本法與秩序違反法之規定可以顯示其內涵。美國聯邦憲法第五修正案條文規定：「任何人不得因同一罪行，而使其生命或身體遭受兩次危險。」此賦予「雙重危險禁止原則」明確的憲法依據。美國聯邦最高法院在 North Carolina v. Pearce 案，進一步闡釋雙重危險條款所明確保護的三項利益：（一）禁止對於已經受無罪宣告之相同犯行，更行訴追；（二）禁止對於已受有罪判決宣告之相同犯行，再次追訴；（三）禁止對於相同犯行施以多重處罰。前二者均是涉及訴訟法上的「一事不再理原則」[6]，以保護當事人權益，並維護法秩序之安定性，而第三項保護內涵為關於實體法處罰的情形，涉及公平與必要性原則。此條款亦包含下列多種核心價值：（一）該條款保護人民免於遭受不必要的窘困與犧牲以及心理上的創傷；（二）確保裁判的終局性，此對於社會秩序而言，具有實質的重要性，蓋連續不斷的調查與追訴，將對於人民的隱私生活造成嚴重侵擾；（三）避免人民受到來自政府不合理騷擾行動；（四）避免檢察官對於相同案件事實於重啟新的訴訟程序時，以不同理由予以論罪[7]。雙重危險禁止條款本屬於正當法律程序之一環[8]，其所隱含之核心價值，縱然描述方式不同，稽其精神與

---

6. 王兆鵬，論一事不再理之憲法原則（上），頁 51-53，台灣本土法學第 80 期，2006 年 3 月。

7. 呂月瑛，一事不二罰之研究，頁 13-15，國立中正大學財經法律研究所碩士論文，2006 年 7 月。

8. 法治斌，試讀一事不二罰，頁 305-307，收錄於台灣行政法學會學術研討會論文集（1999），元照出版社，2001 年。美國最高法院甚早即採擴張解釋，將此條款適用涵蓋所有法益受損之情形，然又曾於 1937 年一度拒絕將此條款之適用範圍，經由第 14 條正當法律程序條款之轉介，延伸進入州法之層次，以約束州政府公權力之行使。但於 32 年後已改弦更張，承認此條款之規定得為

法治國家原則不謀而合，並係基於人性尊嚴之維護，法安定性之要求，信賴保護原則，以保障基本人權。

德國基本法第 103 條第 3 項規定：「任何人在一般刑事法律中不得基於同一行為多次受罰。」是指針對行為人同一行為的重新追訴，基本上是不被許可的，此為一程序法上的基本權，擔保一個主觀公法合憲請求權，屬於所謂的「消極的防衛權」，擔保個人有請求一行為不得多次處罰之權，不得對已有罪或無罪確定判決之事件重新起訴。在程序法上，一事不二罰之原則表現出「程序上之中止阻斷」多次處罰，其主要適用在刑事罰上不得多次之處罰 [9]。在德國，一事不二罰亦適用於秩序違反法（Gesetz über Ordnungswidrigkeiten），該法第 84 條第 1 項規定：「已具確定判決之罰鍰或法院對違反秩序行為或犯罪行為已作出確定判決時，同一行為不得再以違反秩序追訴。」第 2 項前段規定：「對違反秩序行為已作出確定判決時，同一行為不得再以犯罪行為追訴。」德國法院亦得作出罰鍰之決定，而法院作出罰鍰決定之效力與行政機關裁罰決定之效力不同。本條之「一事不二罰原則」規定，共分為三種情形：第一，對一已具「確定力」的裁罰決定，行政機關或法院不得對該同一行為再以違反秩序追訴，亦即，同一行為不得兩次違反秩序處罰；其次，已具「確定力」的法院若已作出裁罰判決，則該判決對後來的刑事追訴仍有「一事不二罰原則」之適用；第三，已具「確定力」的行政機關裁罰決定，並無中止阻斷事後對同一行為刑罰之追訴，此種情形即所謂「一事不二罰原則」受限的適用，亦即行政機關裁罰決定並無中斷阻止事

正當法律程序所包容，而間接適用於各州。

9. Vgl. Fliedner, Die verfasssungsrechtlichen Grenzen mehrfacher staatlicher Bestrafungen aufgrund desselben Verhaltens, AöR 1974, S. 252 f.

後對該同一行為的刑事追訴[10]。

（三）釋字第 604 號解釋

　　然而一事不二罰與一行為不二罰所規範之內容究竟是否相同或不同，經由大法官釋字第 604 號解釋，彭鳳至大法官提出：「一事指一個事件，『事件』則依『自然觀點去判斷的一段生活過程』，目的在界定確定判決確定力的範圍。由於德國基本法第 103 條第 3 項所規定『事件』的概念，特別強調一件刑事判決確定後，與其與相關的另一刑事追訴程序是否為重複處罰的情形，故以該國刑法第 52 條、第 53 條規定的刑事實體法上行為的概念本不一致，而較接近德國刑事訴訟法第 155、264 條所規定的刑事訴訟法上行為的概念。」另許玉秀大法官所持意見大致相同，其認為：「德國基本法第 103 條第 3 項規定的同一事實只受一次處罰，其中同一事實的概念，始終是討論的重心，德國憲法文獻的說明當中，只有一點是清楚的：這個『事實』的概念與德國刑法想像競合（事實單一）及實質競合（事實多數）的『事實』並不完全相同。如果就程序法上一事不再理的意義而言，一事就是一個案件，一個案件當然未必是一個行為。」從上述的觀點可得出，一事不二罰是針對同一事件不得再追訴或重複處罰，此即所謂的「程序障礙」，透過此阻斷對同一事件的追訴或處罰。

　　此號解釋大法官對於道路交通管理處罰條例 85 條之 1 有關違規停車之連續處罰規定，已表達出其明確之見解，加上個別大法官之協同意見或不同意見，顯示出大法官之各種態度，雖然意見未必完全一致，惟確已深入思考過相關問題。針對連

10.蔡震榮，論行政罰上一事不二罰之原則，收錄於公法學與政治理論論文集—吳庚大法官榮退論文集，頁 540-542，元照出版社，2004 年 10 月。

續處罰有無牴觸一事（行為）不二罰原則，本號解釋既視立法
者藉由舉發之次數，以認定違規之次數，屬多數行為，故推論
無一事（行為）不二罰原則之適用，惟並未對此原則之內涵有
所闡釋。另將其解釋為法律上的多數行為並處以多次之處罰，
實不符該行為之本質，且應非正確之立法目的，亦是對人民權
利之過度侵害。而本號解釋以「每逾二小時」為連續舉發之標
準，認為尚未逾越必要之程度，但仍以此種授權連續舉發之目
的及範圍，宜以法律定之。對此，以每逾二小時為連續處罰之
標準，其根據理由卻不明確，並不符合行政罰之明確性原則之
要求，因此實難進一步推論是否符合比例原則[11]。有關本號解
釋之其他論述，本文於第肆：交通秩序罰之適用探討，有關違
規停車部分繼續詳為探討。

（四）綜論

因此，一事不二罰是指程序法上之「事件」，可說是源
自於刑事訴訟法上之「一事不再理原則」，並涉及所謂的「訴
訟基本權」（Prozeßgrundrecht）。詳言之，其本係單純屬於法
律層次之刑事程序法上問題，為刑事訴訟上常用之一事不再理
原則，即當法院判決具有確定力後，將不容許對同一行為再進
行新的刑事程序。此原則具有阻斷效力（Sperrwirkung），可
保護被告免於再一次成為其他刑事程序之標的[12]。而在我國行
政罰法制定實施後，一事不二罰在行政罰之適用，即稱一行為
不二罰，其是指如行政罰法第 24 條所稱的「一行為違反數個

11.洪家殷，違規停車連續處罰相關問題之探討— 以釋字第 604 號解釋為中心，
　　頁 188-190，月旦法學雜誌，2006 年 2 月。

12.洪家殷，違規停車連續處罰相關問題之探討— 以釋字第 604 號解釋為中心，
　　頁 195-196。

行政法上義務」的「想像競合」，著重在實體法上之行為數之計算，兩者著重之重點明顯有所不同。但一事若僅是處理一行為時，則兩者會產生重疊的現象，只是發生的時間有先後而已[13]。針對一行為不二罰之概念，本文將於下一節詳細論述。

三、一行為不二罰

（一）概念與憲法相關原則

　　前述一事不二罰與一行為不二罰究竟是否相同或不同，一般而言，不區分兩者而交叉使用者，大有所在，亦即出現兩者可以混合使用之情形。然而我國行政罰法制定實施後，則明文使用一行為不二罰之概念，爾後行政法上一行為不二罰原則均包含一事不二罰之概念與內涵。由此，前述有關一事不二罰之概念，事實上亦包含一行為不二罰之基本概念，尤其有關憲法條文之依據，一行為不二罰原則仍然可引用美國的雙重危險禁止條款以及德國基本法與秩序違反法之相關規定，而在我國憲法上亦並未有相當之條文為依據，只能從憲法原則中尋找其憲法依據，與此相關之憲法原則即為法安定性原則、比例原則以及信賴保護原則[14]。

　　法安定性原則之主旨在於強調法秩序之維護，避免由於法秩序之破壞，造成人民權益受損。當個人違法行為已受到國家

---

13. 蔡震榮，論釋字第 604 號解釋對交通裁量之影響，頁 34，台灣本土法學第 78 期，2006 年 1 月。針對此進一步指出，例如釋字第503號解釋，行為罰與漏稅罰間，若行為罰已經先處理過，該處分已經確定時，其雖屬較輕之處罰，但就該行為即不得作處罰較重的漏稅罰，在此產生了兩者有重疊之現象。

14. 洪家殷，違規停車連續處罰相關問題之探討— 以釋字第 604 號解釋為中心，頁 189-190，月旦法學雜誌第 129 期，2006 年 2 月。

之處罰，等於已就其過錯贖罪，國家即不應再次予以制裁[15]。比例原則為當人民之違法行為已受到國家之處罰，就該違法行為應已達到處罰之目的，若再施以其他的處罰，將超過達到處罰目的之必要程度。且一行為受到國家多次處罰，在手段與目的間亦不成比例。故基於比例原則之要求，一行為不得受到新的處罰，且不得重複處罰。而信賴保護原則在於當人民已就違法行為受到國家之處罰後，其會相信國家不會再就同一行為予以處罰，並藉此而形成自身之生活。此種信賴，國家應予保護，不得輕易破壞，以免侵害人民之權利。因此，人民對於國家公權力行使結果所生之合理信賴，自應予以適當之保障。所以，不論法安定性原則、比例原則或信賴保護原則，皆屬憲法原則且為法治國之重要內容，一行為不二罰原則既可在上述各原則中獲得其憲法基礎，應亦可確認為我國憲法上之原則並具有憲法位階[16]。

　　上述憲法三原則由比較憲法原理以及司法院大法官解釋中可以間接導出，參酌大法官解釋及相關不同意見書，大法官已承認一行為不二罰之憲法定位。法安定性原則從德國基本法第103條第3項可以更明確顯示出，係指人民會因為國家已決定處罰而有利，人民不再長期受到處罰之威脅。另比例原則可以參見釋字第503號解釋，針對納稅義務人違反作為之處罰，必須採用不同之處罰方法或手段，以達行政目的所必要者。而信賴保護原則可以參見釋字第525號解釋，針對公權力行使涉及人民信賴利益而有保護之必要者。而從憲法法理以及大法官解釋中觀察，上述三原則並非以某個原則為核心，而是各有相同比重，同時顯現一行為不二罰在我國憲法具有之位階。

15. Vgl. Dürig, Grundgesetz Kommentar, 6. Auflage, 1991, Rn. 124 ff.
16. 同前註第13。

　　學者又有認為憲法第 8 條所稱之法定程序，已經包含了同一行為受二次以上之處罰原則在內，基於法治國原則亦應有一行為不兩罰之適用 [17]。亦有認為釋字第 384 號解釋理由書中闡明包括同一行為不得重複處罰，故認為已為我國憲法所承認之基本原則，亦有學者認為釋字第 503 號解釋，已將一行為不二罰原則提昇為「現代民主法治國家之基本原則」[18]。一行為不二罰原則存在之目的乃是為避免人民因為同一行為而遭受國家二次以上之處罰，為程序上之保障，應屬正當法律程序之一部分，而為法治國原則中不可或缺的一環，其一方面為保障程序基本權的當然要求，另一方面亦可以防止國家機關之恣意。一行為對當事人之雙重處罰不但違反正當程序，且違反平等原則、比例原則以及法治國原則。衡諸前述一行為不二罰可視為具有憲法位階，大法官釋字第 384 號解釋理由書中已作出解釋，其適用範圍不但包括刑事罰，且及於行政罰，如釋字第 503 號解釋所稱般，故應認為一行為不二罰在我國不但具有憲法之位階，且其適用範圍包括行政法罰在內 [19]。

（二）行政罰法之規定

　　一行為不二罰又可稱為禁止雙重處罰原則，其本意應係在禁止國家對於人民之同一行為，以相同或類似之措施多次地處罰，理論上包含兩種情形：其一，一行為已受到處罰後，對同一行為再行處罰；其次，一行為同時受到多數處罰。行政罰法對於一行為不二罰原則之適用，有兩種情形，其一為行政罰法第 24 條「一行為違反數個行政法上義務規定而應處罰鍰

17. 參閱吳庚釋字第 337 號解釋之不同意見書。
18. 李惠宗，行政法要義，頁 502，增訂二版，2002 年 10 月。
19. 蔡震榮，論行政罰上一事不二罰之原則，頁 545-547。

者」競合時，採法定罰鍰最高之規定裁處之；其次為行政罰法第 26 條「刑法與違反行政法上義務規定」發生競合之情形，採刑法優先原則。因此，我國行政罰法，不管一行為是在行政罰管轄內或跨越到刑法領域內，只能就其一選擇處罰之，不得併罰。

　　行政罰法第 24 條第 1 項規定違反行政法上義務的行政「同種類想像競合犯」罰鍰的處罰基準，是依法定罰鍰最高的法律規定去裁處，可是如果裁處規定是容許裁量的，也就是屬於裁量條款的，那麼具體的裁處金額，最低也不可以低於各該有關規定的最低額度，這種規定也可以說是「雙重的從重處斷控制機制」。本條第 2 項規定違反行政法上義務的行政「異種類想像競合犯」的併罰和例外。本項規定，一個行為違反了數個行政法上的義務規定，而該違反行政法上義務的行為，除了應該被處罰鍰以外，如果另外還有沒入或者其他種類行政罰的處罰，包括限制或者禁止從事一定行為的行為、剝奪或者消滅被罰人的資格、權利，影響受罰人的名譽或者具有警告性的處罰，可以依據該規定一併裁處該等處罰。但是如果處罰種類相同的，而如果從一重處罰就已經足以達成行政的目的，就不可以重複裁處。本條第3項規定違反行政法上義務的行政「想像競合犯」行為，如果是既屬於違反社會秩序維護法，同時也屬於其他行政罰法所規定，都要處罰的行為，則只要已經被裁處拘留了，那麼就不再裁處罰鍰，這也是「拘留罰排除罰鍰原則」[20]。

　　行政罰法第 26 條第 1 項規定刑事責任和行政責任想像競合時，刑事責任優先，換句話說，只就刑事責任去追究。但是如果行政責任內容屬於「限制或者禁止從事一定的行為」、

20.蔡志方，行政罰法釋義與運用解說，頁 98-100，三民書局，2006 年 11 月。

「剝奪或者消滅受罰人的資格、權利」、「影響受罰人的名譽」或者是「警告受罰人」的處罰、行政罰上可以被處沒入的物，在刑法上剛好可以被宣告「沒收」，而法院並沒有作沒收的宣告，那麼這些其他種類的行政罰和刑事罰想像競合的時候，仍然要被另行處罰。如此看來，行政罰和刑事罰關於「沒收」和「沒入」部分，其實只有備位的想像競合，也就是法院沒有處罰的，行政機關就可以處沒入。本條第 2 項規定刑事責任不成立或未受罰時，行政責任的裁處。此項規定是基於「刑事責任優先原則」和「行政責任補充原則」而來，在適用的條件上，是以行為的刑事責任，因為受到檢察官不起訴處分或者經法院判決無罪、免訴、不受理或者是刑事訴訟法第 258 條之 3 第 2 項的「不交付審理」的裁判確定的，仍然可以依違反行政法上義務的規定，裁處該罰的種類[21]。

（三）綜論

　　一行為不二罰原則如前所述係指國家不得對於人民之同一行為，以相同或類似之措施多次地處罰，而其適用範圍究竟有多廣，是否刑罰及行政罰均包含在範圍內，另是否僅限於實體上之處罰，抑或亦涵蓋程序上之訴訟行為。經依前述歸納我

---

21. 蔡志方，行政罰法釋義與運用解說，頁 109-111。蔡志方教授進一步指出，受到緩起訴處分者，是否也有本條第 2 項規定的適用，因為本項並無明文，致學者間意見不一。學者李惠宗教授認為，緩起訴處分與不起訴處分、免訴、不受理、不付審理的裁判等，均為不生刑法效果的處分，為避免價值失衡，應有本條第 2 項的適用。另學者蔡震榮、鄭善印教授認為，緩起訴處分與不起訴處分，仍屬有異。在緩起訴處分的情形，檢察官得依刑事訴訟法第 253 條之 2 的規定，命被告於一定期間內遵守或履行一定的負擔，亦屬於刑事的處罰。惟此問題經法務部行政罰法諮詢小組第一次會議紀錄有明確結論：「緩起訴者乃附帶條件的不起訴處分，亦即是不起訴的一種。」請參閱李惠宗，行政罰法之理論與案例，頁 127；蔡震榮、鄭善印，行政罰法逐條釋義，頁 383。

國學者等相關見解，有認為廣義上可包含刑事制裁，適用於刑事訴訟程序之「一事不二罰原則」，以及行政罰之行政制裁程序之狹義「一行為不二罰」。亦有學者認為可包括訴訟法上之程序障礙之一事不再理，以及實體上規定行為次數或處罰次數與方式間問題之一行為不二罰。綜之，一行為不二罰原則具有憲法上之位階，且其本意係在禁止國家對人民之同一行為施以多次的處罰，而國家之處罰行為，未必只侷限於刑罰或行政罰時，則此原則之適用範圍應可涵蓋所有的國家制裁行為。此外，國家之處罰措施，既可分成實體及程序兩部分，程序部分尚有訴訟程序及行政程序，同樣應皆可涵蓋在此原則之內。因此，在實體法上，一行為不得適用處罰規定之多次處罰，不論是刑罰法規或行政罰法規；程序法上，刑事訴訟程序或行政訴訟程序之一事不再理，可認屬本原則之下位概念，另在行政處罰程序中，對於已確定之同一行為，應不得再任意開啟[22]。

針對本文而言，著重探討於行政罰法所規定之一行為不二罰，因此與其密切相關之行為概念以及處罰競合問題，即為下文繼續探討之重心。

四、小結

一事不二罰之原則原為刑事法上的概念，是指同一行為不得受到二度或二度以上之處罰。此項原則根源於刑事訴訟法上之「一事不再理」的概念，是指同一行為已受刑事判決確定，對該同一行為不得於程序法上再以刑罰追訴或處罰，涉及所謂的「訴訟基本權」。而一行為不二罰原則係單純就事件實體內涵，指出國家不得對於人民之同一行為，以相同或類似之

---

22. 洪家殷，違規停車連續處罰相關問題之探討—以釋字第 604 號解釋為中心，頁 190-191，月旦法學雜誌第 129 期，2006 年 2 月。

措施多次地處罰。一事不二罰與一行為不二罰究竟是否相同或不同，在我國行政罰法實施前，一般而言在行政法之理論與實務上，即出現兩者可以混合使用之情形。然而我國行政罰法制定實施後，則明文使用一行為不二罰之概念，爾後行政法上一行為不二罰原則均包含一事不二罰之概念與內涵，因此兩者之區分已經不是探討重點，重要應是後面所探討的行為論，亦即何謂「一事」或「一行為」。另在美國以及德國，均有針對此原則之憲法規範，而在我國憲法上雖未有相當之條文為依據，然而可以從憲法原則中尋找其憲法依據，與此相關之憲法原則即為法安定性原則、比例原則以及信賴保護原則。

參、單一行為論與處罰的競合

一、自然的一行為與法律的一行為

經確認一行為不二罰或一事不二罰之概念後，最重要的探討在於何謂「一事」或「一行為」，前述針對概念的確認探討，可以認定「一事」與「一行為」在行政法上之定義並無太大差別，因此在行政罰法實施後，確認何謂「一行為」自然成為探討的重點。其實違反行政法上義務之行為是否為「一行為」，則係個案判斷之問題，即必須就個案具體事實於以判斷，而不是就某法規與某法規之間之關連為何，或就抽象事實，予以抽象之判斷。於具體個案判斷時，宜就個案具體情節，斟酌法條文義、立法意旨、制裁意義、期待可能與社會通念等因素決定之。又「行政罰法上一行為」之概念，亦當與「刑法上一行為」有所區別，因為二者判斷標準未必一致。通常「刑法上一行為」即可認為「行政罰法上一行為」，而「行政罰法上一行為」卻可能構成「刑法上數行為」。蓋

以刑罰係著眼於保護法益 [23]，行政罰則著眼於遵守行政法規，故難免有不同之判斷 [24]。雖然是否為「一行為」之問題係屬個案判斷之問題，但為求個案判斷正確，仍有闡釋「一行為」概念之必要。而我國學界與實務上均參考德國法理論與文獻資料，並參酌我國行政罰法立法原則，就行為論予以探討，最通常論述所謂「一行為」，則可區分為「自然一行為」（natürliche Handlungseinheit）與「法律一行為」（rechtliche Handlungseinheit）[25]。

自然一行為是指外觀上由多數自然行動所構成，即從自然生活觀（natürliche Betrachtung）加以判斷，認外觀上可分割為整個事件之數動作，若行為人係於單一之意思決定，且該數個部分行動在時空上又存有緊密關係，而由第三者觀察，足視為單一之綜合行為者稱之 [26]。這些內在關聯的行為，若分別評價論處將被視為不自然的區分 [27]。判斷自然一行為共有三項要素：（一）單一與同種類之意思決定：行為不必具有概括之故意，強調除單一的意志決定外，且必須此單一決定設定在同種類之行動意志上，才屬自然一行為；（二）時空緊密關聯：這些行為間，有無時空緊密關係，亦即依通常經驗判斷該行為時空緊密而難以分辨前後關係，得視為一行為，否則屬數行為；（三）第三者的觀察為準：亦即以非當事人角度觀察，這些行為間無法分割為數行為時，則應視為一行為。而所謂法律一行

23. 柯耀程，刑法關於行為數之判斷，頁 184-186，警察法學第 6 期，2005 年 12 月。

24. 林錫堯，行政罰法，頁 51-53，元照出版社，2005 年。

25. Erich Göhler, Ordnungswidrigkeitengesetz, 14. Auflage, 2006, S. 170 f.

26. Vgl. Joachim Bohnert, Ordnungswidrigkeitenrecht— Grundriss für Praxis und Ausbildung, 2. Auflage, 2004, S. 34.

27. 鄭善印，行政罰法之行為論，頁 50-52，中央警察大學行政罰法對警察工作之影響學術研討會論文集，2005 年 12 月。

為是從法律觀點將上述所謂多數自然意義的行為，經由法律的構成要件的結合評價為單一行為（Handlungseinheit）。在一時空緊密下重複地實現構成要件則視為單一行為。法律上之一行為通常是指對於該事件雖存在著多數自然一行為[28]，但在立法政策所考量的法律規範上，卻視其為一行為而處罰之。其分別有下列行為：（一）構成要件的一行為：法律的構成要件將多數自然一行為結合成為一行為。上述皆屬數個自然的違反行為，卻同時符合法律上同一構成要件，以一行為論；（二）繼續違法行為：繼續違反是指行為人因故意或過失，持續地維持實現單一構成要件的違反狀態[29]；（三）連續違反行為：指行為人基於概括之犯意，連續數行為實現同一規定之構成要件，且個別行為間具時空之關聯性者[30]。

　　綜合而言，一行為不二罰原則之適用，與違反行政法上義務之行為究係單一行為或數行為，有密切之關係，惟兩者間不易區別。依據前述德國理論，所謂「自然單一行為」係指行為只有一個動作，或是有多數動作，而在多數動作兼具有直接的時間及空間關係，當第三人以自然的觀察方式觀察時，可以認為其整體的活動是一個單一的綜合作為[31]。「法律的單一行為」係指結合多數自然意義的動作成為單一行為，而此種單一行為只構成一個違法，並只得受一個行政罰之處罰。因此，法律的單一行為著重於法律上之意義，而與自然的行為是否單一，並無必然之關係。其可以再區分成以下幾種重要的類型：

---

28. Vgl. Erich Göhler, Ordnungswidrigkeitengesetz, 14. Auflage, 2006, S. 171 ff.

29. Vgl. Bohnert, Karlsruher Kommentar zum Gesetz über Ordnungswidrigkeiten, hrsg. Karlheinz Boujong 2000, § 19, Rn. 40; Günter Rosenkötter, Das Recht der Ordnungswidrigkeiten, 4. Auflage, 1995, Rn. 168 ff.

30. 蔡震榮、鄭善印，行政罰法逐條釋義，頁 53-58，新學林出版社，2006 年。

31. 廖義男，行政罰法，頁 210-212，元照出版公司，2007 年。

多次實現構成要件之行為、連續行為、繼續行為、持續行為及集合行為等。連續行為（fortgesetze Handlung）即如同刑法上之「連續犯」，亦被承認為法律上的單一行為，其係從法律的觀點結合多數不同的違反行政法上義務之行為，而成為單一行為。而繼續行為（dauere Handlung）亦稱為「繼續犯」（Dauerdelikt），係指行為人之違法狀態，即由於實現行政罰要件所形成之違法狀態，有意地或無意地維持下去。此種行為係單一的實現行政罰之構成要件，並在時間上延續下去。不過連續行為與繼續行為雖皆可歸屬於法律之單一行為，惟我國實務界向來並不接受行政罰中有連續行為類型之存在，仍視為多數行為得處以多次之處罰，於行政罰法中亦未將此納入[32]。

　　然而依據德國法理論所建構的「自然一行為」與「法律一行為」仍有檢討之處，在「自然一行為」方面，以自然的觀察方式觀察一個動作或是多個動作，如認為多數動作間具有直接的時間及空間關係，則可以認為整體的活動是一個單一的綜合行為。在此所謂「自然觀察」、「直接的時間及空間關係」，均屬不確定法律概念，具體的操作標準，仍委諸實務運作，法官的主觀認定，在執行上顯有困難，且易流於法官恣意。而在「法律一行為」方面，係透過案例類型的建立，以類型化的方式，基於法規的目的，將數個自然意義的單一行為在法律上擬制為一個同一行為，以限縮行政罰之處罰，其理論之提出應係出於比例原則。然而此理論所論述的概念類型仍屬高度不確定法律概念，於實際操作運用時，恐有困難。另此理論基本上是援引刑法上關於法律同一行為之理論做參考，以連續犯為例，其在刑法上有明文規定得做為法源基礎，故得以將自

32.洪家殷，違規停車連續處罰相關問題之探討— 以釋字第 604 號解釋為中心，頁 191-193，月旦法學雜誌第 129 期，2006 年 2 月。

然意義的數行為，在法律上將之「擬制」為一行為，但是現行法制之下，行政罰法並未明文規定法律上單一行為的概念，因此可能被認為欠缺適用之基礎[33]。在德國對於連續行為亦可經由行為理論（多次違反一個法律），擬制為「法律一行為」。綜合參考德國法理論（德國秩序違反法 § 19, 20 參照），行政罰之行為在理論上應如圖 1 之圖解[34]。

二、行政罰與執行罰之區隔

　　所謂行政罰主要係指秩序罰，可說是行政機關基於維持行政秩序之目的，對於過去違反行政法上之義務者，所施以刑罰以外之處罰，資為制裁之謂[35]。而執行罰指為行政上之強制執行，係人民違反行政法上之義務，為督促其履行，以實現與該義務已履行之同一狀態，由行政機關採取行政上強制執行之手段[36]。此兩者之共通點，在於皆係基於行政目的之達成，對於違反行政法上之義務者，所施加刑罰以外之不利益。兩者之差異，主要在於對象不同，即行政罰係對過去已違反行政法之義務者，基於制裁之特徵，所額外施加之不利益。本於處罰法定原則，對行為人處以行政罰，係以行為人於行為時是否符合法律所規定之構成要件為依據，至於行為後所造成之違法效果如何、違法狀態是否有所改善、行為人是否繼續從事其他違法行為等，則屬處罰輕重之衡量以及是否構成另一處罰要件之問題，與該違法行為是否應受行政罰之處罰無必然關係。不過，

---

33. 呂月瑛，一事不二罰之研究，頁 99-101，國立中正大學財經法律研究所碩士論文，2006 年 7 月。

34. Vgl. Günter Rosenkötter, Das Recht der Ordnungswidrigkeiten, 4. Auflage, 1995, S. 133.

35. 林錫堯，行政罰法，頁 42。

36. 蔡震榮，行政執行法，頁 2-5，修訂三版，元照出版公司，2002 年。

行政罰之行為論圖解

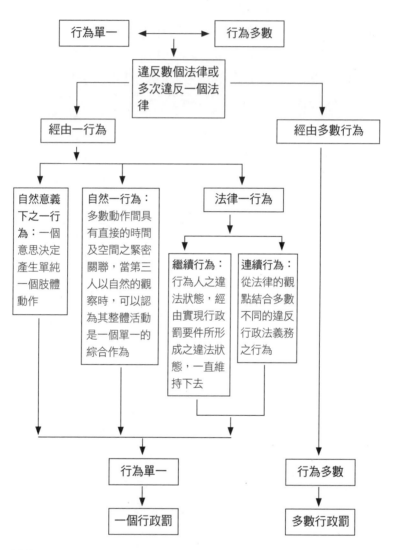

出自德國 Günter Rosenkötter 教授所著《秩序違反法》（*Das Recht der Ordnungswidrigkeiten*）一書，
第 133 頁。

圖1　行政罰之行為論

由於行政罰具有對於行為人施以額外不利益之制裁特徵，故其亦不排除有遏阻行為人違法之效果[37]。

行政執行罰係以督促相對人履行其應盡之義務為目的，蓋相對人已有違反行政法上義務之情形存在，為督促其改善，所施加之強制手段，因此其重點並不在對該已存在違法行為之處罰，且是否已受到處罰並非其考量重點，而係要求其改善，故只要相對人一履行其義務，由於目的已實現，故強制行為即告結束。因此，在未改善期間，行政機關得不斷採取各種強制手段，以督促其履行。雖然此種督促手段亦會對相對人造成不利，然並非對過去行為之處罰。基此，在判斷行政機關對於違反行政法上義務者，所施加之不利益，究屬行政罰或行政執行罰，可根據該規定之對象及目的而定。倘係以過去已存之違法行為為對象，且基於制裁之目的時，應屬行政罰；若係以未履行之義務為對象，且目的在督促其履行或改善時，則歸於行政執行罰[38]。

一行為不二罰在行政罰上有其適用，一違規行為經處罰確定後不得對同一行為再做處罰。但其並不適用在行政執行上，因為行政執行在設計上，是可對同一違規行為的進一步加以執行，甚至可提高怠金的額度。針對此之觀點為，行政法上為避免陷入一行為不二罰的嫌疑中，乃創造了行政執行的概念，一違規行為經處以秩序罰後，若其違規狀態仍繼續存在，且違反行政目的時，為排除此種違法狀態，行政機關得採取即時強制或透過告戒手段，限期命其改善，而進入另一種法律狀態[39]。在執行當中，行政機關得就具體執行情形，可由一執行

---

37. 洪家殷，違規停車連續處罰相關問題之探討 —— 以釋字第 604 號解釋為中心，頁 182-183，月旦法學雜誌第 129 期，2006 年 2 月。

38. 同前註。

39. Vgl. Erich Göhler, Ordnungswidrigkeitengesetz, 14. Auflage, 2006, S. 175 ff.

行為轉變成另一執行行為，例如由怠金轉變成代履行或甚至直接強制。因此，行政罰與行政執行在時間上的順序是，原則上是行政罰處罰後，才有行政執行的問題，但有可能在針對同一行為第一次處罰時，兩者可以同時為之，例如處以違規行為的秩序罰並同時命其改善的告戒。處以秩序罰後，針對同一違規行為如有持續違規狀態即可實施告戒程序，此時原處分機關即進入執行階段，其可以就強制手段間作選擇[40]。

三、行政罰與刑罰之競合問題

行政罰與刑罰皆為國家對人民不法行為之制裁，對於人民同一之不法行為可否同時施以行政罰與刑罰之問題，首先必須考慮到此兩種處罰在本質是否相同，此亦涉及一行為不二罰之適用問題，尤其是在比例原則之要求。關於行政罰與刑罰間究竟為「質」的差別或「量」的差別，學說上之爭議由來已久，雖無論採取何者，皆有難以克服之缺點存在，惟現今之趨勢，可說已放棄純粹質的區別，而傾向於量的差異，並由立法者決定，對違反之行為科以刑罰或行政罰。一般以量的區別說而言，則行政罰與刑罰只是處罰手段之不同而已，其間並不存在保護法益或制裁目的等之本質差異。因此，當行為人就其行為已被科以較重之處罰時，國家應已達到制裁之目的，不得再行處罰，否則將逾越必要之程度，不符比例原則之要求[41]。

我國行政罰法第 26 條第 1 項及第 2 項所規定即為一行為同時觸犯刑事法律與違反行政法上義務者之情事，在此規定之前，我國實務素認行政罰與刑罰不適用一行為不二罰原則，對

---

40. 蔡震榮，論釋字第 604 號解釋對交通裁量之影響，頁 42-44，台灣本土法學第 78 期，2006 年 1 月。

41. 洪家殷，行政罰法論，頁 133-135，五南出版社，二版，2006 年。

此亦引起學界之討論，後來採取德國法的觀點，德國秩序違反法第 21 條明文規定，處罰競合以刑事罰為優先[42]。此觀點有鑑於行政罰與刑罰同屬對不法行為之制裁，且因刑罰之制裁功能強於行政罰，刑罰之處罰程序較行政罰嚴謹等立論，而為上述規定，並揭示行政罰與刑罰亦適用一行為不二罰原則及其具體內涵[43]。依據此規定，其處罰原則為：（一）刑罰優先，故先進行刑事訴訟程序；（二）依法律或自治條例「得沒入之物」，未經法院宣告「沒入」者，行政機關得另為「沒入」之裁處；（三）依法律或自治條例應處以「其他種類之行政罰」者，行政機關得另為其他種類行政罰之裁處。蓋此非刑罰所能涵蓋或替代，故行政機關可不待法院判決，即為裁處，以達行政目的；（四）案件經刑事訴訟程序處理後，如經檢察官不起訴處分確定，或經法院為無罪、免訴、不受理、不付審理之裁判確定者，行政機關仍得另因其違反行政法上義務，依法律或自治條例規定裁處罰鍰及沒入。此外，案件經刑事訴訟程序處理後，如經檢察官緩起訴處分，前述看法即宜視同「經檢察官不起訴處分確定」，亦即行政機關仍得另因其違反行政法上義務，依法律或自治條例規定裁處罰鍰及沒入[44]。

　　惟一行為同時觸犯行政罰與刑罰的情形，在理論上仍與所謂的混合構成要件（Mischtatbestand）有別，其是介於犯罪行為與違反秩序間的法律評價，取決於是否一犯罪行為或一違反秩序實現法律所規定特別情況[45]。例如違反集會遊行法召集的負責人，處予行政罰或刑罰取決於法律上規定之構成要件，

42.Vgl. Joachim Bohnert, Ordnungswidrigkeitenrecht —— Grundriss für Praxis und Ausbildung, 2. Auflage, 2004, S. 35 f.

43.Vgl. Wolfgang Mitsch, Recht der Ordnungswidrigkeiten, 2. Auflage, 2004, S. 205 ff.

44.林錫堯，行政罰法，頁 47-49，元照出版社，2005 年。

45.Vgl. Erich Göhler, Ordnungswidrigkeitengesetz, 14. Auflage, 2006, S. 191 ff.

因此具體事實只能符合「混合構成要件」的其中一種，或是刑罰或是秩序違反，負責人只能符合其一排除另一的處罰，理論上是不會產生所稱同時觸犯想像「競合」的情形，而是依法規競合的原理或者行政罰構成要件不適用或者其被刑法構成要件吸收，但若就「一行為」定義觀之，只要部分行政罰構成要件成為另一刑罰構成要件時，即成立一行為的概念，若如此，則混合構成要件的情形，正好也是部分構成要件為刑罰之一部分，因此仍有第 26 條第 1 項之適用[46]。又現今通說就行政犯與刑事犯之區別係採量的區別說，如果行為人所觸犯之刑法規定比較其所觸犯之行政法為輕（例如罰金額度少於罰鍰），則其所產生的制裁效果反而會減輕，其中之輕重失衡，顯然可見，故未來立法似可考量若干例外情形，兩者競合時從重處理。

四、小結

我國學界與實務上均參考德國法理論與文獻資料，並參酌我國行政罰法立法原則，最通常論述「一行為」，則區分為「自然一行為」與「法律一行為」。依據德國法理論，所謂「自然單一行為」係指行為只有一個動作，或是有多數動作，而在多數動作間具有直接的時間及空間關係，當第三人以自然的觀察方式觀察時，可以認為其整體的活動是一個單一的綜合作為。「法律的單一行為」係指結合多數自然意義的動作成為單一行為，而此種單一行為只構成一個違法，並只得受一個行政罰之處罰。另在行政罰與執行罰之區隔部分，倘係以過去已存之違法行為為對象，且基於制裁之目的時，應屬行政罰；若

---

46. 蔡震榮、鄭善印合著，行政罰法逐條釋義，頁 344-346，新學林出版社，2006年。

係以未履行之義務為對象，且目的在督促其履行或改善時，則歸於行政執行罰。又在行政罰與刑罰競合處罰時，一般以量的區別說而言，若從評價的觀點而言，當行為人就其行為已被科以較重之處罰時，國家應已達到制裁之目的，不得再行處罰，否則將逾越必要之程度，不符比例原則之要求。因此法律一行為處予一處罰，其操作方法則以實定法上的擬制規定為重要準則，此即在我國行政罰法第 26 條第 1 項與第 2 項所已規範之精神與內涵。然而於例外情形，例如行為人所觸犯之刑法規定比較其所觸犯之行政法為輕（例如罰金額度少於罰鍰），則其所產生的制裁效果反而會減輕，未來立法似可考量，兩者競合時從重處理。

肆、交通秩序罰之適用探討

一、交通權益之保障與限制

　　有人類即有交通，若無交通則人類社會難以形成，交通為過去、當前與未來社會與個人發展不可或缺要素之一。人類社會工業化與都市化結果，固然帶給人類許多便利與進步，相對地亦帶來前所未有之衝擊與問題，交通問題即是其中之一。自從給付行政之概念以來，提供人民日常生活不可或缺之交通服務行政已經成為國家行政之重要內涵，是以交通事務對國家與人民之重要性，不言自明。由於隨著時代潮流及人權演進，人民享有交通安全、秩序與順暢以及道路使用權限，是一種主觀上公法的權利（ein subjektive-öffentliches Recht）[47]，已經不

---

47. Vgl. Christof Hoffmann, Grundrechte und straßenrechtliche Benutzungsordnung, 2004, S. 1 f.

是反射利益，而是直接可以落實予人民，使其據以要求國家應滿足其交通事務之基本需求的一種權利，而其權利若受到侵害，得據以請求救濟。交通既為人類社會必然之現象，且為先於國家即存在之事實，因此有關上述人民在交通基本事務上的權利，我國學者有稱為「交通基本權」，甚至認為此基本權應在憲法明定或概括規定，以確實保障人民的權利[48]。

然而一項權益若要提昇為憲法所保障之基本權利之位階，則應視此基本權的重要性有多高，而釋憲者必須評價系爭基本權的重要性，例如我國大法官釋字第 603 號有關按捺指紋的資訊自決基本權以及釋字 443 號有關集會遊行基本權，並須進一步考量相互衝突的公共利益有多高，其是否屬於憲法層次的公共安全與秩序之法益。由於人民在交通上之權益，在我國憲法法理以及大法官解釋中並未直接提及交通基本權，因此是否成為憲法上保障的基本權，而以憲法 22 條予以概括規定之，此將繼續引起討論並且可能會處於爭議中，所以本文仍以交通權益為重點，而不以交通基本權為名作探討。然而基於交通權益之重要性，希望未來能經過更多的討論與研究，將交通基本權之認定問題，有進一步的確認與發展。

在我國憲法第二章所規定人民權利義務中，雖無交通基本權之明文規定，然而與交通有關係密切的基本權利則仍視為交通權益受保障之基礎，例如平等權[49]、生存權[50]、行動自由

---

48. 許文義，從憲法觀點論交通基本權及其限制，頁 91-93，八十九年道路交通安全與執法研討會論文集，中央警察大學交通警察學系主辦，2000 年。

49. 平等原則與交通事務有關者，主要在於隱身於交通個別法規中，而執法機關於行政裁量應遵守平等原則並於發布命令時亦應遵守，另立法機關制定法規亦應遵守平等原則。

50. 交通事故中常有傷亡情事發生，人民因為交通事故而死亡，卻是一種無法讓人民安全且安心生活的事實。交通事故的原因，個人行為固然是難脫責任，但國家交通政策之擬定與執行亦責無旁貸。基於尊重生命為現代民主法治國家施政之基本

權[51]、財產權[52]、訴訟權[53]，另仍有憲法中未明文化之其他權利，如人格權、環境保護權以及身體不受傷害權等等。此種廣泛相關權利應保障人民之自由往來之交通為一重要權利，而請求國家予以保障，甚至進而請求國家有義務創造一個交通安全、秩序與順暢之生活空間。綜上，有關交通上之權益係為一綜合性權利，在我國憲法所規定除了中央與地方政府對於交通事務權限分配外，即為上述諸多憲法條文明定與交通事務有關之權益，此亦為保障交通權益之基礎內涵。另憲法第22條之概括規定：「凡人民之其他自由及權利，不妨害社會秩序、公共利益者，均受憲法的保障」。此一規定，學說上稱為「憲法直接保障主義」，亦即憲法保障所有自由權利，人民之自由及權利只要消極不對社會共同體造成侵害，即應受憲法之保障[54]。當前我國憲法中雖並無明定「交通基本權」之保障，然而交通權益之保障應可經由上述規定之精神，積極落實於法律中，然後敦促主管機關執行之。

指標，並將之落實於憲法保障，因此國家實有義務及責任創造一個使人民之生命部受傷害的生活空間，此時在交通事務上，生存權之內涵就顯得相當重要。

51. 行動自由可分為消極與積極兩種，前者係指任何人得消極抵抗無法律依據之違反其意志之移動措施，在此執法需有憲法與法律明確授權依據。消極行動自由包括住居不受非法入侵之自由，積極行動自由指不需他人或機關事先許可欲往何方之自由，包括使用各種交通工具之行動自由，而從使用交通工具自由又可延伸為速度之自由。

52. 在交通方面與人民財產權有關者，首先為直接因交通事故而對財產造成損失者，國家對於交通事故之損失負有防止之義務與責任。其次為違規「罰鍰」之處罰，亦關係人民之財產權之運用。

53. 人民對於政府之交通事務各項行為，若有所不服可以提起救濟，關於交通事件之救濟途徑，則因當事人違反之法律不同，而使得救濟途徑有所不同，如依據道路交通管理處罰條例，不服交通處分則向普通法院提出聲明異議；而針對交通主管機關一般行政處分則應循行政爭訟，最終可向行政法院提起訴訟。

54. 李惠宗，憲法要義，頁 317-320，元照出版社，2004 年。

　　人民在交通權益之保障，仍應以不侵害社會秩序、公共利益為前提[55]，倘若個人為遂行其交通基本權及往來自由，而妨害社會秩序以及公共利益，例如超速、超載、違規停車以及酒醉駕車等交通行為，即不受保障，法律可以加以限制。在法律保障主義下，行政或司法機關對人民之自由及其他權利，雖不得擅加限制，而立法機關得以法律限制之。由此，交通權益之限制即以憲法第 23 條規定為依據，憲法第 23 條規定：「人民之自由與其他權利，除為防止妨礙他人自由，避免緊急危難，維持社會秩序或增進公共利益所必要者外，不得以法律限制之。」此條文揭示了人民自由與其他權利之限制要件，基於公益動機以及其必要性而需以法律限制之。因此，為了維持交通秩序以及公眾利益，制定以道路交通管理處罰條例為主的交通秩序罰則，並對於違反者施以處罰，即為交通秩序罰，另對於惡性更重之交通違規行為，甚至處予刑事罰等，此皆為上述對於人民交通權益之限制規範與措施，而其中有關交通秩序罰之定位與重要違規型態等則為本文探討範圍。

二、交通秩序罰之定位與概念

　　交通行政事務所涉及之範圍與層面甚廣，依交通狀況之不同，應可包括陸路、水路、空路，單就陸路部分，又可分為鐵路、公路，而又以公路中之都市道路交通事務為主。進一步言，從國家行政權的作用是否具干預性質而言，行政約可概分為給付行政與干預行政兩種，前者重在積極興利，以服務為手段，創造交通便捷與福祉[56]。後者則藉消極干預、制止、處罰

---

55. Vgl. Christof Hoffmann, Grundrechte und straßenrechtliche Benutzungsordnung, 2004, S. 3 f.

56. Vgl. Drews/Wacke/Vogel/Martens, Gefahrenabwehr, 9. Auflage, 1985, S. 66 ff.

以維護交通秩序，旨在防止交通危害之即將發生，並立即制止以及排除已發生之交通危害，而交通秩序罰即是以處罰為手段，達成維護交通秩序為目的之國家干預行政，在此亦即呈現出其定位[57]。

若從交通法律體系觀察，道路交通管理處罰條例及其相關法令則係以干預行政為主要內容，有關道路交通危害防止與制止等部分，大都交由警察機關處理，如交通違法及事故之立即處置。其中危害發生後之處罰，主要為本文所探討之交通秩序罰，分由公路主管機關、警察機關或交通事故裁決機構為之[58]。依據道路交通管理處罰條例第7至8條及違反道路交通管理事件統一裁罰基準及處理細則之相關規定，道路交通違規之處罰過程，其程序可分為稽查、舉發、移送、受理、處罰等階段。另道路交通行人與慢車違規事項，舉發機關以及裁決機關都是警察機關，其餘有關違規的處罰機關為公路主管機關，舉發機關主要仍為警察機關。

交通秩序罰之法律性質為典型的行政處分，然而在道路交通中較為重要的「汽車違規」事件上，警察是現場的舉發機關，由於其並非最終裁決處罰機關，究竟其於現場所開具「舉發通知單」，其是否為行政處分，是否具有相當程度的處罰權，值得注意。此問題自司法院大法官釋字第423號解釋以來，已較無爭議，只不過此一行政處分，究為何種類之處分，則仍有不同意見，有認為類似德國之「暫時行政處分」，亦有學者認為此通知單僅係「確認違規事實」之處分[59]。本文針對

---

57. Vgl. Schnebelt/Sigel, Straßenrecht Baden-Württemberg, 2. Auflage, S. 15 ff.

58. 李震山，警察行政法論，頁55-58，元照出版社，2007年9月。

59. 林素鳳，交通標示及違規車輛拖吊等法律問題－兼評高雄高等行政法院89年度訴字第1269號判決及最高法院91年度判字第1548號判決，頁227-231，月旦法學第104期，2004年1月。

違反道路交通管理條例之處罰重要類型如違規超速、連續闖紅
燈、無照駕駛、車輛超載、違規改裝車箱與違規停車等，首先
作概念之介紹，再探討其在「一行為不二罰」原則下之適用情
形，俾以更了解此原則在個別法規之落實，以上違規類型即為
典型交通秩序罰。另針對酒醉駕車之探討，在於此一違規類型
牽涉交通刑事罰與交通秩序罰，有關其競合情形本文亦在「一
行為不二罰」之前提概念下一併探討。

三、重要違規處罰之適用探討

（一）違規超速與連續闖紅燈

　　一般所稱違規超速之型態係指汽車不遵守道路管制行
為，目前依據道路交通管理處罰條例可分為在高速公路以及
一般公路之超速違規型態，首先依據該條例第 33 條第 1 項規
定，汽車行駛於高速公路、快速公路或設站管制之道路，不遵
使用限制、禁止、行車管制及管理事項之管制規則而有下列行
為者，處汽車駕駛人新臺幣 3,000 元以上 6,000 元以下罰鍰。
其中第一款為：行車速度超過規定之最高速度或低於規定之最
低速限。而上述高速公路超速違規即是違反此條款所規定：在
高速公路行車速度超過規定之最高速限。其次在一般公路超速
違規型態為依據該條例第 40 條規定，汽車駕駛人，行車速度
超過規定之最高時速或低於規定之最低時速，除有第 43 條第
1 項第 2 款情形外，處新台幣 1,200 元以上 2,400 元以下罰鍰；
而上述該條例第 43 條第 1 項第 2 款規定，行車速度超過規定
之最高時速六十公里以上者，處汽車駕駛人新臺幣 6,000 元以
上 2 萬 4,000 元以下罰鍰，並當場禁止其駕駛。

　　然而不管在高速公路或一般公路違規超速，針對其型態

是多數行為、自然上一行為或法律上一行為對於是否可以連續處罰之法理基礎有相當大的影響。首先應從違規超速行為之法理與性質論述，再探討實定法上我國道路交通管理處罰條例之規定。超速行為在實務上理應是一種連續行為[60]，因為駕駛人不至於在實施一次超速行為後就停止，而應為儘速達到交通目的地而實施連續性的超速行為，此「連續行為」前已述及，即如同刑法上之「連續犯」，亦被承認為法律上的單一行為，其係從法律的觀點結合多數不同的違反行政法上義務之行為，而成為單一行為。此種概念係由實務上基於自然的觀察方式，為了避免實務上的困難以及法律上難以分類等理由所發展出來。連續行為須具備下列要件：第一，多數的個別行為；第二，所有的個別行為皆具備構成要件合致性及可罰性；第三，客觀顯示外形之單一；第四，空間及時間之關聯；第五，整體故意[61]。此種連續違反秩序行為如果在法律上視為一個單一行為，則應只受一個行政罰之處罰，即有一行為不二罰之適用[62]。

　　在我國實務界向來並不接受行政罰中有連續行為類型之存在，仍是為多數行為得處以多次之處罰，於行政罰法中亦未將此納入[63]。雖然如此，在行政罰法中並未明確規定連續行為

60.德國法院實務上之見解有別於連續行為之觀點，認為持續「相當時間」之超速行為，是一種「繼續違法行為」，即是法律上一行為，而駕駛人違規超速行為持續中，如因交通狀況改變或係「間接性之超速行為」，其違規行為經中斷達五分鐘，後續之違規超速行為即非「繼續違法行為」，而係另一行為。Vgl. Bohnert, Karlsruher Kommentar zum Gesetz über Ordnungswidrigkeiten, hrsg. Karlheinz Boujong 2000, § 19, Rn. 39.

61.Vgl. Erich Göhler, Ordnungswidrigkeitengesetz, 14. Auflage, 2006, S. 178 ff.

62.德國秩序違反法第 19 條第 1 項規定，「多次違反一個法律」亦適用一個行政罰，即可視為針對連續違反行政法上義務可以視為法律上一行為之規定。

63.洪家殷，行政法院裁判中有關違反秩序行為態樣之檢討，頁3-5，行政法實務與理論（一），2003 年3月。

可視為法律上的一行為而適用一行為不二罰，但針對超速行為，在道路交通管理處罰條例第 85 條之 1 第 2 項針對逕行舉發汽車違規超速之連續舉發情形為：逕行舉發汽車行車速度超過規定之最高速或有第 33 條第 1 項之情形（於高速公路行車速度超過規定之最高速度），其違規地點相距六公里以上、違規時間相隔六分鐘以上或行駛經過一個路口以上。上述規定明顯將違規超速可分割為多數的法律上的一行為，以法律上一行為作為處罰之標準。亦即，不管汽車超速行為是否為自然的一行為，上述規定已將超速行為視為連續多數的法律上一行為，而依據現行行政罰法對於連續行為並未視為法律上之一行為，而應予以連續舉發處罰。然而，若從反面而言，違規地點相距六公里以內、違規時間相隔六分鐘以下或行駛經過一個路口以下，即使有多數超速違規行為，亦可被視為法律上的一行為。

闖紅燈之違規行為處罰主要規定於道路交通管理處罰條例第 53 條，汽車駕駛人行經有燈光號誌管制之交叉路口闖紅燈者，處新台幣 1,800 元以上 5,400 元以下罰鍰，而紅燈右轉行為者，處 600 元以上 1,800 元以下罰鍰。另依第 48 條第 2 款規定，汽車駕駛人轉彎時，不依標誌、標線、號誌指示者，處 600 元以上 1,800 元以下罰鍰。針對「紅燈右轉」之處罰曾經引起討論，主要在於紅燈右轉之本質是闖紅燈之行為或是上述不依號誌指示者之行為，在以前的處罰並未於闖紅燈條款另特別增訂「紅燈右轉」之處罰，因此若適用不同的法條即有不同程度的處罰，由於「闖紅燈」與「紅燈右轉」在造成交通危害之程度上顯然有很大之區別，所以後來特別增列「紅燈右轉」條款，而其處罰之程度即與「不依號誌指示者之行為」相同，均處 600 元以上 1,800 元以下罰鍰。依此亦解決實務上「紅燈右轉」適用法條之疑義，因為依據特別規範優於普通規範之原理，該違規行為即直接適用特別增訂之條款，而毋須再考量是

否違反「不依號誌指示者之行為」。

　　闖紅燈之行為似較無「一行為不二罰」之適用爭議，因為其應為自然的一行為，而此一行為經實施完成，其效果亦應無連續或繼續之狀態。但在實務上則常有連續闖紅燈之行為，此為行政罰上「連續行為」之典型違規。「連續行為」在德國秩序違反法第 19 條規定亦可視為法律上的一行為，因此可以只處罰一罰，但在我國行政罰法以及道路交通管理處罰條例並未規定對「連續闖紅燈」之連續行為可視為法律上一行為，而仍須是為數行為而予以數個處罰。不過針對連續闖紅燈若毫無彈性予以數行為數個處罰，在基於整體故意以及空間時間關聯性之連續闖紅燈行為，而予以數個處罰，因為單一闖紅燈之違規處罰已並不輕微（處新台幣 1,800 元以上 5,400 元以下罰鍰），連續闖紅燈之數個處罰是否太重，為了避免實務上執法的困難以及執法的比例原則，應該有再檢討之必要。雖然我國刑法總則業已廢除連續犯以一罪論之規定，但行政罰之規定未必皆循同刑法的角度，而仍應從行政實務與法理論作一檢討。

（二）無照駕駛、車輛超載與違規改裝車箱

　　無照駕駛之處罰主要依據道路交通管理處罰條例第 12 條第 1 款規定，未領用牌照行駛處汽車所有人新台幣 3,600 人以上 1 萬 800 元以下罰鍰，並禁止其行駛。另主要依據第 21 條第 1 項第 1 款規定，未領有駕駛執照駕駛小型車或機器腳踏車，處新台幣 6,000 元以上 1 萬 2,000 元以下罰鍰，並當場禁止其駕駛。有關未領有駕照駕駛或未領用牌照行駛，仍有許多相關管理規定，如使用偽造、變造之牌照或領有機器腳踏車駕駛執照駕駛小型車等之處罰。本文仍從無照駕駛的法律本質以

及相關規定觀察，無照駕駛可視為一種「繼續行為」[64]，係指行為人之違法狀態，即由於實現行政罰要件所形成之違法狀態，有意地或無意地維持下去。此種行為係單一的實現行政罰之構成要件，並在時間上延續下去，因為此種行為之違法狀態繼續存在，且其完成及持續效力被視為構成要件單一，在法理上亦可視為在法律上單一行為，而只受一個行政罰之處罰。

「繼續犯」在刑法上的概念是指行為的意思，足以決定行為所造成違法情狀的久暫的犯罪，並且立法者的非價重點，在於行為人以其意思決定這一個違法狀態的持續期間。行為人的行為只要實現不法構成要件，導致一定違法狀態的出現，犯罪既屬既遂；惟行為人假如未放棄犯罪的實施者，則犯罪的違法情狀即繼續進行，而不法構成要件猶如不間斷地繼續被實現，直至該違法狀態結束之時，犯罪始告終了，例如私行拘禁罪。另有一概念為「狀態犯」，係指行為一旦造成法定的違法狀態，犯罪即告既遂，而立法者的非價重點僅在於一定違法狀態的導致，例如傷害罪[65]。然而在行政罰之「繼續犯」與「狀態犯」二者十分容易混淆，後者係指行政罰只處罰其違法狀態之產生，而不在於獨立違法的維持。因此，「繼續行為」與「狀態行為」雖皆具有違法結果持續存在之特徵，惟前者之構成要件之實現仍在繼續中，而後者之構成要件之實現已經結束，只是實際上其違法結果仍然存在而已，前者即如行車中未帶駕照，後者如違規改裝車箱之行為。

無照駕駛應是一種不作為的「繼續犯」，而車輛超載在實務上即是處於「繼續犯」與「狀態犯」容易混淆而難以區

64.學者蔡志方教授認為長時間不攜帶行照而駕車是一種連續的不作為狀態，請參閱蔡志方，行政罰法釋義與運用解說，頁100-102，三民書局，2006年11月。

65.林山田，刑法通論，頁220-222，2003年11月增訂八版。

別，一方面可視為一種作為的「狀態犯」，主要在於其超載之構成要件行為之實現雖已結束，但實際上其違法超載結果仍然存在，然而另一方面也可認為即由於實現違規超載構成要件所形成之違法狀態，有意地或無意地維持下去，而視為「繼續犯」，因此在判斷上應視從何種角度。汽車超載之處罰主要依據道路交通管理條例第 29 條之 2 規定，汽車裝載貨物超過核定之總重量、總聯結重量者，處汽車所有人罰鍰，並記汽車違規紀錄一次，其應歸責於汽車駕駛人時，除依第 3 項規定處汽車駕駛人罰鍰及依第 63 條第 1 項第 2 款規定記點外，並記該汽車違規紀錄一次。此種違規行為可否連續處罰，依據前述我國行政罰法，不管是繼續犯或狀態犯並無將其視為一行為，僅僅在學理上可視為法律上之一行為，依據上述處罰規定，亦無如同超速處罰有特別規定，因此針對持續狀態在不同時間與空間的超載行為，應可視為多數行為予以多數處罰。

在此一併探討交通違規行為中屬於「狀態犯」之違規行為，一種典型行為是違規改裝車箱，此違規型態詳細規定於道路交通管理條例第 29 條之 1，第 1 項規定：裝載砂石、土方未依規定使用專用車輛或其專用車廂未合於規定或變更車廂者，處汽車所有人新台幣 4 萬元以上 8 萬元以下罰鍰，並當場禁止通行。第 2 項規定：專用車廂未合於規定或變更車廂者，並處車廂打造或改裝業者新台幣 4 萬元以上 8 萬元以下罰鍰。其中第 2 項所規定，針對裝載砂石、土方未依規定使用之專用車輛或其專用車廂，其中變更車廂者車廂打造或改裝業者即為此類型的「狀態犯」。因為在實務上，砂石車違規釀成重大車禍事故層出不窮，因此訂定此處罰條款，除了針對違規使用專用車輛或車廂予以處罰，更擴大了「責任主體」，對於車廂打造或改裝業者亦予以處罰，經由處罰本行為以外的提供方便行為，以遏止減少砂石車違規造成的交通事故。

（三）違規停車

違規停車之處罰主要規定於道路交通管理條例第 56 條第
1 項，汽車駕駛人停車時，有違反所列舉十款情形，處新台幣
600 元以上 1,200 元以下罰鍰。其情形為第一，在禁止臨時停
車處所停車；第二，在彎道、陡坡、狹路、槽化線、交通島或
道路修理地段停車；第三，在機場、車站、碼頭、學校、娛
樂、展覽、競技、市場或其他公共場所出、入口或消防栓之前
停車；第四，在設有禁止停車標誌、標線之處所停車；第五，
在顯有妨礙其他人、車通行處所停車；第六，不依順行方向，
或不緊靠道路右側，或併排停車，或單行道不緊靠路邊停車；
第七，於路邊劃有停放車輛線之處所停車營業；第八，自用汽
車在營業汽車招呼站停車；第九，停車時間、位置、方式、車
種不依規定；第十，於身心障礙專用停車位違規停車。針對違
規停車之問題，其型態應為前述的「繼續行為」，前述在法理
上應可視為法律上之一行為，應可適用「一行為不二罰」之原
則，然而實務上依據上開條例，針對長時間違規停車，交通警
察仍可以連續舉發，因此連續舉發與一行為不二罰等問題受到
熱烈討論，直到司法院大法官釋字第 604 號解釋針對違規停車
連續處罰的相關問題作出原則性規定，才使得違規停車連續處
罰之問題有所定論，但即使如此，仍有大法官不同意見書以及
學者不同的意見。

釋字第 604 號解釋針對違規停車之行為認為，有關「得為
連續認定及通知其違規事件之規定，乃立法者對於違規事實一
直存在之行為，考量該違規事實之存在對公益或公共秩序確有
影響，除使主管機關得以強制執行之方法即時除去該違規事
實外，並得藉舉發其違規事實之次數，作為認定其違規行為之
次數，從而對此多次違規行為得予以多次處罰，並不生一行為

不二罰之問題，故與法治國家一行為不二罰之原則，並無牴觸。」針對此解釋理由書主要論述為「立法者對於違規事實一直存在之行為，如考量該違規事實之存在對公益或公共秩序確有影響，除使主管機關得以強制執行之方法及時除去該違規事實外，並得藉舉發其違規事實之次數，作為認定其違規行為之次數，即每舉發一次，即認定有一次違反行政法上義務之行為發生而有多次違規行為，從而對此多次違規行為得予以多次處罰，並不生一行為二罰之問題，故與法治國家一行為不二罰之原則，並無牴觸。」

本號有關違規停車問題的解釋，其若干見解從比較法的觀察角度，意圖在不同國度的成文憲政規範基礎上（例如德國基本法第 103 條第 3 項規定），論列「一行為不二罰原則」的廣狹內涵以及適用的寬嚴範疇，進而植栽於未有相同規範背景的我國憲法解釋上，直接切入爭執該原則只適用於刑事罰，抑或包括行政秩序罰等問題的作法，總有令人不安的感覺。實則此類規定直接描述的是禁止就同一違法行為，為重複之刑事追訴與處罰，其概念相當於我國刑事訴訟法上之「一事不再理原則」或釋憲實務上所指「同一行為不受二次以上審問處罰」，其真正目的乃在於以之作為刑事追訴之程序障礙的理由。本號解釋所涉爭議無關程序法上一事是否再理，大法官在本案中所適用之「一行為不二罰原則」當不宜與上述國外規範之理解加以過度連結。我國憲法中並無類似明文規定，在此種情形下，我國大法官解釋直接論述「一行為不二罰」為法治國家基本原則的作法，實難脫論證不足之議。不過另一觀點，雖然在我國沒有憲法明文規範的根據或者可供限縮解釋前提下，可以推斷相信其源於法治國原則中之法安定性、信賴保護原則與比例原則，而導出禁止國家對於行為人之同一行為，以相同或類似的

措施予以多次處罰[66]。

違規停車主要係指汽車駕駛人停車時，有道路交通管理處罰條例第 56 條第 1 項所規定之十款情形，此時駕駛人應只有一個在特定地點停車之動作，且以自然的方式觀察時，可以認為其整體的活動是一個單一的作為，故屬自然的單一行為。當駕駛人於未駛離之前，皆處於違規停車之違法狀態，且此種實現行政罰構成要件之狀態，一直延續下去，應屬繼續行為[67]，由於此種違法狀態之完成及延續，在整體上被視為構成要件單一，因此在法律上只當做單一行為，即法律上的單一行為只能處以一個行政罰。

而道路交通管理處罰條例第 85 條之 1 所規定係將違規停車之自然的單一行為，轉換為法律上的多數行為；雖然行為個數之認定本屬不易，且亦不排除立法者基於特定目的之達成，得對行為作成不同之界定，惟此仍須符合該行為之本質，且不得偏離其立法目的，更不得使人民受到過度之侵害。因此，對於違規停車之行為，本應屬自然的或法律的單一行為，只因有連續舉發之規定，即將其解釋為法律的多數行為，顯然不符此種行為之本質。況且，將本應只受到一次處罰之單一行為，將其切割成多數行為並施多次之處罰，對人民權利所造成之侵害，恐明顯牴觸比例原則。本號解釋雖提及應符合比例原則之要求，未見有進一步之說明，且實在難有明確之標準，實務上操作顯有困難，故本號解釋有關應符合比例原則部分，意義不

66.程明修，「若世界實有者，即是－合相－大法官釋字第 604 號解釋簡析」，頁 215-217，台灣本土法學第 76 期，2005 年 11 月。

67.劉建宏，行政罰法上單一行為及數行為之概念 ── 評大法官釋字第 604 號解釋，頁 4-6，第六屆台灣大學行政法實務與理論學術研討會，2006 年 11 月。蓋道路交通管理處罰條例第 56 條第 1 項禁止違規停車之規定，其構成要件係「違規停車」，行為人違反該條規定停放車輛時，在其移置其車輛之前，實現構成要件之行為仍在持續中，並未結束。

大[68]。

　　本號解釋文另一重點為：「道路交通管理處罰第 56 條第 2 項關於汽車駕駛人不在違規停放之車內時，執法人員得於舉發其違規後，使用民間拖吊車拖離違規停放之車輛，並收取移置費之規定，係立法者衡量各種維護交通秩序之相關因素後，合理賦予行政機關裁量之事項，不能因有此一規定而推論連續舉發並為處罰之規定，違反憲法上之比例原則。」針對此，在其解釋理由書為：「該條文並不限定值勤員警一定要使用民間拖吊車拖離違規停放車輛，且縱要執行拖吊車輛，亦未規定必須在一次舉發後為之，此等事項均授權值勤員警視個案裁量決定。除此之外，有鑑於拖離以前仍以違規行為人自行排除交通障礙為當，故容許值勤員警視情況依其合義務性之裁量，選擇執法之方法。是以，得視違規停車狀況，決定執行移置保管或連續舉發之優先順序，係立法者衡量各種因素後，合理賦與行政機關裁量之事項，不能因有此規定而推論連續舉發並為處罰之規定，違反憲法上之比例原則。」此種見解，較偏向行政目的之考量，即係授權由現場值勤員警視當時狀況，裁量決定採取何種手段最為適當，固有其立論基礎。惟此種解釋是否會過度配合實務上之需求，而偏離應有之立法目的，並混淆了行政罰與行政強制執行之界限，而使人民承擔難以預見之不利益，恐非比例原則所可解決。亦即，在本號解釋後，執法員警可以對違規停車的行為在處以秩序罰後，可以依上述規定移置車輛或連續告發，因此執法的員警有極大選擇權，穿梭在秩序罰與執行罰之間，此種裁量是否有當，容有探究。此種裁量權之授與，以及本號解釋已將「連續告發」視為秩序罰後，行政罰

---

68. 洪家殷，違規停車連續處罰相關問題之探討 —— 以釋字第 604 號解釋為中心，頁 192-193，月旦法學雜誌第 129 期，2006 年 2 月。

與行政執行並非如學理上所稱，原則上「先秩序罰後行政執行」的情形，而依本解釋的結果顯然兩者可以隨時並行之，而此乃完全取決於舉發員警的裁量，使得行政執行之概念更加模糊[69]。

（四）酒醉駕車

酒醉駕車之處罰主要是依據道路交通管理處罰條例第 35 條第 1 項第 1 款規定，汽車駕駛人駕駛經測試檢定，酒精濃度超過規定標準，處新台幣 1 萬 5,000 元以上 6 萬元以下罰鍰，並當場移置保管該汽車及吊扣其駕駛執照一年；因而肇事致人受傷者，並吊扣其駕駛執照二年；致人重傷或死亡者，吊銷其駕駛執照，並不得再考領。該條第 2 項至第 8 項針對汽車駕駛人之各種特殊情形，有擴大處罰規定。另在刑法公共危險罪訂有「酒後駕車」相關罰則，「酒後駕車」的行為，必須移送檢方偵辦，依據刑法第 185 條之 3 規定：「服用毒品、麻醉藥品、酒類或其他相類之物，不能安全駕駛動力交通工具而駕駛者，處一年以下有期徒刑、拘役或科或併科 15 萬元以下罰金。」而關於一般酒醉駕車之取締標準係依道路交通安全規則第 114 條第 1 項第 2 款規定：「飲酒後其吐氣所含酒精成份超過每公升 0.25 毫克以上者不得駕車」據以執行，如駕駛人因交通事故死亡或受傷送醫急救，處理人員對等駕駛人執行檢測吐氣所含酒精濃度有困難時，可請醫院抽血做血液中酒精濃度之檢驗。

酒醉駕車一直是許多國家道路交通安全課題中，非常困難的問題，在我國並不例外。近年來，我國為遏止酒後駕車之

69.蔡震榮，論釋字第 604 號解釋對交通裁量之影響，頁 44-46，台灣本土法學第 78 期，2006 年 1 月。

道路交通問題，政府多次修訂法律，一再加重酒醉駕車行政處罰之金額與型態，甚至祭出刑事處罰的手段，冀以遏止社會上充斥的酒後駕車不良駕駛習慣，提高道路交通安全，避免因酒駕肇事傷亡所造成的家庭破碎等社會問題[70]。然而處罰的一再加重，其效果似乎未盡滿意，行政機關甚至構思透過連坐處罰的方式[71]，增加相關民眾的作為與不作為義務，達成預防交通事故，保障一般用路人的目的。連坐處罰是針對一單純情事之擴大處罰，係惟達到行政目的，擬透過立法增列法定責任人，其法理與程序是否得當，不免引發討論[72]。但基本上，針對酒醉駕車之處罰，其基本問題之探討亦應回溯「一行為不二罰」之原則，尤其是交通行政罰與刑罰之競合問題，依據我國現行行政罰法已有一定遵循之原則，然而在法理上應仍有討論的空間，而列為本文探討範圍。

依據上述各項規定，裁罰之行政罰標準為吐氣所含酒精濃度超過每公升 0.25 毫克或血液中酒精濃度超過 0.05% 以上者，處新臺幣 1 萬 5,000 元以上 6 萬元以下罰鍰。另移送刑事

70.湯儒彥、曹壽民，從連坐處罰觀念探討酒醉駕車行政處罰的界限，頁 96，台北大學法學論叢第 62 期，2007 年 6 月。

71.參閱警政署交通組長何國榮，中國時報，A19/時報論壇，2007 年 4 月 5 日投書略以：我國酒後駕車違規，逐年增加，95 年已達 115785 件。但酒後駕車肇事死亡人數，卻不降反升，95 年已達 727 人，占全部交通事故 23.15%，更創下歷史新高。喝酒雖為社會文化的一元，但「酒後駕車」卻是社會大眾「零」容忍的。連日來社會各界對內政部警政署研擬防制酒後駕車肇事的具體對策（草案）引起廣泛討論，有人認為降低酒測值不合情理且處罰同車乘客認定為株連九族、窒礙難行。但防制酒後駕車的責任，必須由餐廳、KTV 及販賣酒類業者配合宣導「酒後不開車」、「指定駕駛」及提供「代客叫計程車」或「代客停車」的服務，計程車業者也要提供「代客開車」服務，以避免駕駛人酒後開車上路，加上有效的教育宣導、同車乘客的勸阻，而且對於「酒醉駕車」移送法辦累犯經判處有期徒刑、拘役者，也應落實入監執行，始能竟其功。

72.有關酒醉駕車之連坐處罰，請參閱湯儒彥、曹壽民，從連坐處罰觀念探討酒醉駕車行政處罰的界限，頁 95-124，台北大學法學論叢第 62 期，2007 年 6 月。

偵查標準為達到不能安全駕駛，吐氣所含酒精濃度超過每公升0.55毫克或血液中酒精濃度超過0.11%以上者，一律移送。此乃依據法務部（88）法檢字第001669號函：「本條係「抽象危險犯」，不以發生具體危險為必要，參考德國、美國之認定標準，對於酒精濃度呼氣已達每公升0.55毫克（0.55MG/L）或血液濃度達0.11%以上，肇事率為一般正常人之十倍，認為已達「不能安全駕駛」之標準；至於上揭數值以下之行為，如輔以其他客觀事實得作為「不能安全駕駛」之判斷時，亦應依刑法第185條之3之規定移送法辦處以刑罰。」亦即，現行實務作法乃對飲酒駕車且呼氣酒精濃度超過每公升0.55mg/L者，則依據道路交通管理處罰條例第十條規定移送地檢署等機關法辦，地檢署在審認駕駛人確有上情且綜合判斷員警目測紀錄已達不能安全駕駛時，即以起訴。

綜上，針對酒醉駕車處罰之相關規定，雖然涉及行政罰以及刑罰之可能競合，在實務上為避免違反「一行為不二罰」，依其酒測值標準之高低，較低值則適用道路交通安全規則第114條規定：「汽車駕駛人有左列情形之一者，不得駕車；二、飲用酒類或其他類似物後其吐氣所含酒精濃度超過每公升0.255毫克或血液中酒精濃度超過0.05%以上者。」以及道路交通管理處罰條例第35條第1項之處罰，較高值則移送地檢署經法院依刑法第185條之3之規定予以刑事處罰。然而這只是實務上之作法，而從法理上而言，若所測酒精值標準即使較低時，並不意味不會到達「不能安全駕駛」之程度，亦不是絕對不能移送地檢署法辦，因此判斷的法理標準似乎應回溯交通刑事罰與交通行政罰是否有實質上或客觀上的區別。

依前述刑法第185條之3及道路交通管理處罰第35條第1項之規定觀察，交通刑事處罰以及交通行政罰之共同要件之一為「危險駕駛行為」，而其主要區分應在於「是否不能安全

駕駛」，而不在於「酒精濃度超過規定標準」，否則若將刑法第 185 條之 3 解釋為：「駕駛人若血液中具有酒精含量，即使呼氣酒精濃度僅達每公升 0.1MG/L，未超過規定標準，只要『不能安全駕駛』，一樣需負刑責，但不一定負行政責任」，亦即將處刑罰之行為與處行政罰之行為完全脫勾解釋，如果認為兩者構成要件各不相同，可以各自符合各別處罰的話，那是所謂「值的區別理論」的結論。但若解釋為：「需負刑責者不僅需『酒精濃度超過規定標準』，且需『不能安全駕駛』；反之，需負行政罰責任者僅需『酒精濃度超過規定標準』即可」，則係採「量的區別理論」為結論。具體地說，若不重視交通刑事罰與交通行政罰在處罰本質上所雷同的「危險駕駛行為」，而各自以「不能安全駕駛」或「酒精濃度超過規定標準」作為各自構成要件之主要要素，即將出現「一行為二罰」之情形，亦即與「一行為不二罰」之原則不相符合。在此，交通刑事罰中的「不能安全駕駛」，以量化的血液中酒精濃度來取代，以符合「量的區別理論」。目前實務上，難以證明駕駛人「是否不能安全駕駛」，乃用酒精在血液中之濃度為準，並輔以取締人員之目測記錄，而其實在量的區別理論下，目測記錄並非絕對必要，反而血液中的酒精濃度要比目測更具科學證據性質[73]，因此目前該處罰「不能安全駕駛」之構成要件之認定仍有理論上之爭議，將使處罰徘徊於交通秩序罰以及刑事罰之間[74]。

73.鄭善印，行政罰法與交通執法，頁 217-220，警察法學第 4 期，2005 年 12 月。

74.在此情形下，現今所討論加重酒醉駕車處罰，主管機關若一味以降低酒精濃度規定標準，甚而有只要測到有酒精含量就可處罰或者採用同車乘客連坐處罰，是否符合實務狀況或如此已過度限制人民之交通基本權，例如在餐廳飲食中含有酒精成份，飲食者無法掌控，在自覺並無飲酒卻受處罰或同車乘客亦無法得知駕駛飲酒狀況下，恐引發更多爭議。

　　綜上所述，酒醉駕車同時觸犯行政罰與刑罰之問題，是否適用「一行為不二罰」之必然命題，本文認為關係眾多人民權益之交通秩序罰，重點在於當國家之制裁權於第一次已使用過時，其再次行使，將破壞法秩序之安定，違背人民之信賴，並會影響眾多人民之行為自由，甚至侵及其人性尊嚴，此即違反一行為不二罰之原則。另基於刑罰程序較為謹慎以及針對法院判斷尊重等因素，若已依刑事法律處罰，應已足達到制裁之目的，不得再處以行政罰中之罰鍰。至於其他種類之行政罰或得沒入之物未經法院宣告沒收者，因另有其他行政目的之存在，基於比例原則之考量，故仍得併罰，此亦已為行政罰法第26條所明訂 [75]。所以針對我國日益嚴重的酒醉駕車問題，主管機關或立法機關所採取相關政策與措施，即使如何加重其處罰，亦不能違反上述一行為二不罰原則之要求。

四、小結

　　由於隨著時代潮流及人權演進，人民享有交通安全、秩序與順暢之權利，已可定位為基本權利之性質，並使其據以要求國家應滿足其交通事務之基本需求的一種權利，可以稱為交通基本權。針對此項基本權，國家應積極予以保障並落實，然而為了維持交通秩序以及公眾利益，國家亦應依據憲法第23條規定予以必要的限制，例如制定以道路交通管理處罰條例為主的交通秩序罰則，並對於違反者施以處罰，即為交通秩序罰。針對違反道路交通管理條例之處罰重要類型如違規超速、連續闖紅燈、無照駕駛、車輛超載、違規改裝車箱與違規停車以及酒醉駕車等，當了解其本質並檢驗其在「一行為不二罰」原則

75.洪家殷，行政罰法論，頁 139。

下之適用，以及探討此原則在個別法規之落實情形，獲得相關
結論後，應據以作為未來修正處罰規定之基礎與方向，以避免
交通秩序罰過度限制交通基本權，致使侵犯人民應有的基本權
利之保障。

伍、結語

　　一事不二罰之原則原為刑事法上的概念，是指同一行為
已受刑事判決確定，對該同一行為不得於程序法上再以刑罰追
訴或處罰，涉及所謂的「訴訟基本權」。而一行為不二罰原則
係單純就事件實體內涵，指出國家不得對於人民之同一行為，
以相同或類似之措施多次地處罰，並可在法律安定性原則、比
例原則以及信賴保護原則等憲法原則下，確認其具有一定之憲
法定位。一事不二罰與一行為不二罰究竟是否相同或不同，在
我國行政罰法實施前，一般而言在行政法之理論與實務上，即
出現兩者可以混合使用之情形。然而我國行政罰法制定實施
後，則明文使用一行為不二罰之概念，爾後行政法上一行為不
二罰原則均包含一事不二罰之概念與內涵，因此兩者之區分已
經不是探討重點，重要應是行為論，亦即何謂「一事」或「一
行為」。

　　參考德國法理論與文獻資料以及行政罰法立法原則，通
常所論述「一行為」則區分為「自然一行為」與「法律一行
為」。然而依據德國法理論所建構的「自然一行為」與「法律
一行為」仍有檢討之處，在「自然一行為」方面，所謂「自然
觀察」、「直接的時間及空間關係」，均屬不確定法律概念，
具體的操作標準，仍委諸實務運作，法官的主觀認定，在執行
上顯有困難，且易流於法官恣意。而「法律一行為」將數個自

然意義的單一行為在法律上擬制為一個同一行為，然而此理論所論述的概念類型仍屬高度不確定法律概念，於實際操作運用時，恐有困難。另此理論基本上是援引刑法上關於法律同一行為之理論做參考，然而將自然意義的數行為，在法律上將之「擬制」為一行為，但是現行法制之下，行政罰法並未明文規定法律上單一行為的概念，因此可能被認為欠缺適用之基礎。因此本文建議將來我國行政罰法應考慮將「法律一行為」，此一重要法學概念之類型或概念列入規範，亦即一併檢討「繼續行為」、「狀態行為」，甚或「連續行為」等適用「法律一行為」之個別狀況與情形。

交通權益的保障與落實為國家行政重要的一環，惟交通權益之保障應以不侵害社會秩序、公共利益為前提，倘若個人為遂行其交通基本權及往來自由，而妨害社會秩序以及公共利益，例如超速、超載、違規停車以及酒醉駕車等交通行為，即不受保障，法律可以加以限制。因此，為了維持交通秩序以及公眾利益，制定以道路交通管理處罰條例為主的交通秩序罰則，並對於違反者施以處罰，即為交通秩序罰，另對於惡性更重之交通違規行為，甚至可以施以刑事罰。而「一行為不二罰」在交通秩序罰之適用，主要意義關係著處罰是否合乎上述憲法原則中之法安定性原則、比例原則以及信賴保護原則，並終究檢驗交通秩序罰是否會過度限制人民在交通上之權益。

依據「一行為不二罰」之原則檢驗重要交通違規處罰類型，例如違規超速、連續闖紅燈、無照駕駛、車輛超載、違規改裝車箱、違規停車與酒醉駕車等，所獲得相關結論可據以作為未來修正處罰規定之基礎與方向。在違規超速與連續闖紅燈部分，超速行為在實務上理應是一種連續行為，為儘速達到交通目的地而實施連續性的超速行為，此「連續行為」即如同刑法上之「連續犯」，可被承認為法律上的單一行為，其係從法

律的觀點結合多數不同的違反行政法上義務之行為，而成為單一行為。「連續行為」在德國秩序違反法第 19 條規定亦可視為法律上的一行為，因此可以只處罰一罰，但在我國行政罰法以及道路交通管理處罰條例並未規定對「連續闖紅燈」之連續行為可視為法律上一行為，而仍須是為數行為而予以數個處罰。超速與連續闖紅燈之數個處罰是否太重，為了避免實務上執法的困難以及執法的比例原則，應該有再檢討之必要。雖然我國刑法總則業已廢除連續犯以一罪論之規定，但行政罰之規定未必皆循同刑法的角度，而仍應從行政實務與法理論作一檢討。

　　無照駕駛應是一種不作為的「繼續犯」，而車輛超載在實務上即是處於「繼續犯」與「狀態犯」容易混淆而較難以區別，然而不管性質，重點是此種違規行為可否連續處罰，而依據前述我國行政罰法，不管是繼續犯或狀態犯並無將其視為一行為，僅僅在學理上可視為法律上之一行為，依據上述處罰規定，亦無如同超速處罰有特別規定，因此針對持續狀態在不同時間與空間的超載行為，應可視為多數行為予以多數處罰，仍然有上述多次處罰是否符合比例原則之問題存在。在違規停車部分，釋字第 604 號解釋，對於違規停車之行為，認為本應屬自然的或法律的單一行為，只因有連續舉發之規定，將其解釋為法律的多數行為，顯然不符此種行為之本質。況且，將本應只受到一次處罰之單一行為，將其切割成多數行為並施多次之處罰，對人民權利所造成之侵害，恐明顯牴觸比例原則。另對違規拖吊之解釋，是否會過度配合實務上之需求，而偏離應有之立法目的，並混淆了行政罰與行政強制執行之界限，而使人民承擔難以預見之不利益。本號解釋已將「連續告發」視為秩序罰後，行政罰與行政執行並非如學理上所稱，原則上「先秩序罰後行政執行」的情形，而依本解釋的結果顯然兩者可以隨

時並行之，而此乃完全取決於舉發員警的裁量，使得行政執行之概念更加模糊。

　　針對酒醉駕車之處罰，為了在行政罰與刑罰競合下，符合「一行為不二罰」之原則，所應重視為交通刑事罰與交通行政罰在處罰本質上所雷同的「危險駕駛行為」，而不是各自以「不能安全駕駛」或「酒精濃度超過規定標準」作為各自構成要件之主要要素。目前實務上，難以證明駕駛人「是否不能安全駕駛」，乃用酒精在血液中之濃度為準，並輔以取締人員之目測記錄，然而其實在量的區別理論下，目測記錄並非絕對必要，反而血液中的酒精濃度要比目測更具科學證據性質。因此目前該處罰「不能安全駕駛」之構成要件之認定仍有理論上之爭議，將使處罰徘徊於交通秩序罰以及刑事罰之間。而現今討論加重酒醉駕車處罰，主管機關一味以降低酒精濃度規定標準，甚而有只要測到有酒精含量就可處罰或者採用同車乘客連坐處罰，是否符合實務狀況或已過度限制人民在交通上之權益，實有檢討之必要。

　　　　　　（本文發表於《高大法學論叢》，第 4 期，2008 年 11 月）

4 行政罰法之責任主義

摘要 SUMMARY

　　本文論述行政罰之責任原則，主要包含「責任條件」與「責任能力」兩部分，又以責任條件為主要核心。所以首先敘述責任條件之基礎理論，包括責任條件之地位與意義、我國責任條件理論之演進、外國立法例以及責任條件內涵等等，並論及責任能力之概念。基於上述理論之基礎，除對該法本身責任原則理論之研究探

討外，亦針對責任原則在我國個別法之適用作一檢驗探討，主要從理論與實務著手探究，而就相關問題探討所得到結果分為整體行政罰法以及我國個別法之適用兩大部分，提供未來行政罰法責任原則再作適當修正之參考，期使該法符合國家社會之發展，並使未來行政罰法成為法治國依法行政之重要經典法律。

關鍵詞

- ◆ 行政罰
- ◆ 責任原則
- ◆ 責任能力
- ◆ 責任條件

壹、前言

　　經由多年之努力，象徵行政處罰規定法典化之行政罰法，終在 2005 年 2 月 5 日公布，並將於公布後一年正式實施，屆時又將開啟行政法學另一個新時代的來臨。面對一部開啟新時代之法典，其中關係著行政不法重要成立要件之責任原則，其相關理論實務與適用問題，不僅是影響人民基本權益之課題，亦是探討行政罰法之特性與未來發展，所不可欠缺之一環。本文將對責任原則所包含兩個要素，即針對責任條件與責任能力作探討，並傾向以責任條件為論述中心，重點先就我國責任條件理論之演進作一敘述，並列舉外國立法例作為參考，以論述較有特性之奧地利「推定過失」為重心，亦敘述責任條件之意涵與責任能力等，期使能更深入認識與了解責任原則。基於上述理論基礎，針對我國個別法適用責任原則作一檢驗探討，以使個別法之適用結果，相對於行政罰法理論與實務彼此

產生交互影響之作用，致使才能從理論與實務著手就上述相關
問題或其他可能產生之問題，未來予以行政罰法再作適當修
正，以符合時代之演變與法治國依法行政國家之需求。

貳、責任原則之地位與意義

一、責任原則之地位

在行政罰法體系中，責任原則所處之地位如同刑事法，
亦即為制裁行政不法行為而裁處之行政罰，除要求行為人必須
違反法規上所應履行之義務外，亦如同刑法般必須具備責任條
件及責任能力[1]，在行政罰中，以行為人具有責任條件為前提
時，則必須在行為人有故意或過失時，始得以處行政罰，因此
責任條件之具備與否影響甚大，亦即影響行政罰之成立[2]。另
行為人受行政罰之制裁，必須具有對自己行為負責之能力為前
提，若行為人有能力判斷其行為之價值，而仍為違法之行為
時，即應對此行為負責，並受到非難，亦得施以適當之制裁。
行政罰既係對行為人違反行政法規之制裁，則同樣應以行為人
具有責任能力為前提，此為國內多數學者所贊同[3]。

接續值得探討的課題是有關行政罰法之責任原則相對於
個別行政法規之地位，亦即行政罰法是普通法或是基本法，若
是普通法，那麼其責任原則只能是補充地位，當特別法未規定
時才適用行政罰法之責任原則，倘若是基本法之性質，則所有
行政法規有關責任原則應優先適用行政罰法之規定。然而依目

---

1. Vgl. Bohnert, Joachim, Grundriß des Ordnungswidrigkeitenrechts, 1996, S. 12-15.

2. Vgl. Rosenkötter, Günter, Das Recht der Ordnungswidrigkeiten, 9. Auflage, 1995, S. 79.

3. 洪家殷，行政制裁，收錄於：行政法 2000 第 14 章，翁岳生主編，頁 723-728。

前我國行政罰之制定，係以普通法之地位而存在[4]。對此學者有不同看法認為，將行政罰法定位為基本法時，其範圍可侷限在「總則」的規定上，亦即，作為其他有相關規定法規之總則，類似於刑法總則之於其他特別刑法的地位，而其他個別行政法律的規定，則為分則性的規定，亦即除總則部分適用行政罰外，其餘個別規定，則仍適用各該法規之規定。如此可解決行政罰法理論與實務之紛爭，同時兼顧各個特別行政法領域不同之狀況與需要[5]。

二、責任原則之意義

　　行政罰係對違反行政法義務行為責任之追究，稱之為「責任」者，乃行為具有「可苛責性」與「可歸責性」的一種應報，期使行為人能避免再次違反義務。可苛責性包括作為與不作為義務之違反，而其內容依法律保留原則應以法律或法律授權之法規命令定之[6]。此一部分係屬個別行政法就行政罰構

---

4. 我國行政罰法並未特別強調排除他法之規定，且在第 1 條即明文規定：「……但其他法律有特別規定者，從其規定」。因此在性質上仍是普通法，且行政院法規委員會認為：「……本法既為統一性、綜合性或總則性之規定，為免對於現存之行政法體系造成嚴重衝擊，施行之初似仍宜將本法定位為普通法。此於其他各種行政法有特別規定時，固因優先適用各該法律，至本法適用之機會減少……如施行後長期運作，未嘗不具有導正之作用，其他各種行政法所訂之裁處原則如有不妥者，仍難免加以檢討修正，故本法之功能似尚不至於因未優先適用而弱化。」請參閱蔡震榮，行政罰法草案評析，月旦法學第 111 期，2004年 8 月，頁 11-15。

5. 蔡震榮，行政罰法草案評析，月旦法學第 111 期，2004 年 8 月，頁 12-13。蔡震榮教授進一步指出，行政罰法訂有許多程序性規定，雖然仍未臻完備，但仍較許多現存之零散法規完備，若將行政罰法定為基本法，則在無特別法之狀況下，行政機關勢必須適用行政罰法之規定，誠然，此將課予行政機關相當多的程序義務，而增加行政機關之勞費，對現行行政法體系造成衝擊，然而基於法治國家對依法行政與保障人民基本權利之要求，行政機關有依循此等規定之必要。

6. Vgl. Wessels, Johannes, Strafrecht (Allgemeiner Teil), 25. Auflage, 1995, S. 66.

成要件應如何規範之領域，係屬客觀之構成要件問題[7]。「可
苛責性」或稱「有責性原則」，係指行為人如果不具備責任
能力（欠缺規範認識能力），且沒有故意或過失之責任條件
（欠缺可歸責條件），就不應課以責任，即本文所稱「責任原
則」。換言之，「規範認識能力」即「責任能力」與「責任條
件」，是成立責任之兩要素，此一原則本屬刑事法上之原則，
但於行政罰上亦適用。而此種「責任能力」與「責任條件」乃
屬受處罰人個人主觀構成要件之事由，應個別調查判斷之[8]。

參、責任條件

一、我國責任條件理論之演進

責任條件乃就行為人主觀犯意而為判斷，在刑事法學
上，以行為人之行為非出於故意或過失者，不罰。但過失行為
之處罰，以有特別規定為限（刑法第 12 條）。在我國行政罰
實務上，行為是否出於故意或過失，有下列演進[9]：

1. 以故意為要件

司法院院字第 1464 號解釋認為：「帳簿上貼用一分印花
十枚，九枚已蓋印章，一枚漏未蓋章，如非出自故意，不得適
用印花稅第 19 條第 1 項處罰，否則仍應依該條項處罰之。」
同院院字 4047 號解釋亦認為：「舊印花稅法施行期內，如明

---

7. Vgl. Göhler, Erich, Gesetz über Ordnungswidrigkeiten, 9. Auflage, 1990, § 10 Rn. 8.

8. 李惠宗，行政罰法之理論與案例，2005 年 6 月，頁 57。

9. 林錫堯，制定行政罰法之理論與實務，收錄於：行政命令、行政處罰及行政爭訟之比較研究，台灣行政法學會學術研討會論文集（2000），頁 180-181。

知政府布告作廢之印花稅而故意貼用，與未貼用印花稅票相同，應依該法第 18 條辦理，否則不得處罰。」此一時期見解認為，行為如非出於故意，不應處罰。

2. 故意或過失等價處罰

司法院大法官會議釋字第 49 號解釋認為：「印花稅法所定罰鍰係純粹行政罰。納稅義務人如有違法事實，應依法按其情節輕重，分別科處罰鍰。其違法行為之成立並不以故意為要件，本院院字第 1464 號解釋係就當時特定情形立論，應予變更。」行政法院判決則多強調不以故意為必要，例如行政法院 45 年度判字第 65 號判例稱：「行政犯雖不以其為故意行為或過失行為而異其處罰，要以有違犯行為（即違反行政法所定義務之行為）之存在為其前提。運輸公司係獨立之營業主體，其與本件原告之使用人可比。其過失行為，自難與原告之過失行為同視。原告雖為焦苗所有人，但既無故意或過失之違犯行為，即不能認為行政犯而依商品檢驗法第 14 條之規定予以處罰。」

3. 不問故意或過失均予處罰

此一見解主要係由行政法院形成，如 62 年度判字第 30 號判例稱：「行政罰不以故意或過失為責任條件。」53 年度判字第 209 號判例稱：「行政犯行之成立，不以其出於故意為構成要件。原告製造白麴，未依規定設帳登記，亦未申報派員監視變性，其私製行為，不能諉謂受僱人不諳規定手續，希圖減免其責任。」此說亦即對於責任條件之否定說，主張行政處罰不以行為人之故意或過失為責任條件，一有違反行政法上義務之行為即得加以處罰[10]。

10.林騰鷂，行政法總論，增訂二版，三民書局，2001，頁 551。

4. 雖不以故意為必要，仍必須以過失為其責任條件

　　由於行政犯無過失責任違反責任原則，且株連過廣，亦使人民舉證責任加重甚多，不符合法治國家以保障人民權益之宗旨，故司法院大法官於釋字第 275 號稱 [11]：「人民違反法律上之義務而應受行政罰之行為，法律無特別規定時，雖不以出於故意為必要，仍須以過失為其責任條件。但應受行政罰之行為，僅須違反禁止規定或作為義務，而不以發生損害或危險為其要件者，推定為有過失，於行為人不能舉證證明自己無過失時，即應受處罰。」行政法院 62 年度判字第 30 號判例謂：「行政罰不以故意或過失為責任條件」，及同年度判字第 350 號判例謂：「行政犯行為之成立，不以故意為要件，其所以導致偽報貨物品質之等級原因為何，應可不問」，其與上開意旨不符部分，與憲法保障人民權利之本旨牴觸，應不再援用 [12]。

5. 行政罰法之規定

　　我國行政罰法第 7 條第 1 項規定：「違反行政法上義務之行為非出於故意或過失者，不予處罰。」此一規定，回到了「故意與過失等價處罰」。其立法理由稱：「現代國家基於『有責任始有處罰』之原則，對於違反行政法上義務之處罰，應以行為人主觀上有可非難性及可歸責性為前提，如行為人主

---

11. 參閱法務部，我國行政刑罰與罰鍰之分析檢討，81 年度研究發展項目研究報告，1992 年 6 月，頁 388-390。針對本解釋所揭示之「但應受行政罰之行為，僅須違反禁止規定或作為義務，而不以發生損害或危險為其要件者，推定為有過失，於行為人不能舉證證明自己無過失時，即應受處罰。」固係為達到順利維持行政秩序之衡平目的所為之解釋，然則，何以僅對「僅須違反禁止規定或作為義務，而不以發生損害或危險為要件之應受行政罰之行為」，由行為人負舉證責任，證明其無過失，始得免受處罰，而對其餘行政行為之過失，仍由處罰機關負舉證之責，其理由則缺乏完整說明。

12. 林子儀，行政秩序罰法之責任能力與責任條件，收於廖義男主持，行政不法行為制裁規定之研究，行政院經濟建設委員會委託，國立台灣大學法律研究所執行之研究計畫，1990，頁 68-70。

觀上並非出於故意或過失情形，應無可非難性及可歸責性，故
第一項明定不予處罰。」

二、外國立法例之探討 —— 以奧地利「推定過失」為重心

　　奧地利是行政法法典化之先趨，尤其行政罰法之立法亦
是走在各國之前，當然在行政罰法之研究尤其獨特之處[13]，這
從責任原則更可以看出，在責任條件之規定則採取所謂「推定
過失」責任，乃係藉由立法技術，將原應由行政機關擔負之舉
證責任改由行為人負擔，其除具有減輕行政機關負擔之作用
外，應亦有利於行政目的之達成[14]。由於此立法例有別於我國
及其他國家在責任條件上之規定，因此將奧地利之規定列為探
討之重心。

　　從行政罰理論發展之趨勢而言，其所要求之責任條件愈
來愈趨嚴格，晚近各國之立法例已幾乎與刑事罰之責任條件相
一致。最先是 1925 年奧地利行政罰法公布以來，「無責任即
無行政罰」與「法無明文不處罰」、「禁止溯及既往」等，已
成為行政罰上確定疑之原則[15]。奧國行政罰法第 5 條第 1 項規
定：「於行政法規無關於責任條件之特別規定時，過失行為已

---

13. 參閱城仲模，行政法之基礎理論，增訂初版，1991 年 10 月，頁 491。針對行
　　政罰法其他國家立法例而言，以奧地利為主要論述，是選擇一個以相當深厚的
　　學理及累積的判決為基礎，而創制的行政罰法制，及經半世紀以上的實踐經驗
　　仍能昂然屹立之相關制度，加以學理性之分析，俾供我國學術研究或利法定制
　　之參考，或有裨益。

14. Vgl. Walter/Mayer, Grundriß des österreichischen Verwaltungsverfahrensrechts, 4.
　　Auflage, 1987, S. 264 ff.

15. Vgl. Ress, Georg, Entwicklungstendenzen im Verwaltungsverfahrensrecht und in der
　　Verwaltungsgerichtsbarkeit: rechtsvergleichende Analysen zum österreichischen und
　　deutschen Recht, 1990, S. 80.

足為處罰之理由,僅係違反禁止或作為命令之行為,而無須以引起損害或危險作為違反行政義務行為之構成要件者,如行為人不能證明其無法避免行政法規之違反,應認為有過失」。依照此一規定,行政罰之責任形態有三:故意、過失及推定責任[16]。

關於故意及過失之含義,在解釋上與刑法之故意及過失並無不同,而所謂推定責任,實為奧國所獨創,學者吳庚教授參考奧國文獻按其通說及實務上之見解,綜合作下列三點分析[17]:(一)以行政法規對於構成行政罰之責任條件別無規定,為其適用之前提,故法規如明文規定應以故意或過失為必要者,自應從其規定;(二)所謂違反禁止或作為命令不以發生損害或危險構成要件者,即學理上所指之不服從犯,亦即純正之違警犯,換言之,僅限於輕微之違反行政法規上義務的行為;(三)所謂行為人不能舉證證明其無可歸責時,應認為有過失,係關於舉證責任之規定,行為人原則上受過失之推定,但許其以無可歸責之反證加以推翻。然而奧國關於推定過失責任之規定,僅是從立法技術上將舉證責任倒置,俾有利於行政上目的之實現及公共秩序之維護,與嚴格的人權保障之要求並不一致,因之,曾發生是否違反歐洲人權公約而構成違憲之爭議[18]。

---

16. 吳庚,論行政罰及其責任條件,法令月刊第 42 卷第 5 期,1991 年 4 月,頁 177。

17. 參閱吳庚,行政法之理論與實用,增訂八版,2005年,頁467-469;Walter/ Mayer, Grundriss des österreichischen Verwaltungsverfahrensrechts, 4. Auflage, Wien 1987, S. 264 f;L. Adamovich, Handbuch des österr. Verwaltungsrechts, Bd. I, Wien 1954, S. 266.

18. 吳庚教授進一步指出,歐洲人權公約第 6 條第 2 項規定:「因可處罰性行為被控告者,在依法認定其責任之前……應推定為無辜。」奧國行政罰法第 5 條之推定責任與之正好相反,因此發生憲法訴訟,奧國憲法法院以該國加入歐洲人權公約時,曾經對公約條款有所保留,而作成行政罰法第 5 條不違憲之裁判。

　　針對奧地利此項規定，學者城仲模教授亦認為，此與刑
事法之一般原理恰正相反，而充分表現行政罰之特質，並分析
重點如下：（一）行政罰法固然與刑事法同樣適用「責任原
則」，亦即歸責條件之責任形態，包括故意、過失及不知法
規，但「因行政義務要在履行或不履行，有意或無意，在行政
執行上所發生之影響，與結果相同。為使行政效能之提高，客
觀之行為或不行為，為取決是否為行政違反之唯一標準，以達
行政上迅速簡約之要求，否則曠日持久，多費周章，殊有違乎
行政目的」，故過失行為，以處罰為原則，此與刑事法之原理
恰正背道而馳。（二）何謂故意、過失，因未具立法解釋須援
引刑法所規定之概念。（三）凡客觀上有違反行政禁止命令之
行為結果固應予以處罰，即一般違反遵從義務之行為，不問其
責任條件亦同，前者之舉證責任在行政官署，後者應由不遵從
義務人舉證說明其應為無責，否則即予推定為過失[19]。

　　德國於 1952 年公布「違反秩序罰法」於第 10 條規定，違
反秩序罰之行為，以處罰故意為原則，過失行為之處罰，以法
律有明文規定科處罰鍰者為限。此與刑法關於責任條件之規
定，已屬一致[20]。於 1975 年該法修正後，其第 10 條之文字更
改為：「違反秩序行為之處罰，以出於故意行為為限，但法律
明文規定對過失行為科處罰鍰者，從其規定。」這一處罰故意
為常態以過失為例外的原則，與實際則不盡相符，因為大多數
法律均以過失為處罰對象，故意反而不屬於處罰之常態[21]。儘
管如此，其亦具有保護功能，強迫立法者，必須審查每一罰鍰

19.城仲模，行政法之基礎理論，增訂初版，1991 年 10 月，頁 509-510。

20.Vgl. Bohnert, Joachim, Grundriβ des Ordnungswidrigkeits, 1996, S. 12.

21.Vgl. Wieser, Raimund, Ordnungswidrigkeitenrecht in Fragen und Antworten, 1994,
　S. 25；洪家殷，行政制裁，收錄於：翁岳生主編行政法 2000 第 14 章，頁
　726。

之構成要件，是否對該行為處以罰鍰為必要的及正確的[22]。雖然如此，並無損於對人民之任何處罰不論何等輕微，均應以行為人主觀上具有歸責性之理念的體現。又依 1977 年租稅通則第 377 條規定，違反秩序罰法關於故意過失之規定，原則上亦適用稅法上之違法行為[23]。

　　而探討另一個大陸法制發達之國家 —— 日本，日本學者市橋克哉認為，由於向來針對違反義務所採原則性制裁措施之行政刑罰陷於機能不全，因而欲端賴行政刑罰以確保義務之履行，已然明顯有其極限。為求補充甚至於替代如此之行政刑罰，各式各樣之行政領域中，正進行引用或檢討各種具有制裁機能之新手法。另一方面，也有立法政策之見解，認為有必要將此間尚未備置而放置依然之傳統行政罰構造，改良為足以應對現代狀況並得以再度加以積極活用之制度[24]。從上述及相關文獻得知，日本仍著重於行政刑罰之使用，目前適用之「輕犯罪法」是為其較重要之行政罰，然而仍未有統一之行政罰法，正亦走向行政罰法法典化之途徑，有關責任原則在「輕犯罪法」中之規定，自然與刑事罰之責任原則雷同，並無特別之處。

　　與我國關係密切之另一東亞國家 —— 韓國（南韓），至今亦未制定統一之行政罰法法典，對於責任原則是否亦適用刑法總則，情況如下：刑法對犯罪成立要件的構成要件事實要求「故意」，當故意闕如而有過失，則只有在法律上有特別規定時，才能將之以過失犯處罰。行政罰的特殊性乃至刑法總則的

---

22. Vgl. Göhler, Erich, Gesetz über Ordnungswidrigkeiten, 9. Auflage, 1990, § 10 Rn. 1.
23. 參閱吳庚，行政法之理論與實用，增訂八版，2005 年，頁 468；Göhler, Erich, Gesetz über Ordnungswidrigkeiten, 9. Auflage, 1990, S. 66.
24. 市橋克哉，日本之行政處罰法制，收錄於台灣行政法學會學術研討會論文集：行政命令、行政處罰及行政訴訟之比較研究，頁 230-235。

適用性問題，實際上幾乎大部分都是有關這一類故意、過失犯的問題。如上所述，刑法總則規定適用於有關行政罰，因此如無故意，則不能以故意犯處罰之。因應刑事罰之行政罰特殊性，在與刑法總則之適用問題相關解釋角度而言，目前其比重已顯著減少。相反地，行政罰在其目的觀點觀之，因與刑事罰有所差異，在為了實現其目的之制裁觀點上，亦應採與刑事罰不同之方法。行政罰之特殊性議論，主張應將現行行政刑罰者大幅轉換成行政秩序法之立法，可謂深具重要意義[25]。

　　韓國學者朴正勳認為，行政刑罰與行政秩序罰之實質區別基準已向上調整，實質上，兩者本質上之差異愈來愈少。同時，刑法總則之規定對行政秩序罰不可謂完全地不能適用。另一方面，考量刑法總則規定所具的適法程序意義，乃至法治主義安全機制的功能及行政秩序罰根據之特殊性，應訂定個別刑法總則規定之準用範圍。類此問題，終極應制定有關行政秩序罰的一般通則才能解決，然而目前僅能依解釋論[26]。

三、責任條件之內涵

（一）概說

　　所謂的責任條件，主要係指行為人之主觀犯意，即行為人能對其行為有一定之意思決定，因此若其決定從事侵害法益之行為，即得對其非難，要求其承擔責任[27]。申言之，行為人

---

25. 朴正勳，韓國的行政罰——確保行政的實效性與保障國民的基本權，收錄於台灣行政法學會學術研討會論文集：行政命令、行政處罰及行政訴訟之比較研究，頁 246-253。

26. 同上註。

27. Vgl. Wessels, Johannes, Strafrecht (Allgemeiner Teil), 25. Auflage, 1995, S. 68-72.

除具有理解事理之責任能力外，並有自由決定其意思之心理狀態。而責任條件有兩種，即故意與過失[28]。行為人之主觀意識上，如其以積極作為或消極不作為方式，有意地發生違反秩序之結果，則屬於「故意行為」的基本形態。此外，相對人亦有可能在一個積極的作為中，無意地涉及特定的構成要件，或是消極作為中亦可能在完全無意中產生違反秩序之結果，此種情形即可歸屬於「過失行為」的形態[29]。

關於故意與過失之法定定義，規範行政罰之法規範未有一般性之規定，即令是行政罰法第 7 條，亦缺乏解釋規定。是故，考量到行政罰與刑法之規範目的都在於，藉由懲罰制度而防止、誘導行為人之一定行為方向，其均以行為人之行為可以因規範之要求而受到影響為前提，據此，應認行政罰與刑法關於故意與過失有無之認定，依其規範目的而言有類似性，因此刑法第 13、14 條規定之故意與過失型態，應可類推適用於行政罰法[30]。換言之，強調刑事犯與行政犯乃「質」之差異已逐漸消失，而確認二者常屬「量」的不同已成為通說，制裁之目的往往為立法政策上之考量，而與本質上之必然性無關[31]。因此基於二者之責任條件，其基於基本結構、規範目的均有共同之處，應值肯認其間得以類推適用[32]。

---

28. 蘇立琮，社會秩序維護法回歸行政罰法體系之探討，中央警察大學行政警察研究所碩士論文，民國93年6月，頁111。

29. 洪家殷，行政法院裁判中有關違反秩序行為態樣之檢討，收錄於：葛克昌、林明鏘主編，行政法實務與理論（一），2003 年 3 月，頁7。

30. 陳愛娥，行政處分的對外效果、「保證」與行政罰的責任條件－行政法院 88 年度判字第4081號判決評釋，台灣本土法學雜誌第 15 期，頁 92。

31. 吳庚，論行政罰及其責任條件，法令月刊第 42 卷第 5 期，民國 80 年 4 月，頁 175。

32. 蘇立琮，社會秩序維護法回歸行政罰法體系之探討，頁 112。

（二）故意

刑法第 13 條就故意定為：「行為人對於構成犯罪之事實，明知並有意使其發生者，為故意。行為人對於構成犯罪之事實，預見其發生而其發生並不違背其本意者，以故意論。」行政法之故意、過失之基本意義與刑法同。換言之，在行政罰法上之故意係指「人民對違反行政法義務行為之事實，明知並有意使其發生者或預見其發生而其發生並不違背本意者」。是以故意包含「知」（知情）與欲（任其發生）兩個要素。而不問「直接故意」或「間接故意」，皆屬行政法上之故意。

對於故意之概念與定義在行政罰法上並沒有規定，一般通說認為仍適用於刑事法上之概念與定義，故意作為犯具有主觀不法構成要件所規定的故意，刑法學上稱為構成要件故意，簡稱為故意。所謂構成要件故意乃指行為人對於實現客觀構成犯罪事實的認知與實現不法構成要件的意欲。易言之，即行為人對於客觀不法構成要件的所有行為情狀有所認識，並進而決意實現不法構成要件的主觀心態。申言之，行為人首先對於客觀的構成犯罪事實有所認識或有所預見，而後基於這種主觀的認識或預見，進而決意使其認識或預見者成為事實，或者容任其認識或預見者成為事實。這種有認識或有預見，並進而決意使犯罪發生，或容任犯罪發生的內心情狀或主觀心態，即為故意[33]。

（三）過失

刑法第 14 條就過失定義為：「行為人雖非故意。但按其情節應注意，並能注意，而不注意者，為過失。行為人對於構

33.林山田，刑法通論（上冊），增訂八版，2003 年 11 月，頁 238-242。

成犯罪之事實，雖預見其能發生而確信其不發生者，以過失論。」此之過失，可分為「無認識過失」與「有認識過失」。刑法上的「有認識過失」與「無認識過失」之概念上區分，並無特別意義，因刑法上過失係「有」或「無」的問題，只要有過失，不論是「無認識過失」與「有認識過失」，在構成要件上皆屬等價，只是量刑上可以列入考慮[34]。行政法上之過失意義與刑法並無二致，意指「人民對違反行政法義務行為之事實，按其情節應注意，並能注意，而不注意，致其發生或雖預見其能發生而確信其不發生者。」但行政法上的過失類型上與民事法的過失相同，分為「重大過失」、「具體輕過失」與「抽象輕過失」。

依上述說明，行政罰之處罰，應出於故意或過失，迨無疑義。惟目前行政法規及立法技術上，的確難以發現有處罰過失犯之明文，因此若在條文中依刑法第 12 條第 2 項之立法例規定[35]：「過失行為之處罰，以行為時之法律有特別規定者為限」，則過失行為之處罰，幾無適用之可能。故應考量行政目的之貫徹，並斟酌立法體例與社會現象，原則上只要有故意或過失，即予處罰，而過失行為之處罰，依現行法制規定，不以法律有特別規定為限，但我國不採「推定過失」之規定。至於過失行為應否減輕裁罰，宜保留由裁罰機關裁量，亦無規定一律減輕之必要[36]。但若從個別法律條文看出，其責任條件已含有處罰故意在內，通常情形不應及於過失，亦即若條文涵義已

---

34. Vgl. Dahs, Hans, Die Revision im Strafprozeß, 5. Auflage, 1993, S. 85.

35. 參閱法務部行政罰法研究制定委員會歷次會議紀錄及委員發言要旨彙編（一），民國 91 年 11 月 22 日，頁 60-79。

36. 林錫堯，制定行政罰法之理論與實務，收錄於：行政命令、行政處罰及行政爭訟之比較研究，頁 182。

含有只處罰故意之個別規定要件,則不處罰過失犯[37]。

關於過失之法定定義,規範行政罰之法規範並未有一般性規定,考量到行政罰與刑法的規範目的都在於,藉由懲罰制裁而防止、誘導行為人的一定行為方向,其均以行為人之行為可以因規範要求受到影響為前提,也因此兩種制裁的科處,至少都以行為人具備「過失」之責任條件為前提[38]。據此,應認行政罰與刑法關於「過失」有無之認定,依其規範目的而言,有其類似性,因此刑法第 14 條所規定之兩種過失型態,應可類推適用於行政罰法:「雖非故意,但按其情節應注意,並能注意,而不注意者」(即是所謂的無認識之過失)、「雖預見其能發生而確信其不發生者」(即是所謂的有認識之過失)。但無論是哪一類過失,都要求違法行為之發生,須可歸責於行為人的未盡必要之注意義務以防止行為之發生。如果再進一步觀察此一過失要件,則一方面必須行為人主觀的認識、能力上,並無其他足以妨礙其履行前述注意、防止違法行為發生之義務事由存在(主觀之可歸責性)。如已盡善良管理人之注意義務,或違法行為之發生,行為人並無主觀的可歸責性,則此違法行為之發生乃無可避免,行為人就此即無過失可言[39]。

四、法人與其他團體之責任條件

我國行政罰法第 7 條第 2 項規定:「法人、設有代表人或管理人之非法人團體、中央或地方機關或其他組織違反行政法上義務者,其代表人、管理人、其他有代表權之人或實際行為

---

37. 吳庚,行政法之理論與實用,頁 465。

38. Vgl. Dahs, Hans, Die Revision im Strafprozeß, 5. Auflage, 1993, S. 90.

39. 陳愛娥,行政處分的對外效果、「保證」與行政罰的責任條件－行政法院 88 年度判字第 4081 號判決評釋,台灣本土法學雜誌第 15 期,頁 90-92。

之職員、受僱人或從業人員之故意、過失，推定為該等組織之故意、過失。」亦即法人與其他團體責任條件之認定，經由其代表人或管理人之行為推定故意、過失[40]，因為現行法律規定或實務上常有以法人、設有代表人或管理人之非法人團體、中央或地方機關或其他組織作為處罰對象，為明其故意、過失責任，爰規定以其代表人、管理人、其他有代表權之人或實際行為之職員、受僱人或從業人員之故意、過失，推定該等組織之故意、過失[41]。

肆、違法性認識錯誤與責任能力

一、違法性認識錯誤

藉由過失之推定，更進而導出，行為人如對違法性有「認識錯誤」時，亦不能主張阻卻主觀之過失責任[42]。依據行政罰法第 8 條規定：「不得因不知法規而免除行政處罰責任。但按其情節，得減輕或免除其處罰。」亦即人民不可以主張「不知者，無罪」蓋行政法上之義務，率屬強制性義務，行政

40.學者李惠宗教授認為，從法人本質採法人實在說角度來看，代表人係居於法人的地位而行為，故法人代表人或其他團體管理人之行為，既然稱之為「代表」人，即應「視同」法人或團體之行為。蓋如果只是發生推定之效果，到頭來還可以由代表人、管理人、其他有代表權之人舉證證明其本身無故意或過失。惟既然已經認定「代表人、管理人、其他有代表權之人」有故意過失，怎可能再由其本身反證其無故意或過失，故此種規定屬矛盾之法例。但「實際行為之職員、受僱人或從業人員之故意、過失，推定為該等組織之故意、過失」未必可以直接視同該法人或團體之故意過失，故規定為「推定」為該組織之故意、過失，則屬適當。參閱李惠宗，行政罰法之理論與案例，頁 67-68。

41.李震山，行政法導論，增訂六版，2005 年 10 月，頁 395。參閱法務部編印，行政罰法第二條條文說明，2005 年 3 月，頁 30-32。

42.Vgl. Wieser, Raimund, Ordnungswidrigkeitenrecht in Fragen und Antworten, 1994, S. 25.

法之規定多屬強行法而具有行為規範之性質。在刑法上，對於規範認知有錯誤，稱為「禁止錯誤」，可以阻卻故意之成立，但應列入過失範疇。由於刑法對於過失之處罰，以法律有明文規定為限，故不論對事實認知有誤（構成要件錯誤）或對法規認知有誤（禁止錯誤），皆屬可予處罰之行為[43]。

二、責任能力

　　所謂責任能力，主要係指行為人必須在行為當時具有自我決定之能力，亦即具有判斷非法，並依此判斷而能夠不為違法之能力，始有罪責可言[44]。申言之，行為人具有判斷非法之意識能力，並依其判斷而為行為之控制能力[45]。依據我國行政罰法第3條規定：「本法所稱行為人，係指實施違反行政法上義務行為之自然人、法人、設有代表人或管理人之非法人團體、中央或地方機關或其他組織。」就自然人而言，責任能力係由「年齡」與「規範認知的精神狀態」組合而成。就法人或其他具有行政法上當事人地位之團體或機關而言，應依法人之代表人或為法人或其他當事人之精神狀態而定。而依據行政罰法第9條規定，自然人可分為無責任能力人、減輕責任能力人及完全責任能力人三種類型[46]。

　　在規範責任能力方面，通常由行為人之年齡與精神狀態為斷[47]。在年齡方面：刑法第18條第1、2項、社會秩序維護

43. 李惠宗，行政罰法之理論與案例，頁70-72。

44. Vgl. Rosenkötter, Günter, Das Recht der Ordnungswidrigkeiten, S. 89.

45. 林山田，刑法通論（上冊），增訂八版，2003年11月，頁328。

46. 李惠宗，行政罰法之理論與案例，頁58。

47. 林錫堯，制定行政罰法之理論與實務，收錄於：行政命令、行政處罰及行政爭訟之比較研究，頁178-180。

法第 8 條第 1 項第 1 款、第 9 條第 1 項第 1 款分別規定未滿 14 歲人之行為不罰、14 歲以上未滿 18 歲人之行為得減輕處罰，適用多年來，並無太大爭議，行政罰方面援此立法例。至於刑法第 18 條第 3 項、社會秩序維護法第 9 條第 1 項第 2 項分別規定滿 80、70 歲人之行為得減輕處罰，而刑法第 63 條第 1 項尚規定，未滿 18 歲或滿 80 歲人犯罪者，不得處死刑或無期徒刑，本刑為死刑或無期徒刑者，減輕其刑。然而在行政罰法有關責任能力之規定，並不包括老人[48]。

針對精神障礙方面，在刑法學及實務上，通說均認為是影響刑事責任能力之判斷，與責任條件之故意、過失有別，亦與行為之違法性判斷不同[49]。我國就精神障礙者得以減免責任者，在刑法以及社會秩序維護法向以「精神喪失」、「精神耗弱」為規定[50]，而行政罰法第 9 條第 3 項規定，則以「精神障礙」、「其他心智缺陷」等不確定法律概念之用語，此乃以概括規定賦予行政機關較大之行政判斷。學者林錫堯教授認為，對於精神障礙之判斷，宜以通常可理解之敘述，即是否因生理或心理障礙致無辨識事理能力（或嚴重減退）或無法依其事理之辨識而行為，作為判斷可否減免之依據。至於是否達到此程度，則宜由實務機關就個案為處理認定。

---

48. 在刑法與社會秩序維護法有關老人責任能力之規定，乃依我國古律，對於老人，素有矜恤之典，然而由於近代醫藥、衛生保健發達，國人平均壽命均提高，學者間對老人已有法規之相當保障與優惠，既然享受許多權利，則在義務方面亦擔負其責任，因此一般認為在行政罰上，無需就老人違反行政法上之義務，再予以減免責任之必要。

49. Vgl. Bohnert, Joachim, Grundriß des Ordnungswidrigkeitenrechts, 1996, S. 15 ff.

50. 有認為此係法律上名詞，並非精神醫學之用語，亦非日常生活之用語，在較為慣用之行政法規中，使用「心神喪失」、「精神耗弱」或「精神病者」者，亦常多見，因此欲從精神醫學或法律學上對此再做明確之定義規定，事實上有困難。

伍、我國個別法之適用探討

一、概說

　　有關責任原則在個別法適用之探討，基於個別法之眾多龐雜，不可能論述太多個別法，因此先以個別領域為基礎，並舉有代表性之法律。本文列舉三項領域為警察與秩序法、環保法以及租稅法，此三項領域相對於龐雜之行政法規，雖然仍屬少數，然而警察與秩序法及租稅法是古典及傳統之基礎行政法，自有其代表性，且關係環保問題之環保法是現今全世界均研究之課題，因此亦列為探討範圍。相關探討則均以責任條件以及責任能力之適用問題為主，各法間之重要適用問題，若有差異及雷同之處均儘可能一一論述，然而因時間與篇幅亦只能以重要及代表性法條為重心，且其他範圍之相關問題則儘量排除論述，此乃考量專業問題，並以集中本文課題範圍為目的。論述內容以配合上述理論之介紹以及實務上可能產生之問題為主，藉以提供行政罰有關責任原則之研究參考。

二、警察與秩序法

（一）社會秩序維護法

　　有關責任原則部分，社會秩序維護法第7條規定：「違反本法行為，不問出於故意或過失，均應處罰。但出於過失者，不得罰以拘留，並得減輕之。」此規定乃就過失在主觀上之可非難性、可歸責性之程度、輕重與故意有別，而明定了過失行為「不得罰以拘留，並得減輕」之規定，亦即係在立法例上採「相對減輕主義」。基於行為人主觀惡性之差異，本於比例原

則，在處罰之額度上，即應有所不同[51]，應值肯定，惟「不問出於故意或過失，均應處罰」之文字，易使人誤會為違反社會秩序維護法之行為人無須具有故意或過失[52]。又若行為人既無故意又無過失，是否應受處罰？似有討論餘地，故其規定不如行政罰法第 7 條以及刑法 12 條「非出於故意或過失者，不予處罰」明確，似應配合行政罰法之規定而修正，或者若將其刪除，以法理而言自然適用行政罰法之規定。

在規範能力方面，社會秩序維護法仍以行為人之年齡與精神狀態為斷。刑法第 18 條第 1、2 項、社會秩序維護法第 8 條第 1 項第 1 款、第 9 條第 1 項第 1 款分別規定未滿 14 歲人之行為不罰、14 歲以上未滿 18 歲人之行為得減輕處罰，適用多年來，並無太大爭議，行政罰法第 9 條援此立法例。刑法第 18 條第 3 項、社會秩序維護法第 9 條第 1 項第 2 項則分別規定滿 80、70 歲人之行為得減輕處罰，此規定與行政罰法不同，在行政罰法有關責任能力之規定，並不包括老人。社會秩序維護法有關老人責任能力之規定，乃參照刑法依我國古律，對於老人，素有矜恤之典，然而由於近代醫藥、衛生保健發達，國人平均壽命均提高，學者間對老人已有法規之相當保障與優惠，既然享受許多權利，則在義務方面亦擔負其責任，因此一般認為在行政罰上，無需就老人違反行政法上之義務，再予以減免責任之必要[53]。因此未來社會秩序維護法亦應秉此精神能與刑事法之責任能力規定有別，配合行政罰法之責任能力規定修正或將其刪除，直接適用行政罰法有關減輕責任能力之規定，不必再規定老人之減輕責任能力。

---

51. 陳清秀，稅捐稽徵罰之處罰標準，月旦法學雜誌，第 23 期，頁 41。

52. 鄭正忠，社會秩序維護法，1997 年 12 月，頁 14；蘇立琮，社會秩序維護法回歸行政罰法體系之探討，頁 114。

53. 林錫堯，制定行政罰法之理論與實務，收錄於：行政命令、行政處罰及行政爭訟之比較研究，頁 178-180。

　　另外在社會秩序維護法第 9 條規定中，瘖啞人違反者亦得
為減免責任，惟與前述對於老年人之狀況相同，瘖啞人已有法
規之相當保障與優惠（身心障礙者保護法等），既然享受許多
權利，則在義務方面亦擔負其責任，因此一般認為在行政罰
上，無需就瘖啞人違反行政法上之義務，再予以減免責任之
必要[54]。因此在這方面，社會秩序維護法亦應配合行政罰法予
以修正。然而有關無責任能力人之法定代理人以及監護人，
在社會秩序維護法第 8 條第 2 及 3 項均有規定賦予一定監管義
務[55]，本文認為應在行政罰法總則規定得由主管機關依實際情
況裁量處罰，以因應社會發展，相關部分於後敘述「傳染病防
治法」一併探討。

　　綜上所述，有關社會秩序維護法責任原則之規定，應與
行政罰法之規定一致較為妥當，基於行政罰法是普通法之地
位，因此只可考慮將此責任原則規定刪除，直接適用行政罰法
之規定。整體而言，若將來可以將行政罰法定位為基本法，則
社會秩序維護法「總則」規定將全部刪除，僅保留「分則」規
定，如此可徹底解決相關問題[56]。

（二）道路交通管理處罰條例

　　道路交通管理處罰條例是一項純粹行政罰之法律，並不

---

54. 林子儀，行政秩序罰法之責任能力與責任條件，收於廖義男主持，行政不法行為制裁規定之研究，行政院經濟建設委員會委託，國立台灣大學法律研究所執行之研究計畫，1990，頁 66。

55. 如此監管義務被認為是類似刑法之保安處置，依該法第 8 條第 2 項、第 3 項及第 9 條第 2 項、第 3 項之規定，對於未滿 18 歲人、心神喪失人、精神耗弱人或瘖啞人，有違反之行為者，現定在一定要件下，得責由其法定代理人或監護人，分別加以管教或監護，或分別情形送少年兒童福利機構收容或送交療養處所監護或治療。參閱李震山主持，司法對警察行政行為審查問題之研究，行政院國家科學委員會專題研究計畫成果報告，1998 年 8 月，頁 112-114。

56. 蔡震榮，行政罰法草案評析，月旦法學第 111 期，2004 年 8 月，頁 12-13。

像社會秩序維護法有關處罰一部分由法院簡易庭裁定，或者下述之傳染病防治法以及環保法部分處罰則由法院判決刑罰，該條例規定對於違反者均由行政機關（公路主管機關或警察機關）裁處[57]。而此項法律與人民密切之程度不用贅述均可理解，若以量觀之，應是人民受行政罰處罰案件最多者。雖然交通行政罰應是與人民最密切之行政罰，然而針對責任原則範圍之相關重要規定，在該條例付之闕如，因此依上述法理將來應適用行政罰法有關責任原則之相關規定，迨無疑義，惟仍有幾個面向可以探討。

首先就責任條件之故意與過失而言，綜觀該條例大部分處罰條文，仍然未強調故意或過失之行為，當然以一般對條文之解釋均處罰故意與過失之行為。不過在實務判斷上，區別故意或過失有時並非易事，在我國行政罰法之規定，並不採「推定過失」之理論，亦即關係人不能證明自己無過失時，則以過失論[58]。然而我國必須由主管機關自行認定行為之故意或過失，對於違法之證據判斷往往難有客觀之標準，且過失犯是否可以減輕處罰，依據將來實施之行政罰法並無規定，仍由主管機關自行行政裁量[59]，所以該條例過失犯之意義顯然在實務上並不受重視。

以該條例第 53 條為例作為說明，處罰闖紅燈之行為並沒

---

57. 參閱李震山主持，司法對警察行政行為審查問題之研究，行政院國家科學委員會專題研究計畫成果報告，1998 年 8 月，頁 85-87。道路交通管理處罰條例計分總則、汽車、慢車、行人、道路障礙及附則等六章。其間實體規定與程序規定，並無一定之順序安排。本條例規定之實體決定即是行政罰，主要有罰鍰、記點或吊銷駕照、牌照、禁止駕駛或行使、責令改正、沒入等，有些行政罰類型是屬於較特別之規定，主要仍然是以罰鍰為主，但有些處罰亦影響人民權利甚鉅，如吊銷駕照、牌照等。

58. 城仲模，行政法之基礎理論，頁 508-511。

59. 林錫堯，制定行政罰法之理論與實務，收錄於：行政命令、行政處罰及行政爭訟之比較研究，頁 177-179。

有區分故意或過失，然而實際情況卻會有「過失」行為存在，因許多情況未注意到交通號誌之變換，有可能符合「行為人雖非故意。但按其情節應注意，並能注意，而不注意者，為過失。行為人對於構成犯罪之事實，雖預見其能發生而確信其不發生者，以過失論。」其中「無認識過失」與「有認識過失」均有可能 [60]，一般來說大部分應為無認識之過失，然而許多駕駛者有搶黃燈之行為，以其所駕駛之車輛確信可以在變換紅燈之前時間通過，實際上卻來不及，因而構成闖紅燈之行為，似可符合「有認識之過失」。不過就如前述情況，因為認定上之困難，交通執法人員在開立罰單時並不會標明行為主觀意識，因此在概念上就沒有所謂「過失」闖紅燈。

而目前處罰有上限以及下限罰鍰之規定，亦即有裁罰之空間，然而現行實務作法往往是，倘若受罰人於規定到案時間前繳納，裁罰機關處罰下限之罰緩，若逾期則以加倍裁罰，這應不符合行政裁量之原則，行政裁量主要應斟酌違反者之事實情況，遵守比例原則、平等原則等施予客觀公正之裁罰 [61]。亦即，上述情況可以考量當事人之違反情節酌予加重或減輕，例如前述過失行為亦得為減輕，而不是針對事後行為，基於收取罰款之行政效率狀態予以裁罰下限或上限。所以本文認為，針對社會情況之演進，交通執法警察取締違反者，應可在「違反事實與狀態」一欄，除了註明違反事實，應可加註個別狀態，如前述過失或違反狀態之輕重，例如闖紅燈，若可判斷故意或過失，則自然加註有助於事實之裁罰或者加註當時闖紅燈所造成交通混亂等情況亦可讓裁罰達到實事求是之目的 [62]。雖然違

60.林山田，刑法通論（上冊），頁 327-329。

61.李惠宗，交通大執法正當性問題的探討，台灣本土法學第 63 期, 2004 年 10 月，頁 127-129。

62.依據現行道路交通處罰條例第 53 條規定，闖紅燈之行為處罰新台幣 1800 元以

反交通義務之行為稍縱即逝，判斷與舉證困難，不過因應時代演變，又今日科技日益發達精密，樣樣事物要求準確精密，配合新發展之高科技，對於事實情況之採證已不是非常困難之事，因此本文認為交通處罰未來應朝此方向發展，較能符合時代的需求。

　　就責任能力部分，該條例第 85 條之 4 有特別規定：「未滿 14 歲之人違反本條例之規定，處罰其法定代理人或監護人。」，不過並未規定限制責任能力（14 歲以上未滿 18 歲），因此將來部分仍適用行政罰法第 9 條之相關規定。然而該條例第 21 條規定對於無照駕駛者予以處罰，依其條文未滿 14 歲者亦應處罰（依據上述規定應處罰其法定代理人或監護人），似乎與行政罰法第 9 條有關未滿 14 歲之人無責任能力人違反行政罰不予處罰之規定不相符合，然而依據前述行政罰法是普通法，道路交通處罰條例是特別法，應優先適用特別法[63]。倘若未來修正行政罰法改革為一基本法，本文前述亦應增列對於其法定代理人或監護人加以適當處罰，以避免發生法規適用之衝突。該條例第 21 條對於未滿 18 歲無照駕駛者之法定代理人或監護人施予交通講習，雖包括未滿 14 歲無責任能力人之法定代理人或監護人，然而處罰性質並不相同[64]，是一項特別規定。此項特別規定對於其法定代理人或監護人施予交通講習，雖講習內容可包括如何對於未成年人違反者之教化，但畢竟不同於直接受行政罰之意義以及責任原則之目的，本文以為仍應適用行政罰責任原則規定。

上 5400 元以下罰緩，處罰之額度即有上限與下限之裁量空間，因此依據理論而言，是可以斟酌違法之實際情況予以彈性處罰，裁罰機關可以斟酌實際狀況，包含違法之動機、目的或是否有值得憫恕之情，當然包括過失行為。

63. 蘇立琮，社會秩序維護法回歸行政罰法體系之探討，頁 111。

64. 劉建宏，我國現行道路交通法規架構之檢討，台灣本土法學第 63 期，2004 年 10 月，頁 135-144。

（三）傳染病防治法

　　近年來聞傳染病即色變，如 SARS 以及禽流感等，因此為杜絕傳染病之發生、傳染及蔓延，制定「傳染病防治法」，對於違反者施予處罰，其處罰規定仍依據通說[65]，對於違反情節嚴重者施於行政刑罰，對於一般者則施於行政罰。該法第六章專章規定處罰，該法並沒有對責任原則有特別規定，應直接適用行政罰法，亦即與一般行政法規，並沒有如同社會秩序維護法一般專設總則有責任原則等規定。在條文中有特別強調故意者亦甚少，如該法第 62 條規定「明知自己罹患第一類傳染病或第五類傳染病，不遵行各級主管機關指示，致傳染於人者，處三年以下有期徒刑、拘役或新臺幣 50 萬元以下罰金。」予以處罰，而此處罰亦運用行政刑罰，從此也可看出，對於「惡性」較重者（即情節重大故意），即動用行政刑罰，亦符合上述通說原理[66]。所以該條規定以「明知」這樣的詞彙，當然強調的是故意行為，倘若因自己不知本身已有染傳染病，亦無其他過失行為，依責任條件原理並不構成本條處罰之要件。

　　以該法第 68 條規定為例，違反主管機關對傳染媒介物之管理命令者，予以罰鍰處罰（新台幣 6 萬元以上 30 萬元以下）或一年以下停業處分，此條文並未含有故意或過失之意涵，如同對於一般行政法規條文之認識，不論出於故意或過失均應予處罰，而過失犯則由裁罰機關裁量是否減輕處罰。該法若未有特別規定，對於責任條件之適用，均應與第 68 條之適

---

65. 時至今日，強調行政犯與刑事犯乃「質」的差異已經逐漸消失，而確認二者常屬「量」的不同殆已成為通說，何種違法行為構成行政犯並受行政罰，何種違法行為構成刑事犯應受刑罰制裁，往往為立法政策上之考量，而與本質上的必然性無關。請參閱吳庚，論行政罰及其責任條件，法令月刊第 42 卷第 5 期，民國 80 年 4 月，頁 175。
66. 鄭善印，刑事犯與行政犯之區別─德日學說比較，三鋒出版社，1990 年，頁 163 以下。

用雷同。另外針對責任能力部分，未滿 14 歲以及精神障礙之無責任能力人或其他限制責任能力人均應適用行政罰法，予以免罰或減輕，至於是否對限制責任能力人予以減輕，則由主管機關依事實作行政裁量[67]。而對於未滿 14 歲以及精神障礙之無責任能力人，若違反傳染病防治法，是否應對其法定代理人或監護人處罰，該法並無規定，基於「罪刑法定原則」無法予以處罰。然而從傳染病防治不應有漏洞之原理，應該比照前述道路交通管理處罰條例 85 條之 4，適當增列對於無責任能力人之法定代理人或監護人之處罰，以賦予監督義務，致使傳染病防治較為周全。

在社會秩序維護法第 8 條有規定對於法定代理人及監護人賦予一定義務以及在道路交通管理處罰條例第 85 條之 4 規定處罰未滿 14 歲人之法定代理人或監護人，然而在行政罰法並無任何規定[68]，因此本文認為可以在行政罰法第 9 條增列一項對於無責任能力人之法定代理人或監護人得由主管機關依實際情況裁罰，賦予其更大之義務，因為面對重大事項之規範，如傳染病對於整體社會威脅之大，應該訂定符合行政罰法特質之條款，才足以因應社會情勢之演變，畢竟行政不法之處罰終究可以因應各種狀況有所調整。

三、環保法

（一）廢棄物清理法

在環保意識高漲之時代，廢棄物清理是與我們日常生活

---

67. 林錫堯，制定行政罰法之理論與實務，收錄於：行政命令、行政處罰及行政爭訟之比較研究，頁 181-183；李震山，行政法導論，頁 287-290。
68. 鄭正忠，社會秩序維護法，頁 13-16。

密切相關之事項，現行法規中制定「廢棄物清理法」，以有效清除、處理廢棄物，改善環境衛生，並於第五章專章訂定對於違反者之罰則[69]。就責任條件而言，該法處罰規定並未特別針對故意或過失予以規範，僅在第 46 條第 1 項有規定「任意棄置有害事業廢棄物」予以處罰，此「任意」即明定是故意，至少亦包括「不確定故意」，然而此項處罰是運用「行政刑罰」處予罰金。其餘在廢棄物清理法中對於違反者予以行政罰部分（大部分是處予罰鍰）之規定，均無特別規定故意或過失，當然適用前述行政罰責任條件之理論。此理論在於主管機關應考量行政目的之貫徹，並斟酌實際狀況作行政判斷，只要有故意或過失，即予處罰，而過失行為之處罰，依現行法制規定，不以法律有特別規定為限，但依據行政罰法之規定，我國不採「推定過失」之規定。至於過失行為應否減輕裁罰，宜保留由裁罰機關裁量，亦無規定一律減輕之必要。

　　至於責任能力規定方面，該法並無如社會秩序維護法有特別規定，因此將來應直接適用行政罰有關責任能力之規定，亦即倘若一個 14 歲無責任能力人亂丟垃圾而違反廢棄物清理法，在理論上應不予處罰[70]，不過前述本文已主張應授權主管

69.陳愛娥，行政處分的對外效果、「保證」與行政罰的責任條件 —— 行政法院 88 年度判字第 4081 號判決評釋，台灣本土法學第 15 期，2000 年 10 月，頁 85-93。

70.請參閱林明鏘，行政制裁（行政罰），月旦法學雜誌第 3 期，1995 年 7 月，頁 60。在我國，行政罰法未制定實施前，針對無責任能力之處罰，有二個互不相同之看法，一為應可類推適用社會秩序維護法第 8 條第 1 項第 1 款之規定，未滿 14 歲人之行為不罰，避免行政罰失之過苛，而且對無責任能力人為裁罰，亦盡失行政制裁之制裁本旨。另一看法為，行政法上之制裁，其目的在於達成管制預防之效果，以維護公益，與刑事制裁不同，故除行政法規有特別規定者外，行政制裁應處罰行為人，而不必探究行為人是否具備責任能力，以維護公益。目前實務上採取第二個看法，並不探究是否具有責任能力，均予處罰，然而依據行政罰法之規定是採取第一個看法，因此該法實施後，必須比照刑事行為，考量責任能力之有無才予以適當裁罰。

機關基於人人應作好環保之觀點，對法定代理人及監護人施予處罰，加強監管責任，以因應社會情勢發展。而若是限制責任能力人亦可適用減輕責任之規定，不過行政罰法之規定是「得」減輕，並非必減；基於目前環境保護之重要，主管環保機關自然可以依據行政裁量對違反者不予減輕處罰。

另一特別情況為，如果因故意或過失自行招致行為時，因精神障礙或其他心智缺陷，致「不能」或「顯著減低」辨識其行為違法或欠缺依其辨識而行為之能力，仍應視為有責任能力人，在刑法上，此稱之為「原因自由行為」，而在行政罰上似可類推適用，例如參加喜宴喝酒過量，致亂吐穢物於道路，依廢棄物清理法規定，仍可予以處罰[71]。

（二）水污染防治法及空氣污染防制法

水與空氣是生命之泉源，亦是地球最重要的資源，因此有關保護問題亦是最重要課題之一，我國制定水污染防治法以及空氣污染防制法予以因應保護。這兩個法律之立法例均與前述廢棄物清理法雷同，如水污染防治法及空氣污染防制法均在第四章訂定罰則，同樣依據通說將違反者視情節輕重分別施予行政刑罰與行政罰[72]。有關責任原則部分，並無特別規定，均適用行政罰法有關責任原則之規定，有關故意與過失之強調規定亦少，僅在空氣污染防制法第47條規定：「依本法規定有申報義務，明知為不實之事項而申報不實……」應予處罰，此亦為運用行政刑罰，其中規定「明知為不實之事項而申報不實」，自然強調故意行為之處罰。

---

71. 李惠宗，行政罰法之理論與案例，2005年6月，頁59。
72. 有關行政刑罰與行政罰併罰之問題，請參閱李震山著，行政法導論，頁372-375。

有關行政罰責任條件部分，本文以水污染防治法第 30 條及 52 條為例，此項為處罰破壞水污染管制區者，並無強調故意與過失之主觀心理狀態，仍如前述對於故意與過失者均處罰，過失犯是否減輕仍由主管機關裁量[73]，不過實務上對於環境保護課題之重視，亦少對過失犯有減輕，因此也較少對於違反事實區分故意或過失，而僅籠統就違反者之客觀事實行為處罰，省略主觀心理狀態之認定。至於責任能力方面，對於無責任能力以及限制責任能力之違反者等相關問題，與上述廢棄物管理法之情況雷同，在此不再重複論述。

四、租稅法 —— 以稅捐稽徵法為重心

租稅概念目前在行政法上之定義，是以「公法上金錢給付義務及其協力義務」作為法律概念，而目前與人民息息相關的租稅法問題，一般較多發生有所謂針對「逃漏稅」以及「協力行為義務之違反」之處罰，相關重要規定是由「稅捐稽徵法」規範，亦是本文討論相關租稅法責任原則問題之重心。目前有關對於公法上金錢給付及協力義務之不履行與制裁大致分為行為罰與漏稅罰，行為罰是指對於協力義務違反之處罰，其性質是一種行政罰，而漏稅罰則是對於公法上金錢給付義務不履行之處罰，其性質如針對情節重大故意之行為施予行政刑罰，而一般故意過失則施予行政罰[74]，區分標準仍以前述通說

73.因為幾乎所有行政罰鍰所定處罰之額度均有彈性裁量空間，處罰有所謂上限與下限或者介於上限與下限之間，此與前述有關道路交通處罰條例相關處罰是類似的，依法理而言，立法者賦予裁罰機關裁量空間，所以斟酌過失行為予以減輕或不斟酌不予減輕，此乃行政機關之行政裁量權。目前規定在各個法規之行政罰鍰規定，其立法方式是符合本文論述，行政機關應考量實際狀況，包括斟酌過失行為，予以較輕之處罰。

74.葛克昌，金錢給付及其協力義務之不履行與制裁，收錄於：行政法爭議問題研究（下），台灣行政學會主編，2000 年 12 月，頁 1088-1091。由於給付國

為據，立法者就立法政策而考量何者施予行政刑罰，何者施予行政罰。然而本文並非探究制裁之性質與種類概念，主要仍以稅捐稽徵法相關責任原則之適用為主。

逃漏稅之行為經認定為違反公法上金錢給付義務之情節重大故意者，因此立法上在稅捐稽徵法第41及42條規定為行政刑罰之處罰，雖非行政罰之處罰，然而相對於其他違反行為只是故意情節重大，因其以詐術或其他不正當方法逃漏稅，而依該法較輕微之故意或過失行為，則施予行政罰[75]，所以其責任條件之差別符合通說理論，並不是「質」之差別，而是「量」之差異，因此在此提出其相關論述，作為該法在其他行政罰處罰之參考比較。

針對逃漏稅之故意，其認識對象包括納稅義務、詐術或其他不正當方法之事實及逃漏稅捐之結果有所認識。至於對於上述所認識之範圍為何。以逃漏稅額之認識而言，有「概括認識說」與「個別認識說」之分。若採取概括認識說之見解，由於對逃漏稅之數額無確切認識之必要，此舉能省卻檢察官舉證上之困難以及審判程序之繁瑣。然而稅法上之課稅項目種類繁多，計算方式頗為複雜，如果沒有會計理論之認識，對於法律專家而言，仍有其技術上之困難。惟基於責任原則之要求以及人權之保障，行為人就某項目確信並非課稅對象而未算入納稅額中，就該項目之稅額，行為人自始主觀即不具有逃漏稅之故意，若將其計入逃漏稅額中，即非妥當。所以納稅義務人對於

家之發展，公法上金錢給付義務及其協力義務，日益擴展。對該等義務之不履行，為確保國家財政收入及負擔公平原則，在法律上往往賦予不履行若干法律效果，此乃對於逃漏稅科予行政刑罰或行政罰之理論基礎。

75. 葛克昌，論公法上金錢給付義務之法律性質，收錄於：行政法爭議問題研究（下），台灣行政法學會主編，2000年12月，頁1080-1083。

逃漏稅額之認識，必須有正確、確切之認識，始成立故意[76]。上述雖為租稅行政刑罰之故意，仍可作為對於租稅行政罰故意認定之參考，例如比較逃漏稅之行為，短漏報行為是情節較輕之行為，其處罰即是以行政罰為主，兩者構成要件雖不同，不過對於違反者主觀心理狀態之研究應是可以相互參照。

而有關違反稅捐申報義務之行為是一項典型行政罰問題，分散在租稅各法中均有申報義務之規定，如所得稅法、營業稅法、遺產及贈與稅法以及貨物稅條例等等[77]。其違反行為之處罰主要是行政罰鍰，有關責任條件應適用行政罰法第 7 條之規定，如同前述對於故意行為予以處罰，過失則由主管機關斟酌裁罰，然而同樣如前所述在實務上，主管機關不一定要對過失行為減輕處罰，且認定過失有時亦難認定，自然較無區分實益。

其他租稅法中有特別規定者應從其規定，即行政罰之成立由個別法律條文規定者，例如營業稅法第 47 條：「納稅義務人有左列情形之一者，除通知限期改正或補辦外，處一千元以上一萬元以下罰鍰，逾期仍未改正或補辦者，得連續處罰，並得停止其營業」，其第 2 款規定：「將統一發票轉供他人使用者」，依文義解釋自應解釋為納稅義務人故意將自己營業用之統一發票轉手提供他人使用之謂，其責任條件已含有處罰故意在內，通常情形不應及於過失；又如海關緝私條例作為處罰

---

76. 羅凱正，租稅刑罰之研究 —— 以稅捐稽徵法第 41 條為中心，輔仁大學法律研究所碩士論文，民國 93 年 7 月，頁 182-183。

77. 洪吉山，稅捐申報行為之研究，成功大學法律研究所碩士論文，2002 年 12 月，頁 172-174。依法律規定或經稽徵機關要求，有協力義務而未履行者，稅法內設有種種違反之法律效果。其中，違反稅捐申報義務者，指負有申報稅捐義務之申報義務人，不依稅法規定之申報期限，向稅捐稽徵機關辦理申報，或已辦理申報而申報不完全或不真實之情形。申報義務人違反申報義務，其法律效果，須視所違反之申報義務態樣而定。

對象之「虛報」、「私運」、「偷漏關稅」、「逃避管制」或「規避檢查」等，依文義解釋，顯然指有確定故意或不確定故意而言，若法條在「偷漏關稅」或「逃避管制」之上再使用「意圖」字樣，則依一般文義解釋係專指「明知並有意使其發生」之確定故意，應無疑義[78]。

　　針對在租稅法上有關行政罰之責任能力部分，在理論與實務上，一般違反租稅法上義務者，針對所謂「公法上金錢給付義務及其協力義務」之違反者，大部分應不會是無責任能力人或限制責任能力人，因為負擔上述義務者，大部分應是任職工作之成年人，如所得稅法、營業稅法及貨物稅條例等等，即使無責任能力人或限制責任能力人適用上述法律負擔義務，大部分均應依法轉嫁由其法定代理人或監護人負擔，所以基本上責任能力在租稅法上之適用並非重要課題。

五、小結

　　綜觀，責任原則在個別法適用之情形，值得注意的是，在個別法中，除了社會秩序維護法設有總則針對責任原則有規定外，其餘行政法規均無規定，因此俟行政罰法實施後，除了社會秩序維護法外，在責任原則方面均適用行政罰法。然而目前亦探討社會秩序維護法回歸行政罰法體系，其中當然包括責任原則之適用，基於社會秩序維護法是行政秩序法之一環，本文亦採贊同。至於其他個別法有關責任原則規定之適用亦同，在目前行政罰法仍定位為普通法，並非如同刑法總則為基本法之前，未來均儘可能應與行政罰法一致，以避免在實務上滋生更多問題，徒增困擾。

78.吳庚，行政法之理論與實用，頁 465。

陸、結語

　　整體從行政罰法理論而言，就責任原則規定之適用，首先所牽涉即是行政罰法之地位，目前之定位為普通法，似乎仍無法發揮統一整建整體行政法規處罰之功能，僅居於補充地位，然而未來行政罰法應否朝基本法之方向發展，相對於目前行政法制之環境，則各有利弊，且牽涉範圍與問題廣泛，仍須慎重檢討。另外，基於近年來人民守法觀念仍薄弱以及行政能力之欠缺與行政目的亦常難貫徹，有關奧地利以及我國大法官釋字第 275 號「推定過失」之理論，未來行政罰法之發展是否可以回頭考慮，本文認為基於上述理由以及行政法之特性仍可以值得探討與考量。

　　從個別法適用之探討重點而言，第一，基於上述理由，社會秩序維護法回歸行政罰法體系，包括責任原則之適用，本文亦採贊同。第二，從傳染病防治法中，應無漏洞加強防治以及環保法中，應人人做環保之觀點，因應社會環境與科技進步以及行政法之特性，本文認為在行政罰法對於無責任能力人雖予以免罰，然而對其法定代理人或監護人應予以適當處罰，因此該法應增列此項規定，以強調監管之責。第三，有關道路交通處罰條例，針對社會情況之演進，交通執法警察取締違反者，應可在「違反事實與狀態」一欄，除了註明違反事實，可加註個別狀態，包括過失或違反狀態之輕重，例如闖紅燈，若可判斷故意或過失，則自然加註有助於事實之裁罰或者加註當時闖紅燈所造成交通混亂等情況亦可讓裁罰達到實事求是之目的。第四，目前規定在個別法規之行政罰鍰規定，其立法方式（上限及下限之規定或介於之間）是符合本文所論述，行政機關應考量實際狀況，包括斟酌過失行為，可以予以較輕之處罰。第五，在稅捐稽徵法中，以逃漏稅額之認識而言，基於責

任原則之要求以及人權之保障，納稅義務人對於逃漏稅額之認識，必須有正確、確切之認識，始成立故意。

　　本文認為行政罰法實施後，除對該法本身理論持續研究探討，未來亦應經由個別法適用之繼續探討，並針對行政罰法與個別法兩者交互影響作用之利弊分析，從理論與實務著手就上述相關問題或其他可能產生之問題，予以行政罰法再作適當修正，當然包括本文論述之責任原則，如此以符合國家社會之發展，並使行政罰法成為法治國依法行政之重要經典法律。

　　　　（本文發表於《中央警察大學學報》，第 43 期，2005 年 12 月）

5

德國行政法院入境難民申請庇護問題判例

本篇翻譯出自德國巴登 ── 符騰堡邦（Baden-Württemberg）行政法院兩個有關入境難民申請庇護問題判例，其係刊登於該邦行政公報 2003 年第 4 期。

譯文內容

一、德國巴登 ── 符騰堡邦（Baden-Württemberg）行政法院 2002 年 7月23日決議，編號：A 3 S 558/02，斯圖佳特第一級行政法院

主文

　　申請難民庇護者，原則上不能因為第三國管轄規定的不同或者為了家庭成員之團聚，而要求其申請程序在聯邦德國境內實施。

理由

　　原告（Kläger）以一件申請案（Zulassungsantrag）想要明確了解，是否申請難民庇護者，因為第三國管轄規定（Zuständigkeitsregeln）的不同或者為了家庭成員之團聚，原則上是否可以要求其難民程序（Asylverfahren）在聯邦德國境內實施。申請理由是在於，由於參考都柏林協議第 3 條第 4 項規定自我入境權（Selbsteintrittsrecht）之實踐，所以本案法律基礎應考慮（berücksichtigen）基本法第 6 條以及歐洲人權公約第8條。是項規定是防止擁有小孩之核心家庭成員可能處於分離狀態，即使是處於短暫分離之情況也是不符合是項規定要求。這個問題也就是在於，如果經由小孩的出生，不同歐盟締約會員國（Vertragsstaaten）對於其父母親之難民申請程序是否有管轄權。而法院針對此一問題之答覆，原則上對於現存的許多案例是很重要的。所以本案在此考慮的重點方向是認為

小孩在聯邦德國出生，聯邦德國對其父親在難民請求之處理（Behandlung）沒有管轄權。

　　除此之外，原告在本案並沒有闡明法律的問題，這是在訴訟程序（Berufungsverfahren）中應該提出的，而且這個問題最好是在各法院判決一致性原則下或者由上訴法院所解釋的法律之基礎下進一步闡釋予以解決。因為這個問題的答覆（Beantwortung）是要先從法律的觀點著手，然後其餘部分是經由最高法院判例產生。

　　另外原告是沒有有效之旅行證件及簽證（Sichtvermerk）而非法到達法國，然後再進入聯邦德國。然而因為原告之旅行途徑（Reiseweg）已經符合了都柏林協議第 6 條第 1 項規定（該協議於 1990 年 6 月 15 日公布，參閱 1994 年 6 月 27 日聯邦法律公報第二輯 791 頁），致使法國對於此難民申請之審核（Prüfung）有管轄權。法國內政部已經於 2002 年 2 月 21 日同意將原告遣送（Rückführung）回法國。因為依據都柏林協議第 6 條第 1 項關於是項難民庇護程序之實施，法國對其有管轄權，此外經審查將原告遣送回法國是可行的，所以原告目前在德國所申請之難民庇護，依據難民行政程序法第 29 條第 1 項第 1 款之規定，法院是不予受理的。此外針對法國接受難民申請程序之機構（Stellung），在此會向原告一併告知。

　　因此爾後原告不能在德國申請難民庇護程序

　　再從原告基本人權的角度去考慮（Berücksichtigung），是項請求也並不符合基本法第 6 條第 1 項與第 2 條第 1 項或者歐洲人權公約第 8 條第 1 項之規定。因為鑑於歐洲人權公約所規定的保護效果（Schutzwirkungen），各歐盟會員國對於難民庇護程序實施中，有關家庭團聚之因素（Familieneinheit）並不會被會員國考慮並接受。難民申請者（Asylbewerber）與他的妻子及所照顧未滿一歲的小孩短暫的分離（Trennung），原則

上並不違反基本法第 6 條第 1 項以及第 2 條第 1 項所揭諸的基本人權以及歐洲人權公約第8條第1項的法律規定（參閱聯邦憲法法院 1998 年 7 月 24 日判決 —2BvR 99/97—NVwZ 1999；1992 年難民庇護程序法共同逐條釋義，2002 年 6 月出版，第二冊，§ 29 AsylVfG Rn. 90 ff.; Hailbronner, Kommentar zum Ausländerrecht, Stand Mai 2002, § 29 AsylVfG Rn. 28 ff.; Marx, Kommentar zum Asylverfahrensgesetz, 4. Auflage, 29 Rn.31 ff.）。

　　如果在一個其他歐盟會員國（除德國外）申請難民庇護程序，依據 2000 年 10 月 31 日都柏林協議第 18 條在 2000 年第一號所決議（Beschluss）有關自我入境權之實踐（Wahrnehmung）等規定，在此並不考量申請者與妻子以及所照顧未滿週歲的小孩短暫分離的這個因素。

　　若原告繼續上訴獲勝訴（rechtfertigen），以上這些由本院所判定之理由當然就不成立。另外原告若以針對行政法院判決的正確性（Richtigkeit），或以基本原理作為申訴理由而提出異議（Vorwand），這些理由也一樣不成立。

譯文內容

二、德國巴登 —— 符騰堡邦（Baden-Württemberg）行政法院 2002 年 10月15日判決，編號：A 9 S 1038/99，斯圖佳特第一級行政法院

主文

　　雖然一個難民申請者，其配偶已被確認為合法難民，然而因為他本身並無受到政治理由之追緝，所以即使因為他所繫屬案件的第三國並沒有難民庇護權的規定，他也無法獲得外國人法第 51 條第 1 項有關驅逐庇護權。亦即一個法律上親近的家屬在驅逐庇護權上是沒有溯及家屬的權利，其家屬並不能因

而同樣地受到保護。

理由

本案申請內容（Gegenstand）是經由主管機關所允許，而且本案允許上訴是為了去確認（Feststellung）驅逐禁止（Abschiebungsverbot）的成立（外國人法第 51 條第 1 項）以及原告確認請求擁有驅逐庇護權（Abschiebungsschutz）（外國人法第 53 條）以及請求驅逐命令之撤銷（Aufhebung）（參考聯邦行政法院 1997 年 4 月 15 日 —— 9C 19.96—,BVerwGE 104, 260）

經審查這個訴訟是成立的，因為原告並沒有受到驅逐禁止規定（外國人法 51 條第 1 項）之協助；他在面臨驅逐時也沒有受到保護（外國人法第 53 條），以致於驅逐威脅（Abschiebungsanordrohung）並沒有因而被檢討（beanstanden）而排除。

1. 本案經查原告之難民訴訟（Asylklage）是不具法律效力，無法援用外國人法第 51 條第 1 項驅逐庇護，因為他既不是合法避難者（Asylberechtigter）也不具有難民的法律地位（Rechtstellung）（外國人法 51 條第 2 項第 1 款第 1 目及第 2 目）。相對於行政法院的觀點（Ansicht），他不能依據外國人法第 51 條第 1 項，經由其妻子的法律地位而被確認為合法的難民（a）以及他本身也不是因為政治理由而被追緝者（politisch Verfolgter）（b）。

(a) 依據外國人法第 51 條規定，個人若遭到政治理由追緝則擁有庇護權，在該條第 2 項第 1 款第 1 目及第 2 目與第 2 款有詳細規定。這個規定指出，其所庇護者僅是本身受政治理由追緝者。一個法律上親近的家屬在於驅逐庇護上是沒有被溯及的權利（abgeleitete Berechtigung），

而同樣地可獲得庇護。也就是不能經由（法律上）類推（Analogie）而從難民行政程序法導引出其權利。如此類推的先決條件是，一個立法者所規定不完全的漏洞（nicht gewollte Regelungslücke）存在。在此案例中缺乏這樣的條件（Hier fehlt es），所以不適用類推。

聯邦憲法法院已經在 1994 年 7 月 5 日判決指出（參閱 DVBl. 1995, 565）：在 1990 年所制定外國人法中，立法者將第 51 條第 1 項作為受政治理由追緝者面臨驅逐時，可以提出要求受庇護的一個簡單的法律規定，然而這個規定並未給予他的最親親屬，因為家屬的親近（familiären Nähe）之關係而有權利要求庇護的權利。立法者基於以前舊版難民行政程序法第 7 條 a 之規定，應去了解關係人利益之情況（Interessenlage）以及規範之目的（Zielrichtung），然而現今立法者對於庇護權之規範放棄一個比較性之規定，而且經上述考量（Einschätzung）並依據基本法第 6 條第 1 項針對外國人法第 31 條以及難民行政程序法第 70 條有關親屬未來居留權狀況之法律請求（Rechtsanspruch）等規定，認為一個擁有庇護權者之最親親屬之上述利益在法律上是不被保護的（參閱巴登 —— 符騰堡邦 1994 年 7 月 28 日決議 —— 編號 A 14 S 1502/94－, DVBl. 1994, 1413 及參閱 1999 年 11 月 23 日判決－ 編號 A 6 S 1974/98－ ESVGH 50, 122; 明斯特高等行政法院 1993 年 11 月 8 日 —— 編號13A 2486/92 A ——, NVwZ 1994, 602）。另外依據法院的觀點，上述規定不僅規範依外國人法第 51 條所規定合法難民身分者（Stammberechtigte），然而也包括原告具有難民合法身分之妻子。在此，假設一個非法難民（Nichtasylberechtigten）之庇護權可能只有來自於親近

家庭成員（nahen Familienangehörigen）之法律地位，若此這些規定可能須要類推至難民行政程序法第 26 條，如上所指出，因為缺乏非意願法律規定漏洞存在之條件而被排除。如果立法者依據外國人法第 51 條第 2 項第 1 款第 1 目規定，拒絕認定一個在第三國（Drittstaat）入境（Einreise）合法難民之親屬為家庭難民，這位親屬當然不能援引上述所提到的庇護權。

此外，在此並不必特別確認請求庇護者（Schutzsuchenden）之聲明（ausdrückliche Erklärung），其難民之申請是否合乎外國人法 51 條第 1 項構成要件（外國人行政程序法第 13 條第 2 項）。請求庇護有關外國人程序（Verfahrensgestaltung）的可能性（Möglichkeit）並不表現在實定法上的請求，這些規定不是對於庇護請求者本人，也不包含其親屬。同樣地，基此難民行政程序法第 31 條第 5 項之規定很少去合法保障對於家庭的庇護權。如果這個外國人是一個合法家庭難民者，聯邦機關應該排除對於外國人法第 51 條第 1 項及 53 條之確認適用，因為一個遭政治理由追緝者之親近家屬應該擁有其法律地位，而不是每次他都需要被審查，其是否有受政治追緝之理由（Verfolgungsgründe）。因此如果沒有確認家庭難民合法者本身追緝之原因者（Verfolgungsschicksal），對於在外國人法第 51 條第 1 項要件之認定要件並不需要在法律上規定。（參閱聯邦行政法院 1998 年 4 月 28 日判決 —— 編號 9C 1.97 － BVerGE 106, 339；巴登 —— 符騰堡邦行政法院，1998 年 12 月 1 日 － A 6 S 2024/97）。在此一個沒有擁有家庭難民合法身分者不能從外國人法第 51 條第 2 項導引出其有合乎外國人法第 51 條第 1 項要件之權利。而這個規定也說

明，合法難民者依據外國人法第 51 條第 1 項所擁有的庇護權，在此並不是原告可擁有的。驅逐庇護權認定之義務（Verpflichtung）僅僅包含在外國人法第 51 條第 2 項第 2 款之規定（Bestimmung）（參閱前面所提 1998 年 4 月 28 日聯邦行政法院的判決）；原告必須有受政治追緝之理由才可援用。

行政法院一般性的考量（allgemeinen Erwägungen）以及家庭難民法律上規定的意義與目的（Sinn und Zweck）是去說明難民行政程序法第 26 條在外國人法第 51 條第 1 項法律狀況之運用（Anwendung），因為就這方面而言，如同合法難民身分這樣的法律地位，就他而言正是擁有外國人法第 51 條第 1 項的法律地位，而這些法律並沒有規定（keinen Niederschlag）去保障一個本身沒有受政治理由追緝者（ohne Prüfung der eigenen Verfolgungsgründe）之親屬。

(b) 原告並沒有請求被告（Beklagte，指行政法院）去確認，外國人法第 51 條第 1 項之構成要件在喀麥隆（Kamerun）存在（被規定）。

（本文發表於《國境警察學報》，第 3 期，2004 年 12 月）

6 「基本法第 14 條第 1 項廢棄物土地清理狀況 責任人之界限」之裁定

本篇譯自德國聯邦憲法法院判例 **BVerfGE 102, 1 ff**
聯邦憲法法院第一庭 2000 年 2 月 16 日之裁定
—— 1 BvR 242/91, 315/99 ——

關鍵詞

- 物之狀況責任（die Zustandshaftung des Eigentümers）
- 廢棄物（Altlasten）
- 比例原則（Verhältnismäßigkeitsgrundsatz）
- 狀況滋擾者（Zustandstörer）
- 交易價值之提昇（Verkehrswertsteigerung）
- 污染（Verunreinigung）

裁判要旨

　　對於狀況責任人所負擔費用之估計不能一般性以財產整體所有人之經濟效益作為衡量，財產之保障目的在於針對財產所有人手中財產具體要素之保護，經由基本法第 14 條第 1 項所保護財產價值狀況之私人使用沒有比例限制。如果清理費用負擔缺乏憲法限定之期待可能性，行政機關也必須決定狀況責任費用負擔之界限。行政法院也必須了解，是否或者在何種程度下，財產所有權人負擔清理費用，以判斷所干預行政處分在財產狀況之合法性，並依據基本法第 14 條第 1 項第 1 款之規定對於狀況責任之界限作足夠之衡量。

案由

　　憲法訴願之程序 1. S 公司…….KG 股份有限公司 ── 授權代表：律師 Dr. Jürgen Grumbrecht und Koll, Kaiser-Joseph 街 247 號, 弗來堡 ── 反對 (a) 聯邦憲法法院 1990 年 12 月 14 日聯邦行政法院之裁定 ── BverwG 7 B 133.90 ──, b) 1990 年 7 月 19 日巴登符騰堡邦高等行政法院之判決 ── 5 S 2021/89──1 BvR 242/91--; 2.(a) W 女士…(b) W 女士…(c) K 先生…(d) K 先生…

(e) K 女士….(f) G 女博士…(g) P 女士…...,(h) F 先生….,,(i) F 先生……,(j) F先生….k) F 先生…..----授權代表：律師Christoph Messerschmidt und Koll., Prinzregentenplatz 21, 慕尼黑----反對 (a) 1999 年 1 月 14 日巴發利亞高等行政法院之裁定---22 ZB 98. 1067---,(b) 1997 年 9 月 1 日 Ansbach 巴發利亞行政法院之判決----AN 13 K 92.00120---1 BvR 315/99--.

裁判主文

1. 1990 年 12 月 14 日聯邦行政法院裁定 ─ BverwG 7 B 133.90 ─ 以及 1990 年 7 月 19 日巴登符騰堡邦高等行政法院之判決 ─ 5 S 2021/89 ─ 違反第一案訴願人基本法第 14 條第 1 項第 1 款之基本人權。以上判決被撤銷，案件駁回至高等行政法院。
2. 1999 年 1 月 14 日巴發利亞高等行政法院之裁定 ─ 22 ZB 98. 1067 ─ 1997 年 9 月 1 日巴發利亞 Ansbach 行政法院之判決 ─ AN 13 K 92.00120 ─ 違反第二案訴願人基本法第 14 條第 1 項第 1 款之基本人權。以上判決被撤銷，案件駁回至高等行政法院。
3. 德意志聯邦共和國以及巴登符騰堡邦必須補償第一案訴願人一半之必要費用。
4. 巴發利亞邦必須補償第二案訴願人必要之費用。

理由

A. 事實與爭點

　　此相關憲法訴願之共同判決適用於土地財產所有權人對於廢棄物清理狀況責任之界限。

I. 廢棄物狀況責任之法律基礎

1. 1998 年 3 月 17 日（聯邦法律彙編第 502 頁）廢棄物清理以及水土保護法（聯邦水土保護法），其於 1999 年 3 月 1 日生效之主要部分為，依據邦法規定，解釋環境法中廢棄物適用範圍，且在第2條第5項規定：「廢棄物一方面為已終止之垃圾清理器具及曾經處理、收集垃圾之土地（舊儲藏所），另一方面為停止運轉之設備以及曾經處理過傷害環境物質之土地（舊址），而經由此對於個人或全體引起有害的水土改變或其他危害。」聯邦水土保護法生效之前，有關廢棄物之偵查、安全以及清理之法律規定主要依據邦法。僅有些個別的邦對於廢棄物清理以及廢棄物公法上的責任頒布特別規定（參考例如 1994 年 12 月 20 日黑森邦廢棄物法，法律與命令彙編（GVBl）S. 764；1991 年 7 月 31 日圖林根垃圾管理及廢棄物法，GVBl S. 273）。有關廢棄物清理之規定以及廢棄物公法上之責任大部分來自各邦之一般安全法。因此針對廢棄物清理對於主要財產所有權人之行政法上的請求，最主要依據邦法所規定於警察與秩序法有關之狀況責任。

　　因此，巴登－符騰堡邦直到聯邦水土保護法生效前，即以 1992 年 1 月 13 日版（法律彙編第一頁）之警察法第 7 條為標準。爾後當公共秩序經由事物情況所威脅或者滋擾，警察則對財產所有人或者相關者採取措施，對此事物執行實際公權力。

　　在巴發利亞邦，廢棄物之狀況責任依據 1982 年 12 月 13 日所公佈版本之公共安全與秩序範圍內（法律彙編 GVBl 第 1098 頁）之邦刑事以及命令法第 9 條第 2 項。爾後，只要依據此項法律規定對於事物之情況採取必要的措施，所針對的則是實際權利之擁有者。此措施也可以針對財產所有者或者其他具有事物使用權者；然而這並不適用於當實際權力擁有者實踐這項法律規定時，卻違反財產所有者以及其他擁有財產處分者

之意願。就依據特別規定而言，一個對其他人負有責任時，那麼這些措施就針對他們而實施。當以 1994 年 7 月 19 日版本（GVBl S. 822）之巴發利亞水資源法第 68 條以及 68 條 a 為基礎所發布廢棄物清理污水監督之措施之前，聯邦刑事與命令法第 9 條第 2 項之規定為標準規範。

2. 聯邦水土保護法有關廢棄物之狀況責任問題並沒有改變，依據聯邦水土保護法第 4 條第 3 項第 1 款規定，除了廢棄物或有害水土改變之肇因者以及法定繼承者外，土地所有人以及實際權力擁有者對於土地有義務清理水土地面、廢棄物、經由有害水土之改變或廢棄物所造成之廢水污染，以維持對於個人或整體上沒有危害、重大缺失或巨大的麻煩。依據聯邦水土保護法第 24 條第 1 項第 1 款有清楚補充規定，義務人必須在某種程度下負擔執行命令措施之費用。

　　水土保護法（BTDrucks 13/6701）之政府草案在第 25 條第 2 項擬定，土地所有人及土地實際使用者，倘若他不是廢棄物的肇因者，在對於財產成立時可能也沒有廢棄物的知識，或者有原因之情況，則將免除費用之義務，而就執行措施之費用而言，土地利用所產生之經濟利益是被排除的。依據第 2 項所導引出的規定，針對財產所有權人在執行措施之考量下，就措施實施之必要費用而言，超越土地之交易價值。此規定由聯邦眾議會以所建議的版本通過，基於財產所有權人費用負擔義務之限制，聯邦參議會上訴至調查委員會（參考 BTDrucks 13/8182, S. 8），此規定經由這樣的建議，在沒有其他替代性規定情形下被刪除（參考 BTDrucks 13/9637, S. 5）。

II. 前審法院針對第一案之判決情形及見解

Verfahren 1 BvR 242/91

1. 訴願人在 1982 年 10 月經由強制拍賣方式購得鄰近的一片土

地，在此土地上有一家工廠直到 1981 年以來一直由兔子皮毛製造出帽子之原料；在此去除皮毛所運用的是氯化碳水物質（高氯以及三氯化合物）。而此公司之財產在 1981 年宣佈破產，經由優先滿足債權人之要求後，破產後之財產僅僅達到債權人之補償。

從 1983 年 9 月開始，確認在其所購買之土地經由氯化碳水物質嚴重污染地面以及地下水，此種情況回溯到帽子原料生產時運用了這些物質。依據 1985 年 4 月以及 1986 年 8 月之判決，訴願人之主管機關採取廣泛措施檢驗地面與地下水，且對於污染之清理採取不同之措施。根據本身的資料，訴願人直到 1998 年為止已經支付清理費用 110 萬馬克，而依當時損害案件之土地交易價值大約值 35 萬馬克。

訴願人在開始程序反駁了機關的指令，因為清理之必要性以及污染之原因確切，所以在行政法院之程序中，訴願人特別針對滋擾者之選擇反對機關之裁量決定，且控訴一般基於基本法第 14 條狀況責任不合乎比例原則。地方行政法院拒絕此訴訟。高等行政法院駁回上訴，其判決如下：

就訴願人所提出之異議而言，並不符合基本法第 14 條之規定，土地財產所有權者購得之土地包含並不知悉之廢棄物，直到考量廢棄物清理會使他經濟破產，所提出異議認為，經由比例原則之運用可能可以避免這個結果。此一存在的法律爭議並非屬其個別的問題，而是基於考慮比例原則土地財產所有權人之界限所存在之可能性。針對此顯而易見的，訴願人經由所承擔措施之實現，而使其經濟之存在利益受到威脅。

非允許性訴願由聯邦行政法院撤銷，因為此案件沒有基本上之意義；問題在於，是否土地財產所有權者之衡量可作為所謂廢棄物之清除以及調查之警察法狀況責任人，且是否所規定的費用負擔與基本法第 14 條一致，在此基於撤銷判決之確

認而沒有再審程序之實施以及所提及言詞協商內容所答覆之行政過程。

　　清楚的是，法律觀點遵循至何種程度，依據一般警察與秩序法所存在針對廢棄物清理之土地財產所有權人狀況責任之界限支持此一基於基本法第 14 條之訴訟。這些案例所考量將是責任之降低，財產所有權人本身處於受害狀態，因其土地單獨經由第三人效力產生傷害，而且形成公共安全上之危害。正確思維方式為，財產所有權者或對於事物違反秩序狀態之實際使用權者之責任為實際以及法律事物掌握之結果，由此對於事物利用而儘可能獲取經濟利益。此案例考慮的是，當針對危害去除之衡量，特別是消除因私人事物利用之費用負擔，是否基於憲法理由考量責任之界限。

　　如果狀況責任人財產建立之初，瞭解秩序違反狀況之事物或至少知道類似狀況相關之事實，如此考慮一開始即被排除。誰接受了此風險，則必須擔負秩序法上責任之法律結果。此案例中則存在著如此狀況。訴願人為一家公司之所有權人，很久以前即遷到鄰旁之土地，大約一年前此一運用化學物質出產產品有問題之土地過渡給她。根據本身的資料她也知道，在這土地之井可以聞到強烈溶劑之味道。誰在此狀況下購得土地，並非處於受害情況，因為從憲法理論禁止根據一般警察秩序法之原理衡量危害清除之狀況責任。

2. 以此針對聯邦行政法院以及行政法院之判決違反基本法第14 條第 1 項以及第 2 條第 1 項提起憲法訴願之訴訟，因廢棄物而對於土地財產所有權人無限制之請求是違反基本法第14 條第 1 項。特別是在此案件下，財產所有權者既沒有任何形式導致危害情況（污染），也沒有於購買土地時有所認識，而對於工業化一般性之後果負擔責任，這是不合適的，因為沒有具體以及與危害肇因之關聯性所存在之利益。

　　就行政法院所指出的比例原則而言，明顯地須合乎，是否滋擾者所要求之措施尚屬於經濟上的可能範圍以及是否尚未逾越受害界限。若土地所有權者本身沒有直接或間接產生滋擾狀況之因素，相對的則應受到憲法界限的限制。基於事實，購買者對於以前工業產品應具有之知識，不可能沒有聯想到，他必須估計過土地的污染。但是特別在具體狀況下，氯化碳水物質對於地面以及地下水潛在的危害，在 80 年代普遍不為人所知悉。如果專業機關本身並不知道此種物質之危害性，此土地之購買者將可能不被認為，他對土地之利用行為必須與地下水或地面可能的傷害有所關係。

III. 前審法院針對第二案之判決情形及見解

Verfahren 1 BvR 315/99

1. 訴願人是頗具規模森林面積之財產所有權人，他們於 1970 年 10 月將 16 公頃之土地出租給有關射擊設備（泥鴿作靶）之機構與維修之協會，並約定租金每年為 12792 馬克。這個協會依照契約承擔服務機構以及射擊設備合法企業以及機構之工作，並有義務取得必要的機關之許可以及締結必要的保險。在 1970 年 8 月已經授予射擊場所第一建築部分之建築監督許可，1971 年 1 月這個協會獲得安全法上使用與機構之許可，此許可是針對具有 15 個投擲機器、一個溜滑台以及具有完全自動投擲設備高空台之投擲鴿靶高空台有關機具與設備。

　　1972 年 F 城市針對水利供給劃定水資源保護區，所租來的土地全部被規劃於水資源保護地區之永續保護區域內。針對此範圍的一些井，有關水資源法之許可在 1966 年已經頒布。在此預定的保護區域證明，於 1970 年 6 月所適用的各縣機關刊物已經刊出。

　　射擊設備於接下來幾年中，在沒有得到必要公法上的批准情況下擴大規模，因為飲用水供給問題，在 F 城市之憂慮下，遂在 1983 年檢驗這些設備。事後的批准在 1984 年 8 月被拒絕，1985 年 1 月主管機關撤銷建築批准以及安全法上的許可，而於 1985 年 12 月撤銷命令即時執行，於 1987 年行政法院駁回延宕效力回復之聲請。參加者因為射擊場所營業之停止而取消介於協會以及訴願人間之租賃契約。

　　水資源狀況之檢驗結果為，總共已有 200 至 300 噸泥鴿靶所發射之鉛彈射擊於射擊場所在之土地。地面之調查指出，最上層地面不僅經由鉛彈，也經由已經溶解的鉛強烈的侵蝕了。此外，鉛污染已確認深達 80 公分。

　　1988 年 7 月主管機關因此依據巴伐利亞水資源法第 68 條第 3 項之規定，以水資源法之命令要求協會拆除與清除最上層地面二十公分強度地面表層，並將土地予以清理清理。1989年 1 月協會之財產宣佈破產，接著機關指向訴願人作為清理命令之狀況責任人。為了阻止地下水的污染，此種清理是必要的。適用範圍為地底下接近地表 1.6 公尺之地下水，此外也關係深地下水之存在，F 城市每年 20 個井供應五百四十萬立方公尺之飲用水。

　　訴願人反對清理判決之立刻執行命令之行為，終究沒有結果。1991 年 7 月行政法院駁回延宕效力回復之聲請（Bay VBl 1992, S. 274）。在此行政法院認為，訴願人不僅為狀況責任人，而且也是責任上之行為滋擾者。他們租賃土地給予協會作為投擲泥靶射擊設備之運用；危害並非單獨來自運動射擊者之營業，也是經由承租土地之目的而產生。雖然經濟上的負擔大大地超過了目的性之承租收入，然而基於這個理由，清理的命令也並不違反比例原則，在此訴願人被要求實施清除工作，於 1997 年完成且總共已經支付 590 萬馬克。

在主要實體訴訟中，訴願人請求確認清理命令之違法性以及判決被告附帶支付利息五百五十萬馬克。訴願人認為清理命令是違法的，因為土地財產已經完全沒有價值了。清理費用相對於租金 16 萬馬克則是高出很多倍，基於憲法原理而言，至少必須考量裁量執行之範圍。

地方行政法院拒絕此訴訟，認為清理之命令不是違法的，因為訴願人造成不成比例的高額代價。作為狀況滋擾者財產所有權人之責任限制既非憲法所規定亦非在至今的判決中確認，財產之社會義務性限制於具體財產內容之觀點被判斷為純粹假設。進一步實際上符合一致的法律判決的是，判斷狀態滋擾者責任界限的問題在於，是否他是在受害情況或者是歸屬於風險層面之經濟負擔。而針對參加經濟交易活動，後者如土地之出租，在此是被肯定為狀態滋擾者。而行政高等法院在暫時性的權利保護之一般觀點為，訴願人也被視為行為滋擾者，這項觀點地方行政法院是沒有考慮到的。

高等行政法院不允許上訴，所引用重要的理由為，在土地上對於財產與事物之掌握是水資源法律責任之合適重點。訴願人作為解釋考慮之問題在於，當土地交易價值之費用提昇很多倍時，財產所有權人是否被要求清理廢棄物，明顯的可能僅是不同的回答。基本上這是肯定的，然而比例原則在個別狀況下必須被尊重，此案例對於法律之進修教育是沒有誘因的。訴願人所擁有之土地，其清理是有爭議的、也有危害之顧慮而且藉出租而獲取利潤；在土地價值之傷害責任界限問題針對於事物本質結構之方式將不是急迫的。

2. 反對地方行政法院以及高等行政法院之判決是以違反基本法第 14 條第 1 項以及 103 條第 1 項規定提起憲法訴願之訴訟，基於基本法第 14 條第 1 項第 1 款，對於財產私人利用

之保障是遵循狀況責任人之界限。當清理費用與具體事物價值相比不成比例地高，較大的負擔阻礙每件事物經濟利用時，則私人利用性將被撤銷。持續之損失增加情況確實存在於眼前，訴願人所花費清理費用之多，超過土地價值二十倍，他們必須使用其他的財產以支付費用。縱使再經歷許多世代之後，訴願人也不可能從清理過之土地利用，事後經營獲得清理費用。

高等行政法院所論理由根據是不充足的，訴願人之承租可能有風險及危害顧慮。縱使當這個處罰適用，然而來自財產保證所產生的限制應該維持標準。其餘的，在此是以專斷不公平之比例的方式被衡量。所關係的地方行政法院判決在詳細所公佈已批准合法效力討論之問題，地方行政法院所顯現出的是，針對射擊場所頒布之許可，主管機關對於可能導致的環境問題毫無所悉。正是基於這個理由被否定合法性效果，而高等行政法院同意此結果。訴願人明顯的被以嚴格的標準處理，他們認為訴願人可以意識到風險，因此須承擔無限制之後果。

訴願人以違反基本法第 103 條第 1 項之理由認為，地方行政法院對於研究客觀訴訟給付之方式以及所提供之證據隻字不提。而證據的聲請是重要的，因為端賴於基於毫無疑問或可供證明之事實仍然存在，是否言詞辯論地下水危害之時機。據此高等行政法院已經違反基本法第 103 條第 1 項規定，而前審級所違反基本法第 103 條第 1 項之情事，在此並沒有被更正。

IV. 巴登符騰堡邦政府以及聯邦法院之意見

在 BvR 242/91 之程序，巴登符騰堡邦政府以及聯邦法院對於此法律問題有以下意見：

1. 邦政府認為憲法訴願是不成立的。狀況責任限制於受害者情況下，在學術文獻上之未遂行為不應該被遵循的。受害者理

論想要在基本法第 14 條第 1 項以及第 2 條導出狀況責任之界限，無論如何沒有考慮到個人財產比例。

受害者學說缺乏財產保障之保護方向，因為它最後確保事物之盈利及關於此之財產價值，但是這在基本法第 14 條不被保護。此外，它承受違規者以及內部之異議。所以它專斷的由財產客觀保障跳至主觀標記，即廢棄物之知識與可辨別性，從基本法第 14 條客觀保障違反事物性之觀點及關係到警察危害防止之目的是違反意義性的。此外，受害者學說是違反事物性的，就它無法分開清除以及費用之義務以及所想要非滋擾者之財產所有權，僅僅在於針對緊密的條件以及可能反對費用平衡促使危害清除。如果依據受害者學說，財產擁有者將可免除，而原則上由一般大眾支付清除費用；然而在此以後的交易價值的提昇是給予財產所有者。

此外，訴願人不是處於受害狀態，訴願人之主管不能夠忽略，基於長年與所購買之使用大量解毒物質之土地相鄰，而且經由本身的表示已經於 1975 年確認，這裡的深水井所抽取的水已經被解毒物質所滲透。

2. 聯邦法院院長已經轉交民事庭第三以及第五庭主席的意見。

第三民事庭主席所提出在 1994 年 6 月 23 日之判決─ III ZR 54/93（BGHZ 126, 279），第五民事庭主席指出法庭確定之民事判決，而土地之財產所有權者，由此產生滋擾，基本上在民法上是無限制被視為狀況滋擾者。在此，也適用從法律前任者所產生的傷害狀況（Vgl. BGH, NJW 1989, S. 2541【2542】m.w.N.），這並不端賴於，是否現在財產所有權人認識滋擾狀況（vgl. BGH NJW-RR 1996, S. 659【660】）。此外，經由自然結果所產生之滋擾，土地所有權者只能算作，如果他經由自己的行為或違反義務之不作為而引起滋擾（Vgl. BGH, NJW

1995, S. 2633 m.w.N.）。一個有價值的思考方式是必須的，否則土地所有權者估計廣大的效果所呈現的風險以及依據利用衝突（參閱 903 頁以下二頁，BGB）之鄰居法規定之意義與目的，土地所有權人不再有責任（前揭文，第 2634 頁）。

B. 憲法訴願有理由

　　該合程序之憲法訴願是有理由的，因被指摘的法院判決違反了訴願人出自於基本法第14條第1項第1款所擁有之基本人權。

I. 以基本法第14條第1項第1款為審查基礎

1. 此判決以及有關土地所有權人狀況責任之現行規定所涉及的為基本法第 14 條第 1 項第 1 款規定之保護範圍。

標準安全法上干預授權結合關於狀況責任之規定，機關所擁有之職權對於危害防止之財產所有權人使其負擔費用之義務。狀況責任之法律構成要件規定僅經由產生危害土地之現在財產所構成。即使廢棄物清理義務之最重要結果經常是經濟負擔，但並不意味著機關將狀況責任及命令上之金錢費用義務降低是正確的。財產所有權者被要求為狀況責任人，是基於危害或滋擾清除所指之公法上的行為義務之義務原始內容。如果他履行此義務，則由財產內容中必要之清理費用及最後針對公權力之主體缺乏補償與賠償之請求，產生他的負擔。然而對於義務之費用合適的賠償是一項行政執行傳統之工具，以達到執行債務人原來行為義務。然而針對狀況責任法律上之判斷及在此建立的清理義務，重要的可能不是必要的強制手段，而是實施義務（vgl. BVerwGE 10, 282【284 f】）。財產所有權人之義務作為滋擾清除或危害防止涉及基本法第 14 條第 1 項第 1 款所保護之法律狀態。

2. 財產是一種基礎的基本人權，對於財產之承認是社會法治國在基本法特別意義之價值判斷（參閱 BVerfGE 14, 263【277】）。財產保障才得以實踐基本人權，是基於財產法範圍內確保基本人權主體之自由空間以及經由此儘可能達成生命本身責任之形態（參閱 BVerfGE 97, 350「370. f」；stRspr）。憲法上所保障之財產權是經由私人之利用以及財產所有權人對於財產內容基本上之處分權限所呈現出來（參閱 BVerfGE 31, 229「240」；50, 290「339」；52, 1「30」；100, 226「241」）。就關係個人人身自由之確保而言，此應為個人主動權之基礎以及在於本身責任個人利益之利用所擁有一種特別形成之保護（參閱 BVerfGE 50, 290「340」；stRspr）。同時財產之利用應該有利於一般大眾之利益（基本法第 14 條第 2 項）。在此對於財產規定之異議，個人利益相對於大眾利益時有絕對之優先權（參閱 BVerfGE 21, 73「83」）。

3. 既非狀況責任基於開始程序撤銷之命令法律的規定，也非行政處分本身在基本法第 14 條第 3 款規定所呈現之權利剝奪。此相關之規章進一步規定財產之內容與限制，而且在此判決是基於基本法第 14 條第 1 項以及第 2 條，而不是依據基本法第 14 條第 3 項。

(a) 國家沒收干預個人之財產權，所規定是經由基本法第 14 條第 1 項第 1 款所保護之具體法律狀態，此規定是完全或部分對剝奪特定公共任務之實踐。如此之實踐不是經由特定人身範圍之具體財產權之法律 —— 依法律之剝奪，就是經由機關基於法律授權之執行處分而干預 —— 行政上之剝奪 —— （參閱 BVerfGE 100, 226「239 f」；stRspr）。

土地所有權者狀況責任之法律規定並沒有行政之授權，一個特定的、經由上述規定針對公共任務之實踐以完整

或部分方式剝奪所需要之財產客體，是以一般及抽象方式建立財產者之義務，他必須清除由他的土地所產生對一般大眾之危害。因而，此法規以及機關相關之職權規定土地財產之形式與內容。國家所要求狀況責任人清理滋擾與危害之目的，並不是干預土地，而是運用作為特定大眾共同利益目的之實踐。此外，出自於土地所有權人之觀點而言，清理他廢棄物之土地所顯示出的經常不止是利他的，當廢棄物之土地利用在實際上限制財產所有權人時，此負擔也是利己的。

　　如果在個別情況下，憲法所允許的範圍限制財產所有權人之職權，依據規定所規範財產之內容與限制，也沒有具有沒收充公之特點。一項違憲內容之規定呈現在憲法意義的並不是「剝奪干預」且不可以改變解釋為因為剝奪與內容規定之特性不同（參閱 BVerfGE 52, 1「27 f」；58, 300「320」；79, 174「192」；100, 226「240」）。而當內容特定之規範完全剝奪了財產，在此也適用。此外，需要注意的是立法者在如此的情況下是基於憲法特別的要求（參閱 BVerfGE 83, 201「212 f」）。

(b) 立法者以基本法保護之法律狀況所規範財產內容與限制，既已經由基本法第 14 條第 1 項第 1 款規定私人財產在基本法上之確保，而且也必須考慮財產之社會義務（基本法第 14 條第 2 項）。一般大眾之利益，立法者針對制定財產之內容與限制，不僅是理由，而是財產所有權者限制之界限（參閱 BVerfGE 25, 112「118」；50, 290「340 f」；100, 226「241」）。在此立法者在合理之平衡以及基於超比重之關係（參閱 BVerfGE 100, 226「240」）且與所有其他憲法規範一致。特別他是受限制於憲法之比例原則以及基本法第 3 條第 1 項之平等原則。

立法者組織之職權不是對於所有事物範圍平等，就財產確保在財產法範圍內個人人身之自由而言，特別是擁有已形成之保護。與此相對的是，立法者塑造之自由越大，財產客體之社會性關聯就越強烈；在此是指其特性以及判決意義之功能（參閱 BVerfGE 50, 290「340 f」；53, 257；100, 226「241」）。

II. 狀況責任界限之確認以及廢棄物清理費用之估算衡量

1. 依據已解釋之標準，有關財產所有權人狀況責任之安全法規定是在基本法第 14 條第 1 項第 2 款規定財產之內容與限制之允許性規定。在不損害肇事者之責任下，規定的目的是經由作為事物主人之財產所有權人確保有效的危害防止。財產所有權人必須經常對於事物以及危害來源以法律上與實際上之可能性發生影響作用，狀況責任是以經由控制傳達影響之可能性，而會引起危害事物之合法性理由，財產所有權人對此可以從事物予以利用。在此，也是賦予合法性理由之義務，清除針對大眾所產生危害之事物（參閱 BverwG, DVBl 1986, S. 360「361」）。經濟利益運用之可能性以及財產事物之評價與公法義務是一致的，從事物產生之負擔以及利用之可能相關風險是需要評估的。

2. 在受指摘之判決，對土地財產狀況責任相關規定之解釋與運用，不足以應付基本人權財產保證之請求。

    (a) 法院有 —— 同樣地如同行政機關 —— 針對法規解釋與運用上，依據基本法第 14 條第 1 項以及第 2 項注意財產保證之意義與影響作用。它們必須對於私人財產憲法判決之確認以及社會義務予以考慮，並且特別維護比例原則。

    (b) 在此，所衡量的並非憲法上之考量，有關狀況責任在安全法規定解釋如下：土地財產所有權人將可單獨地因為其法律地位被賦予義務，清理土地產生之危害，即使危

害並非由其造成且也非無罪責。

依據基本法第 14 條第 2 項賦予財產之義務，為維護大眾共同利益之目的，針對由土地所產生對於生命與健康或地下水之危害，在此憲法之基礎是在於基本法第 2 條第 2 項第 1 款所規定之國家保護之義務以及依據基本法第 20 條 a 有關自然生命基礎保護之國家目的。這兩項憲法規定適用高等層次之共同利益，其為強化基本法第 14 條第 1 項第 2 款和基本法第 2 條之規定以及基本法所保護財產所有人之利益，而不是限制土地之私人運用。

狀況責任之理由為所關聯所有物之財產以及與所有物相關之利益與費用，如同依據現行法律所有物私人利用之利益也歸屬於財產所有權人，即使不是因為他所形成，如果危害不是經由他所造成的，他必須承擔所有物之費用。

在許多情況下，廢棄物之清理並非完全屬於公法上之利益，同時也是財產所有權人之私人利益，所以說廢棄物之清理義務是相當沉重。在此指出的例子是，當地面以及地下水的污染損害土地之利用或使土地完全不能利用，而僅能經由危害之清除重新產生土地之利用性。此外，原則上經由清理土地之交易價值以及個別的利用價值將大幅提昇。

如果行政法院認為狀況責任要件之實踐是不重要的，在危害狀況之情況已經撤銷以及是否事物之財產所有權人造成危害或者有罪責，則在此從憲法觀點而言，原則上並沒有違反之情事。在憲法上沒有規定，既不造成危害也沒有罪責之情況下之財產所有者，將作為在安全法上之非滋擾者條件，無論如何補償僅是針對干預性質之缺點而有之保障。狀況責任人也不必須經由憲法之觀點，經常被視為事後之責任者，如果危害之肇因者不存在或者危害之清除沒有完成，其請求僅僅可能是無缺失之裁量。

(c) 即使財產所有權人之狀況責任與憲法規定是一致的，財產所有權人基於危害防止允許被要求，所以在此範圍內可以被限制。在此特別意義是比例原則，其為必要的且視適合的及估計之基本人權傷害之目的而定。清理措施之費用為財產所有權人之負擔。就其財產並不是可期待性的而言，如此負擔並不是合法的。在比例原則檢驗範圍是考慮財產所有權人之狀況責任負擔以及衡量適用的大眾公共利益，特別是以下列的重點為標準：

(aa) 在危害防止安全法之義務中之費用負擔，剝奪所有權人，土地不能作為未來使用之內容，如同處分職權以及利用職權之本質在法律上是沒有論及的。財產所有權人之清理費用負擔將導致忍受土地之損失以及財產運用上之利用損失。原則上，他必須接受財產之社會聯繫的結果，以儘可能達成有效清理從土地產生之危害。

(bb) 針對界限的規定，是一個財產所有權者經由此可以估計負擔，對於交易價值依據清理之實施可以負責經濟支出關係之重點，在交易價值上不僅扮演著本身利用之收益，而且也將形成無利用情況下之利益。這特別是指計劃以及市場條件的土地價值之提昇。而假如費用之交易價值超過，原則上財產所有權人之利益是落在未來私人土地之利用。此外，不可能一次就計算出清理費用可經由土地轉讓而涵蓋。在此對他而言財產可能喪失完全之價值與意義。進一步之重點是交易的價值基於其他情況並無顯現出來，因為土地財產個人之利益儘可能超越交易之價值。

(cc) 如果經由土地產生的危害，從自然之結果由大眾所估計的因素或者並非從利用合法之第三者所引起，則逾

越負擔的界限特別是不能期待的。在這種情況之下，
清理之責任不是無界限適用所有針對費用而履行財產
之所有安全義務。否則在超範圍承擔之風險，所基於
之情況由土地掌握者予以解決且在此期間則是植基於
責任之面向。是否在這些情況基於其他原因負擔之延
伸界限，例如注意出自於社會國命令之理由，在此不
需判決。

(dd) 狀況責任人負擔之清理費用直到交易價值之提高，在
此種情況是不可期待的，針對清理的土地進一步所呈
現的是造成義務人財產重要部分以及個人生活方式基
礎所包含家庭狀況。在如此情況下，財產保障之任務
適用在基本人權之主體確保財產範圍內之自由以及儘
可能達成在基礎背景上生命本身責任之形態（參閱
BVerfGE 83, 201「208」；stRspr）。如果費用沒有超
越清理後土地繼續利用之利益，則在此所期待負擔之
界限已經被保障，例如當自己家中財產所有權人在經
濟狀況考量下不能再擁有其土地。

(ee) 如果財產所有權人已知道形成危害之風險，則超過土
地交易價值之清理費用負擔是可以期待的。例如一個
情況是，如果土地財產所有者知悉廢棄物是由先前土
地所有者或者土地利用者所造成的以及買賣，或者在
他同意下以此風險之狀況利用土地，例如一個垃圾集
散場之運作或以連結填滿之選擇。在此情況下，針對
大眾利益保護性質之必要衡量是需要注意的。知道了
如此風險，則狀況責任人之請求是無可爭議的，此責
任必須出自財產保護者之理由被限制，因為自由意願
所接受之風險減少了財產所有者之保護性。

如果就土地購買或者對於第三人利用之保障所認識的或

者已經利用而言，財產所有權人以過失之方式導致清理費用負擔高於交易價值是可以期待的。對於期待可能性之判斷，過失之程度可能是巨大的。在此期待可能性可以進一步受到下列影響：是否財產所有人獲得來自風險的利益，例如經由降低買賣價格或者較高之租金。

針對此種狀況，行政法院之判決所考慮的是不足夠的（參閱 BVerwG NVwZ 1991, S. 475）。此行為無界限以及必要之處置相同性以「責備的」風險之不察帶有正向知識之處置方式，考慮於合適的及比例原則的平衡各方面之憲法條件介於財產所有人保護利益以及大眾利益並不盡週全。兩個行為方式之相同平等是不可能的，因為經由財產購買之保護性或者在不同範圍轉讓狀況下可能被減低。

(ff) 在各種情況中，廢棄物清理負擔費用超過交易價值是可以被估計的，這並不牽涉到財產所有人整體之經濟效益。針對清理沒有界限地承擔後果，如此而言對於財產所有權人是不可被期待的，也就是說財產與需要清理之土地是沒有法律上或者是經濟上的關聯。相反的，可以期待的是對於清理財產之投入，共同以需要清理之土地呈現功能的一致性，例如此要素為一個邦或森林企業或者其他企業。在此特別適用於共同與清理需求之土地形成一致性之基本財產。但是對於其他財產之干預僅允許在基於比例原則之保障下遵守。如果以相關費用負擔清理之理由傷害企業或公司之進步，則應注意財產比重在基本法第 14 條第 3 項之規定，因為對於相對人之負擔實際上並沒有產生合適的補償。一個法律狀態完全或無代替性之清理僅僅可以在內容以及限制規定範圍內基於特別要件下予以考慮（參閱 BVerfGE 83, 201「212 f」）。

　　　對於狀況責任人所負擔費用之估計不能一般性以財產所有人整體之經濟效益作為衡量。財產之保障目的在於針對財產所有人手中財產具體要素之保護，經由基本法第 14 條第 1 項所保護財產價值狀況之私人使用沒有比例限制，基於有其他財產存在，財產所有權人原則上是可以平衡以及忍受此狀況的。

(d) 就立法者而言，基本法第 14 條第 1 項第 2 款規定財產之內容與限制，在此狀況責任人之限制是沒有規定的，機關以及法院經由解釋與運用確保所規定之責任與費用義務，財產之負擔不能超過基本法第 14 條第 1 項第 2 款以及第 2 項所允許規定之範圍。特別是他們根據前述所謂之標準在所支持廢棄物清理之狀況責任範圍下保障在基本財產經濟負擔下之比例原則。

　　　行政所規定之清理措施，在此所依據簡單之規定是關係著義務人負擔完全之費用。但是如果費用負擔因為缺乏憲法限定之期待可能性，行政也必須決定狀況責任費用負擔之界限（參閱 BVerfGE 100, 226「246」）。一位財產所有權人認為依據基本法第 14 條第 1 項第 1 款規定，機關清理規章因相關的費用負擔不合乎比例而傷害他的基本人權，因此必須提出救濟，使得行政處分有持久性，所以就可以不再適用清理費用負擔之界限或者清理費用之補償。財產所有權人必須決定是否他的狀況責任將要接受或反對現行的清理規定，此判決僅僅適用，當他知道是否他將無限制負擔費用或者必須估計所負擔之最高費用。如果行政對於在清理規定時間點之不可期待可能性不熟悉或不完全熟悉，以致於針對費用負擔時間點不能決定，則關於清理費用負擔之清理處分必須與判決保留相關聯。

　　　行政法院也必須了解，是否或者在何種程度下財產所有權人負擔清理費用，以判斷所干預行政處分在財產狀況之合法性（參閱 BVerfGE 100, 226「246」）。

III. 原判決對狀況責任界限未作足夠衡量

在 1 BvR 242/91 之程序，上訴判決以及聯邦行政法院非允許性訴願駁回之決定被撤銷，高等行政法院針對經濟存在之傷害特別從狀況責任之界限出發。因此，因為經由憲法針對清理費用以及土地價值關係之確認不適用在他的判決。聯邦行政法院之裁定針對在風險過失之無知購買土地之理由，其對每一個費用承擔義務之界限沒有區別之拒絕，所包含之理由同時並不存在憲法規定。

在 1 BvR 315/99 之程序，撤銷兩個干預性判決，因為它們並沒有依據憲法規定對狀況責任界限作足夠之衡量。因為這些判決已經因為違反基本法第 14 條第 1 項第 1 款而被撤銷，在此不需要再檢驗，是否違反基本法第 103 條第 1 項。

C. 有關於費用之判決依據聯邦憲法法院法第 34 條 a 第 2 項規定辦理。

法官: Papier　　　　Kühling　　　　Jaeger

　　　Hass　　　　Hömig　　　　Steiner

　　　Hohmann-Dennhardt　　Hoffmann-Riem

（本文發表於德國聯邦憲法法院裁判選輯（十二），司法院印行，

2006 年 11 月）

國家圖書館出版品預行編目資料

警察與秩序法研究／　陳正根著－－初版.－－
　臺北市：五南, 2010.01-
　冊；　公分
ISBN 978-957-11-5825-9（第1冊：平裝）
1.警政法規　2.論述分析
575.81　　　　　　　　　98019445

IT66
警察與秩序法研究（一）

作　　者－陳正根

發 行 人－楊榮川

總 編 輯－龐君豪

主　　編－劉靜芬　林振煌

責任編輯－李奇蓁　王政軒

封面設計－佳慈創意設計

發 行 者－五南圖書出版股份有限公司

地　　址：106 台北市大安區和平東路二段 339 號

電　　話：(02)2705-5066　傳　　真：(02)2706-

網　　址：http://www.wunan.com.tw

電子郵件：wunan@wunan.com.tw

劃撥帳號：01068953

戶　　名：五南圖書出版股份有限公司

台中市駐區辦公室／台中市中區中山路 6 號

電　　話：(04)2223-0891　傳　　真：(04)2223-

高雄市駐區辦公室／高雄市新興區中山一路 290 號

電　　話：(07)2358-702　傳　　真：(07)2350-

法律顧問　元貞聯合法律事務所　張澤平律師

出版日期　2010 年 1 月初版一刷

定　　價　新臺幣 500 元